CONSTANTIN MELNIK
présente

DU MÊME AUTEUR :

DEUXIÈME CLASSE À DIÊN BIÊN PHU, Table Ronde, 1964.
MOURIR AU LAOS, France-Empire (Prix Raymond-Poincaré, 1965).

Aux Éditions Grasset :

COMMANDOS DE CHOS EN ALGÉRIE », LE DOSSIER ROUGE, *Grasset*, 1976.

Dans la collection « Corps d'Élite » aux Éditions Balland :

LA LÉGION.
LES PARAS.
L'AFRIKAKORPS.
VANDENBERGHE, LE PIRATE DU DELTA, Balland, 1973.

Dans la collection « Troupes de Choc » aux Presses de la Cité :

LA LÉGION AU COMBAT, 1975.
BATAILLON BIGEARD, 1977.
LES CADETS DE LA FRANCE LIBRE, 1978.
LES 170 JOURS DE DIÊN BIÊN PHU, 1979.
L'HOMME DE PRAGUE, Presses de la Cité, 1977.

Presses Pocket :

DEUXIÈME CLASSE À DIÊN BIÊN PHU, 1976.
LA LÉGION AU COMBAT, 1978.

Livre de poche :

LES PARAS.
LA LÉGION.
L'AFRIKAKORPS.
VANDENBERGHE, LE PIRATE DU DELTA.

ERWAN BERGOT

Commandos de choc en Indochine

Les Héros oubliés

préface par le général Bigeard

BERNARD GRASSET
PARIS

La première édition de cet ouvrage a été publiée en 1975 sous le titre
LES HÉROS OUBLIÉS

PRÉFACE
par le général Bigeard

Le lecteur d'aujourd'hui, qui vit dans un pays dont la liberté n'est pas menacée, au cœur d'une Europe prospère et pacifique, aura peut-être du mal à imaginer la somme de courage, de patriotisme et de foi qu'il fallait, en 1945 au sortir d'une guerre longue et terrible, pour tout quitter, famille, camarades, pays, retrouvés en pleine euphorie de la victoire, pour partir en Indochine poursuivre à treize mille kilomètres de là un combat contre l'ennemi, japonais d'abord, vietminh ensuite.

Et ce n'est pas le moindre mérite d'Erwan Bergot que de rappeler l'épopée, hélas bien oubliée, de ces commandos, cette poignée d'Européens qui, ajoutant l'isolement à l'exil, la misère au risque, l'insécurité permanente à l'effort, choisissaient de mener une guérilla sans merci, sans espoir d'être secourus en cas de blessure ou de maladie, dans des régions inconnues, montagne et jungle. Comme compagnons d'armes, des partisans thaïs, mâns, moïs ou méos qui s'étaient soulevés contre l'ordre rouge.

Pendant quatre ans, dans cette Moyenne-Région où, finalement s'est joué le sort de l'Indochine, j'ai moi-même mené cette forme de lutte où nous étions tout aussi démunis que l'adversaire, rusant, marchant, peinant plus que lui pour être dignes de le surprendre et de le vaincre.

Bergot a bien rendu l'ambiance de l'existence que nous menions. Existence difficile, presque sauvage, mais combien exaltante ! Je la décrivais ainsi : « En pleine zone viet. Vie formidable, " ceux du Far West ". Suis à l'aise, mon équipe rodée à fond à la guérilla est sensationnelle. Sommes de véritables fauves, maigres, musclés, aux réflexes ultra-rapides, des jambes d'acier, un souffle inépuisable. Sommes les chasseurs, les Viets, le gibier. »

III

Oui, nous étions attachés à ce pays, à ces hommes, tout comme ils étaient attachés à nous qui représentions la France. Un de mes sous-officiers d'alors, le sergent Minart, me le rappelait récemment, vingt-cinq ans après nos « banderas » du pays thaï : « En ce temps-là, notre tenue, (la plus minable possible) ne faisait que cacher, sous des dehors méprisables, l'esprit et l'honneur de la vraie Armée française, celle que malheureusement on ne voit à l'œuvre que dans les pires moments de notre grand et beau pays... »

Oui, il fallait beaucoup de courage et de foi. De fierté aussi. Et Bergot a raison d'évoquer ici les noms de tant de camarades qui avaient décidé de conduire un tel combat, dans l'ombre, afin d'aider les peuples de la montagne qui voulaient vivre et vivre libres. Qu'en est-il aujourd'hui ?

Je me rappelle Ayrolles, parachuté au Laos dans les derniers jours de 1944 pour y attaquer les Japonais ; Hébert, qui tenait maquis à Muong-La, Thuan-Chau, dans une région que j'avais naguère arrachée aux Viêts et qui finit avec nous à Diên Biên Phu.

Et d'autres encore, des Indochinois, comme Bac Cam Quy, le chef des Thaïs noirs de la région de Son La...

Des régions, des villages, des hommes...

Il y a tout cela, dans le livre de Bergot, mais il y a aussi cette solidarité qui nous unissait et dont l'Indochine a été sans doute l'une des plus belles et des plus grandes écoles. Notre nostalgie de ce pays repose peut-être plus là-dessus que sur de vagues regrets du genre « anciens combattants ». Aujourd'hui, où cette Indochine est devenue un enfer d'où s'évadent, au risque de leur vie, tous ceux qui veulent témoigner de leur refus d'être asservis, comment ne pas avoir une pensée pour tous ceux qui, dix années durant, de 1945 à 1954, Français et Indochinois fraternellement unis, ont souffert, ont lutté et sont morts pour que rien n'arrive de tout cela ?

Merci, Bergot, d'avoir écrit ce livre qui rend hommage à nos chers camarades oubliés et dont bon nombre sont morts si loin de leur patrie pour tout simplement défendre une liberté qui n'a pas de prix !

Général Bigeard

Ce livre est dédié à mes camarades du Service Action morts pour la France en Indochine et à tous les peuples de la montagne qu'ils ont reçu l'ordre de faire combattre et que la France a abandonnés.

A la mémoire aussi du lieutenant Francis Klotz, premier officier du Service, assassiné par le Viêt-minh le 27 septembre 1945 à Thakhek, Laos, et à celle du lieutenant André Julien, tombé l'un des derniers, à Diên Biên Phu.

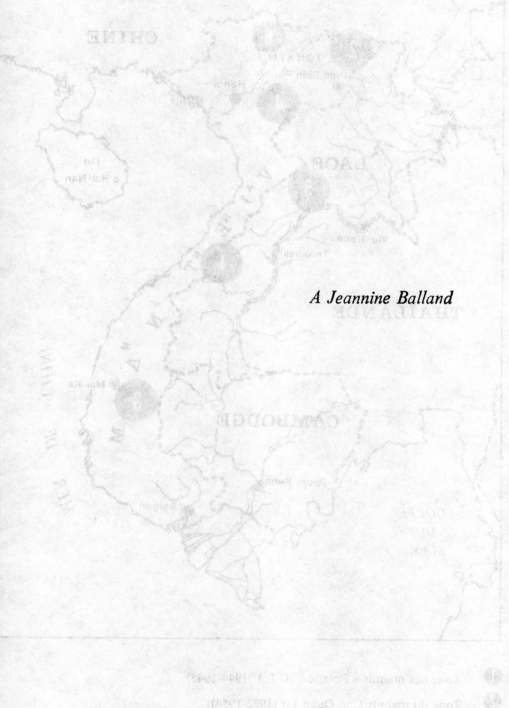

A Jeannine Balland

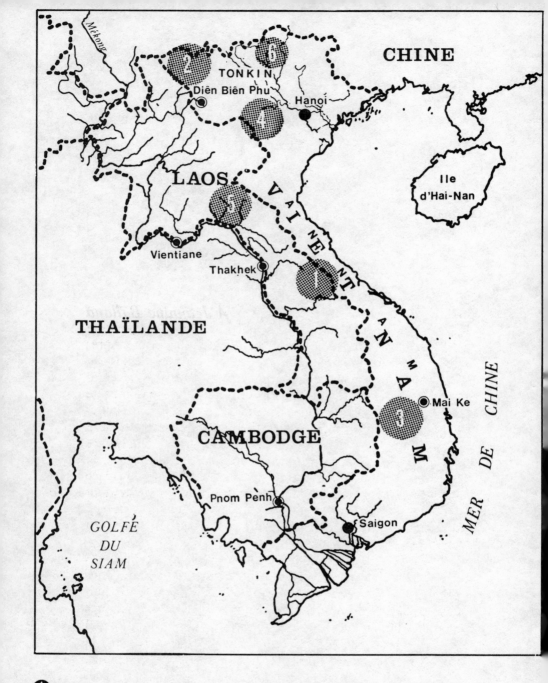

1. Zone des maquis « Polaire » (C.L.I. 1944-1945).

2. Zone du maquis Cho Quan Lo (1952-1954).

3. Zone des maquis hrés (1950-1955).

4. Zone des maquis thaïs (1952-1953).

5. Zone des maquis méos (1945-1956).

6. Zone des maquis nungs (1945-1954).

Prologue

Tous feux éteints, aveugle et muet, le *Liberator* de la Royal Air Force fonce dans la nuit finissante. Il a quitté l'aérodrome de Jessore, aux Indes, le 7 mai 1944 à 1 heure du matin. Après six heures de navigation *blind,* il tangue et roule au-dessus du Tonkin, furieusement bousculé par un vent glacé issu des pentes himalayennes. Un vent si violent qu'il a nivelé la nappe compacte des nuages irisés, noyant sommets, plaines et vallées de la Haute-Région. A quinze mille pieds — altitude que ne peuvent atteindre les *Zéro* japonais basés à Udorn, en Thaïlande — la température est basse dans la carlingue et, transi de froid malgré la pelisse de fourrure, le capitaine Milon grelotte, coincé dans l'étroit espace qui lui a été alloué sous la coupole du mitrailleur supérieur dont les pieds s'ancrent au ras de sa tête. A vingt centimètres de son visage, Milon aperçoit soudain les énormes moustaches rousses du major Temple, le largueur :

« Nous arrivons dans dix minutes », hurle l'officier anglais.

Milon montre qu'il a entendu et souffle dans ses doigts. Dans dix minutes, son incroyable odyssée prendra fin. Il y a dix-huit mois qu'il a quitté l'Indochine, pour une mission de liaison auprès de la France Libre. Parti de Hanoi au mois de décembre 1942, il est arrivé à Alger au mois de juin 1943, après avoir traversé la moitié de la planète. Onze mois plus tard, il rentre en Indochine, porteur d'un message du général de Gaulle à l'intention du général Mordant, adjoint de l'amiral Decoux, gouverneur général. Le gouvernement provisoire d'Alger a désigné le second personnage d'Indochine à la tête de la Résistance en Extrême-Orient.

Maintenant, le capitaine Milon se balance entre ciel et terre, encore étourdi de sa chute libre. Son largage s'est passé le plus simplement du monde. En fait, sa participation s'est bornée à prendre place dans la glissière de bois et à rentrer le cou dans les épaules. Une seconde d'angoisse au moment où il quittait l'avion, fouetté par le vent des hélices et puis plus rien qu'un grand silence ouaté.

Sous ses pieds, une longue bande d'herbe rase, aérodrome de fortune, coincé entre une petite rivière aux berges abruptes et tortueuses et une piste aux multiples bras entrelacés qui file vers la forêt. Devant lui, un rassemblement anarchique de grosses paillotes thaï au milieu de rizières grasses d'un vert lumineux. Et, au-delà du gué de la rivière, perché sur une colline oblongue, le poste français, construction carrée aux murs de briques rousses.

Le capitaine Milon connaît le site où il atterrit. Cette large plaine ovale, cernée de hautes montagnes moussues dont les sommets accrochent un épais crachin matinal, porte, en dialecte thaï, le nom de Muong Thanh.

D'un geste machinal, le capitaine ramène sur son visage les revers de sa pelisse de fourrure. Par mesure de sécurité, le long message du chef de la France Libre — quatorze pages — a été glissé entre la doublure et le col : même si le risque est minime, il faut prévoir un contrôle des troupes d'occupation japonaises. Du reste, Milon a appris par cœur les passages essentiels définissant les objectifs et les missions :

« C'est en fait à vous-même, a écrit de Gaulle à Mordant, qu'il appartient d'étudier et de proposer tout ce qui concerne l'organisation et la conduite de la Résistance ainsi qu'à soumettre vos propositions au gouvernement provisoire.

« ... C'est surtout de l'efficacité de [la] Résistance intérieure de l'Indochine que dépendront non seulement pour une grande partie la libération militaire du territoire, mais son retour incontesté à l'Empire français... »

Résistance aux Japonais, « retour incontesté à l'Empire français ». Ces deux idées-forces contiennent en germe toute la guerre d'Indochine à venir. Mais le capitaine Milon l'ignore. Comme il ne peut savoir que cette longue guerre s'ouvre sur un double clin d'œil du destin.

Premier des officiers des services secrets français à sauter sur l'Indochine, le capitaine Milon a ouvert une voie, celle des parachutages clandestins. Après lui, les hommes du « Service Action », radios, saboteurs, commandos, partisans, se poseront sur des terrains de jungle, pour y mener, sur les arrières ennemis, dix années durant, une guerre encore ignorée, levant des armées, prenant des villes, conquérant des territoires entiers.

Autre coïncidence : le terrain où il atterrit, ce 7 mai 1944, porte un nom connu seulement des spécialistes. Vocable de fonctionnaire, il signifie en français : chef-lieu de l'administration départementale frontalière. Dans dix ans, jour pour jour, celui-ci sera au cœur de l'actualité mondiale : Diên Biên Phu.

Première partie

UNE POIGNÉE DE GUÉRILLEROS
9 mars - 15 août 1945

1

9 mars 1945, 6 h 59.

Dans le grand salon de la Résidence, à Ha Giang, sur la frontière de Chine, leur coupe de champagne à la main, en tenue blanche, les sept officiers de la garnison française portent un toast. En réponse, un claquement de talons et une profonde courbette de leurs invités japonais, sabre au côté. Le silence s'éternise, rendu encore plus pesant par le grincement du lourd panka de bambou oui brasse l'air tiède du soir. Pas un seul mot n'a été échangé; depuis le début de l'occupation nippone en Indochine, les Français affectent d'ignorer leurs hôtes forcés. Il a fallu, dans l'après-midi, le télégramme de mise en alerte de Hanoi pour que Moulet, le commandant d'armes, enfreigne l'usage établi depuis trois ans. A la vérité, l'initiative d'une rencontre était japonaise, mais, redoutant un piège, Moulet a préféré recevoir chez lui le commandant Sawano et ses cadres. Il espère un répit de quelques heures ; sans leurs gradés, les soldats nippons ne bougeront pas. Par contre, dans leurs cantonnements, marsouins et légionnaires se préparent à l'affrontement.

Le commandant Sawano regarde sa montre. 7 heures. Il repose sa coupe vide. Ses officiers l'imitent. Silence. Soudain, un hurlement sauvage. Un sabre jaillit du fourreau, brille le temps d'un éclair, déchiquette une vareuse blanche qui s'éclabousse de rouge. Sawano vient de tuer le médecin-capitaine Courbière qui lui faisait face. Alors, c'est la ruée. Tous les Japonais bondissent sur leurs vis-à-vis, le sabre haut. En moins de dix secondes, le capitaine Jolly et le lieutenant Van der Akker sont taillés en pièces ; le capitaine Vaillant et l'aspirant Viret, horriblement mutilés, sont capturés. Seuls Moulet et le lieutenant Kéréneur résistent encore.

17

Pendant deux heures les deux officiers se battent. A court de munitions, ils sont alors abattus dans les combles de la Résidence.

Après le carnage, l'horreur. Toutes les femmes sont traînées sur la place d'armes et violées par des grappes de soldats, sous les yeux de leurs maris, prisonniers, dont les crânes éclateront plus tard sous le fer des pelles et des pioches.

Egarement passager, folie sanguinaire ? Au contraire : le massacre de Ha Giang n'est que l'application scrupuleuse d'un plan méthodique. De Gaulle souhaitait voir les troupes d'Indochine repartir au combat depuis des bases de jungle analogues à celles du Vercors ou de la Bretagne. Les Japonais ont pris les devants. Ils exécutent avec férocité des ordres froidement calculés : exterminer les officiers, écraser la troupe. Et leur cruauté est aussi politique. Il s'agit tout autant de neutraliser l'adversaire potentiel que de montrer, aux autres Jaunes, le Blanc enchaîné, sanglant, vaincu. Méprisable.

Car, à la même heure ce soir-là, partout en Indochine le même scénario se déroule à quelques variantes près

Lang Son, 19 h 05. La citadelle est attaquée par surprise. Dans un blockhaus, seul, le général Lemonnier mène le combat, mousqueton au poing. Il sera décapité au matin, avec quatre cent soixante-cinq prisonniers.

Dong Dang, 19 h 15. Le poste subit l'assaut de deux bataillons fanatisés. Pendant trois jours, la section du capitaine Anosse résistera. A court de munitions, elle se rend. Le général japonais félicite l'officier français pour sa magnifique conduite. Puis il dégaine son pistolet et le tue, d'une balle entre les deux yeux.

Hanoi, 19 h 55. Des camions japonais se répandent dans la ville, déposant à tous les carrefours des équipes de mitrailleurs qui ouvrent le feu dans l'enfilade des rues, tandis que deux régiments, appuyés par des canons et des chars, se portent à l'assaut de la vieille citadelle chinoise où sont regroupés les cinq cents hommes de la garnison. Au matin, le général Massimi, commandant d'armes, exigera les honneurs de la guerre. Fait exceptionnel, il obtiendra satisfaction.

Saigon, 19 h 57. L'amiral Decoux, gouverneur général de l'Indochine, est arrêté dans son palais. En ville, les détachements de la Kempetaï, la féroce gendarmerie militaire, se lancent à la poursuite des noyaux de Résistance connus et répertoriés.

Le Tonkin, l'Annam et la Cochinchine sont tombés en quelques heures. Le tour du Laos est venu.

Vientiane, 20 heures.

Le capitaine Watanabé, de la Kempetaï, dépose, impassible, sur le bureau du colonel Akasaka une liasse de messages. Tous rendent compte du déroulement du coup de force. A Paksane, évêque et résident en tête, tous les hommes ont été conduits en camion sur les bords du Mékong. On est en train de les fusiller, par groupes, à la mitrailleuse.

A Thakhek, enterrés jusqu'aux yeux, les maris assistent au supplice de leur femme. Tout à l'heure, on passera la herse sur ce champ de têtes.

A Paksé, on fusille dans la rue.

Le colonel Akasaka retrousse ses lèvres sur ses dents de lapin, alléché. C'est un fanatique. A Vientiane, il a économisé les munitions. Les hommes ont été précipités dans le fleuve, attachés trois par trois avec du fil de fer et lestés de cailloux.

« Et les Français de Lat Boua ? » demande-t-il, comme s'il redoutait que ce détail échappe à son subordonné.

Watanabé salue, buste plié.

« Je m'en occupe. Depuis deux heures, le lieutenant Jodato est en route sur la R.C. 7 pour neutraliser ce groupe. Il est guidé par un Annamite, ancien coolie de la plantation.

— Il ne faut pas que ces hommes s'échappent, ils sont dangereux », ordonne Akasaka avec un geste du tranchant de la main.

Lat Boua, 20 h 15.

Les quarante Japonais de la section d'assaut de la Kempetaï ont abandonné leurs camions à six cents mètres de la petite maison du garde forestier où se terre le groupe de Français. Il y a deux mois, au lendemain de Noël 1944, dix Blancs sont arrivés là. Ils se prétendaient géographes militaires, mais Watanabé et Jodato n'ont pas été dupes longtemps et, très vite, ils ont appris que ces dix hommes étaient en réalité des commandos formés par les Anglais aux Indes et parachutés en Indochine par l'état-major de la France Libre stationné à Calcutta. Spécialistes de la jungle, ils avaient pour mission d'organiser des dépôts clandestins et de repérer des terrains d'atterrissage pour des forces plus nombreuses qu'enverraient les Anglais.

Jodato hausse les épaules. Maintenant, les Français sont balayés d'Indochine et les commandos parachutistes n'ont plus que quelques minutes de répit. Dans une heure, ils seront morts ou prisonniers. Jamais les Anglais n'enverront de renforts dans la jungle.

Un éclaireur arrive jusqu'à l'officier, silhouette sombre, courbée et silencieuse :

« Les Français ne se doutent de rien », murmure-t-il. Il n'y a même pas de sentinelle dehors.

Le lieutenant Jodato crispe les poings. Le moment est venu. Des ordres, brefs comme des jappements. Les groupes foncent en avant, encerclant la clairière, prêts à l'assaut. Les dix parachutistes du capitaine Ayrolles n'ont plus aucune chance.

Calcutta, 10 mars. 10 heures du matin.

Volets clos, la salle de briefing de l'état-major de la France Libre aux Indes ressemble à un hammam. Dans un clair-obscur d'étuve, les huit officiers présents ont dégrafé le col de leur chemise trempée de sueur, collée aux omoplates. Avachis de chaleur, ils se redressent pourtant à l'entrée de leur chef. Premier des officiers évadés du Tonkin en 1940, le colonel de Crèvecœur a été chargé de former le corps léger d'intervention (C.L.I.) qui sera engagé en Indochine dans quelques mois, lorsque son effectif, encore embryonnaire, aura atteint le quota suffisant. Héritier d'un grand nom de France, Crèvecœur promène, tout en ha .t d'une longue silhouette aristocratique, un visage de marbre où ne se lit qu'un ennui distingué.

« Quelles sont les nouvelles ? » s'informe-t-il d'un ton indifférent.

Le capitaine de Larrue [1], responsable des opérations aériennes, montre le poste de T.S.F. qui trône sur une pile de dossiers et qui siffle, éructe et crache ses parasites.

« Nous attendons le bulletin d'informations de 10 heures de Radio Saigon, mon colonel. »

Une sonnerie de fanfares. Depuis le début de l'année 1945, l'indicatif choisi par la station indochinoise est une marche militaire britannique, *Colonel Bogey*, celle-là même qui, dans dix ans, fera le tour du monde avec le film *le Pont de la rivière Kwaï*.

1. Pseudonyme choisi par l'auteur.

La marche s'éteint, relayée par la voix de la speakerine. Aussitôt les officiers se regardent, inquiets, en alerte. Le ton est dramatique, le débit haché :

« Après le refus de l'ultimatum adressé par l'ambassadeur Matsumoto hier, 9 mars 1945, à l'amiral Decoux, les forces japonaises sont passées à l'action. Toutes les garnisons françaises d'Indochine ont été attaquées... Certaines résistent encore... »

D'une voix altérée, la speakerine ajoute encore quelques mots, coupés de parasites : « lâche agression... coup de force inadmissible... ».

Soudain l'émission est brutalement interrompue. La Kempetaï vient d'intervenir.

Atterrés, les officiers se taisent. Ils imaginent le drame qui se déroule à trois mille kilomètres de là dans l'immeuble de Radio Saigon. Quand ils relèvent la tête, leurs regards se tournent vers le colonel dont le visage n'a pas eu un tressaillement. Mais il est bouleversé et doit s'éclaircir la gorge avant d'ordonner :

« Prenez immédiatement contact avec toutes nos stations clandestines d'Indochine. Il est capital de savoir sur quels éléments nous pouvons encore compter. »

Quelques heures plus tard, les officiers sont de retour, le visage défait. Un par un, ils égrènent le résultat de leurs tentatives :

« *Médéric* n'a pas donné signe de vie. »

Sans un mot, Crèvecœur trace une croix sur l'emplacement du poste émetteur de Tourane, en Annam.

« *Rivière* ?

— Non plus. »

Rivière est l'indicatif du Tonkin. Hanoi est neutralisé ; tout comme *Legrand,* qui couvrait le Sud-Annam et la Cochinchine ; comme *Mangin* qui émettait depuis le Cambodge. Comme *Donjon* enfin qui coiffait le Laos et le Nord-Annam. Depuis la fin de 1944, treize émetteurs clandestins fonctionnaient en Indochine. Treize postes qui, ce 10 mars 1945, restent obstinément muets.

« Et les *Gaurs* ? » demandent encore Crèvecœur.

Le capitaine de Larrue secoue la tête, sans répondre. Le surnom de Gaurs a été donné à une vingtaine de casse-cou, officiers et sous-officiers, formés par les services spéciaux britanniques de la Force 136 de Lord Mountbatten, et largués au-dessus du Laos dans les derniers jours de 1944 afin d'y préparer l'arrivée des futures grandes unités du C.L.I. A l'issue de leur stage de jungle, ils ont adopté comme signe distinctif la tête de gaur, une sorte de buffle sauvage aux longues cornes que l'on ne trouve que sur les Hauts-Plateaux annamitiques et qui symbolise à leurs yeux le pays indochinois et les qualités qui lui sont propres : force brutale, courage, ténacité.

La main du colonel de Crèvecœur hésite avant de tracer une croix sur l'emplacement des deux principaux commandos. Celui du capitaine Fabre, quelque part à l'ouest de Vientiane, dont le nom de code est *Sagittaire*. Celui du capitaine Ayrolles, à Lat Boua, au nord-ouest de Xieng Khouang, sur la R.C. 7, indicatif *Polaire*. Deux commandos de dix hommes chacun, perdus, disparus ou prisonniers.

« Les écoutes britanniques confirment l'étendue de la catastrophe, ajoute le capitaine de Larrue. Les Japonais étaient bien renseignés. Ils ont coiffé tout notre dispositif de résistance : même le général Mordant a été capturé. »

Pour la première fois, Crèvecœur a une réaction passionnelle. Avant de se rasseoir, il soupire :

« La France sera absente de la guerre en Asie. L'Indochine ne répond plus. »

Tha Lin Noï, Nord-Laos. 11 mars, 18 heures.

« Halte ! Dispositions de combat ! »

Etagés au long de la piste broussailleuse qui prend la pente en plein travers, les dix parachutistes du commando *Polaire* se sont arrêtés, hors d'haleine, une main appuyée sur la jambe pliée. Devant leurs visages, retenues par les bretelles de toile passées autour du cou, les mitraillettes Sten se balancent au rythme court de leur respiration. A petites enjambées nerveuses, le capitaine Ayrolles remonte la colonne, accrochant d'un bref regard chacun de ses Gaurs. En queue, les inséparables, Gauthier et Heymonet, deux petits lieutenants jetés dans la guerre au seuil de leurs vingt ans. Gauthier avec fureur, après avoir vu, un certain jour de juin 1940, les Allemands brûler sa maison avec ses habitants ; Heymonet, avec la fougue un peu folle d'un étudiant, franchissant le même jour son doctorat en droit et la ligne de démarcation.

Au-dessus d'eux, les veines du cou saillant sous l'effort, les sergents Mollier, le doyen de l'équipe, et Ayrolles, son benjamin, dix-huit ans à peine, propre frère du capitaine. Tout en haut enfin, stoppé au ras de la crête herbeuse qui bute sur l'horizon bleuté, le lieutenant Guilliod, silhouette placide adossée au tronc mince d'un aréquier, observant son camarade Petit, aux aguets, la main en visière sur les yeux.

Un peu en retrait, groupés autour du sergent-chef Chatelain, le radio, déjà penché sur son poste émetteur, les deux figures pittoresques de *Polaire* : Vouillat, le Ch'timi, hercule blond et taciturne, et Chanaux, le Marseillais, maigre et noir, aux yeux clairs, à la faconde intarissable.

Le capitaine Ayrolles, qui domine ses hommes, remarque les tenues disparates, les pieds parfois nus, les turbans en soie de parachute noués sur les têtes. Il note surtout qu'en dépit des différences, ses commandos se ressemblent par cet air de loups maigres acquis après cent journées de vie clandestine, de fatigues, de privations. Satisfait de son examen, le capitaine laisse glisser son sac à terre :

« On bivouaquera ici cette nuit. Guilliod, établissez le tour des sentinelles, Mollier et Ayrolles, préparez le repas. Chatelain, prenez contact avec Calcutta... »

Calcutta, 11 mars. 18 h 30.

« Ici *Bronze* qui appelle[2]. Ici *Bronze* qui appelle. Comment me recevez-vous ? Parlez ! »

La voix monte et descend, tantôt faible, presque inaudible, tantôt plus forte, comme ballottée par d'invisibles vagues, enrobées d'un chuintement feutré qui évoque celui du ressac. Monotone, impersonnelle, elle égrène une longue litanie : indicatifs lancés comme des appels inquiets, chiffres groupés par quatre, indéfiniment répétés.

« *Bronze, Bronze,* ici Calcutta ! Nous vous recevons correctement. Fort et clair. Maintenez la liaison... »

Silencieusement, avec d'infinies précautions comme s'il craignait de rompre ce fil fragile qui le relie à l'Indochine, le colonel de Crèvecœur, alerté, s'est approché du récepteur. Très pâle, il écoute le dialogue chiffré et, s'il ne comprend pas le sens des messages, il imagine tout ce qu'ils représentent. En ce 11 mars 1954, à trois mille kilomètres de là, aussi perdus que des naufragés sur un récif, une poignée d'hommes — ses hommes — ont échappé à la tempête.

2. Les commandos portaient un nom d'étoile ou de constellation : *Sagittaire, Polaire,* etc. Leurs chefs avaient pour indicatif des noms de métaux : *Bronze* (Ayrolles), *Métal* (Fabre), etc.

Avec des gestes impatients, Crèvecœur harcèle l'opérateur, lui dicte des questions en clair, de plus en plus rapides, de plus en plus détaillées.

« Les Japonais ? Où sont-ils ? Combien sont-ils ? Craignez-vous une attaque de vos campements de jungle ? »

Le capitaine Ayrolles hésite. Il ne comprend pas le sens de ces questions. Depuis le 7 mars, le commando *Polaire* marche vers l'est, à travers la jungle. Inquiet de la fréquence anormale des patrouilles de la Kempetaï maladroitement camouflées en missions « minéralogiques », il a délibérément choisi d'abandonner son cantonnement de Lat Boua dans la nuit du 7 au 8 mars pour s'établir dans un campement secret, près de Tha Lin Noï. Il ignore tout du coup de force japonais.

Rapidement, opérateur de Calcutta informe *Bronze* de la situation. N'y tenant plus, le colonel de Crèvecœur s'empare lui-même du combiné :

« Désormais, conclut-il, la voix altérée, vous êtes seuls. »

2

Dominant le chuintement monotone de l'averse de mousson qui tombe, inexorable, depuis deux jours, les pas qui s'approchent font un étrange bruit de succion sur le tapis des feuilles détrempées.

« Mon capitaine ? »

Du coin de sa veste de brousse, le capitaine Ayrolles essuie les gouttes qui embuent ses lunettes. Il ne reconnaît pas tout de suite la silhouette anguleuse qui s'encadre dans l'ouverture de la hutte de branchages, P.C. secret du commando *Polaire*. Une sorte d'échassier aux épaules voûtées, aux jambes filiformes sortant d'un short trop large.

« Mon capitaine, c'est moi, Doussinault, l'inspecteur de la garde indochinoise. »

Ayrolles grimace un sourire accueillant. Doussinault a été le premier des civils de la Résistance à accueillir le commando *Polaire* lors de son parachutage, fin décembre 1944. Vingt ans d'Indochine, bourré d'amibes, Doussinault est un coureur de brousse infatigable.

« J'ai eu du mal pour vous trouver, dit-il d'une voix nasillarde qui traîne des traces d'accent alsacien. Je vous cherche depuis deux jours. »

Doussinault essuie ses larges mains sur ses cuisses, frotte ses joues creuses mangées de barbe. Les cheveux filasse collés sur le front, il a l'air d'un noyé.

« Et les Japonais ? demande Ayrolles.

— Ils s'installent partout. De gros éléments remontent de Vientiane, arrêtant les Français, incorporant de force nos supplétifs indigènes. Et ils vous recherchent, ils ont établi des barrages à l'emplacement des anciens postes de douane, tout autour de Xieng Khouang sur la R.C. 7.

— Et vous ?

— Moi ? Mes miliciens se sont démobilisés eux-mêmes pour échapper à la Kempetaï. Je suis seul et je suis venu me mettre à votre disposition. Quels sont vos ordres ? »

Ayrolles secoue la tête :

« Calcutta semble dépassé par l'ampleur du désastre. D'après notre chef, nous sommes seuls. Pour l'instant, notre camp secret paraît être à l'abri des incursions ennemies, mais pour combien de temps ? Vous avez vous-même fini par nous découvrir.

— Pourquoi n'allez-vous pas chez les Méos ?

— Les Méos ? demande Ayrolles, surpris. Que peuvent-ils contre les Japonais ? Que pourront-ils pour nous ? »

Doussinault s'accroche à sa suggestion :

« Si les Méos vous acceptent, vous êtes sauvés. Ce sont les seuls hommes libres du Laos. Rien ne les arrête quand ils ont décidé quelque chose. De vraies têtes de mules qui se moquent de la mort et qui méprisent les autres peuples de la plaine. D'ailleurs ils vivent sur des sommets, au-dessus de mille mètres et ne consentent presque jamais à en descendre. Ils défendent leur territoire les armes à la main et tout Laotien les redoute : ils sont féroces, cruels et indomptables.

« Leur légende orale parle de leur pays d'origine, un territoire au sol gelé sur lequel le soleil ne brille que six mois par an.

— Des Samoyèdes ?

— Probablement. On ne sait pour quelle raison, il y a des siècles, les Méos se sont mis en marche vers le sud. Ils ont traversé la Chine, d'un bout à l'autre, ne s'arrêtant que pour couvrir les cimes de champs de pavots, car les Méos cultivent l'opium le meilleur du monde. Voici cent ans à peine, ils sont arrivés en Indochine et se sont implantés sur les massifs du Tonkin et du Nord-Laos. Ça n'a pas été facile et les combats furent sanglants. Depuis cette époque, dit-on, les Méos portent une ceinture de tissu rouge, symbole de leur victoire sur leurs ennemis.

— Si les Méos sont ce que vous dites, répond Ayrolles, il n'y a aucune raison pour qu'ils nous acceptent, nous, des étrangers. Et des étrangers en fuite, sans pouvoir, sans richesse, sans prestige...

— Faites-moi confiance, mon capitaine. Je connais personnellement leur chef, Touby Liphong. Pour l'administration française, il a le titre de *tasseng,* c'est-à-dire de conseiller, mais il est davan-

26

tage, l'héritier des chefs coutumiers. Touby Liphong est un ami, nous devons le rencontrer. Il nous aidera. Laissez-moi le prévenir : je connais le moyen d'organiser une entrevue. »

Ayrolles réfléchit. Il ne s'engage jamais à la légère. Officier d'active, formé à la dure école des troupes d'Afrique, ce quadragénaire malingre est en réalité un homme d'acier. Sans ordres de Calcutta, sans mission définie, son dilemme est crucial : doit-il sauver l'existence de son commando, ou bien faut-il le lancer dans un baroud d'honneur, perdu d'avance, contre les Japonais ?

« Il nous faut un répit pour faire le point, décide-t-il enfin. Allons voir les Méos. »

Le *tasseng* Touby Liphong est un homme d'une trentaine d'années au visage rond et avenant, vêtu à l'européenne, saharienne de toile et culottes de cheval.

Il est venu lui-même à la rencontre du commando *Polaire* et la poignée de main qu'il donne au capitaine Ayrolles est énergique et exempte de servilité :

« Je suis heureux de vous voir, dit-il dans un français presque sans accent. Je suis fier que vous ayez pensé aux Méos dans la difficile période que traverse la France en Indochine. Dès que j'ai reçu le message de mon ami Doussinault, j'ai convoqué mes chefs de village pour vous les présenter : vous serez désormais en sécurité chez eux. Ils se feront tuer pour assurer votre protection. »

Un sourire plisse son visage plat, faisant luire un peu de malice dans ses yeux :

« J'ajoute que mes *naï ban* — mes chefs de village — étaient curieux de contempler ces *Phalang* qui viennent du ciel. »

A Ayrolles qui le dévisage, l'œil étonné :

« Le terme de *Phalang* vous surprend peut-être ? Il y a des mots que mes compatriotes ne peuvent prononcer. Ils appellent ainsi leurs amis Français, tout comme ils nomment par dérision *Gni-poûn* leurs envahisseurs japonais. »

A la suite du *tasseng* Touby Liphong, les dix parachutistes débouchent sur une placette, au pied de la *sala*, la maison commune du village. Arrivés là, ils s'arrêtent, médusés.

Ils s'attendaient à rencontrer des guerriers farouches, visages fermés, regards inquiétants. Ils ne voient que des physionomies avenantes, des rires muets au milieu de faces lunaires, au teint cuivré. Beaucoup de montagnards sont coiffés de turbans noirs brodés d'argent dont un pan tombe sur l'oreille, d'autres, tête nue, ont les cheveux longs sur la nuque, rasés sur le sommet du front. Uniformément vêtus d'un justaucorps bleu et d'un pantalon clair, bouffant sur les mollets, les chefs méos portent au côté un long coupe-coupe ouvragé, accroché à leur large ceinture rouge, à côté d'une grossière bourse de toile et d'une poire à poudre. Tous respirent une robuste joie de vivre. Un à un, les chefs de village s'approchent du capitaine Ayrolles, effleurent son poignet en signe de bienvenue et le saluent d'une profonde courbette :

« Vous êtes désormais l'un des nôtres, affirme Touby Liphong. Les vingt mille Méos du Tranninh vous reconnaîtront comme leur hôte privilégié. Les Japonais ne pourront rien contre vous. »

Le soir même, 16 mars, Ayrolles rend compte à Calcutta du ralliement des Méos du Tranninh et des avantages que pourraient tirer les Gaurs d'une telle alliance. La réponse arrive, brutale, définitive :

« Pas question de faire confiance aux tribus montagnardes. Pas question d'armer les Méos, ni même de les entraîner dans la guérilla : ce serait menacer à long terme l'unité du Laos, car ils revendiqueraient leur indépendance. »

Crèvecœur informe ensuite le commando *Polaire* de la situation réelle en Indochine. Quelques unités ont échappé au massacre et à l'internement. A travers la brousse, une colonne tente de gagner la Chine aux ordres du colonel Alessandri.

« Quant à vous, conclut-il, votre mission est modifiée ainsi : *primo*, destruction des stocks constitués en vue du débarquement du C.L.I. ; *deuxio,* harcèlement des forces japonaises. »

Ayrolles est atterré. Crèvecœur n'a rien compris et joue la carte du pire. Persuadé que ses commandos sont condamnés, il veut leur ménager un petit Camerone personnel.

En fait, le pessimisme de Calcutta a un autre motif. Les Français ont demandé aux Britanniques de la Force 136 de Lord Mountbatten leur aide pour venir au secours des groupes perdus en brousse. La réaction du général américain Wedemeyer, conseiller technique de Tchang Kaï-chek et, à ce titre, responsable du secteur indochinois a été brutale :

« Pas un grain de riz, pas une épingle pour les Français. »

Les Gaurs sont furieux. Moins à cause de l'ordre reçu de finir en beauté qu'en raison du gâchis provoqué :

« Dire que nous nous sommes décarcassés pendant des mois

pour constituer des dépôts clandestins, gronde le lieutenant Gauthier. Non seulement les troupes françaises foutent le camp, mais elles ont abandonné les caches. Les Japs n'ont plus qu'à se servir ! »

Le capitaine Ayrolles esquisse un mince sourire :

« Il faut prendre les Japonais de vitesse et détruire tout ce qui pourrait tomber entre leurs mains. Chanaux ? »

Le petit sergent marseillais avance en se frottant les mains, un tic qui trahit sa nervosité. Vif et agile, Chanaux semble sans cesse impatient d'agir. Spécialiste des explosifs, il traîne toujours dans ses poches des crayons allumeurs, des détonateurs et tout un lot de cordeaux détonants aux couleurs variées. Ses mouvements désordonnés inquiètent souvent ses camarades, pas fâchés cette fois de s'en remettre à lui :

« A toi de jouer, déclare le capitaine. Premier objectif, Khang Khaï. Nous y avons entreposé des bombes d'avion et des fûts d'essence. Second objectif, couper la route entre Khang Khaï et notre camp secret...

— Compris, mon capitaine, les cinq ponts routiers vont faire du petit bois, je vous le garantis. Un beau feu d'artifice ! »

Trois équipes sont parties derrière le sergent Chanaux pour dresser des embuscades sur la R.C. 7. Au camp, le capitaine Ayrolles et le lieutenant Guilliod guettent les explosions. Trop tôt, cela signifierait que Chanaux a rencontré l'ennemi. Trop tard, qu'il a été intercepté au retour. Enfin, vers 3 heures du matin, retentit une déflagration. Le premier pont vient de sauter. Dans l'heure qui suit quatre coups de tonnerre ébranlent la vallée. La route est maintenant coupée. A 4 h 30, nouvelle explosion, toute proche cette fois.

« Ça, murmure Ayrolles, l'œil fixé sur sa montre, ce doit être la réserve d'armes lourdes. » Il fronce le sourcil, inquiet. « Mais pourquoi diable le dépôt de Khang Khaï ne saute-t-il pas ? »

L'attente s'installe, pesante. L'aube paraît, chassant la pluie. Le dépôt n'a toujours pas explosé.

A 8 heures du matin, rayonnant, Chanaux et son aide, le sergent Ayrolles, arrivent au camp.

« Tout s'est passé au poil, explique Chanaux. J'ai appris par les Méos que deux compagnies japonaises doivent occuper l'ancien poste à midi. J'ai donc réglé mes retards pour que tout pète à ce moment-là... »

Il fouille dans sa poche et poursuit :

« Ils ne doutent de rien, ces salopards. Lisez donc ça, mon capitaine. »

Ayrolles se penche, saisit le petit rectangle de papier imprimé en rouge, recto-verso, français et annamite.

Carte de reddition.

L'Armée japonaise invite tout militaire français ou indochinois qui ne s'est pas encore rendu à rejoindre avec la présente carte le poste militaire le plus proche.

Le porteur ne sera pas considéré comme rebelle et il ne sera l'objet d'aucune violence.

« Tu parles, fait une voix qu'Ayrolles ne connaît pas. Le Jap, y a pas plus faux jeton ! Rien que leur gueule, c'est de la provocation... »

Le capitaine fait volte-face, dévisage l'inconnu, se heurte au regard dur de deux yeux verts, tache claire au milieu d'un visage buriné, joues maigres, pommettes accusées, surmontées d'un képi informe à la coiffe verdie.

« D'où sort-il, celui-là ?

— Légionnaire Orrhy, du poste de Khang Khaï. Le détachement de la Coloniale m'a oublié en partant...

— Oublié ?

— Enfin, je veux dire que je les y ai un peu aidés.

— Pourquoi ? »

L'œil vert se rapetisse, devient un point dur, fixe :

« Je suis légionnaire, mon capitaine. Un légionnaire ne montre pas son cul à l'ennemi. Et je suis aussi basque et républicain. J'ai envie de croquer du Jap au lieu d'aller me planquer en Chine. Vous ne pensiez tout de même pas que tout le monde était d'accord pour foutre le camp ? »

Ayrolles ne sourit pas. Sous son langage imagé, le légionnaire laisse percer sa détermination, qualité que le capitaine apprécie le plus.

« Connais-tu le terrain, Orrhy ?

— Oui, mon capitaine. Ça fait quatre ans que je suis dans le coin, et j'ai d'excellents guides. »

D'un geste un peu théâtral, le légionnaire fait approcher deux jeunes Méos qui se tenaient derrière lui, respectueux et attentifs.

« Je les appelle Zig et Puce, mon capitaine. A Khang Khaï. je leur apprenais à tirer au fusil et à lancer des grenades... »

Ce sobriquet cocasse fait rire les parachutistes qui entourent

30

le capitaine Ayrolles. Tous constatent qu'il est parfaitement choisi. L'un des deux Méos est maigre et fluet, l'autre, tout rond avec une tignasse en broussaille sur une face de lune. C'est bien Zig et Puce. A un détail près : à l'image de leur chef Orrhy, les deux petits montagnards n'ont pas l'air gentil. Des tueurs au regard neutre, une bouche au pli cruel et, dans les gestes, une rapidité et une précision de fauve. Ensemble, les trois hommes doivent former une redoutable équipe de chasseurs de têtes.

A midi précis, une explosion fantastique résonne dans la vallée. Un gigantesque champignon noir s'élève au-dessus des arbres, dans la direction de Khang Khaï. Les charges et les retards du sergent Chanaux ont bien fonctionné.

Désormais les Japonais le savent : il y a, dans la jungle, des Français décidés à faire face.

3

« Et cette foutue pluie qui n'arrête pas de tomber !

— Moi non plus ! » grogne Chanaux, affalé dans la boue de la piste. Il soupire et, d'un mouvement d'épaules, fait glisser la bretelle de son sac. Toujours assis par terre, il allume posément une cigarette et en pose le bout incandescent sur une sangsue, accrochée au pli du genou :

« Vacheries de bestioles, laisse-t-il tomber, dégoûté. A l'autre camp, on était peinards, le coin était sec... »

Il y a maintenant quatre jours que *Polaire* a abandonné son repaire secret, au sud de la R.C. 7, jugé par Ayrolles trop près des patrouilles japonaises en effervescence après les raids meurtriers du commando. Le nouvel emplacement est certes plus humide, perpétuellement envahi de brumes et de pluies. Mais il présente deux avantages d'un prix incontestable : un accès difficile, sur les pentes du Phu San, un massif touffu qui culmine à seize cents mètres ; et la proximité des Méos.

Le 21 mars, l'un d'entre eux, Cheng Toa, un *naï ban* — chef de village — a prévenu le capitaine qu'une compagnie japonaise s'était installée en hérisson au P.K. 330, à quelques kilomètres à l'est de Khang Khaï, avec trois camions, dans une sorte de fortin fait de fûts d'essence :

« Quelques-uns de ces bidons sont encore pleins de carburant », a précisé le jeune chef méo.

Le renseignement était exact, Ayrolles a pu le vérifier dès le lendemain. A la tête d'un groupe de quatre parachutistes, Gauthier et les inséparables Chanaux et Vouillat, il se glisse à travers la jungle, jusqu'à proximité du fortin ennemi. Un bref assaut, quelques *thermic bomb* (de puissantes grenades au phosphore blanc), de longues rafales. L'affaire n'a pas duré trois minutes, mais pas un seul Japonais ne sort du brasier.

Trois jours plus tard, le 25 mars, toujours sur les indications de Cheng Toa, un autre groupe, aux ordres du lieutenant Guilliod, s'en prend à un convoi motorisé. Au bilan, trois camions détruits, quarante Japonais hors de combat.

« Pour un baroud d'honneur, observe le lieutenant Gauthier en tendant la main à Chanaux, on ne se défend pas trop mal... »

Le sergent approuve, en pestant. Mais s'il râle, c'est plus par habitude que par découragement. Car malgré le silence de Calcutta tout invite à l'optimisme. Grâce au trio constitué par le légionnaire Orrhy et ses deux Méos, les rescapés européens égaillés en brousse commencent à rallier le camp de *Polaire*. Sous-officiers de la Coloniale évadés des camps japonais, colons ou planteurs français sont régulièrement recueillis par les montagnards et acheminés jusqu'au Phu San. En une semaine, une dizaine de volontaires ont ainsi grossi l'effectif du capitaine Ayrolles.

Chanaux s'est remis sur pied. Il se redresse, quand son crâne heurte un objet dur : la carabine du capitaine. La colonne s'est arrêtée.

« Qu'est-ce que... »

Chanaux laisse sa question en suspens. Bouche bée, il regarde approcher un étrange personnage surgi de la brousse. Un Blanc. Un colosse de près de deux mètres, les cheveux collés sur le front, la barbe rousse en bataille, le torse et les bras marqués de profondes griffures. Manifestement, le nouveau venu tient la jungle depuis longtemps. Son uniforme, en lambeaux, est méconnaissable. L'homme s'est arrêté, lui aussi. Puis, brusquement, il plisse un œil canaille et lève une main décontractée :

« *Hello, boys !* Comang alley voô ? »

Figés de stupeur, Ayrolles et ses compagnons se taisent.

« Vous avez vu le beau poisson que je vous ai pêché ? »

Orrhy apparaît à son tour, escorté de ses fidèles Zig et Puce :

« Je vous présente le captain Hughett. C'est un pilote américain. Il s'est fait descendre, l'an passé, au-dessus de la Cochinchine. Voici deux mois, il s'est évadé de la prison de Saigon... »

Le légionnaire couve son protégé d'un œil attendri, un peu complice, un peu propriétaire :

« Seulement, le captain Hughett n'a pas de pot : quand il est arrivé à Vinh, c'était le 9 mars. Il est tombé en plein sur les Japs...

— *Yes,* confirme l'Américain. Mais, je connais bien la course à pied. Aussitôt, je pars dans la forêt, et personne ne peut m'attraper. »

Orrhy explique, volubile :

« Notre ami oublie de vous dire que la même aventure lui est déjà arrivée, en 1942, au-dessus de Bataan. C'est un spécialiste des évasions en brousse... »

Ayrolles lui serre la main. *Polaire* compte un homme de plus. Et, pour le commando, perdu dans un territoire balayé par la tourmente japonaise, un homme devient un atout capital.

Les pieds dans l'eau, un détonateur entre les dents, Chanaux achève de fixer avec du chatterton la dernière charge de plastic à l'un des piliers de fer. En vingt minutes, avec ses aides, les sergents Fallarz et Gita — deux coloniaux rescapés de Khang Khaï — il a tendu les cordeaux détonants, réparti les explosifs, établi les relais. Son objectif : le pont de Ban Ban.

L'opération a été ordonnée la veille, depuis Calcutta. Le but à atteindre est de couper d'une façon définitive la R.C.7 , seule voie d'accès vers le Laos à partir du Nord-Annam. Posé sur la Nam Ngum, un torrent aux parois abruptes, le pont constitue un point de passage obligé dont la destruction bloquera les importants convois motorisés ennemis. Les Japonais le savent bien qui occupent, avec un effectif important, *le Restaurant,* une ancienne auberge en maçonnerie bâtie sur la rive est de la rivière.

Pendant ce temps, tout le commando s'est établi en recueil sur l'autre rive, toutes ses armes braquées vers *le Restaurant* dont on aperçoit distinctement les occupants qui se découpent, en ombres chinoises, sur les fenêtres éclairées. Chanaux prend l'extrémité d'un cordeau, l'introduit dans le détonateur. Il n'a plus qu'un geste à accomplir, le ficher dans la masse molle du plastic. Dans quinze secondes, il pourra donner le signal de mise à feu ; les retards sont calculés pour que le pont explose dans quinze minutes, sous les pieds des Japonais.

Soudain, à l'entrée est du pont, une rafale claque. Interrompant son geste, Chanaux lève les yeux, essayant de comprendre.

« Les cons, jure-t-il à mi-voix. Ils vont m'empêcher de faire péter cette saloperie... »

Quelques mètres au-dessus de lui, une galopade ébranle les planches. Sur le pont, des gens courent dans le fracas des grenades, le staccato des mitraillettes. Des cris fusent.

Une masse sombre passe contre Chanaux à le toucher. Un cadavre. Le corps tombe en soulevant un geyser d'eau noire et s'enfonce aussitôt. Seule une casquette de toile claire surnage une seconde. Un Japonais.

« Arrêtez vos conneries ! » crie Chanaux, furieux. Le cadavre a failli le précipiter dans le courant. « Me balancez pas vos macchabées sur la gueule !

— Replie-toi ! hurle, depuis la rive, la voix excitée du sergent Ayrolles. On est à découvert ! »

Chanaux saute, nage jusqu'à la rive. Il reprend pied aux côtés du lieutenant Heymonet qui appelle, d'une voix angoissée :

« Hughett, Hughett ! Où êtes-vous ? »

L'Américain avait tenu à accompagner le commando. Il a subi le premier assaut, seul, à l'autre bout du pont.

« Je l'ai vu, répond le sergent Ayrolles : il est tombé dans la rivière. Mais je ne sais pas nager... »

Heymonet plonge, se laisse dériver dans les tourbillons glacés, tout en appelant son camarade. Soudain, à quelques brasses de lui :

« Ici, *old friend* ! Mais j'ai trois *bullets* dans le corps ! »

Les Japonais ont réagi. Mais ils n'ont pas osé donner la chasse au commando qui s'est replié en hâte dans la forêt. En arrière-garde, Gauthier et Heymonet ont découragé toute poursuite.

« Tout le monde est là ? demande Guilliod, responsable de l'opération.

— Manque Fallarz, dit Heymonet. Il a été tué sur le pont. Une balle dans la tête. J'ai juste récupéré sa mitraillette.

— Et Hughett ? »

Penché sur le blessé auquel il confectionne un pansement, Chanaux annonce :

« Deux balles dans la jambe. L'une a traversé le genou, l'autre a disloqué le pied. Une balle a ricoché sur les chargeurs de rechange. Un millimètre à droite, et c'était la bastos dans les tripes.

— Faites confectionner un brancard.

— Les Japonais sont sur nos traces ! »

Le sergent Ayrolles a bondi au milieu du groupe, haletant.

« Ces salauds-là mettent le paquet ! Nous avons au moins une compagnie sur le paletot. »

Guilliod rassemble le groupe, désigne les porteurs.

« On s'en va ! ordonne-t-il. Et pas de fioritures. Nous n'avons qu'une façon de nous tirer des pattes des Japonais : la course à pied. »

Une pluie fine et pénétrante tombe sur le camp secret, noyant les cases sous une buée glaciale qui fait frissonner les rescapés du pont de Ban Ban. Ils dorment, écroulés de fatigue, enroulés dans un poncho luisant de pluie, parfois agités d'un frisson de froid.

Le capitaine Ayrolles est assis, immobile, penché sur la carte. Depuis l'échec de l'attaque, le commando *Polaire* est traqué par les Japonais qui se rapprochent inexorablement.

« Une seule issue : le nord, déclare le lieutenant Petit qui est venu s'asseoir auprès du capitaine.

— Mais le nord, c'est la montagne ! Je ne vois pas comment nous réussirons à gravir des pentes de mille mètres de haut, sous cette pluie et avec le blessé. »

Un bruit de pas fait lever la tête des deux officiers. Sa carabine dans la saignée du bras, Orrhy émerge du brouillard, silhouette noire et anguleuse. Derrière lui, tenus en laisse par les inséparables Zig et Puce, Ayrolles distingue des chevaux. De petits chevaux à longue crinière que l'on rencontre parfois sur les pistes méos. Ils trottent à l'amble, d'une curieuse démarche de loup. Heymonet prétend qu'ils étaient les montures des hordes de Gengis Khan.

Arrêtés devant la hutte, les chevaux secouent la tête, naseaux fumants, faisant tinter leurs clochettes d'argent et voltiger les pompons multicolores accrochés au frontal, sous un petit miroir ovale. Orrhy les essuie de la paume :

« Vous voyez ces miroirs ? C'est pour faire peur aux esprits malfaisants...

— On s'en fout, réplique sèchement le capitaine Ayrolles. Dis-moi plutôt où tu es allé voler ces bêtes.

— Moi ? Je n'ai rien volé, proteste Orrhy, offensé. C'est un cadeau de Cheng Toa. Je suis passé le voir et il m'a confié les chevaux .en affirmant que vous en auriez besoin pour évacuer le matériel et le blessé.

— Rien ne presse.

— Oh que si, Madre de Dios ! Cheng Toa m'a prié de vous dire aussi qu'un bataillon japonais était en train d'escalader les falaises, de ce côté-ci de la montagne. Ce n'est même plus une question d'heures... »

36

Sans répondre, Ayrolles repousse le poncho de toile verte et replie lentement sa carte. A côté de lui, le lieutenant Petit observe son visage. Pour la première fois depuis leur parachutage en Indochine, le capitaine a l'air découragé. Mais il se reprend vite :

« Pas une seconde à perdre. Alerte générale. On abandonne le camp. Destruction de tout le matériel lourd ; nous n'emportons que l'essentiel... »

Le bras du capitaine décrit un vaste arc de cercle :

« Aucune charge superflue : une arme par homme et des vivres pour deux jours. Il s'agit de courir. »

La colonne se met en route à 10 heures, alors que les Japonais, à portée de voix, se préparent à l'assaut du camp. Il ne reste au commando *Polaire* qu'une seule issue, le long des parois verticales, envahies de jungle. Un itinéraire impossible où les hommes sont, à chaque seconde, à la merci d'une chute mortelle. Le silence est de rigueur, mais les chevaux, surchargés, dérapent sur les cailloux et risquent d'attirer l'attention.

« Ce sera un miracle si nous nous en tirons », confie Gauthier à Heymonet, qui précède le cheval sur lequel est attaché le capitaine Hughett. Dix fois l'animal glisse et trébuche. Dix fois le brancard du blessé bascule vers le ravin. Pourtant l'Américain ne se plaint pas. Le visage gris de souffrance, la jambe mal arrimée, raide, sortant d'un pantalon méo bien trop court, il supporte sans gémir les effroyables cahots et les griffures profondes des branches basses et des épineux. La marche de cauchemar dure jusqu'à midi. *Polaire* atteint enfin la crête.

Sous les pieds de la colonne s'ouvre la vallée de la Nam Mat, une gorge vertigineuse que les parachutistes abordent avec précautions, s'arc-boutant contre le flanc des chevaux surchargés.

Soudain, c'est le drame. L'animal qui transporte Hughett boule sur la pente sans pouvoir se relever, naseaux dilatés, à bout de résistance.

« Foutu, le canasson, constate Vouillat.

— Vite, un brancard, ordonne Ayrolles. Nous allons porter le *captain* à bout de bras. »

Mais Hughett se dresse sur un coude :

« *No !* Pas question ! Laissez-moi : je connais la règle des commandos. Le boulot d'abord. »

Il s'efforce de grimacer un sourire d'encouragement tandis que Chanaux et Vouillat lui confectionnent un abri de branchages.

Auprès de lui, Gauthier dispose quelques vivres, des médicaments. Hughett refuse une arme : il n'accepte qu'une grenade.

Les Français s'éloignent, lentement. La fuite infernale commence. Elle mènera *Polaire,* à travers vallées et montagnes, loin vers le nord, dans le Phu Loï, un massif inconnu, hostile. Un autre monde au cœur duquel les parachutistes ne trouveront bientôt que le désespoir, la souffrance et la faim.

4

« *Mi krao sane ? Mi tsai kai ? Mi tou pett ?* »

Mains devant le visage, le petit homme tout nu roule des yeux affolés, regrettant la curiosité qui l'a empêché de fuir devant ces Blancs dépenaillés, aux joues creuses, aux yeux de loup. Il secoue la tête :

« *Bômi !* »

Non, rien. Pas de riz, pas d'œufs, pas de canards. Rien à manger pour ces soldats aux allures inquiétantes, ces fugitifs chassés du sud par les Japonais. Rien ! Et le petit homme tourne les talons et s'enfuit dans la brousse, ses fesses maigres roulant autour du mince cordon de laine noire comme une dernière dénégation.

« C'est chaque fois la même chose ! Et il y a cinq jours que ça dure ! »

Chanaux se laisse tomber sur le bord de la piste, essoufflé. Depuis leur départ, voici maintenant une semaine, les hommes n'ont reçu, les deux premiers jours, que la maigre ration de riz sauvée du désastre. Après, au hasard des vallées, ils n'ont trouvé que des racines, des pousses de fougère, des liserons d'eau. Ou des lianes qui trompent la faim mais provoquent des diarrhées atroces.

Vouillat lève au ciel un poing vengeur.

« Saloperie de temps ! Rien que des nuages et pas question d'avoir le moindre parachutage. Les vaches ! »

Le capitaine Ayrolles hausse les épaules, sans relever l'invective. D'ailleurs, à qui s'adresse-t-elle ? Aux Japonais qui n'ont pas abandonné la poursuite et dont les serre-file aperçoivent les silhouettes à moins d'une heure de marche derrière eux ? Aux aviateurs alliés qui n'ont pas une seule fois fait résonner au-dessus des nuages le vrombissement rassurant de leurs moteurs ? Aux officiers du C.L.I. que les fugitifs imaginent vautrés sur des transats au bord de la piscine du Cercle, un verre de whisky à la main ? Ou aux esprits de la montagne, ces *Phi* qui s'acharnent sur le groupe ?

Adossé à un arbre au tronc lisse comme de l'acier, Ayrolles regarde défiler son commando. Les hommes avancent, tête basse, d'une allure d'automates, au-delà de toute sensation. Seraient-ils capables d'affronter les Japonais, dix, cent fois plus nombreux ? Certes les Gaurs semblent les moins affectés : leur entraînement aux Indes les rend plus résistants que leurs camarades, rescapés des garnisons du Laos. Mais quelle est la valeur combative de l'ensemble ? Depuis le 9 mars, trente fugitifs ont rallié *Polaire*. Orrhy d'abord, puis Doussinault, puis Gita, Lecciaga, des coloniaux éprouvés par quatre ans de séjour en Indochine. Il y a aussi Morlet, capitaine d'aviation évadé des geôles de Vinh avec quatre camarades, et des Méos, Zig et Puce, Cheng Toa et bien d'autres.

En les intégrant dans sa colonne, Ayrolles en a pris la responsabilité. Une responsabilité écrasante qui commence par l'engagement de les nourrir. Et pourtant, depuis cinq jours, c'est la même chose. Hostiles ou apeurés, les montagnards font la même réponse à Doussinault :

« *Bômi !* Rien pour vous. »

Ayrolles se remet en route, aux côtés de Chatelain, son radio. Du robuste paysan poitevin aux joues colorées ne reste qu'une silhouette grise à la peau flasque.

« Ce soir, décide Ayrolles, tu contactes Calcutta, même si tu dois y passer la nuit. Je veux que le groupe ait le ventre plein s'il doit se battre. Ravitaillement d'abord ! »

Le vent s'engouffre dans la vallée de la Nam Hêt, sorte de tranchée naturelle, taillée entre deux formidables falaises de deux mille mètres, à l'orée du massif du Phu Loï. A partir de cet endroit, les cartes sont muettes. Le territoire des Kha n'a jamais été exploré. On sait seulement qu'il abrite les tribus les plus primitives d'Indochine, des sauvages qui se sont retranchés dans des gorges inaccessibles par peur des autres tribus.

Le paysage est impressionnant et évoque quelque monstrueuse erreur de la nature qui s'est plu à amonceler de formidables rochers de calcaire brunâtre sans souci d'harmonie, seulement préoccupée de laideur ou d'horreur. Il semble même que la végétation ait reculé devant le spectacle. Seuls, au bord de la Nam Hêt se sont accrochés quelques maigres arbrisseaux aux branches aiguës, à l'air méchant, sans doute vénéneux. Hormis le vent, pas un bruit. Les animaux ont fui la vallée, même les petits lézards ocre au dos dentelé comme des animaux préhistoriques.

Grelottant sous la bise, les fuyards se sont agglutinés en petits groupes accroupis à l'abri des ponchos de toile verts et luisants, confondus en leur immobilité, avec les rochers environnants. Seule, monotone, la litanie de Chatelain ponctue le silence comme une mélopée désespérée :

« Calcutta, Calcutta, ici *Bronze* qui appelle, ici *Bronze*... »

Le lente énumération cesse soudain. Mains ramenées brusquement sur les écouteurs, Chatelain écoute, tendu, la bouche entrouverte. Quand il parle, sa voix contient une excitation presque joyeuse :

« Bien compris. Je répète : demain, 7 avril. Parachutage sur notre position. Lettre de reconnaissance R comme Roméo. A 18 heures précises. Bien reçu. »

Toute la nuit les parachutistes ont supputé la nature du parachutage du lendemain, imaginant des menus pantagruéliques. Au matin, lavé de ses nuages, le ciel est apparu comme un présage heureux, d'un bleu profond.

« Le voilà ! »

Il est 18 heures. L'apparition du *Liberator* éparpille les hommes qui se répandent sur les rochers en agitant chapeaux et chiffons, comme des naufragés accueillant le navire sauveur. Un immense « hourrah » salue l'ouverture du premier parachute.

« Tiens, note Ayrolles, surpris par la couleur verte de la coupole, je croyais que c'était une teinte réservée aux colis d'armement... »

En trois passages, l'appareil s'est libéré de sa cargaison. Dix-sept containers en tout, près de trois tonnes de matériel. *Polaire* est hors de danger.

Apaisé, Ayrolles regagne son abri, laissant ses hommes à leur excitation. Jamais largage n'a été ramassé avec autant de hâte, et le capitaine peut à nouveau se pencher dans l'étude de la carte, son principal dérivatif. Sur une feuille de méchant papier quadrillé, il porte ses relevés topographiques et ses observations en un croquis sans cesse amélioré.

« Les vaches ! »

Ayrolles lève le front. L'exclamation de dépit a été poussée par Gauthier, ordinairement paisible et pondéré.

« Qu'arrive-t-il ? »

Gauthier s'approche de la cagna, une feuille de papier à la main :

« Voilà le fameux ravitaillement de Calcutta », grogne-t-il, l'œil mauvais.

Ayrolles parcourt lentement l'inventaire :

Containers 1 à 7 : obus de mortier, munitions de gros calibre, cartouches de mitrailleuse de 50.

Container 7 : une génératrice à vapeur pour poste américain.

Containers 8 et 9 : deux mortiers de 81 mm.

Containers 10 à 12 : six Piat lance-bombes.

Sourcils froncés, Ayrolles va jusqu'au bout de la liste, sans un mot ; il y a de tout, même des pièces de rechange pour automobile. Mais rien de ce dont *Polaire* a tragiquement besoin : pas la moindre ration K, pas la plus petite chaussette.

« Les salauds ! »

La voix du sergent Chanaux qui proteste, déchaîné, parvient jusqu'à la hutte du capitaine.

« Des saboteurs, peuchère ! A Calcutta, ils se foutent de nous ! Ils ont de grosses têtes, mais ça leur sert à rien qu'à retenir leurs cheveux... »

L'œil froid d'Ayrolles se pose sur Gauthier :

« Rassemblez les hommes avec leurs outils individuels. »

Gauthier note que la voix du capitaine ne reflète aucune émotion. Ni trouble, ni colère :

« Détruisez ce qui peut l'être. Sabotez les armes lourdes et enterrez. » Ayrolles hésite et achève : « Enterrez toutes ces saloperies ! Ensuite, appelez le radio ! »

Le sergent Chatelain se présente aussitôt, blême, traînant les pieds, le moral cassé par la déception. D'un ton sec, Ayrolles lui dicte un message, sans une seule hésitation :

Relisez nos vingt derniers télégrammes demandant vivres, vêtements, souliers, médicaments, pour effectif quarante. Ici, rivière à rapides seule voie de communication. Merci pour votre envoi de trois tonnes de ferraille. Ne désespérons pas de recevoir prochainement tanks et cuirassés de poche individuels.

Sommes nus et affamés...

5

Calcutta, 8 avril 1945.
... Sommes nus et affamés. »

Le lieutenant Sassi repose le télégramme d'un geste de colère. Une heure plus tôt, un radio, indigné, lui a communiqué la copie du télégramme envoyé par le capitaine Ayrolles. A Calcutta, tous les Français suivent avec angoisse la tragique odyssée du commando *Polaire*.

« Dégueulasse, gronde Sassi d'une profonde voix de gorge. Gaspiller sept heures de potentiel aérien pour larguer des canons à des gars qui attendent des vivres, moi, j'appelle ça du sabotage ! »

Mauvais, le mufle en avant, Sassi est prêt à dire son fait au colonel de Crèvecœur.

Professionnel de la guerre, le lieutenant Sassi est un commando-parachutiste récemment arrivé aux Indes qui ne peut admettre que l'on joue ainsi avec la vie des combattants. Du reste, Sassi admet peu de choses. Malgré son jeune âge — il a vingt-deux ans —, c'est un baroudeur surentraîné qui cache, sous une apparente décontraction facilitée par une silhouette interminable, épaules larges, hanches étroites, une volonté d'acier et un caractère de cochon.

Intransigeant, capable de se faire hacher debout pour défendre un point de vue personnel, il a, du monde, une idée manichéenne. D'un côté ses amis — rares — pour lesquels il donnerait sa vie, de l'autre, ses ennemis. Pour eux, son sentiment va de l'indifférence méprisante à la brutalité. Parmi les snobs de la guerre, Sassi est peut-être le plus snob de tous, tout à fait conscient d'appartenir à une caste de soldats d'élite : les Jedburghs.

Curieuse unité que celle des Jedburghs. Rattachée au S.O.E.

(Special Operation Executive), la branche « Action » des services secrets britanniques, composée de commandos venus de tous les coins d'Europe occupée, elle a pris à son compte la mission donnée par Churchill : « Mettez l'Europe à feu. »

Bagarreurs, casse-cou, volontaires pour tous les « coups tordus » dont on ne revient pas (et dont ils reviennent parfois), les « Jeds » effraient un peu les militaires pétris de tradition par leur conception du combat et leur désinvolture à l'égard des « valeurs sûres » de l'armée : les galons, les décorations, l'uniforme et le pas cadencé.

A Calcutta, Crèvecœur et son état-major bien élevé ont vu sans plaisir arriver ces hommes, et leur désapprobation a été sans réserve quand ils ont constaté que certains d'entre eux étaient français. Mais les Britanniques, qui font la vie belle aux Jedburghs dont ils apprécient l'efficacité, ont imposé leur style. Ils savent qu'en Europe, les Jeds ont été lâchés de nuit, derrière les lignes ennemies, par petites équipes de deux ou trois, errant comme des loups dans les bois, les montagnes, les ruelles des villes occupées. Ils ont fait sauter des ponts, des dépôts, des arsenaux, des centrales électriques, des usines d'armement. Ils ont enlevé des généraux allemands, exécuté des dignitaires nazis à la barbe de la Gestapo.

Pour les Jedburghs, pas de drapeau où inscrire leurs faits d'armes, mais le monde entier les connaît : Norsk Hydro, l'usine norvégienne de fabrication d'eau lourde ; l'exécution de Reinhard Heydrich, le *Reichsprotektor* de Bohême ; l'attaque de l'aérodrome d'Hêraklion, en Crète ; le raid en kayak dans l'estuaire de la Gironde ; l'encadrement des maquis du Vercors et de Croatie.

A Calcutta, ils attendent. Ils sont plus de deux cents, Hollandais, Anglais, Américains, Français. L'Europe n'avait plus besoin d'eux alors, pour ne pas se quitter, ils sont, ensemble, partis pour l'Asie. De temps à autre, une équipe s'en va, parachutée dans la jungle de Birmanie, mener la guérilla contre les Japonais.

Leurs camarades les envient, en espérant que leur tour viendra vite. Pour ne pas perdre la main, ils organisent de gigantesques pugilats, dans Calcutta terrorisée, sous des prétextes dont la futilité n'a d'égale que la fréquence. Régulièrement, Américains et Français s'affrontent. Les premiers mettant les seconds au défi de retourner jamais en Indochine :

« Vous n'avez même pas été capables de vous battre contre les Japonais ! proclament-ils. Ne comptez pas sur nous pour les vaincre et pour vous rendre l'Indochine. On a été trop gentils. En France, on s'est fait tuer dans une guerre qui n'était pas la nôtre. »

Cette réflexion traduit un état d'esprit général chez les Américains. Ils ont accepté, de mauvais gré, d'aller se battre pour une querelle entre Européens qui ne les concernait guère. Pour eux, le principal ennemi est le Japonais, leur guerre, celle du Pacifique. C'est pourquoi les Jedburghs français ont mis un point d'honneur à participer à leur combat, même si, à Calcutta, l'Américain constitue le partenaire privilégié des bagarres de rues.

Ils se considèrent comme les dépositaires de l'héritage occidental en Asie. Du coup, Anglais et Hollandais, également concernés, prennent leur parti.

Pour ces mêmes raisons, à l'échelon le plus haut, l'état-major britannique se montre favorable à la reconquête de l'Indochine par la France. Il avait fondé de grands espoirs sur l'action des troupes du colonel de Crèvecœur. Malheureusement le coup de force japonais a pris les Français de vitesse et le corps léger d'intervention n'est qu'un commandement sans troupes. Aussi, à la fin du mois de mars 1945, les Anglais décident de lui restituer les soixante Jedburghs français qui servent dans leurs rangs.

Ce renfort inattendu — pas très souhaité non plus, du moins au début — finit, tout de même, par réactiver les ambitions stratégiques endormies du C.L.I. A Calcutta, les cerveaux galonnés se remettent à envisager avec optimisme la reconquête de l'Indochine. Après le 9 mars, Crèvecœur avait condamné les Gaurs, coupés de tout et privés de renforts. Or, ni le capitaine Fabre, ni le capitaine Ayrolles n'ont été rayés de la carte. Ils ont agi, ils ont engagé le combat et, traqués, ils ont réussi à survivre, en dépit de difficultés grandissantes.

Du coup, on passe très vite du pessimisme officiel à l'enthousiasme délirant. La thèse prévaut bientôt qu'il suffit de parachuter une équipe au-delà du Mékong pour qu'elle s'étoffe, qu'elle prospère et, pourquoi pas, qu'elle reprenne le contrôle de territoires entiers après avoir « facilement » nettoyé la région des « quelques » Japonais qui s'y trouvaient. La mode s'instaure des parachutages *blind* — parachutages à l'aveuglette — où l'on essaime les hommes au hasard du terrain, à partir d'appareils que les Britanniques ne prêtent qu'au compte-gouttes en exigeant le secret le plus absolu.

45

Le résultat n'est pas brillant. Parfois même il est tragique : il est impossible, aujourd'hui, de dire combien de Jedburghs ont disparu sans laisser de traces, dans la brousse du Laos, les rizières d'Annam, les montagnes du Tonkin. Certains, en revanche, sont revenus, contre toute autre attente. Ils ont raconté les conditions scandaleuses de leur départ en mission.

Le 5 avril 1945, l'officier des opérations aériennes du C.L.I., le capitaine de Larrue, convoque le lieutenant Masson.

« Vous sautez demain », lui dit-il.

Masson bougonne du haut de son mètre quatre-vingt-dix. Héros des maquis de Bourgogne, c'est un extraordinaire baroudeur qui n'a peur de rien. Il s'informe, en technicien :

« D'accord, mais avec qui ?

— Choisissez deux camarades. »

Masson récupère son second, tout aussi fonceur que lui et qui l'a déjà accompagné dans plusieurs missions, le lieutenant Lautier. Un troisième Jed, le sous-lieutenant Dupont, se porte volontaire pour les suivre.

« Où sautons-nous ? » demande Masson à de Larrue.

Hésitante, la règle graduée du capitaine se promène sur la carte murale, s'arrête au centre d'une tache verte, sur le K du mot Tonkin :

« Vous serez largués ici... A peu de chose près. De toute façon, cela n'a guère d'importance : votre objectif final est Hanoi. »

Les trois Jedburghs s'approchent de la carte. A l'emplacement indiqué, ils lisent « Nghia Lo ».

« Dites donc, observe Masson, c'est en pleine montagne, votre point de parachutage ! Et puis, c'est fichtrement loin de Hanoi ! »

Larrue mesure la distance avec son double décimètre et réplique, d'un ton suave :

« Pensez-vous ! Il n'y a que quinze centimètres entre Nghia Lo et Hanoi ! Cent cinquante kilomètres à vol d'oiseau ! A une moyenne horaire de cinq kilomètres à l'heure, il vous faudra quatre jours pour arriver à destination... »

Désarmés par autant de naïve assurance, ni Masson, ni ses camarades ne peuvent répliquer. D'ailleurs, un Jed ne peut être soupçonné de mauvaise volonté, encore moins de refus d'obéissance. Une mission est toujours acceptée. Il ne leur reste plus qu'à se préparer, misant surtout sur la chance.

La chance ne sera pas au rendez-vous. Parachutés le 8 avril 1945 près de Son La par le *Liberator* qui a « ravitaillé » le capitaine Ayrolles, les trois commandos sont capturés par les Japonais.

Abominablement torturé, le sous-lieutenant Dupont est décapité au sabre le 12 avril. Pour leur part, Masson et Lautier seront enfermés, une année durant, dans des cages de bambou, au terrible bagne de Hoa Binh.

Mais, pour un Masson et Lautier — voire un Pierre Messmer — qui rentrèrent, combien furent engloutis, envoyés pour rien à une mort certaine ?

6

« *Sahib,* le chef des opérations aériennes vous demande.

— Ça tombe bien ! »

Sassi envoie un salut de la main à ses camarades rassemblés sous un parasol au bord de la piscine du Cercle, et s'éloigne à la suite du planton enturbanné, en roulant les épaules, le buste penché en avant, les bras décollés du corps, de cette démarche d'ours aux aguets qui lui est familière.

« Vous allez être parachuté par le prochain *Liberator* », lui annonce le capitaine de Larrue d'un ton condescendant.

Sassi relève ses lunettes sur le haut de son nez et plisse les yeux :

« Bien. Et où vais-je être largué ? »

Le capitaine de Larrue pointe le doigt sur la carte, suit le tracé de la côte annamite, s'arrête au bord d'une petite rivière, sur un point noir précédé d'un nom bref : Vinh. Sassi approuve, sobrement. Pour lui, Vinh n'est qu'un endroit comme un autre.

« Parfait, dit-il enfin. Quels sont les moyens que vous mettez à ma disposition : radio, ravitaillement, armement ? »

De Larrue ouvre un tiroir, en sort un petit pistolet qui tient tout juste dans la paume de sa main. Il le tend à Sassi :

« Désolé, lieutenant, mais c'est tout ce dont nous disposons. Vous savez, depuis le 9 mars, les Américains nous ont fermé le robinet d'armement. Nous avons récupéré des armes de-ci, de-là. »

Entre deux doigts, Sassi a cueilli le minuscule pistolet. Lentement, il le porte à ses yeux, semblant l'examiner avec l'attention d'un bijoutier détaillant une pièce rare.

« Intéressante, cette crosse de nacre, laisse-t-il tomber d'un ton faussement négligent. Et à quoi sert cette pauvre petite chose ? »

Larrue sent venir l'incident. Il essaie d'y mettre fin en poussant à travers son bureau un emballage de carton marron :

« Voici une boîte de cartouches. Calibre 6,35. »

Sassi ouvre la poche poitrine de sa chemise, y dépose le pistolet-bijou avec infiniment de précautions et cueille les munitions. Il a fait appel à tout son humour et d'ailleurs il s'en moque. A l'instar des professionnels, il possède ses propres outils, son colt et sa carabine qu'il connaît comme sa main.

« Combien serons-nous ? »

Larrue se détend et pour montrer sa bonne volonté, consent à fournir des explications :

« Je vous ai choisi un équipier sur mesure. L'aspirant Thalman, un excellent...

— Pas la peine ! »

Main levée, en barrage, Sassi bloque tout autre commentaire. « Votre Thalman, vous pouvez le garder ! Je suis persuadé que c'est un très bel officier, mais je n'en ai jamais entendu parler. Chez les Jeds, voyez-vous, l'usage veut que nous cooptions nos propres équipiers. Je suis prêt à sauter n'importe où. Pour gagner la guerre. Pas pour me faire massacrer bêtement. Je veux donc choisir mon alter ego. »

Sans attendre, sans même accorder un regard au capitaine de Larrue, ébahi par cette soudaine rebuffade, Sassi sort à grandes enjambées. Il va lui-même chercher son camarade de combat.

Au moment de franchir la porte, il entend, dans son dos, la voix rageuse du capitaine qui grince :

« Je vous préviens... Je vais faire un rapport ! »

« Qu'est-ce que c'est que cette connerie de rapport ? Le lieutenant Sassi a raison ! Nous sommes en guerre, pas sur la scène des Variétés à jouer du Courteline ! »

Tête basse, le capitaine de Larrue s'en va, déçu. Les temps changent et le nouveau patron, envoyé de Paris, n'a pas le caractère accommodant du colonel de Crèvecœur.

Depuis le 10 avril, le commandant Morlanne a pris en main les destinées des guérillas d'Indochine. C'est un spécialiste des réseaux et de l'action clandestine. Pendant près de trois ans, il a opéré, en France, au profit du B.C.R.A., les Services de Londres.

Volontaire pour l'Asie du Sud-Est, Morlanne est arrivé à Calcutta à la fin du mois de mars 1945. Dans son sillage, une bonne partie de ses officiers et de ses radio-chiffreuses. Morlanne a reçu un blanc-seing du patron, Jacques Soustelle, pour prendre en main le « Service Action ».

Il ne s'agit donc plus, comme le prétendait avec grandiloquence le colonel de Crèvecœur, de « reconquérir l'Indochine » — tâche réservée au corps expéditionnaire en formation en Algérie ou en Chine — mais, plus modestement, plus courageusement surtout, d'y revenir en fraude, à grands risques, pour y établir des réseaux, transmettre les renseignements inexistants depuis le coup de force du 9 mars 1945, renouer des contacts perdus. Tâche ingrate et dangereuse que Morlanne ne cache pas à ses Jedburghs. Ceux-ci acceptent d'aller à la mort, conscients d'éviter par leur sacrifice individuel des pertes plus lourdes aux troupes de la reconquête. Autant que des professionnels du combat de l'ombre, ce sont de jeunes officiers aussi ardents que leurs anciens de Saint-Cyr qui montaient à l'ennemi en casoar et gants blancs.

« Les *British* ne sont pas optimistes, constate le lieutenant Puget [1] avec une grimace dégoûtée. Ils nous accordent seulement trois mois de survie après notre parachutage à Vinh s'il ne se produit rien, ni débarquement américain, ni offensive anglaise, ni capitulation japonaise. »

Sassi hausse les épaules. Pour lui, l'essentiel est de partir. Comme compagnon d'armes, il a choisi son ami Puget, ancien comme lui des missions au-dessus du Vercors soulevé. Ensemble, les deux para-commandos ont libéré Gap et Avignon. Les deux Jeds sont complémentaires. Sassi est un fonceur, ardent comme un pur-sang. Son indicatif *Cheval* tient autant compte de son physique, cette mâchoire abrupte comme une falaise, que de sa fougue. Au contraire, Puget évoque plutôt le percheron de labour, tout aussi solide, tout aussi courageux, mais d'une douceur trompeuse qui masque une détermination absolue.

« C'est pour demain ? demande Sassi.

— Oui. A propos, as-tu vu le terrain, autour de Vinh ? C'est tout plat. De la rizière partout. Je vois mal comment notre largage peut passer inaperçu ! Comme si on nous posait sur le Champ-de-Mars !...

1. Pseudonyme de Résistance : de son vrai nom Henri Penin.

50

— Donc, résume Sassi, nous n'avons pas beaucoup de chances de survivre, même trois mois ?

— Pas la moindre », réplique Puget, placide, en achevant de boucler son sac.

Décidée le 17 avril 1945, la mission des deux Jedburghs ne peut démarrer à la date prévue. Deux fois de suite, les 20 et 24 avril, les conditions météorologiques défavorables au-dessus du Nord-Annam ont obligé le *Liberator* à revenir à Calcutta. Le 3 juin, Sassi et Puget s'envolent une nouvelle fois. Le temps est beau, mais l'avion perd de l'huile, il doit rentrer en catastrophe sans avoir pu remplir sa mission.

Au pied du nouvel appareil qui leur a été affecté, les deux camarades pestent contre leur malchance, quand une voix les interrompt :

« Je viens avec vous ! »

Sassi et Puget se regardent et, fatalistes, encore harnachés en guerre, haussent les épaules. Du reste, ils n'ont rien contre le capitaine de Wavrant, Jedburgh lui aussi, récemment arrivé aux Indes.

Grand, fin, élancé, le regard clair, le profil aristocratique, Wavrant a été formé dans les traditions patriotiques d'une vieille famille bourgeoise du Nord. Sa présence apporte au groupe cette cohésion qui, jusque-là peut-être, lui faisait défaut. Avant lui, les deux lieutenants n'étaient qu'un tandem de casse-cou. Avec Wavrant, ils deviennent un commando obéissant à un chef.

« Notre mission est modifiée, explique le capitaine de Wavrant. Nous constituons désormais le groupe *Véga*.

— Et où allons-nous ?

— Notre objectif reste Vinh. Mais en deux temps. »

Wavrant ouvre sa carte de soie, la lisse sur son genou :

« La R.C. 8 part de Vientiane au Laos et file vers l'est. Elle traverse la chaîne Annamitique et débouche sur Vinh, au Tonkin, en bord de mer. Sur cette route, une guérilla de Gaurs est en place depuis le début de l'année : le commando *Sagittaire* aux ordres du capitaine Fabre. Ce sont ces parachutistes qui vont nous accueillir.

— Bien compris. Quand partons-nous ? »

Wavrant replie soigneusement sa carte, la glisse dans sa poche de poitrine et, du pouce, montre son sac, bouclé, rangé dans un coin du hangar à côté des bagages de ses deux camarades :

« Nous embarquons dans une heure. Tout s'est décidé très vite, pendant que vous faisiez du tourisme aérien au-dessus de l'Indochine. »

Sassi fronce les sourcils :

« Mais ça va nous amener au-dessus du Laos en plein jour ! Pour un largage de clandestins, ça ne me semble pas très indiqué. Autant télégraphier directement aux Japonais ! »

Wavrant hausse les épaules :

« Le tout est de partir, pas vrai ? Et puis, finalement, tu as du pot : tu inaugures... »

7

Les vingt éléphants sont lentement sortis de la brousse, un par un, la trompe basse, les oreilles plaquées, l'air accablé comme s'ils brassaient sous leur front bosselé de lourdes pensées moroses ; cortège uniforme et calamiteux, d'un gris sale de vase séchée dont le soleil levant n'arrive pas à nuancer le velours terne.

Accroupi, son fusil entre les genoux, le lieutenant Gourlet se jette à plat ventre dans un réflexe d'animal traqué. D'une main qui tremble un peu d'inquiétude et de fatigue, il arme silencieusement la culasse du mousqueton, bien qu'il sache que son arme n'est qu'une défense dérisoire contre ces monstres qui processionnent trois cents mètres plus bas.

Tout d'abord le jeune officier qui assure la garde avait pris les pachydermes pour des rochers ronds, tellement leurs mouvements étaient imperceptibles. Ils ont surgi de la forêt, progressant comme dans un rêve, millimètre après millimètre, posant prudemment, l'une après l'autre, une patte circonspecte, à la façon d'un funambule éprouvant la solidité de son câble.

Longtemps, longtemps après, en observant un mystérieux cérémonial, les éléphants se sont alignés à l'orée de la jungle devant l'étendue morne et plate, d'un vert malsain d'où n'émergent que des branches mortes à demi rongées d'humidité.

En brousse, un marécage présente ainsi cet aspect terrifiant des paysages chargés de maléfices. Sous l'épaisse couche d'humus décomposé et de feuilles pourrissantes d'une blancheur inerte, se devine l'épais grouillement de millions d'insectes innommables dont les mouvements se traduisent, en surface, par des bulles laiteuses qui crèvent avec un bruit de succion.

Gourlet lève un bras décharné auquel s'accrochent encore des lambeaux d'étoffe, ce qui subsiste de la manche de sa chemise en loques. Un léger friselis d'herbe le renseigne. Il n'a pas besoin de se retourner pour savoir que son chef, le commandant de Goër, a compris le signal et se glisse près de lui. Même sans cela le crissement caractéristique des ongles dans la barbe l'aurait averti. Cette manie du commandant dégoûte le lieutenant : il imagine Goër, essayant d'atteindre, sous les poils drus, gris-blanc, les boutons d'une dartre de brousse. Dans ces moments-là, avec son crâne ovale, poli comme un pavé de granit brun, Goër fait irrésistiblement penser à quelque clochard, sorte de Verlaine béat, au regard bleu délavé, rendu plus clair encore par les larges cernes entourant les paupières.

« Regardez », souffle Gourlet.

D'autres bruits, d'autres glissements. Un à un, les neuf hommes du groupe se sont rassemblés près de leurs officiers. Ils se sont allongés à plat ventre, leur front seul dépassant de la ligne de crête. En silence, les Français observent l'étrange et impressionnant ballet des éléphants.

Leur mise en place est terminée, dans le respect d'une hiérarchie compliquée et méticuleuse. Au centre du demi-cercle, légèrement en avant, se tient le patriarche de la tribu. Immobile, à peine parcouru d'un léger frémissement. Il a les défenses usées, à demi cassées, d'une couleur jaune-rouge de vieil ivoire. La tête penchée de côté, il fixe d'un regard aveugle la surface luisante du marécage.

Contre lui, le serrant de près, le soutenant parfois d'un robuste coup d'épaule, se sont placés deux des plus grands mâles, dont le pelage, d'un gris d'acier, contraste avec les teintes claires des femelles réparties de chaque côté, par ordre de taille décroissant.

Tout au bout de la rangée, aux deux extrémités, gardés par des éléphantes sans doute affectées à leur surveillance, sont alignés les éléphanteaux, graciles malgré leur volume et leur poids, mais maladroits, gauches et empruntés comme des enfants impressionnés par un rituel rigide et solennel.

« Le vieux s'avance », murmure le lieutenant.

Gourlet se trompe. Le vieux n'avance pas. Ce sont les grands mâles qui le poussent en avant, d'une formidable pression des épaules.

L'ancêtre a vibré de toute sa carcasse. Mais, s'il a eu peur, il s'est vite repris. Il se laisse guider, aveugle mais averti par son instinct, vers son destin. Un destin inscrit dans une coutume barbare issue du fond des âges.

Le vieil éléphant se laisse conduire, sans résister, mais sans non plus faciliter la tâche de ses rivaux. Ni résigné ni complice, seulement fataliste. Les deux jeunes mâles s'arc-boutent, ancrant leurs pattes de derrière dans la poussière, poussant, toujours plus loin, de toute leur masse, le vieux roi déchu.

Le soleil plombe, maintenant vertical, faisant trembler un halo cuivré flottant sur le marécage. Et toujours l'éléphant progresse, inexorablement. Soudain le sol se dérobe sous ses pas. Comme la glace d'un étang gelé, la mince pellicule de boue séchée s'est rompue. A cet instant seulement le vieil éléphant effectue de lui-même les trois ou quatre enjambées nécessaires.

Puis il stoppe, trompe dressée, et lance un barrissement formidable, avant de s'enfoncer lentement, pattes tendues, dans une immobilité de statue.

On dirait un cuirassé de bataille, torpillé en haute mer et qui sombre, pavillon haut.

De leur observatoire, sur la colline, les onze Français ont assisté, fascinés, à la fin dramatique du vieux chef de la tribu des éléphants, conscients d'être les témoins privilégiés d'un incroyable spectacle.

Pendant des heures, l'éléphant condamné demeure ainsi figé, tandis que la vase monte le long de ses flancs, de plus en plus vite à mesure qu'il disparaît. Enfin la trompe lance un ultime barrissement. Et la tribu lui répond. Tous ensemble, les vingt éléphants font trembler la clairière. Une façon de saluer la fin de celui qui les avait guidés sur les pistes de la jungle.

« Jamais je n'aurais cru que cela soit possible, murmure le commandant de Goër encore sous le coup de l'émotion. Bien sûr, j'avais déjà entendu parler du rituel funéraire des éléphants, mais j'avoue que je l'avais pris pour une légende. »

Le lieutenant Gourlet hoche la tête. Sa respiration sifflante fait saillir sa poitrine osseuse par l'échancrure de sa chemise :

« Si nous le racontions, personne ne nous croirait », ajoute-t-il.

Roulant sur le dos, le lieutenant fait face au sergent Polic :

« Retenez la date et l'endroit : le 4 juin 1945, au nord-est de la vallée de la Nam Vat, à vingt heures de marche à l'ouest de Napé. Vous nous servirez de témoin... »

Polic se rapproche, mais, si sa tête approuve, son regard est posé bien loin au-delà, vers la crête qui domine la tribu des éléphants :

« On n'est pas les seuls témoins, mon lieutenant ! Regardez ! »

Gourlet suit la direction indiquée par le sergent. A moins de six cents mètres, se profilant sur le ciel jaune, une dizaine de silhouettes sont agglutinées. Courtaudes, surmontées du casque rond ou de la casquette pointue, elles sont prolongées par une sorte d'antenne : le fût démesuré des 6,6, ces fusils au canon interminable.

« Les Japs... »

Le commandant de Goër soupire. Un voile de lassitude passe sur son visage ravagé. Autour de lui, les hommes s'égaillent, en rampant, vers les couverts. Tous ont la peur nouée au ventre. Tous ne souhaitent qu'une chose : ne pas avoir été aperçus.

« Ce serait trop con après trois mois... »

Cette réflexion découragée du sergent Polic reflète l'état d'esprit général. Quand, au moment du coup de force japonais, le 9 mars, la compagnie de Goër a pris la brousse, c'était avant tout pour échapper à l'internement. Les hommes espéraient pouvoir survivre autour de Vinh, dans les villages qu'ils visitaient fréquemment au cours des manœuvres du bataillon. Mais, très vite, les marsouins se sont aperçus que les « paisibles » *nha qués* de la rizière avaient basculé de l'autre côté. Encore heureux s'ils se contentaient de chasser ces Français humiliés, ces fuyards apeurés qui s'approchaient de leurs cagnas. Eux au moins annonçaient la couleur. Rouge. D'autres au contraire étaient tout courbettes, tout sourires. Mais les émissaires allaient aussitôt prévenir le poste de la Kempetaï.

Alors, peu à peu rejetés vers la forêt, Goër et ses marsouins ont marché vers l'ouest, vers le Mékong où, dit-on, les garnisons du Laos subsistent encore. Mais la jungle au-dessus de Vinh est épouvantable. Pleine de pièges, de maladies, de traquenards. Et si, au départ, la compagnie de Goër était à effectif complet, cent dix-neuf hommes, trois officiers, six sous-officiers, trente Européens et quatre-vingts tirailleurs annamites, l'épuisement, la maladie, les accrochages, les défections l'ont pratiquement anéantie. La plupart des soldats ont disparu en trois mois.

Ceux qui survivent sont les plus résistants, ou les plus chanceux. Ou seulement ceux chez qui la rage de vivre est la plus forte, la plus ancrée, la plus élémentaire. Ils ne sont plus qu'une poignée : deux officiers, trois sergents, deux caporaux européens et quatre tirailleurs annamites.

Trois mois de jungle, de privations, de fuite permanente ont fait de ces rescapés des squelettes barbus au regard halluciné, aux vêtements en guenilles, à travers lesquels saillent les os, la peau griffée de ronces, mangée de bourbouille infectée, de dartres et de furoncles. Ils tiennent encore debout par miracle.

« Il faut partir. »

Pas une protestation. Pas même un soupir. Silencieux, les dix rescapés obéissent au commandement. Malgré l'épreuve, ils observent encore les vieux principes du combat de jungle, autant par habitude que par nécessité. Ils savent que c'est leur seule chance de s'en tirer.

« Dispositif étiré. Trente mètres entre chaque homme... »

Cet ordre aussi est de pure routine. Sur une piste, on est seul. Ne serait-ce que pour sauver le reste du groupe, à tour de rôle, l'éclaireur de pointe est relevé.

Il est 4 heures de l'après-midi. En tête, le tirailleur Ta Am, un Annamite aux jambes torses de gardien de buffles, noiraud et court sur pattes, aborde la surface pelée d'un ancien *ray*, une rizière de montagne, gagnée sur la forêt par le feu. L'éclaireur s'arrête, se colle à l'abri d'un arbre et observe. Derrière lui, la petite colonne a également fait halte. Pas un bruit ne monte de la vallée qu'on aperçoit, descendant en pente douce, vers le soleil déclinant.

« *Im cai môm*! Silence... »

Tête penchée de côté, toute son attention mobilisée, Ta Am semble déconcerté. Il secoue la tête comme pour chasser un frelon acharné, écoute encore. Puis, sa main en visière au-dessus des yeux, il fouille le ciel. Et tend le bras :

« Un avion ! »

D'un même mouvement, le commandant de Goër et le lieutenant Gourlet ont rejoint l'éclaireur annamite. Comme lui, ils scrutent le ciel dégagé, mais en vain. Seul Ta Am persiste dans son affirmation :

« *Xep,* moi c'est bien connaître l'avion... »

Une poussée, légère, de la main du lieutenant Gourlet sur le bras du commandant :

« Je le vois... C'est un gros. Peut-être un bombardier. »

A son tour, Goër aperçoit l'appareil : le quadrimoteur effectue des rondes de l'autre côté de la crête, guère loin, quatre ou cinq kilomètres vers l'ouest.

« Il a dû voir quelque chose, murmure Gourlet qui ajoute d'un ton las : s'il y a des Japs à l'ouest, ça veut dire qu'on n'est pas encore arrivés sur le Mékong. C'est pas...

— Regardez ! »

Gourlet laisse sa phrase en suspens. Du quadrimoteur ont jailli de petits flocons blancs. Trois parachutes descendent mollement et disparaissent derrière la colline.

Un tour de plus et le quadrimoteur laisse encore tomber cinq autres parachutes, de couleur foncée, points sombres sur le ciel d'or.

« S'il y a un parachutage, c'est qu'il y a des gens pas loin, réussit à dire le lieutenant, sans se rendre compte qu'il énonce des évidences.

— Ça veut surtout dire qu'en nous dépêchant, nous pourrons peut-être rencontrer ces bonshommes avant la nuit ! Je serais curieux de savoir quels sont ces dingues qui viennent se fourrer dans la gueule du dragon. »

Les « dingues » en question, ce sont Wavrant, Puget et Sassi. Le groupe *Véga* vient d'atterrir dans un *ray*, accueilli au sol par la guérilla du capitaine Fabre.

8

Entre Fabre et les trois Jedburghs, le contact est singulièrement dépourvu de chaleur. Amaigri, malade, le chef du commando
Sagittaire se montre cassant, pessimiste. Sassi note que son
pseudonyme, *Métal*, lui va comme un gant. Tandis que des volontaires autochtones collectent parachutes et containers, le capitaine
brosse aux nouveaux venus un tableau réaliste et sans complai-
sance de la situation :

« Je ne vois pas comment Calcutta imagine que vous irez à
Vinh, dit-il d'emblée, d'un ton sec. Le seul itinéraire praticable
est la R.C.8. Elle est aux mains des Japonais : ils en ont besoin
pour acheminer renforts et matériels vers le Laos.

— Reste la brousse, objecte Wavrant.

— La brousse ?

Fabre montre le fouillis des arbres et des buissons.

— Vous n'irez pas loin en brousse ! Peut-être vous êtes-vous
entraînés aux Indes, mais ça n'a rien à voir avec ce que vous trou-
verez ici. Vous ne connaissez ni le Laos, ni le terrain, ni les habitants. Je ne vous donne pas trois jours pour être pris. »

Son index désigne successivement chacun des Jedburghs :

« Simple question de proportions, reprend-il. Vous êtes trois ;
les Japonais, trois cents en poste fixe sur la route, sans compter le
bataillon lancé à ma poursuite. De plus, les Méos de la région
ne nous aiment pas. Votre tête ne tardera pas à être mise à prix. »
Distraitement, Fabre laisse tomber :

« La mienne vaut actuellement vingt mille piastres... »

Brièvement, son regard semble refléter une certaine compas-
sion pour les trois parachutistes, désarçonnés par ses propos. Il
s'attarde sur les yeux bleus de Wavrant qui le dévisage sans ciller.

« Restent trois solutions, reprend Fabre, froid et technique. La première serait que je vous garde avec moi pour vous laisser le temps de vous acclimater... »

Il ne s'arrête pas longtemps à cette éventualité, sa décision est prise :

« Désolé d'être franc, mais c'est exclu. Je ne peux pas alourdir mon dispositif au moment où, pour des raisons de sécurité, j'ai dispersé mon groupement. Bien entendu, il n'est pas question non plus de vous mettre sur le bon chemin en vous souhaitant d'avoir de la chance...

— Alors ? demande Wavrant, pressé d'en finir.

— Un moyen terme. »

De la main, le chef de *Sagittaire* montre les montagnards, des hommes à demi nus, les cheveux longs flottant sur les épaules, et qui transportent les containers avec des exclamations rauques et de grands sourires vertigineux coulant entre leurs dents limées.

« J'ai conservé jusqu'ici une vingtaine de Rhadés, des primitifs venus du Nord-Annam. Ils sont gentils, fidèles et naïfs. Mais ils sont paresseux et leur qualité première n'est pas le courage au combat. Je vous les donne ; à défaut d'être des soldats, ce seront de bons guides. Un peu vos yeux et vos oreilles.

— Je vous remercie, dit Wavrant qui ne sait pas ce qu'il doit penser du cadeau.

— Un dernier mot, dit Fabre en rajustant sa carabine sur son épaule. Ne restez pas trop longtemps dans les parages. Les Japonais ont assisté à votre parachutage et sont déjà à votre recherche. Moi, je pars de mon côté, faites de même... »

Il fait demi-tour, se ravise :

« Montrez-moi votre carte. » Son index parcourt rapidement un itinéraire entre deux vallées. « A six kilomètres au nord, il y a un village laotien, Ban Na Noï. Passez-y la nuit, vous y serez en sécurité. Demain, je reviendrai vous voir... »

Sans autre commentaire, Fabre se détourne et s'en va, sa silhouette longiligne penchée en avant, déjà loin. Sa mission de recueil est remplie. Pendant que la vingtaine de montagnards rhadés rejoignent les Jedburghs, le capitaine disparaît au tournant de la piste.

La nuit est tombée, d'un seul coup. Autour de la paillote qui abrite le groupe *Véga*, les sentinelles rhadés tournent en rond, le fusil retenu sur l'épaule par le canon, comme elles ont l'habitude de porter leur arbalète traditionnelle. A tour de rôle, de quart d'heure en quart d'heure, Wavrant, Puget ou Sassi effectuent une ronde. Pour l'instant, rien de suspect.

Vers 1 heure du matin, Sassi est réveillé par une main rugueuse qui lui secoue l'épaule :

« Qu'est-ce que c'est ?

— *Xep,* c'est moi caporal Beûne. C'est parler pour vous il y a des types qui arrivent par la piste... »

En quelques secondes, tout l'effectif est sur le pied de guerre, éparpillé aux abords du village, le long du sentier d'accès à Ban Na Noï. Pour les Jedburghs, le moment est d'importance : à peine huit heures après leur parachutage, ils vont affronter l'ennemi.

Ils attendaient le Japonais. C'est la compagnie de Goër qui se présente. Les trois parachutistes de *Véga* doivent maintenant s'occuper d'un groupe de soldats à bout de forces, lourde servitude pour un commando dont la mobilité reste la seule garantie de survie face à l'impressionnant déploiement ennemi.

Mais le moyen de faire autrement ? Arrivé le lendemain matin, comme promis, Fabre ne peut refuser de prendre à sa charge les onze rescapés.

« J'ai besoin de vous, dit-il à Wavrant du même ton abrupt. Goër et ses soldats doivent se reposer. Je ne peux les laisser sans protection. Vous assurerez leur sécurité éloignée. Installez-vous à Ban Takop, à dix kilomètres d'ici. Votre mission : patrouillez vers le nord-ouest, sur les pistes de crête. »

Fabre se tourne vers le commandant :

« Quant à vous, je vous laisse le soin d'organiser vous-même la garde de votre village. »

Goër approuve, trop heureux du répit qui lui est donné. Il veut témoigner sa reconnaissance, Fabre l'interrompt :

« Soyez prudent, ajoute-t-il comme s'il en faisait un reproche personnel, d'autant plus prudent qu'en plus de *nos* Japs, je suis persuadé que nous aurons bientôt les *vôtres* sur le dos... »

« S'il y a des Japs, murmure Sassi à l'oreille de Puget, ils ne sont pas sur notre itinéraire. Je suggère de lever l'embuscade pour la monter plus loin. A moins que tu ne préfères rentrer à la maison ? »

Trois jours ont passé et, sans arrêt, les hommes de Wavrant opèrent des patrouilles sur les pistes, autour de Ban Takop. Malgré leur entraînement, les Jedburghs ont du mal à s'accoutumer aux marches harassantes dans la jungle, à la chaleur des journées, à l'humidité de la nuit, aux serpents, aux sangsues. Puget va répondre. Un craquement de branches lui coupe la parole. D'un seul bond, les trois Jeds se précipitent sur le bas-côté de la piste, accroupis à l'abri des buissons, carabines pointées.

« *Move. Halt. Listen. If the Jap is heard, move. Look... Kill !* Progresser. S'arrêter. Ecouter. Si l'on entend du Jap, se déplacer. Regarder. Tuer ! »

Sassi entend la voix de l'instructeur de combat de jungle, pendant le stage de Ceylan. Il tend l'oreille, espérant surprendre une voix, identifier l'ennemi à coup sûr.

« Doucement, en tête... »

Ce commandement, en français, surprend les parachutistes. Ils s'attendent à tout depuis leur rencontre avec Goër. A tout, même à un piège ennemi : les Japonais emploieront toutes les ruses pour détecter ces Français insaisissables. Quelques mots prononcés dans leur langue pourraient peut-être les inciter à étouffer leur méfiance ?

Donc : attendre et regarder. Immobiles, les Jedburghs et leurs Rhadés guettent le passage de la colonne inconnue. L'éclaireur de pointe apparaît enfin, silhouette étriquée aux jambes maigres dépassant d'un short noir, qui avance en se dandinant comme si elle portait un invisible balancier. Manifestement il s'agit d'un Annamite. Un second soldat, quelques mètres plus loin. Puis un troisième. Malgré la nuit, dessiné en aplat noir sur la relative clarté de la piste, Sassi identifie le casque rond, enfoncé presque jusqu'aux épaules.

Des Japonais.

Toujours immobiles, les trois parachutistes laissent passer la colonne. Sassi appuie doucement sur la détente de sa carabine. Réflexe patiemment inculqué aux commandos ; le coup partira après celui du chef, mais seul un vrai professionnel serait capable de discerner les deux détonations.

Les Japonais défilent à quelques centimètres des Français, et pourtant, Wavrant ne tire toujours pas. Sassi, mentalement, compte les hommes qui défilent devant lui. Il comprend, et son doigt se fait plus léger sur la détente. Ils sont soixante. Trois fois plus nombreux que le groupe *Véga* et sans doute plus aguerris que les quelque vingt Rhadés d'accompagnement. Tirer serait une folie, et déclencherait l'alerte dans tout le secteur.

« D'autant plus que les Japonais ne menaçaient pas le village, explique Wavrant un moment plus tard : ils en venaient et remontaient vers le nord. »

Pendant deux heures encore, *Véga* descend la piste, Puget en tête, avançant, courbé, sa carabine dans un axe perpendiculaire aux épaules, en position de tir instinctif.

Soudain, des coups de feu trouent le silence.

« On dirait que ça se passe du côté de Ban Na Noï ! Goër a des problèmes ! »

Sans attendre la réponse, Puget part en courant, ses semelles de caoutchouc ne faisant pas le moindre bruit sur les feuilles ou les herbes de la piste. Derrière lui, Sassi et Wavrant rameutent les Rhadés et se lancent sur ses traces.

Ils sont presque arrivés au village où campe Goër, lorsqu'ils sont arrêtés par Puget, hors d'haleine, surgi de la forêt :

« N'allez pas plus loin ! crie-t-il, haletant. C'est plein de Japonais sur la piste ! J'en ai percuté un à cent mètres d'ici. Heureusement, ce con-là portait des lunettes et ne m'a pas bien vu. J'ai juste eu le temps de l'allumer au vol pour me dégager in extremis...

— Et Goër ?

— Pas de nouvelles... »

Wavrant n'a pas le temps de s'appesantir sur le sort des onze rescapés de Vinh. Des coups de feu jaillissent dans sa direction, à droite et à gauche de la piste. Le groupe est encerclé.

Pendant deux heures, Français et Japonais tiraillent, dans le noir. Sans résultat. Wavrant espère débusquer l'ennemi, le contraindre à sortir des couverts, mais en vain. Terrés dans les fourrés, les assaillants se bornent à accentuer leur pression. Et, pour le commando *Véga*, il ne peut être question d'entrer dans la jungle pour y lutter individuellement : sa seule chance d'échapper consiste à demeurer groupé.

« Et à foncer dans le tas », gronde Sassi, auquel l'immobilité donne des crampes.

Il ramène ses jambes sous lui, se préparant à bondir :

« Je fonce devant, dit-il enfin. Suivez-moi à distance raisonnable, je crève le bouchon jap à la grenade... »

Dix minutes plus tard, hors d'haleine, le commando est regroupé, au complet. Sans réfléchir, les Rhadés ont suivi leurs gradés, en paquet, sous le feu japonais. La chance était avec eux, il n'y a pas un blessé.

Tout le reste de la nuit se passe à tenir, à un carrefour de pistes, un hérisson défensif orienté tous azimuts, que les Japonais tâtent deux ou trois fois, mais renoncent à attaquer sérieusement. Le calme renaît au lever du jour.

« Maintenant, ordonne Wavrant, il faut retrouver Fabre. J'espère qu'il n'a pas été attaqué lui aussi. »

Sassi grimace. Il mesure la difficulté de l'entreprise :

« Dans ce merdier, on a autant de chances de rencontrer Fabre que les Japs ! Et cette fois, un accrochage sera sanglant : on n'aura plus l'obscurité pour jouer à cache-cache, et on risque de déguster...

— As-tu une meilleure idée ?

— Oui. La brousse. Ça me répugne autant qu'à vous, mais il n'y a pas d'autre choix. On va ouvrir la route à la boussole, tout droit, au coupe-coupe. Je suis volontaire pour passer devant.

— Je te relaierai quand tu seras fatigué », ajoute Puget.

Wavrant se résigne. Sur sa carte, il détermine approximativement l'emplacement du camp secret du commando *Sagittaire* et, pendant toute la progression, s'emploie à maintenir ses éclaireurs dans la bonne direction. La journée durant, mètre après mètre, les parachutistes avancent, exténués, couverts de sangsues, tranchant lianes et épineux à grands gestes machinaux, les muscles noués par l'effort.

Le soleil décline quand ils arrivent enfin au camp de Fabre. Un spectacle désolant les attend. Huttes détruites, douilles vides, caisses éventrées, débris d'armes et carcasses de postes radio attestent la violence du combat qui s'est déroulé là. Et sans doute l'étendue du drame. A coup sûr, le commando *Sagittaire* a été anéanti.

Soudain, Puget saisit le bras de Wavrant :

« Bon dieu, les gars, on vient ! »

Les parachutistes sautent dans les fourrés. A leur profonde stupéfaction, ils voient surgir le capitaine Fabre, à la tête de son commando :

« Beau coup, constate-t-il, sourdement. Les Japonais avaient repéré nos emplacements. Ils ont réalisé l'encerclement sans que les sentinelles ne donnent l'alerte. Leur seule erreur a été d'attaquer de trois côtés seulement. Mes gars ont repéré le trou et se sont taillés sans trop de casse, mais ils ont perdu tout leur matériel. Je me demande quand je pourrai en récupérer...

— Avez-vous des nouvelles de Goër ?

Fabre ne répond pas. De la main, il montre un brancard sur lequel est étendu le commandant.

« Il est mort ? »

Sans plus attendre, Wavrant s'approche de la civière. Goër vit, mais il a l'air égaré, les yeux grands ouverts, les lèvres agitées de tremblements nerveux.

« Les Japonais ont investi la maison dans laquelle se reposaient ses hommes, explique Fabre. Pour ne pas faire de bruit, ils ont exterminé le détachement à la baïonnette. Par une chance extraordinaire, Goër dormait à l'écart, à l'autre bout de la maison. Nous l'avons trouvé ce matin, hagard, complètement perdu, errant dans la brousse.

— Ses dix soldats ? »

Fabre hoche la tête :

« Tous tués ! »

Il esquisse un geste fataliste des deux mains et poursuit :

« Désolé, mon cher Wavrant, mais désormais c'est chacun pour soi. »

Les trois parachutistes sont d'accord. La règle absolue des Jeds est de survivre pour poursuivre les missions respectives.

« Avant de nous séparer, dit Fabre, presque aimablement, je voudrais vous donner un bon tuyau... »

Wavrant se retourne, le sourcil levé, surpris.

« Votre salut réside dans la rapidité avec laquelle vous dégagerez d'ici. Franchissez la R.C.8., et installez-vous au nord, dans la région de Kam Kheut. Jamais les Japonais n'iront vous y chercher. Mais allez-y vite. Très vite ! »

Il désigne les sacs des parachutistes, lourdement chargés :

« Je vous conseille de tout balancer ! Ne conservez que vos armes, vos munitions et un ou deux jours de vivres... »

Sans même un salut, Fabre tourne les talons et part rejoindre sa propre colonne.

Talonné par les Japonais, le commando *Véga* remonte vers le nord. Jour après jour, Wavrant, Puget et Sassi avancent sans trêve, ne s'arrêtant qu'à la nuit tombée pour repartir à l'aube.

Très vite, leurs vivres ont été épuisés. Les Jeds font à leur tour l'apprentissage de la faim.

Le 14 juillet 1945 enfin, le groupe *Véga* réussit à établir la première liaison radio avec Calcutta depuis un mois. Le texte reçu est signé du commandant Morlanne :

En ce 14 juillet de la victoire en Europe, toutes nos pensées sont vers vous. Formons des vœux pour victoire finale. Bon courage. Nous vous adressons également nos plus sincères félicitations pour magnifique conduite.

« Tu parles d'une victoire ! grogne Sassi. Depuis des semaines on cavale devant les Japonais ! Et encore, nous avons du pot d'être toujours vivants. Je me demande ce que doivent devenir les copains. Les pauvres gars de *Polaire* étaient déjà à bout de souffle en avril, dans leur trou à rats... »

9

Le lieutenant Heymonet se hisse sur la piste qui, selon l'habitude méo, prend la pente en plein travers. Il tient par le bridon de laine rouge son cheval à longue crinière, ramené du Phu San au mois de mars. Epuisée, la bête progresse par à-coups, encensant de la tête, sautant parfois bizarrement d'une touffe à l'autre. Derrière lui, Cheng Toa et ses guides imitent le cheval. Tous savent que dans ces herbes trop jaunes nichent des serpents corail que le bruit affole et que la mousson rend foudroyants. Les Méos ont entouré de chiffons la culasse de leurs fusils.

« Ce sont de bons soldats, mon lieutenant, a dit Chanaux en les voyant faire. Ils se laissent saucer par la pluie, mais ils protègent leurs armes. »

Sans répondre, Heymonet a poursuivi sa route. A quoi sert au commando *Polaire* d'être composé de bons soldats s'ils ne sont pas en mesure de briser l'étau japonais qui se resserre, de jour en jour ? La patrouille qui rentre, ce soir, au bivouac clandestin, n'apporte pas de bonnes nouvelles : Heymonet et ses hommes viennent de découvrir qu'un bataillon nippon bloquait la passe sud de la vallée au creux de laquelle se terrent Ayrolles et ses Gaurs.

Polaire est bloqué, sans vivres, sans médicaments, dans une sorte de cañon. La vallée de la Nam Hêt, qui semblait s'être ouverte devant les fugitifs comme une forteresse, s'est refermée sur eux comme un piège.

« Je le sais bien, murmure le capitaine Ayrolles auquel Heymonet a fait part de ses découvertes. Et pourtant il va falloir passer. Calcutta nous a annoncé un parachutage dans la vallée de la Nam Khan, à trois jours de marche vers le sud.

— Vous croyez que nos gars sont en état de faire le voyage ? »

Ayrolles pivote brusquement. Derrière ses lunettes son regard s'est fait de glace. Heymonet remarque combien la fatigue a peu de prise sur la volonté de son chef :

« Rassemblez le commando tout de suite ! »

Curieux commando que les quarante parachutistes de *Polaire* et les rescapés de la jungle. La plupart des soldats ont abandonné leurs tenues déchirées pour revêtir des pagnes faits de lambeaux de parachute et évoquent davantage des pirates malais que des militaires français.

« Nous devons changer d'emplacement, déclare Ayrolles de sa voix aiguë. Calcutta nous expédie du ravitaillement mais ne peut opérer de parachutage ici. Seulement, entre nous et la Nam Khan, il y a les Japs. Je suis donc résolu à n'emmener que ceux qui pourront supporter le voyage et les combats. »

Le capitaine marque une pause et conclut, plus sèchement encore :

« Pesez donc votre décision, elle sera irrévocable. Ou bien vous venez, mais j'abandonnerai quiconque ne sera pas en état d'avancer. Ou bien vous restez ici et je m'engage à tout tenter par la suite pour vous faire récupérer... »

Ce n'est pas une promesse en l'air. Tous, ici, savent que le capitaine a envoyé Orrhy vers le sud pour retrouver les traces du *captain* Hughett, abandonné au mois de mars.

Mais Heymonet devine aussi que cette certitude comporte un risque énorme : qu'un seul homme décide de rester, et le groupe *Polaire* éclate. La moitié de l'effectif au moins se désolidarisera de l'aventure. Or, à vingt, il est impossible de percer les lignes japonaises. Lentement, les deux officiers fixent leurs soldats. Silencieux, certains regardent dans le vide ; d'autres, appuyés sur des bâtons, contemplent leurs pieds.

Chanaux réagit le premier. Il se détache du groupe, se fige dans un garde-à-vous théâtral, un sourire en biais accroché au visage :

« Moi, peuchère, je suis d'accord pour la castagne. Bouffer pour bouffer, autant bouffer du Jap... »

Le malaise est dissipé. Au complet, le reste de *Polaire* suit l'exemple du petit sergent marseillais.

« Je suis soulagé, soupire le lieutenant Heymonet.

— Moi aussi. Mais pas pour les mêmes raisons que vous. » D'un geste irréfléchi, insolite même, Ayrolles saisit le bras de son adjoint. « Personne ne le sait encore, et j'ai imposé le silence au radio Chatelain, mais je dois vous dire que j'ai été relevé de mon commandement.

— Quoi ?

— Oui. Calcutta m'a sonné l'ordre de rentrer au plus tôt.

— A pied ?

— Affirmatif !

— Mais ils sont fous ! C'est à quatre mille bornes d'ici ! »

Ayrolles secoue la tête, lèvres pincées. D'une voix changée, plus sourde, plus découragée aussi, il répond aux arguments de son subordonné.

« On croit souvent que le combat est l'aspect le plus rebutant de notre métier. C'est faux. Le plus dur est d'accepter des ordres quand on est commandé par des cons... »

Heymonet se tait. Son admiration pour Ayrolles ne connaît plus de limites. Jusqu'au bout, il aura été l'exemple permanent de la servitude et de la grandeur militaires. Pas une seconde, le capitaine n'a envisagé de demander un délai pour se mettre en route. Pas plus que d'exiger des explications concernant cet ordre aberrant.

Du reste, Ayrolles aurait obéi même s'il avait connu la vérité : son extravagant rappel n'est que l'ultime épisode d'une lutte mesquine engagée à Calcutta autour du commandement des guérillas. Certes, le commandant Morlanne a été nommé chef en titre des commandos d'Indochine, mais Crèvecœur n'a rien négligé pour lui compliquer la besogne. Qu'importe le vide inquiétant que va créer, au sein de *Polaire,* le départ de son capitaine à côté du plaisir d'embêter Morlanne ?

Mais le chef du Service Action n'a que l'embarras du choix pour remplacer Ayrolles. Il choisit de faire parachuter un jeune officier, le capitaine Bichelot.

L'accrochage n'a duré que quelques secondes. Un bref échange de coups de feu entre les éclaireurs qui se sont entrevus, au débouché de la vallée. Côté japonais, la surprise a été totale. Chanaux et Mollier, qui ouvraient la piste, n'ont aperçu que trois ou quatre silhouettes en kaki clair plongeant d'un seul élan vers l'abri de la jungle, dans un grand froissement de branches cassées. Derrière les deux sergents, aux aguets, genou en terre, l'arme dans la saignée du bras, tout le commando a stoppé. Immobiles, les soldats guettent les signes annonçant une manœuvre ennemie, débordement par les ailes ou mise en place d'une embuscade.

Le capitaine Ayrolles remonte la longue file d'hommes accroupis. L'épuisement de son commando a vraiment émoussé ses réflexes. En d'autres circonstances, aucun des Gaurs ne serait resté ainsi sur place, figé par l'incertitude, attendant les ordres.

Une grimace. Ayrolles comprend que l'état physique de ses soldats interdit tout espoir de franchissement en force. Mais, que les Japonais soient cinq ou cinq cents ne change rien. Il faut passer, coûte que coûte.

« Heymonet ! Prends les dix hommes les moins fatigués et fonce, à travers brousse, à la boussole. Ratisse les abords de la piste. On se retrouve un kilomètre plus bas.

— En cas d'accrochage ?

— Rabats-toi sur nous. On avisera. »

Heymonet montre, d'un signe du menton, qu'il a compris :

« Je passe à droite ou à gauche ?

— M'en fous, réplique Ayrolles qui pense à autre chose. Va au plus court. »

Le sergent Mollier a repris sa place d'éclaireur, en tête de la colonne. Soudain, il s'arrête, pivote et fait face sur sa gauche.

« Fais pas le con, Mollier ! J'ai trouvé une piste comme un boulevard. Elle mène directement chez les Japs... »

Chanaux émerge des branchages, suivi d'Heymonet.

« A trente mètres d'ici, sur la gauche, halète le lieutenant, un sentier taillé au coupe-coupe monte droit sur les calcaires. Les Japs sont des petits futés : ils ont stoppé le tracé de leur piste avant de franchir la nôtre. Si nous n'avions pas levé ces quatre zigotos tout à l'heure, on passait devant elle sans la trouver... »

Ayrolles hoche la tête en pinçant les lèvres ; ce tic familier indique qu'il comprend la ruse ennemie. Pour assurer leur bouclage, les Japonais ont placé leur bivouac en retrait, vraisemblablement sur les hauteurs déboisées, à l'abri de grottes creusées dans les calcaires. Ils ont ensuite taillé des tunnels dans la brousse jusqu'à proximité de la piste principale, parcourue par de faibles patrouilles. En cas d'alerte, les Japonais peuvent assurer rapidement l'embuscade.

« Peut-être sont-ils déjà en place ? »

Le visage maigre de Chanaux se fend d'un sourire béat :

« Ça m'étonnerait, mon capitaine ! Vous oubliez que je suis le spécialiste des explosifs ! Chanaux, artifices et pièges en tous genres ! Peuchère, je leur ai fabriqué un de ces petits enfers portatifs !

Leur tunnel est miné sur cinquante mètres. Le premier connard qui débouche fait sauter tout le paquet.

— Espérons que tu ne t'es pas trompé. En route. »

Joyeux, Chanaux reprend sa place. Pour la première fois depuis le début de la mission, Ayrolles vient de le tutoyer.

La colonne de *Polaire* n'a pas encore atteint l'issue de la gorge qu'une énorme explosion secoue la torpeur de la vallée. Les pièges de Chanaux ont fonctionné. La route de la Nam Khan est libre ; demain, Calcutta pourra procéder au parachutage.

« Et je pourrai m'en aller, soupire Ayrolles, à regret. J'ai accompli mon devoir. »

Mais, prévu pour le 25 juin 1945, le départ du capitaine va être retardé par l'arrivée du légionnaire Orrhy. retour de sa mission au Tranninh, chez Touby Liphong :

« Devinez qui je ramène ? » demande-t-il, théâtral.

Les Gaurs restent sans voix. Devant eux, gauche dans ses vêtements méos trop étroits pour lui, se tient le *captain* Hughett bien vivant, tout à fait rétabli de ses blessures. Heureux et visiblement ému de retrouver ses vieux compagnons d'armes, l'Américain s'en tire par une boutade :

« Quand cet apatride d'Orrhy m'a découvert, il était tellement surpris qu'il est resté comme une statue. Moi, je pense qu'il va dire, comme Stanley à Livingstone : *Captain Hughett, I presume ?* Mais pas du tout. Il a juste dit : Ah ! Ben merde... »

Les Gaurs éclatent de rire, bourrent leur ami de claques affectueuses dans le dos. Une façon de masquer leur émotion.

Ce retour inattendu modifie les plans du capitaine Ayrolles. Avec l'accord de Calcutta, il décide d'emmener avec lui jusqu'à Kunming en Chine l'officier américain, et, le 1ᵉʳ juillet, ils se mettent en route.

Ayrolles avait prévu d'effectuer son parcours en vingt-cinq jours. Il lui en faudra le double. Traversant le 5ᵉ territoire, une région inconnue, peuplée de pirates siamois, de tribus hostiles, dans un terrain épouvantable, sans pistes ni repères, le petit groupe n'arrivera à Szé Mao, sur la frontière, que le 15 août. Attaqués, dépouillés, laissés pour morts, c'est nus ou presque, affamés. misérables, que les officiers arriveront à destination.

10

Après dix jours de marche dans la vallée de la Nam Khan, le commando *Polaire* s'installe dans un village secret, découvert par Cheng Toa, le Méo, et où les Kha vénèrent leurs esprits. Les parachutistes peuvent enfin souffler ; ils estiment avoir semé leurs poursuivants. En réalité, les Japonais ont reçu l'ordre de circonscrire l'action des guérillas françaises. Le but poursuivi par Tokyo est désormais politique et vise à créer l'irréparable en mettant en place une infrastructure nationaliste indochinoise. Le temps est venu de donner une réalité au vieux principe — aujourd'hui encore d'actualité — l'Asie aux Asiatiques. De plus, l'état-major nippon sait de la façon la plus formelle que les Alliés poursuivent un but semblable : le décryptement des messages américains lui a appris que Staline et Roosevelt reprennent à leur compte le rêve japonais, liquider la prépondérance blanche en Asie du Sud-Est.

Mais, en 1945, qui peut imaginer que la Kempetaï lit les télégrammes secrets de Washington ? Qui peut soupçonner que la tranquille assurance avec laquelle fut opéré le coup de force du 9 mars 1945 a une explication : le général Matsumoto *savait* que les Américains n'interviendraient pas pour sauver les Français, bien que les aérodromes opérationnels de l'US Air Force en Chine du Sud ne fussent qu'à *une heure de vol* du Tonkin [1].

Tout avait commencé durant l'hiver 1939-1940. Attaqués par les Soviétiques, les Finlandais avaient compris que leur seule

1. Pas un avion, hormis quelques bombardiers B 19 *Mitchell* du général Claire Chennault (qui fut du reste sanctionné pour indiscipline) ne vint à la rescousse de la colonne Alessandri qui remontait du Delta vers la Chine.

chance résidait dans le décryptement des codes militaires ennemis. Très vite, ils en étaient devenus les meilleurs spécialistes mondiaux et connaissaient, en même temps que leurs destinataires, le contenu des ordres opérationnels des généraux de l'Armée rouge. La surprenante résistance finlandaise et l'armistice qui en découla n'ont pas eu d'autre cause. Mais, en juin 1941, l'Allemagne envahit la Russie et la Finlande se trouve, de fait, dans le camp de l'Axe. Les Japonais sollicitent alors l'autorisation de suivre les opérations de décodage. Pendant toute l'année 1943, le colonel Hiroseï est admis au centre militaire des écoutes de Jœnsuu ; toutefois les Finlandais refusent de lui donner le secret des codes américains, qu'ils ont également percé.

Hiroseï rentre à Tokyo au début de l'été 1944. C'est un obstiné et, à son tour, il « casse » le chiffre de la délégation américaine auprès de Tchang Kaï-chek, à Tchong-King. En les comparant, il s'aperçoit que le département d'Etat utilise les mêmes codes. Dès lors, l'état-major de Tokyo se tient, jour après jour, au courant des intentions alliées : quel que soit le vainqueur de la guerre, les Français doivent être bannis d'Indochine.

Pourquoi, dès lors, s'obstiner à combattre une poignée d'irréductibles qui survivent dans la jungle ? Il suffit de les marquer de près, de les isoler dans une sorte de ghetto de brousse ou de montagne, tandis que les villes passeront progressivement sous l'autorité des nationalistes indochinois.

Dès le 11 mars, les Japonais ont déclaré l'indépendance du Viêt-nam et ont mis à sa tête le jeune empereur Bao-Daï. Comme chef du gouvernement, ils désignent un homme qui leur appartient, Tran Trong-kim. Mais la Kempetaï place aussi des pions dans l'autre camp, une fraction communisante, le V.N.Q.D.D. (Viêt-nam Quoc Dan Dang), opposée à ce régime trop ouvertement lié à Tokyo. Dès le mois de mai 1945, des agents japonais manipulent et encadrent des « milices patriotiques » auxquelles ils fournissent même leur drapeau, rouge avec une étoile jaune.

Ces « milices », qui se prétendent antifascistes, ont leurs représentants en Chine, un groupe d'une dizaine d'hommes constitué depuis 1941 en gouvernement en exil et animé par un certain Nguyên Ai Quoc, agitateur révolutionnaire, membre de la IIIᵉ Internationale, qui a depuis quelques mois pris le nom de Hô Chi Minh (Celui-qui-éclaire).

Paradoxalement les Américains ont décidé de miser exclusivement sur cet homme, cette équipe, ce V.N.Q.D.D., pour constituer l'ossature du futur Viêt-nam indépendant, démocratique et anti-fasciste. Peu importe qu'ils soient communistes, l'essentiel est qu'ils s'engagent dans la lutte antijaponaise. L'O.S.S. et ses agents secrets prennent à leur charge ces « résistants » auxquels ils fournissent armes, ravitaillement et assurances pour l'avenir.

Au début de 1945, l'imbroglio tourne au drame. Un petit groupe de révolutionnaires vietnamiens passe en Indochine pour y implanter un maquis, dans la moyenne-région du Tonkin, en pays tho. Il faut les aider, les encadrer, les instruire, et les Américains décident de leur parachuter les meilleurs spécialistes de la guérilla en jungle : leurs propres Jedburghs, encore basés à Calcutta.

Heureux de passer enfin à l'action, les Jeds américains bouclent leurs sacs à la fin du mois de juin avec des hurlements d'enthousiasme. Pour les Français, ce départ constitue plus qu'un défi ou un affront. Une trahison. Car leurs camarades ne font pas mystère, ni des missions qui les attendent, ni de leur ardeur à les remplir :

« Nous défilerons à Hanoi avant vous ! » disent-ils en jubilant aux Français, furieux et impuissants, atterrés à l'idée de rester à Calcutta alors que le combat se poursuit.

En cet instant où la politique sépare ces frères d'armes, la joie des Américains semble indécente.

« Et si nous nous rencontrons quelque part en brousse ? demandent les officiers de Morlanne.

— On vous tirera dedans, sans hésiter ! »

La défaite japonaise est imminente et, en brousse, s'ils ignorent les intentions des Alliés, les parachutistes sont informés des missions qui les attendent. Ainsi, le 11 août :

Instructions à suivre dès la capitulation japonaise : 1° Prendre possession des locaux administratifs ; 2° Inviter tout fonctionnaire et tout militaire active ou réserve à se présenter à vous ; 3° Libérer tout prisonnier ou interné politique ; 4° Les fonctionnaires indigènes actuellement en place doivent conserver leurs fonctions sauf cas patent incapacité ou non-confiance population. La mise en place fonctionnaires européens doit être infiniment nuancée et ils devront être principalement considérés comme des conseillers ou des curateurs.

Les chefs de guérilla sont surpris et hésitent entre le rire et la fureur : manifestement, ces consignes s'adressent à des sous-préfets, elles reflètent l'idée que Paris se fait de la situation en Indochine. Et Morlanne, qui a le sens de l'humour, se plaît à transmettre, le 12 août, cette délicate attention des pouvoirs publics :

Toute appellation coloniale, notamment « résident », « colonie », « armée coloniale » doit être écartée, tandis que les thèmes de la remise au travail nécessaire pour la reconstruction d'une Indochine libre dans le cadre de l'Union française devront être développés.

Le hiatus est grand entre Paris et la jungle. Pourtant, le 15 août, toutes les hésitations sont balayées par un *flash* de Calcutta :

Reddition japonaise officielle ce jour.

Quelques heures plus tôt, à l'aube du 15 août, une douzaine de parachutistes américains ont sauté sur une clairière du Tonkin, près de Tralinh, à quelques kilomètres au sud de la frontière chinoise.

A leur arrivée au sol, ils sont accueillis par une dizaine de guérilleros vietnamiens, équipés de défroques de l'armée française ou de costumes bleu sombre, ordinairement portés par les montagnards tho. Sans démonstration de joie excessive, les maquisards aident les Jedburghs américains à se débarrasser de leurs parachutes, puis les escortent jusqu'à une petite hutte, construite à l'écart, dans laquelle les attend un petit homme aux manières affables, vêtu d'un complet blanc et coiffé d'un feutre mou :

« Je suis monsieur Van », déclare le chef du maquis.

Il se lève et se fait alors présenter les douze parachutistes de l'O.S.S. Il pose à chacun de brèves questions sur sa spécialité, ses campagnes passées, sa ville d'origine. Arrivé devant le dernier, l'interprète du groupe, M. Van fronce un sourcil soupçonneux et, plus sèchement :

« Vous vous appelez Desfourneaux, demande-t-il. Etes-vous français ?

— *No, sir.* Ma famille est originaire de Suisse et m'a seulement appris cette langue. C'est la raison de ma venue ici...

— Ainsi vous êtes suisse. J'ai toujours eu envie de connaître Genève. »

Le parachutiste René Desfourneaux s'en fout. Il n'a lui-même jamais quitté les Etats-Unis.

Pour M. Van, Genève ne représente, en cette année 1945, qu'un vague souhait. Dans moins de dix années pourtant, cette ville revêtira une autre signification, car c'est à Genève que sera consacrée la victoire de M. Van. Entre-temps, le petit homme affable au complet blanc sera devenu Vô Nguyên Giap, général de l'armée populaire, vainqueur de Diên Biên Phu.

La guerre avec le Japon est terminée. Personne encore ne peut se douter qu'un nouveau conflit commence. Avec un nouvel ennemi : le Viêt-minh.

Deuxième partie

RECONQUÊTE PAR EFFRACTION
15 août 1945 - février 1946

11

Blanche sur le fond ocre du mur, la carte de l'Indochine occupe la presque totalité du panneau, d'une porte à l'autre. Filtrant des persiennes entrouvertes, le rayon de soleil oblique qui l'éclaire irise le tracé bleu du Mékong, paresseux zigzag descendant du nord au sud. A droite du fleuve, dans les hachures vertes et bistre des montagnes, quelques punaises rouges désignent l'emplacement des guérillas du Laos. Huit en tout.

Geste de Morlanne vers la carte, regard de Morlanne sur les officiers, assis en demi-cercle autour de lui. Voix de Morlanne, profonde, à peine teintée d'accent béarnais :

« Nous voici à l'heure de vérité. Les Japonais avaient effacé la présence française. Ils s'effacent à leur tour. A nous de reprendre notre place. Vue de Paris, la situation est sans problème : chacun des officiers des guérillas est investi de fonctions civiles et a reçu pour mission de réimplanter l'administration française dans les grandes villes d'Indochine. Pour ma part, je redoute que tout ne soit pas aussi simple. Les Japonais sont encore là. Nombreux. Armés...

— Et qui va les désarmer ? »

Morlanne ne répond pas tout de suite. Un petit geste de la main, paume tournée vers l'extérieur, invite à la patience. Au fond, le chef du Service Action n'est pas mécontent que ce soit le lieutenant Maloubier qui ait posé la question. Morlanne a un faible pour « Bob » Maloubier. Ce sont, tous deux, des anciens des réseaux du B.C.R.A. mais surtout personne n'est insensible au charme de ce jeune parachutiste, à coup sûr la vedette des officiers français de Calcutta. En d'autres temps, Bob Maloubier aurait fait carrière au cinéma. Ancien champion universitaire de natation, son physique à la Johnny Weissmuller aurait assuré son succès. La guerre en a décidé autrement. La chance aussi, une chance aussi insolente que Maloubier lui-même qui sait ajouter le panache au courage.

Parachuté le 9 juin 1944 près de Rouen, chargé de prendre la tête d'un groupe de sabotage, Maloubier a pour mission de faire sauter la voie ferrée ravitaillant le front de Normandie, ainsi qu'un important dépôt de munitions camouflé tout près, dans un petit bois en bordure de Seine.

L'action réussit. Mais au cours du repli, le petit groupe bute sur un fort élément ennemi. Aussitôt, Maloubier ordonne la dispersion et décide d'attirer sur lui le gros des Allemands. La poursuite s'engage, et Maloubier, rattrapé, est touché au ventre par une rafale de P.M. Il se traîne à l'abri d'un buisson, entend, à quelques mètres, les pas des SS qui le traquent, le souffle des chiens qui cherchent sa trace. Un instant, le jeune parachutiste éprouve la tentation d'avaler la capsule de cyanure dissimulée dans la doublure de sa veste de combat. Il se rappelle à temps les conseils de son instructeur : « Mettez toute l'énergie nécessaire à votre suicide au service de votre lutte pour survivre et fuir... »

Alors Maloubier réagit. Il se traîne jusqu'à la Seine. Les Allemands sont là. Mais ils ne tirent pas, ils le veulent vivant. Une seule issue reste au blessé : le fleuve. Il y plonge. Médusés, les Allemands n'ouvrent toujours pas le feu.

Comment Maloubier a-t-il réussi à atteindre l'autre berge, il ne saurait le dire. En tout cas, au petit jour, le paysan qui le trouve est persuadé d'avoir découvert un cadavre ; et le médecin qui l'opère dans la matinée — un résistant, parent de Morlanne — ne donne pas cher de sa vie.

« Prépare un suaire, chuchote-t-il à sa nièce. Tu coudras un drap plié en deux. Ce pauvre garçon n'en a que pour quelques heures. Cette nuit, nous irons l'enterrer discrètement au bout du champ... »

Maloubier gisait, à l'agonie. Mais il a entendu. Il ouvre un œil, proteste :

« Hé là ! Attendez au moins que je sois froid... »

Non seulement Bob Maloubier n'est pas mort, mais, moins d'un an plus tard, volontaire pour l'Extrême-Orient, il impose un rythme d'enfer au petit groupe des paras français de Calcutta. Enfant terrible de la garnison, il est la coqueluche des Anglaises

— jeunes ou vieilles — et le cauchemar des M.P. à moustaches, sans pouvoirs devant cet officier de vingt ans qui arbore sur la poitrine la plus haute distinction de Sa Majesté, la D.S.O. britannique.

Vingt ans, la D.S.O. et la Légion d'honneur, Maloubier peut tout se permettre. Y compris d'interrompre Morlanne pour répéter sa question :

« Qui va désarmer les Japonais ? »

Morlanne pince les lèvres. C'est effectivement le premier de ses soucis :

« Paris nous donne tout pouvoir à ce sujet. Mais je crains que les choses ne changent d'ici peu. Au terme des accords signés à Potsdam entre les trois grands — Américains, Britanniques et Soviétiques, la France étant absente — nous n'aurons pas qualité pour recevoir la reddition des garnisons nippones. L'Indochine sera partagée en deux zones distinctes. La première, au nord du 16ᵉ parallèle, sera confiée aux Chinois, la seconde, au sud, sera réservée aux Anglais.

— Manquait plus que ça ! » grogne Ferandon, un jeune capitaine, maigre comme un loup avec un profil pointu et une voix incisive, mordante. « Si je comprends bien, ces messieurs les grands nous ont exclu de notre propre territoire ? »

Maloubier se lève et frappe l'étui du colt qu'il porte au côté :

« Autrement dit, si nous voulons revenir en Indochine, ce sera par effraction ?

— J'en ai peur. »

Un long silence plane sur le groupe. Puis Morlanne se tourne à nouveau vers la carte.

« Effraction ou pas, dès l'instant où Paris veut ignorer des accords qu'il n'a pas signés, à nous de jouer. J'ai transmis aux guérillas d'Indochine l'ordre de se porter vers les villes les plus proches pour y restaurer l'autorité française. »

Son index se pose sur chacune des punaises de couleur :

« Nos guérillas sont encore dans les montagnes. Les plus anciennes d'entre elles — les Gaurs — iront, dans les jours qui viennent, investir les grandes villes du Laos. Luang Prabang est l'objectif du commandant Imfeld ; Vientiane celui du capitaine Fabre ; Paksane, plus au sud, celui de Deuve, le lieutenant adjoint de Fabre. Au-delà du 16ᵉ parallèle, Thakhek, Paksé et

Saravane sont destinés aux groupes de Quinquenel, de Legrand et de Tavernier.

« — Et de Wavrant ? » demande Ferandon.

« — Wavrant et son commando *Véga* reprennent leur objectif initial, Vinh, sur la côte tonkinoise. »

Morlanne passe ses doigts dans ses cheveux drus jusqu'au début de calvitie en tonsure qui couronne son crâne rond :

« D'ici peu les troupes françaises vont s'installer dans les grandes villes d'Indochine. Avant-hier un haut-commissaire a été désigné ainsi que le commandant supérieur des troupes d'Extrême-Orient, le général Leclerc. »

Maloubier siffle entre ses dents :

« J'espère que nous ne serons pas absents de la reconquête ?

— Non. Les objectifs ne manquent pas. Vous serez largués avant la fin du mois. Vous n'aurez pas longtemps à attendre : nous sommes déjà le 17 août. »

Le même jour, 17 août 1945, sur l'aérodrome de Gia Lam, aux portes de Hanoi, une escadrille de *Dakota* timbrée de l'étoile blanche de l'US Air Force amène une équipe d'officiers américains aux ordres d'un général peu connu, Gallagher.

Officiellement, cette mission n'a aucun pouvoir. Sa seule raison d'être est de rapatrier les militaires U.S. — principalement des pilotes abattus par les Japonais — détenus dans les camps de prisonniers. En fait, à peine sur place, la mission du général Gallagher lève le masque. Les officiers qui la composent ne font mystère ni de leur appartenance aux services secrets de l'O.S.S., ni de leurs intentions : aider au maximum les nationalistes vietnamiens à installer et à conserver leur autorité sur l'ensemble du Viêt-nam.

Dès le lendemain, l'armée de Giap fait son entrée à Hanoi, encadrée par Desfourneaux et ses camarades : l'outil est au point.

Pour l'ensemble de ces Américains, aucun scrupule, ce sont des professionnels de la prise du pouvoir. Aucune hésitation non plus ; tout se passe comme si le caractère marxiste du Viêt-minh leur échappait complètement. On ne saura sans doute jamais dans cette affaire jusqu'à quel point les services spéciaux américains ont été dupes ou complices.

Conseiller politique du jeune gouvernement viêt-minh qu'il structure et organise, le major Lansdale est un ancien élève de Harvard, technicien froid et redoutablement efficace des services secrets. Spécialiste du noyautage des organisations politiques, il fera longtemps encore parler de lui. Après qu'il aura perdu ses illusions sur le nationalisme communiste, il sera dans l'ombre l'artisan de la plupart des coups d'Etat des vingt années à venir. Son nom sera prononcé à propos de la contre-révolution des Philippines, de l'éviction de Soekarno, de l'installation — puis de la chute — de Ngô Dinh Diem. Francophobe « viscéral », Lansdale se mettra souvent en travers des projets français à Saigon, à Phnom Penh ou à Vientiane.

Chargé du conditionnement des masses, George Sheldon est plus engagé idéologiquement. Ethnologue gauchisant, ancien de Harvard lui aussi, il passe à l'action avec un soin d'entomologiste. Malheureusement, il devient vite trop voyant et Gallagher l'expédie à Saigon où, sous le couvert d'un poste à l'ambassade américaine, il est en réalité chargé de représenter officieusement Hô Chi Minh.

A Hanoi, Sheldon est remplacé par Harold Isaacs. Ce personnage au passé trouble connaît bien — trop bien — les questions de noyautage des foules asiatiques. Voici quinze ans qu'il les observe : sous le nom de Harold Chaplin, Isaacs fut entre les années 1935 et 1941 à Shangai, le confident, l'ami et la « couverture » internationale du célèbre espion soviétique Richard Sorge [1].

Un troisième agent américain s'emploie à étoffer et encadrer l'outil de la révolution, l'armée populaire viêt-minh encore embryonnaire. C'est le mystérieux major « Roberts ». Personne ne connaît son vrai nom et si son rôle est officiellement évoqué dans les ouvrages consacrés à l'O.S.S., son patronyme, Roberts, reste encadré de guillemets. Tout se passe comme si « Roberts » était un personnage mythique, dont on cherche aujourd'hui à minimiser la redoutable performance, voire à nier l'existence. Mais « Roberts » est réel. Il s'appelle Robert Knapp et professe la philosophie à l'université de l'Etat du Connecticut. Fils d'Allemands émigrés aux Etats-Unis après la Première Guerre mondiale, francophobe irréductible, spécialiste de la guérilla urbaine, le professeur Robert Knapp passe pour avoir été, en 1966, l'organisateur du raz de marée gauchiste qui a déferlé sur les campus américains.

---

1. Harold Isaacs fut, en 1948, compromis dans l'affaire du syndicaliste américain Eugène Dennis convaincu d'être un agent du K.G.B. russe.

A Hanoi il fut sans conteste le Pygmalion de l'armée du Viêt-minh.

Les services américains peuvent être satisfaits de leur ouvrage. Pendant que le major Archimedes Patti, l'adjoint de Gallagher, fait tout pour bloquer en Chine Jean Sainteny, le représentant de Paris, le pouvoir de Hô Chi Minh s'étend sur Hanoi et le Tonkin. Les groupes de propagandistes armés de Giap sont au travail dans le sud du Delta et le Nord-Annam. Ils se répandent dans la rizière, convergent vers les villes côtières.

Le 24 août, deux mille paysans, formés en milice, commandés par deux Jedburghs américains, encadrés par une centaine de sous-officiers de la Kempetaï japonaise, « libérés » des camps de regroupement, foncent vers le sud à bord de camions militaires. Objectif : Vinh.

Ce même jour, partant de leur camp secret de Kam Kheut au Laos, les trois parachutistes du commando *Véga,* Wavrant, Puget et Sassi reçoivent officiellement leur mission : Vinh.

12

Il pleut. L'averse de mousson n'en finit pas de couler, monotone, sur la chaîne Annamitique. Elle accroche, à la cime des grands arbres noirs, de lourds nuages bossus. Pourtant *Véga* progresse depuis deux jours.

Le terrain est épouvantable. Jamais encore les parachutistes n'avaient connu pareille épreuve. Ils avancent dans un chaos minéral, un véritable dédale rocheux envahi d'une végétation en folie. La moindre vallée est une tranchée vertigineuse au fond de laquelle roulent des torrents déchaînés qu'ils doivent franchir encordés, attachés les uns aux autres, en s'assurant à un arbre de la berge. La moindre feuille est monstrueuse, spongieuse et gonflée d'eau, envahie de tiques et de sangsues. Chaque buisson porte des épines tranchantes et effilées comme des épées, qui provoquent des blessures minces, profondes, saignant à peine, jamais cicatrisées. Chaque plaine est un cloaque peuplé de serpents d'un vert lumineux, à la morsure foudroyante ; chaque sommet, une falaise crevassée où nichent des vampires aux cris effrayants.

Pour déjouer les embuscades, Wavrant a voulu éviter la R.C. 8, mais deux jours de marche dans cet univers aux reflets glauques d'aquarium ont fait du commando *Véga* une lente procession de fantômes hagards aux gestes mous. Et les voix que nul écho ne renvoie deviennent neutres, cotonneuses, comme dévivifiées.

En tête de colonne marchent Sassi et les vingt Rhadés, laissés par Fabre au mois de juin. Ils taillent la piste au coupe-coupe, se coulant de buissons en buissons, aspirant au passage l'eau qui suinte des lianes tranchées au ras de leur tête. Derrière eux suivent Wavrant et Puget qui se traîne, titubant, malade, terrassé par une congestion pulmonaire.

Toutes les trois heures, le commando fait halte et Sassi branche son poste de radio, cherchant à établir une liaison difficile avec Calcutta. Mieux qu'un film, les brefs télégrammes reçus de Morlanne reflètent la déconcertante évolution de la situation. Manifestement, le commandement français est dépassé. A l'optimisme des premiers jours concernant la reddition des Japonais a succédé une litanie de correctifs qui aboutit à un ahurissant résultat :

Prévoir que Japs seront désarmés et rapatriés, donc non considérés comme prisonniers ordinaires, disait un message du 18 août. Puis, trois jours plus tard, le 21 : *Situation internationale évolue lentement. Pour l'instant, Français n'ont aucun pouvoir sur Japonais...*

« Encore trois jours et nous aurons tout juste le droit de leur cirer les bottes... »

Cette réflexion rageuse de Sassi résume l'impression ressentie par les parachutistes. Mais ils n'accordent qu'une attention distraite à la suite des messages ; le 24 août, un objectif leur a été assigné : *Véga occupera personnellement Vinh.*

Le commando se remet en route. Il est stoppé, le lendemain :

Interrompre votre progression. Vous porter sur D.Z. de Kam Kheut pour y réceptionner commando Oméga...

« Quand nos chefs sauront ce qu'ils veulent ! grogne Sassi. Après l'ordre, le contrordre. Rien ne change, dans cette armée ! »

Wavrant approuve sans sourire, mais il déroute son commando vers Kam Kheut, à une journée de marche au nord. Il attendait *Oméga.* C'est *Bételgeuse* qui atterrit, le 26 août. Le nouveau commando comprend deux sous-lieutenants, Dufour et Morin (qui fait fonction de radio) aux ordres du lieutenant Bob Maloubier.

« Que devient *Oméga* ? » demande Wavrant, déconcerté.

Maloubier interroge le ciel, hausse les épaules en signe d'ignorance et éclate de rire :

« Vous savez, *Oméga,* c'est l'équipe du " pauvre " Ferandon. Tout le monde sait qu'il n'a jamais eu de pot avec la météorologie. Ça lui est déjà arrivé deux fois en France : jamais deux sans trois. »

Maloubier a raison. Trompé par le brouillard au-dessus de la vallée de l'Irrawady, en survolant la Birmanie, le *Liberator* de Ferandon a longtemps erré à l'aveuglette et, à court de carburant, a été obligé de retourner se poser à Jessore.

Le lendemain pourtant le commando *Oméga* — Ferandon et

deux sous-lieutenants, Estève et Chaumont — est enfin parachuté au-dessus de Kam Kheut.

« On a oublié de larguer votre matériel », observe Wavrant. Ferandon fait la moue. Fataliste. Ses containers se trouvaient dans un second avion qui ne s'est pas présenté sur la D.Z. Et quand, deux heures plus tard, les Jedburghs apprennent que les « bagages » d'*Oméga* ont été lâchés par « erreur » au-dessus du commando Fabre, cent kilomètres à l'ouest, la nouvelle est accueillie par un immense éclat de rire.

Seul Wavrant n'apprécie pas l'incident avec le même humour ; même si son groupement s'est considérablement renforcé, il constate avec angoisse que l'accumulation des contretemps compromet sa mission. Depuis la veille, Calcutta donne sur la situation des indications alarmantes :

Position française au nord 16e parallèle délicate et difficile. Tonkin et Annam dans situation imprécise : aux mains partis révolutionnaires...

Wavrant est d'autant plus inquiet que les consignes proscrivent d'une façon absolue l'épreuve de force :

Général Leclerc tient à éviter incidents avec Chinois et Annamites que notre faiblesse actuelle ne permet pas de régler à notre avantage.

Un cas de conscience se pose au capitaine. Doit-il attendre l'arrivée du matériel de Ferandon ? Doit-il foncer vers Vinh ? Le 28 août, il tranche :

« Je m'en vais, décide-t-il. J'emmène avec moi les commandos *Véga* et *Bételgeuse*. Vous, Ferandon, restez en arrière pour y réceptionner votre parachutage. Vous nous rejoindrez à mi-chemin de Vinh, au col de Napé. »

Toujours malade, Puget demande à permuter avec l'un des adjoints de Ferandon, le sous-lieutenant Chaumont.

« Je vous rattraperai très vite et en pleine forme ! » promet-il en regardant avec nostalgie ses camarades s'enfoncer dans la brousse.

Pendant trois jours, le commando avance, sans trêve. Le 31 août, Morin obtient le contact avec Calcutta.

« Du nouveau ? s'informe Maloubier.

— Oui. Et pas encourageant. »

Penchés sur le texte du message, Wavrant et Maloubier déchiffrent le télégramme, avec une grimace :

Tonkin : gouvernement aux mains du Viêt-minh violemment antifrançais. Annam, source non confirmée : Viêt-minh aurait pris le pouvoir, forçant Bao-Daï à abdiquer.

Les deux officiers se regardent. Parachutistes confirmés, spécialistes des coups durs, ils n'ont pas pour habitude de minimiser les difficultés d'une mission. Celle-ci leur semble particulièrement ardue. Fidèle à son personnage gouailleur, Maloubier se force à en rire :

« Mon père disait que les Annamites étaient de mauvais soldats ! On va savoir s'ils font de bons révolutionnaires... »

Wavrant ne répond pas. Il se méfie des jugements tout faits. En trois mois de jungle, il a pu apprécier l'endurance et le fanatisme des Japonais et se demande si le Viêt-minh n'en est pas l'héritier. Morin les interrompt :

« Bonne nouvelle, mon capitaine ! Ferandon a réceptionné son matériel. Il nous suit, à trois jours de marche, avec un commando de soldats réguliers laotiens expédiés par Fabre. »

Toujours préoccupé de vitesse, Wavrant fait forcer l'allure. Pour avancer plus vite encore, il allège au maximum l'équipement de ses hommes, ne conservant que l'essentiel : une arme, des munitions, quelques poignées de riz.

« Mais enfin, que redoutez-vous exactement ? proteste Maloubier.

— Je ne sais pas au juste mais ces messages qui font état de " groupes révolutionnaires " ne me disent rien qui vaille. Je préfère arriver le premier sur mon objectif, plutôt que d'être obligé de le conquérir de force. N'oubliez pas que nous ne sommes que cinq.

— Et les Rhadés ? »

Le sous-lieutenant Dufour a pris la tête du groupe des supplétifs montagnards. Ses premiers soldats. Il les couve d'un œil attendri, mais Sassi éclate de rire :

« Attends, pour les juger, de les avoir vus à l'œuvre ! Pour ouvrir une piste, je suis d'accord, il n'y a pas mieux. Pour roupiller aussi, tu verras ! C'est la seule chose qu'ils réussissent.

— C'est faux. A midi, ils m'ont fait goûter du poisson. Je l'ai trouvé excellent. »

Cette appréciation culinaire n'apaise pas le rire de Sassi :

« Du poisson ? Ici ? Tu t'es fait avoir, mon petit vieux ! Tes Rhadés t'ont tout simplement refilé du serpent de brousse ! »

Wavrant a choisi de foncer droit vers l'est. Pendant trois jours encore, le commando progresse, à la boussole, dans un cañon broussailleux dont il faut escalader les parois à pic, avant de déboucher sur le plateau de Napé.

Les deux dernières journées sont occupées à se hisser de près de huit cents mètres, par des ravins obstrués d'épineux, de falaises ruisselantes de pluie, jusqu'à la petite plaine coincée entre des pics atteignant mille six cents mètres.

Le 5 septembre, les parachutistes réussissent enfin à aborder la R.C. 8 en pleine nuit. Devant eux, à quelques kilomètres, Napé. Une ville frontière, au pied du col de Kéo Neua, où la R.C. 8 semble faire halte avant d'escalader les derniers contreforts de la chaîne Annamitique pour plonger, en lacets serrés, vers les rizières de Vinh.

Pour le Viêt-minh, Napé est la clef du Laos. Pour les Français, celle de l'Annam. Point de passage obligé, la petite bourgade revêt une importance vitale. Qui tient Napé tient la plaine d'en face.

13

« Et maintenant, que faisons-nous ? »

Accroupis sous une toile de tente dégoulinante de pluie, tendue entre des branches basses, formant un abri dérisoire, les six officiers sont rassemblés autour de Wavrant qui protège d'une main la flamme de la bougie. Tendue sur sa cuisse, la carte de soie accroche des reflets mordorés qui estompent les hachures et les indications topographiques.

« A mon avis, dit le capitaine, il faut aller vite, mais aussi très prudemment. Je veux entrer par surprise à Napé et sans coup férir. Seulement nous devons savoir quelle est la situation là-bas.

— Fabre nous a cédé deux guides laotiens, répond Sassi. Je propose de les envoyer en éclaireurs. Habillés en civil, ils passeront inaperçus. »

Les Laotiens sont de retour au petit jour :

« Il n'y a pas de Viêt-minh à Napé ! exultent-ils. Seulement une dizaine de miliciens annamites de la Kempetaï avec leurs cadres japonais, trois ou quatre types. Ils demeurent dans l'ancien poste de la garde indigène, à l'autre bout du village.

— C'est tout ?

— Non, il y a encore deux Japonais dans le bâtiment de la poste. Ils s'occupent du télégraphe entre Vinh et Paksane. »

Maloubier ricane :

« Une quinzaine de macaques ! Nous sommes deux fois plus nombreux. On va rigoler, non ? »

Wavrant et Sassi lui jettent un bref regard, sans répondre. Ils savent modérer leur enthousiasme.

« En route », ordonne Wavrant.

Il est 10 heures du matin. Après cent jours de jungle, la guérilla sort enfin de la forêt.

Sassi avance en tête, escorté d'une dizaine de Rhadés, suivi de Maloubier qui commande les autres partisans. Derrière eux, carabine à la hanche, progressent Morin, Chaumont et Wavrant. Dufour ferme la marche.

« Ça fait plaisir de fouler du goudron, observe Sassi. J'avais presque oublié...

— T'appelles ça du goudron ? (Maloubier grimace.) T'es pas difficile. Quatre années sans soin et la jungle a bouffé la route ! »

Vers midi, le commando *Véga* arrive en vue du petit pont qui ouvre la cuvette de Napé. Au-delà, c'est la ville. Une bourgade, moitié laotienne, moitié annamite, avec un petit aérodrome et, rangées de part et d'autre de la R.C. 8, devenue rue principale, des paillotes basses où vit un demi-millier d'habitants. Des habitants que seuls les vêtements différencient : les *cai hao* fleuris des femmes annamites ou les *sink* brodés des Laotiennes, le *cai kouan* noir des *nha qués* ou le pagne sombre des Laos.

A l'entrée de la ville, sur le côté gauche de la route, les parachutistes s'arrêtent devant une construction en briques d'un étage, apparemment abandonnée.

« C'est un ancien restaurant, dit Sassi qui est allé reconnaître les lieux. Ça s'appelle le *Bungalow*.

— O.K., dit Wavrant. On va s'installer là... »

Du canon de sa carabine, Maloubier montre l'arrière de la bicoque. Dans un jardinet abandonné aux herbes folles, la jungle fait une avancée qui bat jusqu'aux murs.

« Je sais, dit Wavrant. On surveillera ce côté avant de le débroussailler. Mais cet emplacement est bon. Nous avons en face de nous un billard : la piste de l'aérodrome. Personne ne se risquera à nous attaquer à découvert. »

Maloubier fronce les sourcils :

« Qui parle de nous attaquer ? J'ai aperçu les Japonais et les Annamites qui foutaient le camp, loin devant nous... »

Sassi lui donne une tape sur l'épaule :

« Tu es Jed, pas vrai ? Alors, tu dois être prêt à toute éventualité. Viens on va faire un tour dans le patelin. »

« Tiens, observe Sassi, dès qu'ils ont fait quelques pas sur la route : tous les Annamites sont rentrés chez eux ! Ou bien ils sont allés chercher des drapeaux français...

— Ou bien notre gueule ne leur revient pas. »

Maloubier pousse sa reconnaissance jusqu'au poste de la garde indigène, tandis que Sassi visite le bâtiment des postes. Rien à signaler. Les deux parachutistes reviennent vers le *Bungalow*.

« Tu vois ce que je vois ? »

Sassi cligne les yeux, suit l'index de Maloubier braqué sur une enseigne rédigée en caractères fleuris : TRÉSOR PUBLIC. Manifestement, la maison est vide.

« Le coffre aussi ! gueule Maloubier quelques secondes plus tard. Ce salaud de percepteur s'est fait la valise avec le fric ! »

Leur patrouille terminée, Maloubier et Sassi visitent le *Bungalow*. Au rez-de-chaussée, six chambres sont disposées symétriquement de part et d'autre d'un couloir central. C'est là que se sont installés les parachutistes. Les Rhadés sont regroupés au premier étage. Toute la journée du 6 septembre est employée à aménager le *Bungalow* en fortin et à débroussailler les abords.

Le jour se lève à peine, et le sous-lieutenant Dufour, qui termine son tour de garde, se prépare à regagner son lit. C'est le plus jeune des officiers. A peine vingt ans, Jedburgh lui aussi, il n'a jamais encore eu l'occasion de sauter en mission. Avec ses joues pleines et son regard très doux, c'est un jeune homme ardent, au courage bouillonnant, qui piétine d'impatience. La fureur de l'adolescence est tempérée chez lui par le métier longuement appris au camp de Peterborough.

Le ciel est bleu, ce 7 septembre. Lavé. Une dernière fois, Dufour fait le tour de ses postes de garde, encourageant, d'une pression de la main sur l'épaule, les volontaires Rhadés accroupis à leur créneau. La journée commence. Il est 6 heures du matin. Dufour espère s'accorder encore une heure de sommeil.

Un coup de feu le fait bondir à la fenêtre. A une vingtaine de mètres au sud, à la lisière de la forêt qui, en cet endroit, touche presque à l'enclos du *Bungalow*, il aperçoit des mouvements suspects. Il tire à son tour en hurlant :

« Alerte ! Positions de combat ! »

Aussitôt, la fusillade se déclenche, venue de tous les côtés. En un instant, les parachutistes, chacun depuis la fenêtre de sa chambre, ouvrent le feu, à la volée, sur des silhouettes sombres qui se déplacent dans les buissons tout autour de la maison.

Au premier étage, c'est la panique. La plupart des Rhadés n'ont jamais entendu la moindre détonation. Quelques-uns se jettent par les fenêtres du premier étage. Deux d'entre eux tombent lourdement sur la piste de ciment et se fracturent les jambes. L'un des blessés essaie d'échapper à la grêle de balles qui miaulent autour de lui. Il rampe vers la piste d'aviation. Une gerbe rouge. Son crâne à éclaté, et sa cervelle se répand jusque sur le mur du *Bungalow*.

Une heure passe. Les assaillants arrosent la façade du *Bungalow*, en un feu ininterrompu, ponctué de longues rafales. Ils disposent de pistolets mitrailleurs, mais aussi de deux F. M. français 24/29, sans doute fournis par les Japonais.

Du côté des Jedburghs, on se montre économe des munitions ; les parachutistes ne tirent qu'à coup sûr. Ils se savent pris au piège et sont persuadés que jamais Ferandon n'arrivera à temps. Livrés à eux-mêmes, les six officiers n'ont plus qu'à bien se battre.

A 11 heures du matin, leur certitude est renforcée. Morin, qui a obtenu le contact radio avec le groupe *Oméga*, confirme que le « pauvre » capitaine, gêné par son matériel lourd, ne pourra pas arriver avant la soirée du lendemain.

Rien ne peut les sauver. Contrairement à leurs adversaires, ils n'ont aucune arme automatique, pas la moindre grenade, et à peine cent cartouches pour chacune des vingt armes dont ils sont équipés, principalement des carabines américaines et des pistolets mitrailleurs Sten anglais. Jusqu'ici c'était suffisant pour le combat de brousse où l'on entrevoit qu'à peine un adversaire toujours rapproché, et au cours duquel on n'a que le temps de tirer deux ou trois cartouches avant de le perdre de vue.

A Napé, en terrain découvert, les Jedburghs s'aperçoivent de la portée dérisoire de leur armement.

Et pourtant ils tiennent.

A midi, l'étau viêt-minh ne s'est pas desserré. Un assaut mené mollement de la lisière de la brousse a amené une dizaine d'Annamites à portée de tir. Maloubier et Wavrant ont fait merveille. Ils ont pu constater, avec satisfaction, que l'adversaire emportait de nombreux blessés. Ils ont aussitôt cessé le feu : on n'ajuste pas les blessés. Ils ne savent pas encore qu'en guerre révolutionnaire, le code d'honneur est désuet, dépassé.

A midi, alors que le soleil donne à plein et que la soif commence à se faire sentir, une période de calme relatif se produit, aussitôt mise à profit par les parachutistes pour avaler quelques poignées de riz et vérifier l'état de leurs défenses. En se levant devant sa fenêtre, Maloubier pousse une exclamation étouffée. Puis il se retourne, lentement :

« Je crois que je suis touché », dit-il d'une curieuse voix étranglée.

Sassi traverse le couloir, avance vers son camarade et s'arrête, stupéfait. Une tache de sang souille le devant de la chemise de Bob, exactement au milieu de sa poitrine et grandit, grandit. Pourtant Maloubier tient debout et avance lentement, tandis que le sang coule, goutte à goutte sur le carrelage.

« Tu as une balle... là », articule Sassi en avançant la main jusqu'à la hauteur de la blessure.

Il s'interrompt, interdit. Son doigt a effleuré une excroissance bizarre. En refermant le pouce et l'index, il a accroché quelque chose de dur qui obéit à la traction et tombe dans sa paume. Une balle. Sans doute un ricochet qui a percuté le sternum, fait éclater la peau, mais n'a pu pénétrer au-delà.

Alors, Sassi éclate de rire, soulagé et énervé à la fois. Un éclat de rire qui ne cesse pas, même lorsque Maloubier, réalisant enfin la chance qui a été sienne, s'évanouit.

14

Il est 5 heures de l'après-midi. Depuis la fin de la matinée, deux cents hommes vociférants ont lancé plusieurs assauts, tantôt depuis la piste d'aviation, sur la façade est du *Bungalow*, tantôt, sur les arrières, depuis la brousse. Les assaillants sont bien armés, sévèrement encadrés. Vêtus de noir, ils sont commandés par un jeune Annamite que Wavrant entrevoit de temps à autre, coiffé d'un casque colonial, arborant, sur les pattes d'épaule de sa chemise kaki, deux galons d'or de lieutenant.

« Français, rendez-vous »

L'officier viet s'est dressé, à cent mètres, hors de portée des mitraillettes des parachutistes. Wavrant hausse les épaules, ordonne un feu de salve.

Sassi, qui se trouve face à la brousse, est accoudé à la fenêtre, à côté de Dufour. Soudain, le sous-lieutenant lâche sa carabine, pivote sur lui-même et se laisse glisser à terre, le dos appuyé à la cloison, crispant ses mains sur son ventre.

« Je me sens mal », souffle-t-il, le visage tordu de souffrance.

Sassi s'accroupit et, doucement, écarte les doigts du blessé. Son visage n'exprime rien quand il constate que la balle a pénétré dans l'abdomen, un peu à droite du nombril. Une blessure nette, qui ne saigne presque pas, mais qui laisse suinter un liquide blanchâtre, gras et nauséabond. L'intestin est touché. Dufour est perdu.

« C'est rien, vieux », grogne Sassi, gentiment bourru. « Les salopards ne vont pas rester éternellement. Tâche de tenir le coup une heure ou deux : on va alerter Calcutta et demander un *Lysander* pour te faire évacuer ! Il pourra se poser sur la piste... »

Malgré sa souffrance, Dufour remercie d'un battement de cils. Mais il ne se fait aucune illusion.

« Je sais que je vais crever », murmure-t-il, des larmes plein les yeux. Puis, d'un coup, son visage se fait malicieux : « Je donnerais cher pour voir la gueule du trésorier, le lieutenant Pommier, quand il apprendra que je suis mort ! Tu comprends, pour arroser mon départ en mission, je m'étais fait avancer trois mois de solde ! Jusqu'à la fin novembre ! Ce salaud, j'espère qu'il va être obligé de casquer ! »

Une heure passe ainsi. La fusillade ne cesse pas. Sassi a disposé, contre Dufour, des sacs et des couvertures pour le maintenir assis contre le mur. Couché, le sous-lieutenant étouffait. Parfois, il sort de sa torpeur et lève vers son camarade un visage mouillé de larmes :

« Dis, tu ne vas pas me laisser ici ? »

En fait, jamais les Jeds n'évacuent leurs blessés. C'est la règle.

— Mais non, tu sais bien qu'on t'emmènera. »

Un blessé intransportable est toujours abandonné avec une arme ou une grenade, et sa capsule de cyanure.

« Jeannot ! appelle encore Dufour. Tue-moi !

— Tu déconnes ? Ce soir, demain au plus tard, un avion va venir te récupérer.

— C'est toi qui déconnes, Jeannot ! Tu sais qu'aucun avion ne peut arriver de Calcutta. Promets-moi une chose : jamais tu ne me laisseras tomber vivant aux mains des Annamites ! »

Sassi promet. Il est désarmé par l'attitude de Dufour, qui n'est plus qu'un gamin affolé par la mort, perdu de souffrance. Mais un gamin qu'il faudra abandonner. Jamais Jean Sassi ne tuera son camarade. La mort est donnée à l'ennemi. Elle reste, pour chacun des parachutistes, une affaire personnelle.

Vers 7 heures, Dufour entre en agonie. Il délire, tandis que de sa blessure suintent sang et matière mêlés. Une odeur insupportable règne dans la pièce. Plein de pitié pour son camarade, l'estomac au bord des lèvres, Sassi se bat, ne s'interrompant que pour réconforter l'agonisant, désespéré de son impuissance à l'aider davantage.

La nuit tombe après un bref crépuscule. Avec elle s'installe le silence. Les assaillants se sont retirés, non sans prévenir :

« Nous reviendrons demain ! »

Wavrant rassemble son groupe, dresse le bilan et donne ses

ordres. Dufour est évacué en premier. Deux Rhadés l'emportent sur une civière, en direction du pont, vers un petit village de la périphérie, Ban Napé, où le sous-lieutenant Chaumont veillera sur lui.

Les autres blessés sont évacués dans la nuit, tandis que Morin organise le réduit, après avoir envoyé à Calcutta un message relatant les événements du jour :

Attaqués à l'aube par forces annamites supérieures — Or [1], Phosphore [2] et trois hommes blessés — Serons attaqués de nouveau — Sommes vingt armés — Manquerons bientôt munitions.

Suit, en fin de télégramme, une phrase curieuse, défi lancé par les Jeds :

Merde à qui déchoit !

Une partie de la nuit, à la tête d'une dizaine de supplétifs rhadés, Sassi patrouille en ville, réoccupant successivement la poste, la douane, la perception et la caserne de la garde indochinoise, vides de tout ennemi. Sur le mur de la tour d'angle, les Viêt-minh ont placardé une immense affiche, manuscrite, rédigée à l'aide d'une plume de ronde, en caractères fleuris et appliqués :

Proclamation du Comité Révolutionnaire du Gouvernement de la Révolution Nationale.

Le Gouvernement de la Révolution Nationale réserve un accueil très chaleureux aux étrangers désireux de s'établir en territoire annamite, à condition qu'ils se conforment rigoureusement aux ordres suivants :

1° Qu'ils reconnaissent l'indépendance du peuple annamite définitivement reconquise.

2° Qu'ils reconnaissent, pour s'y conformer, les lois établies par le Gouvernement de la Révolution Nationale.

3° Qu'ils déposent toutes leurs armes conformément aux règlements en vigueur.

4° Qu'ils acceptent à s'établir dans des camps de concentration fixés par le Gouvernement.

Ce n'est qu'à ces conditions que leurs vies seront assurées et garanties.

Signé : le comité provisoire de Muong Son.

1. *Or* : Maloubier.
2. *Phosphore* : Dufour.

Après le combat acharné de l'après-midi, le terme « accueil chaleureux » ferait sourire Sassi, tout comme l'invitation à rejoindre spontanément les « camps de concentration ». Mais il n'a pas envie de sourire. Il se prépare au prochain assaut, sachant d'avance qu'il est sans espoir : on ne lutte pas à vingt carabines contre des fusils mitrailleurs.

Pour sa part, le lieutenant Maloubier est parti en avant, sur la route de Muong Son. Installé en bouchon au pied du col de Kéo Neua, sa mission consiste à intercepter les éventuels groupes ennemis venant d'Annam. Il organise un dispositif d'embuscade, en tenant compte de la faiblesse de ses moyens : quatre seulement de ses guetteurs sont armés. La nuit passe, très longue pour Maloubier qui n'a pas dormi depuis trente heures.

A 6 heures du matin, P'heul, son adjoint rhadé, le secoue.

« J'ai dû m'endormir », pense Maloubier, qui apprend, catastrophe, qu'un important détachement ennemi — cinq à six cents hommes — a réussi à franchir le bouchon quelques minutes auparavant. Terrorisés, les guetteurs n'ont pas osé donner l'alerte.

Maloubier et son groupe sont désormais isolés, coupés de Wavrant par un épais rideau viet. Pour eux, une seule issue : contourner la cuvette et tenter de rejoindre Chaumont à Ban Napé.

Wavrant ignore la situation de Maloubier et surtout l'arrivée des renforts ennemis. A 6 heures, constatant qu'aucune attaque n'avait eu lieu, il a commencé à réorganiser son fortin. Sur l'esplanade du *Bungalow,* il fait envoyer les couleurs et expédie Morin à Ban Napé pour avoir des nouvelles de Dufour. Morin revient, un quart d'heure plus tard :

« Dufour est mort à l'aube, dit-il. Chaumont, qui l'a veillé jusqu'au bout, m'a rapporté ses dernières paroles : " Mon petit vieux, je t'emmerde. " »

Excuse ou défi ? Personne ne le saura jamais : Wavrant vient de repérer, venant du col de Kéo Neua, un important convoi de camions bourré de Viêt-minh. Des silhouettes noires prennent position de l'autre côté de la piste d'aviation, à huit cents mètres en face, hors de portée des carabines du commando. Immédiatement, les Viets procèdent à la mise en batterie d'un groupe de trois mortiers. A la jumelle, Wavrant constate la présence de nombreux sous-officiers japonais en tenue de combat qui distribuent leurs ordres à plusieurs centaines d'hommes en noir. Au milieu d'eux, Wavrant distingue les uniformes clairs et la haute stature de deux Européens vers lesquels convergent les agents de transmissions.

Sous les yeux du commando français, les assaillants prennent leurs dispositions de combat d'une façon si techniquement parfaite que Sassi ne peut s'empêcher de gronder :

« Bon Dieu ! Les Blancs d'en face sont des Jeds ! Des Américains ! Même style, mêmes habitudes, même façon de progresser ! »

Face-à-face tragique d'hommes formés à la même école, ayant combattus ensemble le même ennemi et qui, aujourd'hui, au nom du même principe de liberté, s'affrontent dans des camps opposés.

A 10 h 30, l'assaut est donné, lancé de loin par un millier d'hommes déchaînés. La première vague est composée de fanatiques armés de faux, de lances de bambous, de vieux fusils disparates. La seconde, au contraire, est constituée de militaires plus disciplinés, mieux encadrés, équipés d'armes modernes. Sur les flancs de l'attaque, des fusils mitrailleurs prennent le *Bungalow* sous leur tir convergent, appuyés par les mortiers dont les torpilles éclatent sur le toit ou dans le jardinet au bord de la route.

Pour contenir la première vague, Wavrant et ses camarades dépensent en quelques minutes près de la moitié de leurs munitions. Il devient clair qu'ils ne pourront pas repousser un second assaut.

Pourtant un répit leur est donné. En face, les pertes sont importantes et les Viets se replient en désordre, emportant morts et blessés, une soixantaine de corps. De la voix et du geste, leurs conseillers tentent en vain de les relancer en avant. Pourtant, jusqu'à 1 heure de l'après-midi, rien d'autre ne se produit qu'un harcèlement continu, F.M. et mortiers. Les Viets ne se pressent pas, ils ont le temps devant eux.

A 2 heures, un cri. Morin exulte :

« Les renforts ! Ferandon arrive ! »

Wavrant et Sassi se précipitent. Par la porte du *Bungalow*, ils aperçoivent une longue portion de route jusqu'au pont. Et ils sursautent ; le sourire aux lèvres, la carabine au creux du bras, Puget avance. Il est seul.

« Ce con ! grommelle Sassi, je parie qu'il est content de lui ! »

De temps à autre, Puget se baisse, esquive quelque rafale. Du plus loin qu'il aperçoit ses camarades, il leur adresse un petit geste de la main.

« Depuis que je vais mieux, explique-t-il en arrivant, j'avais peur que vous ayez réglé le problème sans moi. J'en avais marre de traîner avec Ferandon et son matériel lourd...

— Bougre de couillon ! hurle Sassi, furieux. T'avais besoin de venir te fourrer dans ce merdier ! On va tous y laisser la peau, c'est garanti... Ici, tu ne sers à rien ; on n'a pas besoin de cadavres supplémentaires... »

En professionnel réaliste, Sassi a analysé les chances de survie. Il ne s'en accorde aucune.

A 3 heures, il est clair qu'un nouvel assaut se prépare. Déjà les rafales de F.M. balaient la façade, crèvent les fenêtres, tandis que les obus de mortier pleuvent serré, tout autour de la maison, sur le toit, qui menace ruine et, par instants, s'enflamme. La position n'est plus tenable, mais Wavrant hésite encore à donner l'ordre d'évacuation.

« Il y a le drapeau à défendre », dit-il.

Sassi, Puget et Morin contestent :

« Le drapeau, ce n'est pas ce qui est accroché en haut du mât ! Tant que nous sommes vivants et que nous combattons, le drapeau français flotte en Indochine ! Mais si nous nous faisons tuer ici, ce sera un geste bien dérisoire pour les Viêt-minh que de l'arracher de son mât ! »

Etrange discussion, faite sur le mode hurlé, entrecoupée de rafales, d'éclatements, dans la fumée des explosions, au milieu des cris de douleur ou des râles des blessés.

Wavrant accepte enfin l'évacuation :

« Mais on emmène les blessés », décide-t-il.

Nouveau tollé :

« On n'est pas là pour évacuer les blessés, mais pour se battre ! Ce n'est pas aux Rhadés que les Viêt-minh en veulent, mais à nous, les Blancs. Alourdis par le transport d'un homme, ils auront beau jeu de nous agrafer ! »

Cette fois encore, Wavrant cède. Il donne l'ordre de détruire tout le matériel qui ne pourra être emporté.

« On sort un par un ! ordonne-t-il. Intervalle cinq secondes. Je partirai le dernier. »

Puis il ajoute :

« On se regroupera à Kam Kheut. Chacun pour soi à travers la brousse ! »

En silence, tous se serrent la main. Il ne leur reste plus qu'à sortir sous les rafales et les obus, zigzaguer sur le billard de la piste d'aviation, suivre la route pendant une centaine de mètres en terrain découvert, pour atteindre le pont sur la rivière, au-delà duquel il y a la brousse et le salut.

Un par un, les hommes de *Véga* sautent dans le jardin, et foncent. Morin part en tête, suivi de quelques Rhadés. Puget se trouve en seconde position. Il expulse de force quelques montagnards que la peur de l'air libre cloue sur le seuil de la porte, puis s'élance à son tour. Devant lui, un homme tombe, fauché par une rafale. Puget plonge, rampe jusqu'au fossé de la route, bondit, plonge encore. Il n'entend plus rien qu'un vague hourvari, mettant toute son énergie à atteindre le pont, six cents mètres en avant. A la fois si près et si lointain.

Sassi s'en va à son tour. Il a accroché un sac sur son dos, bourré de gravats. Geste instinctif de protection, mais qui lui sauve la vie quand un impact le projette à terre.

A grandes enjambées il court, rejoint Puget à quelques mètres du pont de la R.C. 8. Et pousse un cri d'alerte. Les Viets occupent leur seule issue et ont installé, dissimulé dans les herbes du bord de la rivière, un fusil mitrailleur qui balaie la route, et qui ne s'est dévoilé qu'au dernier moment. Là encore, Puget et Sassi notent la marque des Jedburghs U.S.

Les parachutistes réagissent, s'écartent de la route et traversent la rivière une centaine de mètres en amont. Ils escaladent une petite colline et se retournent. Derrière eux, Napé, avec le *Bungalow*, empanaché de fumée et, dans la plaine, de-ci, de-là, quelques silhouettes sombres étendues, immobiles. Alors, sans un mot, les deux camarades s'engagent dans la brousse.

Wavrant est resté le dernier au *Bungalow*, où l'incendie commence à prendre de l'ampleur. Une seconde, en regardant Sassi et Puget qui galopent vers la rivière, il a envie de les rejoindre. C'est, en tout cas, son devoir.

Mais il regarde ses blessés. Tous ont les yeux tournés vers lui. Ils attendent du Blanc qu'il les sorte de la fournaise, Wavrant n'hésite pas. Délibérément, il enfreint la règle des Jeds. Peut-être a-t-il envie de s'offrir le luxe d'un peu de faiblesse au milieu de la sauvagerie des combats.

Il se penche, attrape le premier des Rhadés sous les bras, le sort sur la dalle de ciment, à l'abri des balles. Puis il rentre et emporte un second blessé. Six fois, il répète l'opération. Il perd un temps précieux. Les Viêt-minh se sont aperçus de la fuite des parachutistes. Leur tir se fait moins violent. Ils écoutent la riposte, essayant d'en déduire le nombre des combattants qui résistent. N'entendant rien, ils croient à une ruse, attendent encore.

Wavrant continue. Le dernier des Rhadés, Wavrant le connaît bien. C'est Nieng, un caporal. Une face toute ronde, plissée horizontalement par une grimace qui s'efforce d'être un sourire et qui s'ouvre sur des dents limées en pointe. Nieng a reçu, sous l'omoplate, un éclat de mortier qui a enlevé, comme avec un bistouri, muscles et peau. Une blessure horrible à voir, la chair ouverte sur le poumon que l'on aperçoit, enrobé de bulles, se gonflant et se vidant au rythme de la respiration.

Wavrant ne peut se résoudre à abandonner là son caporal. Alors, il le charge sur le dos, et, sa carabine à la main, il s'en va, vers le pont.

Pendant cent mètres, le capitaine court, penché en deux, rapide malgré son fardeau. Un exercice déjà effectué à l'entraînement. Le pont est là, à vingt mètres. Sans lâcher sa carabine, Wavrant assure sur son front le calot bleu des troupes d'Afrique qu'il porte dans les coups durs. Une coiffure fétiche qu'il sort de son sac dans les grandes occasions.

Wavrant court. Après le pont, il sera sauvé. Ou plutôt, car il ne pense pas à lui, Nieng pourra être soigné.

Il y a eu peut-être une rafale. Peut-être simplement un seul coup de fusil. On ne le saura jamais. Le capitaine de Wavrant s'est effondré sur la route.

15

Premier combat de la guerre d'Indochine, Napé stimule les Viets. Soutenus au Tonkin et en Annam par les services secrets américains, ils attendent, au Laos, l'aide des troupes de Tchang Kaï-chek qui descendent du Yunnan.

Depuis le début du mois de septembre 1945, les premiers éléments de la 93e division chinoise coulent, lentement, à travers pistes et vallées, submergeant le pays. Ce ne sont d'abord que quelques avant-gardes qui se présentent aux abords des villes. Leur surprise est vive d'y rencontrer des Français, dont on leur avait affirmé qu'ils avaient été balayés. Dans la nuit, ces éclaireurs sont rejoints par des fantassins hâves, faméliques, avides de pillage.

« Ils prennent tout », geignent les Laotiens qui redoutent leurs « libérateurs ». « Ils emportent les robinets de cuivre, les fils téléphoniques, le maïs, les volailles...

— Et les boutons de porte !

— Et l'opium ! »

Surtout l'opium. Les Chinois de la 93ᵉ divsion sont venus en Indochine pour s'enrichir. Le désarmement des Japonais n'est qu'un prétexte ; il y a longtemps que les troupes du Mikado se sont mises en route vers le sud pour échapper aux soldats du Kouo-min-tang. Ils préfèrent se rendre aux Anglais, au-delà du 16e parallèle.

Le processus est toujours le même. Au soir, quelques officiers se présentent aux abords des villes. Courtoisement, ils vont saluer les autorités locales, laotiennes ou françaises. Ils sont affables, conciliants, d'accord sur tout :

« France, grande alliée de la Chine ! Général de Gaulle, grand Français, grand ami du *generalissimo* Tchang Kaï-chek. »

Ils promettent que leur présence sera symbolique, leur assistance, légère. D'ailleurs ils ne sont qu'une poignée. Le lendemain matin, ils sont deux cents. Le lendemain soir, mille. Et il en arrive toujours d'autres.

Dépassés par la marée chinoise, les chefs de guérilla, Imfeld à Luang Prabang et Fabre à Vientiane, demandent des consignes à Calcutta. La réponse tombe :

Chinois ont uniquement pour mission de désarmer les Japonais. N'ont aucun pouvoir sur l'administration française et laotienne.

Calcutta parle principes. Les Chinois font ce qu'ils veulent. Ils se comportent en troupes d'occupation, s'installent en maîtres absolus. La 93ᵉ division yunnanaise n'obéit qu'à ses propres généraux qui sont à la fois des seigneurs féodaux, des chefs de bande et des commerçants, aucun de ces qualificatifs n'étant incompatible avec l'autre. Tchang Kaï-chek savait à quoi s'en tenir sur ses troupes. C'est la raison de son choix :

« Tu es mon ami le plus fidèle, a écrit le *generalissimo* à Lou Han, le chef des Yunnanais. C'est la raison pour laquelle je te donne les terres du Sud : les montagnes de l'opium au Laos, les rizières du Tonkin, les richesses de Hanoi et de Haiphong. »

Lou Han n'a pas perdu une seconde. Il a flairé l'aubaine, une façon de s'enrichir en pillant ces territoires que convoitent les Chinois depuis des millénaires. Par régiments entiers, il a lancé ses hommes sur les pistes, à la curée.

Lou Han croyait naïvement à la sincérité de Tchang Kaï-chek. Il est tombé dans le piège. Car, à peine a-t-il abandonné le territoire sur lequel il régnait en maître absolu, que Tchang y dépêche l'une de ses armées les plus fidèles, celle du général Li Mi. Sans Lou Han, le Yunnan était à prendre. Il est pris en quelques jours.

Dans quelques mois, Lou Han comprendra qu'il a été floué. Quand ses soldats devront partir d'Indochine, ils seront acheminés, loin dans le nord de la Chine, pour y affronter, dans un climat épouvantable, les troupes rouges de Lin Piao. Il y aura alors un massacre fantastique, mais Lou Han aura malgré tout sa revanche : rallié au nouveau régime, il obtiendra, en 1949, de Mao Tsé-toung, de revenir au Yunnan à la tête de ses troupes « ralliées » pour en chasser Li Mi...

Les troupes chinoises se répandent au sud. Elles ont noyé Diên Biên Phu et Luang Prabang. Elles butent sur Vientiane.

Sur le bureau de Leclerc, les télégrammes affolés des chefs de guérilla s'accumulent. Ils racontent comment les officiers français sont molestés, internés, assiégés. Et ils demandent des consignes. Leclerc les rédige et les envoie :

En cas arrivée troupes chinoises d'occupation devant secteurs et régions administrées par nos détachements :

1° Avisez à l'avance courtoisement que ces secteurs et régions sont occupés par forces françaises conformément aux accords de Tchoung-King prévoyant collaboration troupes françaises et chinoises. Invitez chefs chinois entrevue amicale.

« Bravo ! dit Fabre qui est assiégé dans Vientiane. Les Chinois collaborent comme les Allemands : ils veulent bien nous donner l'heure, mais à condition qu'on fournisse la montre. »

La stupeur de Fabre s'accroît encore en lisant la suite :

2° S'efforcer maintenir administration française sans participation chinoise.

3° Cas absolue nécessité, accepter participation chinoise limitée sous conditions bien définies et sous réserve administration reste uniquement française.

4° En aucun cas [ne] laisser désarmer et interner troupes françaises et laotiennes. Si obligés céder place sous trop forte pression intenable, protester et rendre compte officiellement. Se maintenir avec toutes les forces et armes dans régions inoccupées par Chinois.

En conclusion, Leclerc admet pourtant :

5° Si entente avec Chinois semble impossible et positions deviennent intenables dans garnisons, guérillas doivent se maintenir avec armes et matériels en pays inattaquable, au besoin dans jungle. Dans tous les cas et par tous les moyens possibles, continuer action politique et administrative, et s'efforcer protéger contre abus occupation chinoise.

6° Evitez combats sauf légitime défense ou protection contre piraterie ne pouvant être le fait que d'irréguliers.

Furieux cette fois, Fabre résume le télégramme en quelques phrases cinglantes :

« Si j'ai bien compris, on sourit aux Chinois. S'ils montrent les dents, on ferme les yeux. S'ils grognent, on fiche le camp dans la jungle avant qu'ils ne mordent. C'est ça, la fermeté. »

Mais il entend bien agir à sa guise. Sa mission consistait à prendre Vientiane pour y représenter la France. Il y est. Il y restera.

« Je n'ai pas passé, affirme-t-il, neuf mois dans la brousse, comme une bête sauvage, pour ensuite abandonner ma ville. D'ailleurs, jamais, nulle part, je n'ai abaissé le drapeau français. Si je le faisais ce serait une lâcheté. Pire, une mauvaise action : ce serait abandonner mes Laotiens à la terreur des révolutionnaires du Viêt-minh. »

Résolu à accepter l'épreuve de force, Fabre en avise les officiers de la 93ᵉ division dont les chalands sont ancrés au milieu du Mékong, au large de Vientiane :

« Ma ville sera défendue. Au besoin contre vous. »

Malgré les sourires, les promesses, les invitations à se rendre à bord, Fabre ne quitte pas les quartiers où se sont retranchées ses troupes. Il a appris la mésaventure survenue à Luang Prabang à son camarade Imfeld : convié à un cocktail de bienvenue par le général Ying, commandant adjoint de la 93ᵉ division, il a été désarmé, molesté et arrêté. Il se trouve, présentement, gardé à vue dans sa propre résidence, mise au pillage.

Les Chinois se défient de Fabre. Prudemment, ils se tiennent à distance, mais ils alertent l'état-major de Tchang Kaï-chek, à Kunming. Aussitôt, son conseiller américain, le général Wedemeyer, adresse un bref message aux agents de l'O.S.S., en poste au Siam :

« *Neutralisez Fabre et les Français.* »

Le 19 septembre 1945, deux officiers américains, les majors Banks et Holland, arrivent à Nong Kaï, une petite ville située sur la rive thaïlandaise du Mékong, en face de Vientiane. Ils se gardent bien de pénétrer au Laos, mais ils nouent aussitôt des contacts avec les émissaires du comité Viêt-minh.

« Vous avez notre appui, les assurent-ils. Nous vous fournirons des armes et de l'argent pour vous aider à chasser les Français. »

Dans la nuit, avec les Chinois venus à Nong Kaï, Banks et Holland mettent au point le scénario de leur intervention. Comme prétexte, ils invoquent de prétendus sévices infligés à la population indigène terrorisée par les « pirates » de Fabre. Par message adressé en haut lieu, ils exigent la création d'une « mission de conciliation », dont le but est de donner une apparence de légalité à l'élimination de Fabre.

Mais les Anglais, qui savent à quoi s'en tenir sur les menées de l'O.S.S., demandent à être représentés au sein de cette mission. Après un échange assez vif de télégrammes entre Lord Mountbatten et le général Wedemeyer, les Américains s'inclinent, à contrecœur.

Le major Winn arrive à Nong Kaï le 20 septembre. Officier de l'Intelligence Service, chef de son antenne Action pour le Sud-Est asiatique, il a naguère rencontré Morlanne à Calcutta et, *fair play*, prend sur lui de l'avertir du piège qui se trame. Morlanne a des réflexes prompts. Trois heures plus tard, il fait parachuter sur les bords du Mékong une équipe Action : le lieutenant Klotz et son radio, l'opératrice Edith Fournier.

Le chef du service français n'a pas choisi ses représentants au hasard. Rien ne ressemble moins aux « pirates » décrits par Banks et Holland que ces deux jeunes parachutistes. Résistante chevronnée, héroïne de la clandestinité, Edith Fournier est une charmante jeune fille de vingt-deux ans, issue d'une riche famille bourgeoise.

Pour sa part, Francis Klotz n'est pas moins attachant. Héritier d'une lignée d'officiers de carrière, il a choisi l'armée comme un sacerdoce. Un beau visage d'archange, des manières élégantes dissimulent une volonté de fer au service d'un idéal. Pour lui, une certitude : la France doit poursuivre sa mission historique en Indochine. Dans l'honneur et selon les lois de la guerre. Calme, pondéré, intransigeant sur l'uniforme, Klotz est la rigueur incarnée. A Calcutta, les Britanniques disent de lui qu'il est un véritable gentleman.

Si Banks et Holland n'apprécient pas la présence du lieutenant Klotz, ils n'osent pas la récuser formellement en présence du major Winn. Aussi, le 21 septembre, la pirogue qui transporte vers Vientiane la « mission de conciliation » comporte quatre officiers. Deux d'entre eux sont de mauvaise humeur. Ils ne vont pas tarder à le montrer sitôt leur arrivée.

« Nous exigeons la présence des officiers chinois », déclarent d'emblée les Américains à Fabre, venu les accueillir.

Fabre est exaspéré. Il échange avec le lieutenant Klotz un bref regard qui trahit son envie de flanquer les hommes de l'O.S.S. dans le Mékong. Mais il doit s'incliner : les Chinois sont théoriquement des alliés.

Dès le début de la conférence quadripartite, les Américains se lancent dans un réquisitoire impitoyable :

« Votre présence à Vientiane est illégale, hurlent-ils à Fabre. Le Laos est un pays indépendant et seules les troupes du Kouo-min-tang ont qualité pour y séjourner ! »

Satisfaction des Chinois. Des sourires éclairent leurs faces rondes qui s'obscurcissent bien vite quand le capitaine français les apostrophe à son tour sèchement :

« C'est votre insistance qui est illégale. Il n'y a plus un seul Japonais à Vientiane et vous le savez ! Vous n'avez donc rien à voir dans l'administration de ce pays ! »

Les Américains fulminent. Mais le major Winn rétablit le calme en heurtant la table de son stick :

« Les arguments du capitaine Fabre sont inattaquables. Pourquoi ne pas nous en tenir aux termes des accords passés entre les puissances alliées ? »

Fureur des agents de l'O.S.S. Ils menacent :

« Si les Chinois interviennent en force, vous serez balayés et personne ne viendra vous aider ! »

Fabre souligne cette invitation implicite au massacre. Alors, bouillants de colère, Banks et Holland se lèvent et s'en vont, en claquant les portes. Restés seuls, les Yunnanais se font plus accommodants et finissent par admettre que les questions administratives sont du ressort exclusif des Français. Fabre n'en demandait pas davantage. Grâce à Winn, le pire a été évité.

Une autre tragédie se prépare.

Mission accomplie, le major Winn se prépare à regagner son poste à Bangkok.

« J'ai appris, dit-il au lieutenant Klotz, que des détachements viêt-minh de Thakhek détenaient encore en otages les familles des fonctionnaires et des colons français internés par les Japonais après le coup de force du 9 mars. »

Thakhek se trouve au sud du 16e parallèle.

« La sécurité de ce territoire, ajoute Winn, incombe aux troupes. Mais il est difficile d'y aller et nous n'y arriverons pas avant quelques semaines. Que pouvez-vous faire ? »

Klotz n'hésite pas :

« J'y serai, dès demain.

— Je n'attendais pas autre chose de vous, répond Winn en lui tendant la main. Dès que possible, je désignerai l'un de mes officiers pour vous seconder. D'ici là, soyez prudent et bonne chance ! »

Dans la nuit, le lieutenant Klotz fonce en voiture jusqu'à Nakhon Phanom, ville frontière en face de Thakhek, sur la rive siamoise du Mékong. Il y est accueilli par un Américain, le major Reeves, officier de l'O.S.S., chargé des contacts avec les Viêt-minh du Laos.

Reeves est le prototype de la bête de guerre, superbe tête carrée aux cheveux coupés ras, démarche de cow-boy, regard assuré. D'une obéissance bornée mais absolue, il applique à la lettre les consignes reçues. Pendant huit jours, il ne quitte pas d'une semelle le lieutenant Klotz. Klotz profite de la situation. Tous les matins, pendant huit jours, il débarque avec le major Reeves à Thakhek. Les communistes écument de rage mais n'osent pas intervenir.

« Je suis venu pour évacuer vers le Siam les femmes et les enfants détenus comme otages en dépit des accords de reddition signés par les Japonais », dit-il.

Interrogé du regard par les Viêt-minh, Reeves hausse les épaules :

« Faites ce que le Français vous demande. »

En une semaine, Klotz obtient ainsi la libération de quatre familles françaises, détenues depuis le 9 mars. Pendant six mois, elles ont vécu enfermées dans les caves de l'orphelinat dans des conditions épouvantables. Sans hygiène, sans soins, sans lumière, les otages sont devenus semblables à des squelettes mais les Viêt-minh n'ont pas voulu les libérer. Klotz essaie, en vain, d'apitoyer l'Américain. Celui-ci bougonne :

« Les indigènes se sont vengés des sévices endurés depuis votre colonisation... »

Klotz ne répond pas. Le spectacle de ces femmes et de ces enfants le bouleverse, tout comme le récit des assassinats commis par les Japonais dans les premières heures de leur coup de force. Tous les hommes ont été enterrés vivants, leur tête dépassant seule. Les soldats nippons se sont servis de ces têtes comme de cibles pour s'exercer sur elles au combat à la baïonnette.

Jour après jour, Klotz se dépense sans compter, pour arracher, l'un après l'autre, les otages des mains des Viêt-minh, de plus en plus hargneux, de plus en plus vindicatifs. Manifestement, les communistes reprochent au major Reeves sa pusillanimité face au Français. Klotz s'en aperçoit. Il constate aussi que l'assurance de l'agent de l'O.S.S. faiblit. Heureusement, le 26 septembre au soir, arrive l'envoyé du major Winn.

Klotz le connaît bien : le *captain* Kemp est l'un de ces vieux routiers du Service Action de l'Intelligence Service qui ont traîné leur bosse dans tous les coins du monde en guerre. Officier de la Phalange durant la guerre d'Espagne, le *captain* Kemp a successivement servi dans toutes les armées alliées, qu'elles soient polonaise, française ou éthiopienne. A Calcutta, sa face rubiconde et ses moustaches en croc sont aussi célèbres que celles de Staline. Bizarrement, le jeune lieutenant Klotz, militaire pur et idéaliste, a conquis le cœur du vieux baroudeur cynique et désabusé.

« Vous arrivez à temps, dit le Français. Les Viêt-minh rendent notre ami Reeves d'une nervosité inquiétante...

— Je suis là, répond Kemp, n'ayez plus aucun souci... Au fait, le major Winn m'a donné un colis de médicaments destiné aux Français qui sont restés à Thakhek. Nous le leur apporterons demain matin. »

« En apportant des médicaments aux Français, explique sèchement au *captain* Kemp le major Reeves, vous prenez parti. Je vous laisse l'entière responsabilité de cette initiative. »

Kemp hausse les épaules. La pirogue traverse le Mékong, dans le courant. Reeves est de mauvaise humeur. Par deux fois, depuis le matin, il a fait retarder le voyage. Il est 4 heures de l'après-midi et Klotz s'impatiente :

« Il reste encore une vingtaine d'otages détenus en ville, explique-t-il. Si nous n'effectuons qu'un seul voyage par jour, jamais nous n'arriverons à les évacuer tous rapidement. Et pourtant, il y a urgence... »

Reeves ne répond rien. Mais sa nervosité augmente. Dès que la pirogue accoste, il prend soin de s'écarter du groupe des officiers alliés.

A peine Klotz et Kemp ont-ils posé le pied sur l'appontement qu'une horde de soldats viêt-minh débouche en courant, venant du centre de la ville. Vêtus de vieux uniformes japonais, ils vocifèrent sous les plis d'un drapeau rouge frappé de l'étoile du Viêt-minh :

« Dehors, les Blancs ! »

Kemp fait un pas, repousse le soldat le plus proche du bout de son stick et, calmement :

« Les forces de Sa Majesté sont responsables de l'ordre au sud du 16° parallèle. Je suis ici pour m'assurer de la santé des civils français encore détenus à Thakhek contre toutes les conventions. »

Avec hargne, le chef du détachement viêt-minh lui coupe la parole :

« Nous n'avons pas à répondre de la vie des Français ! Ils nous ont déclaré la guerre... »

Kemp balaie l'argument :

« Ridicule !

— Vous semblez oublier que nous sommes ici vingt hommes armés. Il vaut mieux vous en aller. »

Kemp soupire. En vieux soldat, il comprend que le moindre incident déclenchera le drame. Les Viêt-minh sont exaspérés, ils sont capables du pire.

« Nous partons, décide-t-il.

— Allez-vous-en ! hurle le Viet. Mais nous gardons l'officier français. C'est un prisonnier de guerre ! Nous sommes en guerre avec la France ! »

Kemp va protester. Le claquement d'une culasse l'en empêche. Sans réfléchir, Kemp se place devant le lieutenant qu'il protège de son corps. Puis il recule vers la pirogue. Soudain, il voit un Viet se glisser derrière Klotz, un pistolet à la main, pour lui couper la retraite. Il va appeler Reeves, lui demander de protéger son camarade. Mais l'Américain prend les devants. Sans bouger, il dit :

« I guess, I am neutral ! »

Un coup de feu. Puis un second. Atteint dans le dos, Klotz titube. Kemp se retourne, le recueille doucement et le porte dans la pirogue.

Reeves a rejoint les deux officiers. Il n'ose prononcer un mot. Kemp a posé la tête du jeune lieutenant sur ses genoux. Il le soutient en lui prodiguant des mots d'encouragement. Mais Klotz ne l'entend pas. Sa poitrine se soulève, de plus en plus lentement. Puis, d'un effort désespéré, son torse se cambre, retombe. Klotz vient de mourir, sans dire un mot. Son regard n'a cessé de fixer le visage du major Reeves.

Kemp a tenu à veiller le corps de son ami, seul, durant toute la nuit. Au matin, pour les obsèques, toute la population de Nakhon Phanom est là, en vêtements de deuil. Au premier rang, les femmes et les enfants que le lieutenant a arrachés aux cachots du Viêt-minh.

Reeves arrive à son tour. Il a revêtu sa grande tenue. Kemp marche à sa rencontre, l'œil sec, la mâchoire contractée :

« Fichez le camp ! lui jette-t-il. Vous avez déshonoré l'uniforme que vous portez ! Si vous restez, l'officier bien élevé de Sa Gracieuse Majesté que je suis vous cassera la figure. »

Bien des années plus tard, Morlanne fut invité à visiter les installations de Fort Brenning où s'entraînaient les Bérets verts des Special Forces en partance pour le Viêt-nam.

« Ce sont un peu vos enfants, dirent les Américains. Nous nous sommes beaucoup servis de l'exemple de vos guérillas du Laos contre les Japonais. Du reste, le responsable de l'instruction est lui aussi un ancien de cette époque. Un héros... »

Morlanne a regardé venir à lui un colonel, impeccablement sanglé dans un treillis camouflé, son béret vert crânement posé sur sa belle tête de guerrier.

A six pas, le colonel a reconnu Morlanne. Il a hésité. Puis il a salué, torse cambré, mâchoire serrée, œil brilant.

Morlanne a rendu le salut. Mais il s'est refusé à serrer la main tendue. Quelles que soient les grandeurs et les servitudes de l'obéissance militaire, le colonel Reeves reste pour lui l'homme qui a laissé assassiner un jeune lieutenant français.

16

Accroupi à la mode annamite, fesses aux talons, à l'écart du bivouac, Thao Lap fume une cigarette laotienne, boule de tabac noir roulée dans un cornet fait d'une feuille de maïs. Yeux plissés, ses dents de lapin empiétant sur sa lèvre inférieure, le regard perdu dans les braises du feu qui s'éteint, il fait penser à quelque reptile fascinant sa proie. D'un geste las, il a repoussé sur la nuque le casque japonais timbré de l'étoile impériale que son zèle de néophyte lui a fait peindre en rouge. Mais son zèle s'est arrêté là. Soldat de métier, Thao Lap n'a que mépris pour ces *nha qués* mal dégrossis qui constituent ses troupes. Seule sa haine des Blancs le pousse en avant. Refusant de capituler le 15 août, redoutant surtout d'être traité en criminel de guerre, le colonel Akasaka, chef de la Kempetaï de Vientiane, a décidé de poursuivre le combat pour son propre compte, dût-il abandonner son nom, son grade, sa patrie. Depuis bientôt deux mois, il n'est plus que le citoyen Thao Lap, chef viêt-minh du secteur de Cua Rao, sur le versant annamite de la cordillère.

Voici dix jours, il a accueilli, hébergé et commencé d'instruire plusieurs centaines de miliciens recrutés autour de Vinh, et qui doivent sous peu passer à l'offensive, encadrés d'anciens sous-officiers de la Kempetaï et commandés par des parachutistes américains.

Un point délicat préoccupe Thao Lap : le franchissement du pont de Ban Ban, sur la R.C.7., entre Nang Hêt et Xieng Khouang. Il y a sept mois, le 27 mars 1945, les parachutistes français avaient déjà tenté le sabotage de l'ouvrage. La riposte de la garnison japonaise, installée dans *le Restaurant*, les avait mis en fuite. Mais aujourd'hui, *le Restaurant* est vide et, lors de sa dernière reconnaissance, Thao Lap a pu constater combien l'herbe repoussait vite. Et pourtant le convoi du Viêt-minh doit passer. A Napé, le mois dernier, les milices populaires ont mis en déroute un détachement français, tenant ainsi ouverte la porte de la R.C.8., au sud. Il s'agit, aujourd'hui, de réaliser la même opération sur la R.C.7. en faisant sauter le verrou de Xieng Khouang, au cœur du plateau du Tranninh, occupé par une poignée de commandos.

Thao Lap grimace, bien décidé, cette fois, à ne laisser aux Français aucune chance : pas un ne pourra s'échapper.

Une à une, trois silhouettes noires et trapues se sont accroupies près du foyer, tendant leurs mains calleuses à la chaleur des braises. Pas un mot n'est prononcé : avec les Méos, une conversation n'est qu'une succession de longs silences. De mauvaise grâce, l'ex-colonel de la Kempetaï respecte le cérémonial. Il avait besoin des Méos, et ils sont là.

Ce ne sont pas les sujets de Touby Liphong, l'ami des Français, mais les émissaires de son vieil ennemi, Faydang, héritier d'une longue tradition de rébellion, hier encore allié des Japonais, aujourd'hui prêt à servir le Viêt-minh. Avec Faydang et ses hommes, Thao Lap est désormais certain que les crêtes du sud seront sûres et que le convoi passera sans encombre au pont de Ban Ban.

« Tout est prêt, assure le chef méo de sa voix rauque. Avec les fusils que tu nous as donnés, l'ennemi ne pourra s'approcher des collines.

— Et Touby Liphong ? »

Faydang crache son mépris. Un long jet de salive brasille dans les cendres :

« Touby croyait que les Phalangs lui fourniraient des armes. Mais les Phalangs sont pauvres. Je les ai vus : ils ont faim, ils ont des vêtements déchirés, et ils se cachent parce qu'ils sont seuls. Même Touby Liphong ne pourra rien pour eux : je surveille ses villages, ses pistes et ses champs ; ses hommes restent dans leurs montagnes. »

Thao Lap laisse échapper un grognement de satisfaction. Demain matin, le convoi se mettra en route. Personne ne l'arrêtera.

« Depuis dix jours, les Viets se rassemblent à Cua Rao. Hier, trois camions sont arrivés de Vinh avec une compagnie d'assaut.

Ils se mettront en route demain par le col Barthélemy et Nang Hêt... »

Le lieutenant Gauthier jette un regard à Touby Liphong et passe la paume de sa main sur son menton noir de barbe. Il jubile.

« J'attendais ça depuis sept mois ! »

Il se rappelle la nuit tragique de l'attaque manquée du pont de Ban Ban, la fuite infernale qui avait suivi, menant le commando *Polaire* jusque dans la vallée du désespoir. Et le temps a passé. Le capitaine Ayrolles est parti et, après la capitulation japonaise, le commando a vécu. Cassé en trois morceaux, il s'est dissous dans la marée chinoise. Chassé de Sam Neua, le lieutenant Guilliod s'est replié en catastrophe à Luang Prabang, chez Imfeld. Moins chanceux, le lieutenant Heymonet a été capturé à Diên Biên Phu et transféré à Kunming. Seuls trois rescapés de son équipe ont réussi à rejoindre le Tranninh : les sergents Chanaux, Chatelain et Ayrolles. Gauthier était là pour les recueillir. Parti du Phu Loï dans les derniers jours du mois d'août, avec Bichelot, le sergent Mollier, Orrhy — toujours escorté des inoubliables Zig et Puce — et le *naï ban* Cheng Toa, Gauthier a repris contact à la mi-septembre avec Touby Liphong. Le jeune *tasseng* n'a pas changé. Fidèle à la parole donnée, il a mis son peuple au service des Français. En quelques jours, les vingt mille Méos du Tranninh se sont mués en guetteurs, en guides, en pisteurs. Ils n'ont pas été longs à repérer les manœuvres des hommes de Faydang.

Pendant presque trois semaines, le Viêt-minh ne s'est pas manifesté et la paix semblait revenue sur les montagnes. Mais, ce soir, 11 octobre, tout est changé. A la nuit tombée, Touby Liphong s'est glissé dans le campement secret du commando, au-dessus de Lat Boua, près de la R.C.7.

« Ils vont aller attaquer Xieng Khouang, poursuit le chef méo. Ils ne savent pas que vous êtes à mi-chemin de leur objectif.

— Leur surprise sera d'autant plus forte ! »

Gauthier frappe familièrement l'épaule de son ami, tout en remarquant avec étonnement que le *tasseng* a revêtu sa tenue de coureur de brousse, pantalon bleu et justaucorps noir. Il a coiffé son turban moiré de chef, accroché à son col et à ses poignets les dentelles les plus fines et les plus blanches. A l'interrogation muette du lieutenant, Touby se borne à secouer la tête, avec un sourire cruel :

« Ce n'est pas une affaire pour les Phalangs », répond-il en forçant sur son accent asiatique, montrant par là qu'il n'en dira pas plus : les Méos règlent leurs litiges entre eux.

Rapidement, Gauthier donne ses ordres à son petit commando, répartit les missions avec le soin tatillon qu'il a hérité du capitaine Ayrolles. Quand ils quittent leur bivouac, les parachutistes aperçoivent, rangée à l'écart, la garde personnelle de Touby qui a, elle aussi, revêtu sa parure de guerre. Mais les guerriers ont remplacé leur ceinture rouge par des cartouchières auxquelles s'accroche le coupe-coupe de parade.

La R.C.7 déroule ses lacets tout au long de la descente qui mène du col Barthélemy au plateau du Tranninh. En tête de la colonne trois camions bourrés de soldats, les meilleurs du bataillon de miliciens viêt-minh. Sur les bas-côtés de la route, Thao Lap observe le terrain à la jumelle et sourit. Tout va bien.

En bas, planté comme une sentinelle vigilante auprès du pont sur la Nam Ngum, *le Restaurant* conserve encore la trace des combats du 27 mars. Mais il est vide.

Du bras, Thao Lap lance les camions dans la dernière boucle et s'efface pour les laisser manœuvrer. Rien ne peut plus arriver. Faydang a tenu parole : dernier point de passage obligé, le pont de Ban Ban constituait pour les Français leur ultime chance d'arrêter le convoi. Or le pont est intact, les abords sont dégagés et les Français ne sont pas là.

Le lieutenant Gauthier repose ses jumelles et roule sur le côté, à l'abri du rocher déchiqueté derrière lequel il veille depuis l'aube. Ses yeux brillent. Il tient sa revanche.

Installé un peu plus bas, dans l'axe du pont, le sergent Chanaux se retourne et lève une main d'où dépassent les fils noirs du contacteur électrique. Pour faire exploser les dix kilos de plastic placés sous le tablier du pont, Chanaux n'a pas pris le moindre risque. Outre le détonateur à pression qui sera mis en œuvre pour les roues du premier camion, le sergent dispose d'un système d'allumage électrique, déclenché depuis son abri.

Dans la vallée, tout est silencieux, hormis, venu de la route huit cent mètres en face, le ronflement des camions qui viennent de se remettre en marche.

Les camions disparaissent un instant dans un repli de la route, puis réapparaissent juste avant le dernier virage qui mène au pont. Ils sont maintenant à bonne portée d'arme ; entre trois et quatre cents mètres.

Gauthier aperçoit leurs carcasses qui grignotent la route, moteurs grondant, carrosseries ferraillantes. Les véhicules sont bien fatigués, surtout avec la charge qu'ils transportent : environ trente hommes chacun.

Le premier camion s'engage sur le pont. On entend distinctement les planches du tablier qui résonnent, comme un roulement de tambour. Et puis, soudain, une flamme énorme jaillit, projetant à une vingtaine de mètres de hauteur, mêlés dans une immense colonne de fumée, des débris de bois, des madriers, des morceaux de tôle, une roue, et des hommes, comme des pantins désarticulés.

Pendant de longues secondes, les parois de la montagne répercutent le fracas de l'explosion, tandis que retombent en pluie les miettes de ce qui furent des madriers, des soldats, un camion.

Fascinés, les hommes de Gauthier regardent le second camion qui n'a pu s'arrêter et qui roule, avec une lenteur de cauchemar, vers le vide béant. Un crissement de frein désespéré et dérisoire. Et puis, lentement, le capot plonge, la cabine bascule, entraînant dans la mort ceux des soldats qui n'ont pu sauter à temps. Les autres, encore hébétés, essaient de se regrouper pour se battre et protéger leur fuite.

Soudain, surgis des fourrés, des silhouettes bleues et noires s'élancent silencieusement. Les Méos de Touby montent à l'assaut. Ils n'ont pas de fusils ; ils n'en ont pas besoin. Les Méos attaquent au coupe-coupe. En quelques secondes, ils ont nettoyé le terrain. Soixante cadavres, têtes tranchées, gisent au bord de la route.

« Cette fois-ci, peuchère, nous les avons dégoûtés ! »

Gauthier secoue la tête :

« Ce n'est pas certain, Chanaux. Si j'étais à la place des Viêt-minh, j'enverrais une patrouille à pied pour savoir ce qui s'est passé, et peut-être même une forte colonne punitive contre les guérillas. Mais nous sommes trop peu nombreux pour les intercepter. Orrhy ?

— Vu, mon lieutenant ! Je reste en bouchon au bord de la Nam Ngum avec Zig et Puce et une dizaine de partisans. On va juste garder une musette de riz, un bidon de flotte chacun, mon F.M. et quelques grenades. »

117

Orrhy a disposé avec soin son embuscade, de façon à contrôler une étroite vallée au débouché du dernier virage avant l'ancien pont. La journée du 13 octobre se passe sans que les guetteurs, dispersés sur les crêtes, ne signalent un mouvement suspect. Ce n'est que le 15, au matin, qu'arrive le message attendu : *Soixante soldats armés descendent à pied du col Barthélemy. Ils seront chez vous vers 8 heures du matin.*

Orrhy déclenche l'alerte et attend, la crosse du F.M. bien calée contre sa joue. A côté de lui, Zig et Puce sont accroupis derrière un arbre, leur Sten dans la saignée du bras. Ils ne font pas un geste. Le doigt sur la détente, ils sont prêts à faire feu au premier signal.

Ponctuelle, la colonne débouche des couverts à 8 heures. Dans le viseur de son arme, Orrhy voit défiler les Viets, un par un, en formation de combat. Il les laisse passer, décidé à n'ouvrir le feu qu'au milieu de la colonne. Zig et Puce s'occuperont des hommes de tête qui, immanquablement, chercheront refuge à leurs pieds.

Orrhy a compté trente hommes. Lentement, il appuie sur sa détente, déclenchant le feu des autres partisans. Il voit les Viets affolés courir sur la route, à la recherche d'un abri. Ils tournent, virevoltent, se cognent, fauchés par les rafales.

« Grenades ! »

Le nettoyage commence. Un nettoyage à la mode méo, qui ne laisse aucune chance aux prisonniers ou aux blessés, tandis que le légionnaire s'en va vers l'arrière de la colonne où la résistance se durcit.

« Il y a du Jap là-dessous », pense-t-il.

Il ne se trompe pas. Bien retranchés derrière un arbre abattu, quatre sous-officiers de la Kempetaï, sachant la partie perdue, se battent en désespérés. D'un signe du bras, Orrhy rappelle ses deux inséparables compagnons et leur indique, toujours par gestes, un repli de terrain d'où ils pourront lancer leurs grenades.

Doucement, le légionnaire progresse, sur les coudes. Une grenade explose. Puis une seconde. Alors il bondit, arrosant devant lui à grandes rafales du fusil mitrailleur. Quand il arrive à l'emplacement japonais, il trouve, hilares, ses deux Méos qui lui offrent, en cadeau, la tête fraîchement tranchée et totalement ahurie de l'un des Japonais.

« Il y avait encore deux types, disent les guetteurs. Ils sont partis au premier coup de feu. C'étaient des Blancs avec des cheveux rouges...

118

— Les salauds ! gronde Orrhy. Ce n'est pas une tête de Jap que j'aurais aimé ramener à Gauthier... »

Les Méos se regroupent sur la route, alignant les cadavres ennemis, pour le bilan et pour l'exemple ; deux d'entre eux sont des hommes de Faydang. Un gradé se détache du groupe, s'approche d'Orrhy, salue réglementairement.

« Félicitations, dit le légionnaire. Tes hommes ont magnifiquement travaillé. Comment t'appelles-tu ? »

Le Méo accueille sans ciller le compliment et redresse sa longue silhouette osseuse. Son visage n'exprime rien quand il répond :

« Je suis le caporal Vang Pao.

— Crois-moi, réplique Orrhy avec emphase, tu iras loin [1]. »

Ce nouvel échec clôt définitivement la tentative viêt-minh de pénétration en force au Laos par la R.C.7. Jamais plus, pendant les neuf années que va encore durer la guerre d'Indochine, le pont de Ban Ban ne sera reconstruit. Jamais plus les communistes n'y passeront.

1. Orrhy avait raison : nommé sous-lieutenant en 1953, Vang Pao devait en juin 1954 être fait chevalier de la Légion d'honneur à titre exceptionnel... après avoir capturé le colonel Akasaka, toujours en poste à Cua Rao. En 1968, Vang Pao est devenu général en chef de l'armée des Méos, rattachée aux forces spéciales américaines.

17

Le sévère coup d'arrêt donné par le lieutenant Gauthier aux tentatives viêt-minh d'invasion en force du Laos constitue bien plus qu'un succès local de portée limitée : c'est le grain de sable qui bloque toute la machine ennemie. Le commando *Polaire* voulait venger Napé, il a fait basculer le destin. A partir du 15 octobre 1945, l'initiative change de camp.

Par une étrange coïncidence, ce 15 octobre est aussi la date de l'entrée triomphale du général Leclerc à Saigon. Dans dix jours, le 25, les premiers éléments du corps expéditionnaire français débarqueront en Indochine : la reconquête par effraction vit ses dernières heures. Pourtant, au Laos, les commandos restent encore livrés à leurs seules ressources, mais ils passent cependant à l'attaque.

25 décembre 44. Bichelot roule vers Khang Khaï.

A vingt-cinq ans ce jeune capitaine a derrière lui un long passé de baroudeur. Formé en Angleterre, titulaire de plusieurs missions en France occupée, nommé capitaine à titre temporaire, Bichelot fait partie de ces fonceurs que rien n'arrête dans l'exécution du but fixé.

Parachuté dans le Phu Loï à la fin du mois de juin 1945 pour y remplacer le capitaine Ayrolles, sa mission a d'abord consisté à répartir entre les officiers de *Polaire* les objectifs à conquérir. Les lieutenants Guilliod et Petit sont partis vers Sam Neua, le lieutenant Heymonet pour Diên Biên Phu. Avec le lieutenant Gauthier et le reste du commando, Bichelot est descendu au sud, vers le Trannnih, à la fin du mois d'août. Arrivé à Khang Khaï, ils se sont séparés, l'objectif du capitaine étant Xieng Khouang.

Comme il l'avait décidé, Bichelot est entré effectivement le 3 septembre à Xieng Khouang, sans combat, à la tête d'une dizaine de partisans méos amenés par Cheng Toa.

L'ambiance était à l'orage ; l'annonce de l'arrivée imminente des Chinois (qui ont balayé Heymonet de Diên Biên Phu et Guilliod de Sam Neua) mettait les Annamites en effervescence. En quelques mots, Bichelot ramène le calme :

« Collaborez avec moi », conseille-t-il.

Les notables vietnamiens ne se méprennent pas sur le sens de l'avertissement, prodigué du reste avec une cordiale jovialité. Cette même jovialité avec laquelle, le lendemain, Bichelot débarque d'une poigne solide l'administrateur de province laotien — le *chaokhoueng* Leck — dont le loyalisme lui semblait suspect à plus d'un titre.

Restait la menace chinoise. Bichelot l'écarte avec la même promptitude. Envoyé, le 16 septembre, au-devant des éléments de la 93e division, Cheng Toa réussit un bluff extraordinaire en leur décrivant avec minutie l'impressionnant dispositif de défense de Xieng Khouang. Les Chinois renoncent et la ville reprend alors son visage normal.

Trois semaines plus tard, première alerte. Vers le 10 octobre, une rumeur, propagée par des agents viêt-minh, annonce une « libération » prochaine par des milices venues d'Annam par Cua Rao et le col Barthélemy.

Un instant alarmé, Bichelot n'est pas long à constater, à voir la mine déconfite du *ly truong* — le chef de la communauté annamite —, que le danger est écarté. Cheng Toa lui en fournit l'explication : « Le bruit court que plusieurs commerçants ont reçu un petit paquet contenant une paire d'oreilles prélevées sur les tués du pont de Ban Ban... »

La seconde alerte s'est produite l'avant-veille. Beaucoup plus sérieuse cette fois. Bichelot a appris que l'adversaire a rassemblé un millier d'hommes pour marcher sur Xieng Khouang, répartis en trois colonnes convergentes. La première vient de Luang Prabang. Forte de quatre cents hommes environ, elle est composée de Chinois du Kouo-min-tang, de pirates siamois alléchés par l'opium et de *Laos-Issala*, des nationalistes inféodés au Viêt-minh. A sa tête se trouve le *chaokhoueng* Leck, que Bichelot a naguère chassé de sa ville. La seconde unité piétine dans la jungle, perdue quelque part entre Napé et Nang Hêt. Forte d'une centaine de Vietnamiens encadrés par quelques sous-officiers de la Kempetaï, elle a participé au mois de septembre à l'attaque du commando de Wavrant.

Le troisième détachement est le plus fort. A bord de camions, il remonte du sud-ouest par la R.C. 13 (appelée route de la Reine Astrid). Parti de Vientiane, il approche du Tranninh, commandé par Sing Rathansamay, un ancien adjudant de l'armée française qui s'est nommé lui-même « ministre de la Défense nationale » d'un prétendu gouvernement *Lao-Issala*.

Conscient du danger, certain de ne pouvoir résister à Xieng Khouang dans une bataille rangée, Bichelot a décidé d'évacuer provisoirement la ville, quitte à y revenir quand les circonstances lui seront plus favorables. Il espère aussi bloquer les forces ennemies en forêt, en pratiquant la guérilla, les coups de main et les embuscades.

Il a réparti les missions. Avec les Méos des montagnes, Cheng Toa s'occupera de la colonne qui vient de Luang Prabong, aux ordres du *chaokhoueng* Leck. Gauthier et Touby Liphong essaieront d'intercepter les troupes viêt-minh qui montent de Na Pé. Il se réserve pour sa part, l'élément motorisé du « ministre » Sing Rathansamay.

Dans la nuit de Noël 1944, Bichelot accroche l'adversaire à quelques kilomètres de Xieng Khouang et abat l'ex-adjudant rebelle. Mais il est lui-même atteint d'une balle qui le transperce d'une épaule à l'autre, à la hauteur des omoplates.

A Saigon, où il s'est installé, le général Leclerc est furieux. Dès qu'il a appris l'évacuation de Xieng Khouang, il a convoqué Morlanne :

« Pourquoi cet officier a-t-il abandonné une ville sans en avoir reçu l'ordre ? C'est une trahison ! »

Morlanne fait front. Il connaît ses officiers et estime qu'ils agissent au mieux.

« Si Bichelot a évacué Xieng Khouang, mon général, plaide-t-il, c'est sans doute parce qu'il a préféré lutter dans la jungle. N'oubliez pas qu'il est seul dans la ville. Je suis persuadé qu'il reviendra dès qu'il en aura la possibilité. Bichelot est accrocheur, il ne lâche pas pied comme cela. »

Leclerc frappe du poing sur son bureau :

« Je me moque des états d'âme de ce monsieur. Ordonnez-lui de reprendre immédiatement le contrôle de sa ville ! »

Morlanne transmet l'ordre :

Reprenez immédiatement conquête de Xieng Khouang. Me donner par retour raisons abandon. Vous fais confiance pour exécution mission.

Epuisé par sa blessure, le jeune capitaine a été conduit par Cheng Toa à Tha Lin Noï. Un médecin laotien, le docteur Souvath, lui prodigue les premiers soins :

« Vous en avez au moins pour deux mois d'immobilité forcée. Autant en profiter pour vous reposer.

— D'ailleurs, ajoute Cheng Toa, tout danger est écarté : les soi-disant soldats de Leck se sont débandés après quatre embuscades ! »

Le Méo attendait des félicitations. Il se fait engueuler :

« Mon petit vieux, il n'y a pas de quoi se gargariser d'avoir viré des rigolos ! La mission consiste à tenir Xieng Khouang. J'y reviendrai demain. Même à quatre pattes. Même si tu dois me porter sur tes épaules ! »

Cheng Toa baisse la tête :

« Je n'ai pas voulu le dire, mais les comités viêt-minh ont mis la main sur les stocks d'armes laissés par les Japonais. Ils tiennent les rues et ont hissé le drapeau rouge sur la Résidence. »

Bichelot se relève, sans égards pour le médecin qui achevait le pansement :

« Alors, dit-il, les dents serrées, il n'y a plus une minute à perdre. Nous partons ce soir ! »

Il fait nuit. Quelques rares lumières apparaissent par l'interstice des cloisons de bambou. La ville est silencieuse, sur le qui-vive : le comité viêt-minh a ordonné le couvre-feu. Seules des patrouilles armées jusqu'aux dents se glissent dans les rues, excitant, de-ci, de-là, l'aboiement de quelque chien attaché.

Le front brûlant de fièvre, le visage tendu par la souffrance, Bichelot avance, le long d'une haie, suivi des dix Méos de Cheng Toa. Comme eux, le capitaine a revêtu le vêtement noir des montagnards. Seul son béret rouge atteste sa qualité de parachutiste français.

Il s'accroupit, aussitôt imité par ses hommes. Cheng Toa le rejoint :

« J'ai vu, chuchote Bichelot. Pas la peine d'attaquer ces Viets de front : on risquerait de les avoir tous sur le dos en moins de cinq minutes. Nous devons agir par surprise. Donc limiter les objectifs à un seul.

— Lequel ?

— La Résidence. Je suis certain que ce salaud de *ly truong* s'y est installé et qu'il s'y pavane comme un vice-roi. On le neutralise et on lui conseille de demander à ses gugusses de poser les armes.

— Et s'il refuse ? »

Bichelot hausse les épaules :

« Vaut mieux pas. Sinon, demain matin, je le fais défiler à poil dans la ville et je le raccompagne jusqu'à la frontière à coups de pied dans le cul ! »

Tout s'est passé comme prévu. Au réveil, les habitants laotiens de Xieng Khouang ont pu assister à un spectacle réjouissant : Bichelot sonnant au clairon le salut aux couleurs tricolores. A ses côtés, le regard farouche, figé dans un impeccable garde-à-vous, le *ly truong* annamite saluait le drapeau français.

Le même soir, à Saigon, Morlanne informait Leclerc de la reconquête de Xieng Khouang. Le général n'a eu qu'un bref commentaire :

« C'est très bien ! »

Puis, d'un ton distrait :

« Au fait, savez-vous pourquoi cet officier n'a pu obéir à mes ordres en temps voulu ? Il a perdu quatre jours... »

Morlanne l'ignore. Bichelot a simplement oublié de lui parler de sa blessure.

18

Le Mékong brasse ses eaux noires, lourdes, dans un impressionnant fracas de torrent pas encore assagi. Guère loin en aval, la crête des vagues accroche le scintillement jaune des lumières de Paksane, illuminée comme pour une fête. Allongé dans l'herbe de la berge, un brin de paille entre les dents, le lieutenant Sassi regarde avec nostalgie la rive d'en face, ce Laos qu'il a quitté dans l'après-midi avec ses camarades. Les Viêt-minh ont gagné.

En arrivant, l'avant-veille, devant Paksane dans leurs chalands bourrés d'armes et de généraux, les Chinois de la 93ᵉ division ont bien joué. Ils ont d'abord laissé croire aux officiers français qu'ils étaient leurs alliés. Abreuvé de sourires, gavé de promesses, le lieutenant Deuve, l'ancien adjoint du capitaine Fabre au temps des Gaurs, a cru à leur bonne foi. Mais il lui a fallu déchanter. En réalité, les Yunnanais préparaient dans l'ombre le soulèvement des Annamites.

« Evitez l'épreuve de force. »

En rappelant les consignes du général Leclerc, Fabre, interrogé sur la conduite à tenir, a tranché, par un bref message adressé depuis Vientiane. Il restait à Deuve à obéir. Depuis la tombée de la nuit, il n'y a plus un seul soldat français à Paksane.

D'un geste découragé, Sassi jette un caillou dans le fleuve. Il pense avec amertume à ses cinq mois de jungle et de combats, aux fatigues endurées, aux sacrifices consentis. Tout cela en vain ; le résultat est pitoyable puisque les parachutistes ont fui, sans combattre, d'une ville où, maintenant, pavoisent plusieurs centaines d'Annamites déchaînés, ivres d'une victoire qu'ils n'ont pas méritée.

Depuis le drame de Napé, les cinq rescapés du groupement

Wavrant ont été, sur ordre de Calcutta, intégrés au sein du commando Ferandon, puis dirigés sur Paksane pour étoffer le dispositif du lieutenant Deuve. Un temps, la centaine de soldats franco-laotiens ont assuré la protection de la ville, conquise le 27 septembre. Leurs efforts ont été réduits à néant. Demain sans doute, les autorités siamoises vont désarmer les guérillas qui ont cherché refuge sur leur sol. Après, ce sera le départ, sans gloire, en train, vers Bangkok afin d'embarquer pour Saigon où le corps expéditionnaire se prépare à arriver.

Un soupir à côté de lui. Sassi tourne la tête sans curiosité, indifférent à tout. Il se sent vidé de ses forces, ressort brisé, comme démobilisé.

« On ne peut pas rester au Siam, murmure Puget d'un ton rogue. Morlanne vient de nous interdire de nous laisser désarmer. On va être obligés de rentrer au Laos... »

Sassi hausse les épaules, fataliste.

« Pourquoi faut-il toujours avoir plusieurs chefs ? demande Puget de sa voix hargneuse. Fabre nous dit de partir, Morlanne de rester... »

Sassi et Puget n'apprendront la vérité que dans la nuit, quand ils recevront leurs ordres pour le lendemain : la décision d'abandon n'était qu'une feinte imaginée en secret par Deuve et Ferandon. Une manœuvre d'intoxication menée de main de maître : les parachutistes devaient donner aux Viets l'impression d'être des vaincus. Ignorant tout des intentions de leurs chefs, ils ont joué leur rôle avec conviction ; leur retour n'en aura que plus d'impact.

Au matin, claironnant, le lieutenant Deuve poursuit le jeu :

« Nous embarquerons demain matin par voie ferrée à Nong Kaï. Direction Bangkok où nous serons désarmés. La guerre est finie pour nous... »

Un coup de coudes dans les côtes. Puget adresse un clin d'œil à son camarade :

« Ça, c'est encore de l'intoxe. S'il y a des espions aux aguets, ils vont en avoir pour leur argent. Ce soir, il y aura de la joie dans les paillotes d'en face ! »

Sassi montre, du pouce, une pirogue qui file à toutes rames vers Paksane :

« Regarde l'informateur viet ! Il se dépêche d'annoncer la

bonne nouvelle. Dans le fond, ces révolutionnaires ont de la chance, leur vie va bientôt manquer de monotonie.

— Oui. Le combat les reposera de la victoire... »

La colonne française des « fuyards » de Paksane n'est pas allée très loin. A midi, elle a bifurqué vers le Mékong et s'est installée dans un petit village siamois, en face du village laotien de Ban Koueï.

« Nous traverserons à la nuit tombée, ordonne Deuve. Essayez de récupérer le maximum de pirogues. Il est important que notre mouvement soit effectué le plus rapidement possible. »

A 9 heures du soir, le 10 octobre 1945, les cent soldats du groupement Deuve ont franchi le Mékong. Puget et Sassi râlent. Ils sont trempés.

« On voudrait savoir quel est l'enfant de salaud qui nous a refilé la pirogue sacrée de la pagode ! gueule Sassi. Parce que le bois de cette foutue barcasse était sec. Elle prenait l'eau comme une baignoire. On a failli terminer à la nage ! »

Ferandon dissimule un sourire, mais il retrouve assez de sérieux pour dicter ses ordres. Capitaine, il a pris de fait le commandement de l'ensemble.

« Nous sommes au nord de Paksane. Nous donnerons l'assaut de trois côtés à la fois pour que les Viets se battent le dos au fleuve. Notre groupement sera donc fractionné en trois éléments. En premier, le lieutenant Deuve et ses chasseurs laotiens, par le nord. En second, Maloubier et son commando, par l'est. En trois, mon commando et moi, par le sud. Des questions ?

— Et nous ? demande Puget. Avec qui marcherons-nous ? »

Ferandon a fait une fleur aux anciens de *Véga* :

« Vous reconstituez le commando Wavrant, avec Maloubier et Morin, plus un interprète, le sergent Gafforj, un métis qui vous sera d'un précieux secours. »

Sassi remercie, d'un signe de tête.

« Il est important de régler nos montres, reprend Ferandon. Nous devons être en place demain à 17 h 30. Heure H : 18 heures. J'ai choisi le crépuscule parce que les Viets n'aiment pas le combat de nuit. Ils seront donc obligés de lâcher pied s'ils s'aperçoivent qu'ils sont incapables de vaincre avant la fin du jour. »

L'aube n'est pas encore levée. Roulés en boule dans leur poncho de toile cirée, Puget et Sassi dorment à l'abri d'une haie, en bordure de Ban Koueï. Une poigne énergique secoue les deux camarades. En grognant, Sassi ouvre les yeux et reconnaît la face lunaire et plissée du caporal Bok, le garde du corps de Maloubier :

« *Xep,* c'est lieutenant dire vous venir tout de suite. Deux bateaux viêt-minh chargés d'armes venir sur le Mékong. Bientôt passer devant le village... »

D'un bond, Sassi saute sur ses pieds. Il n'a pas eu besoin d'en entendre davantage pour savoir ce qu'il doit faire. Si la cargaison d'armes parvient à Paksane, la reconquête de la ville ne sera plus possible.

« Nous prenons deux pirogues, ordonne Maloubier. Je serai dans la première avec le sous-lieutenant Etchart. Tu commandes la seconde avec Puget. Un rameur laotien par embarcation. Impératif, vitesse et efficacité.

— Pas de prisonniers, bien entendu ?

— Bien entendu. »

Huit heures. Depuis vingt minutes, les deux pirogues sont à l'affût, dissimulées dans les roseaux. A l'arrière, les rameurs laotiens, leur gaffe ancrée sur la terre, peuvent, d'un seul coup de main, lancer le bateau dans le courant.

Au fond, accroupis, le sommet de leur tête nue dépassant à peine, les parachutistes ont revêtu une veste civile, le *cai hao* noir des pêcheurs du Mékong.

En amont, soudain, un crapaud-buffle donne de la voix, coassement syncopé mourant en un gargouillis rauque. Le guetteur laotien a donné l'alarme.

« *Go !* »

Au commandement de Maloubier, les deux pirogues se lancent dans le fleuve. En sortant de l'abri des roseaux, Sassi le nez au ras du bord, aperçoit brièvement les Viets. Leurs deux bateaux sont à cinq cents mètres, venant sur eux, débouchant d'une large boucle du Mékong. Si les piroguiers manœuvrent correctement, les quatre embarcations devraient se croiser à la même vitesse au moment de l'abordage.

Les Viets se rapprochent. De près, Sassi constate qu'ils se laissent porter par le courant, barrant d'une main molle. Nonchalamment étendus sur leurs colis, ils semblent sans méfiance, sûrs d'eux : ils ont accroché à la poupe leur emblème rouge à étoile jaune. Ils n'ont pas un regard pour ceux qu'ils prennent pour d'humbles pêcheurs et ne daignent même pas répondre au « *Sombaï !* » de politesse.

Les Laotiens connaissent leur métier. Chacun d'eux a choisi sa proie et s'en approche par le travers arrière. D'un même élan, ils jettent leurs grappins, tandis que les quatre parachutistes, à genoux, lâchent de brèves rafales meurtrières.

Les Viets n'ont pas eu le temps de réagir. Trois corps basculent dans l'eau, fauchés d'un coup. Les autres sont trop surpris pour résister. Quelques-uns lèvent les mains, d'autres plongent et tentent de fuir à la nage. Quelques balles seulement. Espacées mais efficaces. Les parachutistes ont pris le temps de viser.

De retour à Ban Koueï, les quatre camarades congratulent leurs rameurs. Le bilan est éloquent. Les armes récupérées (une trentaine de fusils *Enfield*, douze mitraillettes *Pacific* et un F.M. *Bar*) sont américaines. Et absolument neuves.

19

Le lieutenant Sassi ramène son béret rouge en visière sur ses yeux et se redresse. Une reptation de plus de cent mètres l'a amené contre la haie de *caiphèn* qui marque la limite est de Paksane. Derrière lui, bruissant sur les galets, la Nam Sane se précipite à la rencontre du Mékong plus d'un kilomètre au sud. A sa droite, à l'orée du petit ponceau par lequel la piste de jungle quitte la ville, le poste de garde viêt-minh somnole, désert à cette heure chaude de la journée.

Il est six heures moins dix. Comme Sassi, les parachutistes du commando *Véga* sont exacts sur leurs emplacements d'assaut. Puget consulte sa montre et adresse un clin d'œil complice à son camarade. Egalement soucieux du panache, il a, lui aussi, coiffé son béret rouge. Obscurément, les deux Jedburghs sentent que l'attaque de Paksane risque d'être leur dernier combat. Bientôt, ils passeront la main : l'armée régulière prendra la relève.

Inattendue, prématurée, une rafale claque, soudain, guère loin vers le nord. Une fausse manœuvre a sûrement donné l'alerte. La surprise ne peut plus jouer.

Mais les Jedburgs ont les réflexes foudroyants. Sans attendre le hurlement de Maloubier les lançant à l'assaut, ils se ruent droit devant eux, traversent les jardinets, sans même prendre la peine d'ouvrir les barrières qui sautent d'un coup d'épaule. Une course de vitesse est engagée, contre les Viets bien sûr, mais aussi — et surtout — contre leurs camarades des autres commandos. Aujourd'hui, chaque parachutiste a décidé d'être le premier à arracher le drapeau rouge qui flotte sur la Résidence.

Longeant les façades des maisons, le groupe Wavrant fonce

maintenant dans la rue principale. Chaque fenêtre suspecte est traitée à la mode Jedburgh : une grenade, une longue rafale. Maloubier en tête, le commando débouche dans la rue principale, salué par le staccato d'une mitrailleuse lourde ; au carrefour, abrité derrière un parapet de sacs de terre, une 12,7 prend l'avenue en enfilade.

« Planquez-vous ! Et débordez par l'intérieur des cagnas ! »

Accroupis derrière la même murette de terre sèche, Sassi et Puget se consultent du regard. Un regard de connivence, car il s'agit pour eux d'une manœuvre réglée comme un ballet, cent fois répétée à Peterborough.

« A toi ! »

Puget dégoupille une grenade, se dresse à moitié pour la lancer, tandis que son camarade le couvre, en brèves rafales de sa carabine.

« Dans le mille ! »

La grenade explose au moment où, en trois bonds, Sassi atteignait la base du blockhaus. Couvert de terre et de gravats, il saute par-dessus la barricade, achève le travail en vidant son chargeur. Puget le rejoint, en riant.

Du balcon de la maison, Maloubier les couvre d'injures. Ils lui ont volé « sa » mitrailleuse. Mais il ne s'attarde pas : à cinquante mètres, un autre groupe de Viets, jailli d'une casemate, met une autre arme automatique en batterie.

« Gaffe, à droite ! »

Sassi prend le temps de remonter ses lunettes sur son nez et se retourne. A temps pour reconnaître d'autres parachutistes qui déboulent du carrefour voisin, Ferandon en tête.

Le bruit est infernal. Explosions, rafales, hurlements emplissent l'air chargé de poussière et de la fumée âcre de la poudre. Quelque part au milieu de l'avenue, une paillotte brûle, projetant des étincelles jusqu'au Mékong.

Les Viets se sont ressaisis. Ils ont réussi à mettre leur seconde mitrailleuse en position et appuient d'un feu nourri un second groupe qui tente de prendre le commando Wavrant à revers. En quelques minutes, la situation devient difficile pour les cinq parachutistes, bloqués entre le blockhaus détruit et la maison d'angle, isolée à son tour par des tirs de mortiers venant des fortins de la Résidence. Entre Maloubier et Ferandon, il n'y a pas plus de cinquante mètres, mais cinquante mètres de glacis impossible à franchir.

« Faut faire quelque chose, hurle Maloubier. Ils ont beau

131

être des débutants, ces fumiers vont tout de même comprendre qu'on est dans la panade ! »

Il s'interrompt en jurant. Inexplicablement, Ferandon vient d'abandonner sa position.

Ferandon est aux prises avec une cinquantaine de Viets, retranchés dans ce qui était leur réfectoire et qui se sont dévoilés à bout portant. Par chance, ils tirent mal et Ferandon ne compte pas même un blessé. Mais il lui importe avant tout de réduire cette résistance avant qu'elle n'entrave définitivement sa progression. L'heure passe et la nuit va bientôt tomber. Il faut prendre Paksane avant.

Le groupe Ferandon compte huit parachutistes. Des soldats confirmés, comme Chaumont, qui était à Napé, ou Gasset, qui a sauté en renfort au mois de juin chez le capitaine Fabre.

« Je suis certain qu'on peut les intimider, lance ce dernier.

— Comment ?

— *Thermic bomb !*

— Ils sont hors de portée ! »

Gasset hausse ses larges épaules. Aspirant de réserve, il a dix-huit ans à peine, mais une combativité de vieux briscard. Rampant entre les pilotis des maisons, il se glisse, seul, vers le principal point de résistance. Il est à moins de quinze mètres d'un fusil mitrailleur.

« Mais qu'est-ce qu'il fout ? grogne Ferandon, inquiet. Il va se faire hacher en rondelles si les autres l'aperçoivent. »

Gasset progresse toujours.

« Lance ta grenade, mais lance-la donc ! Tu vas rôtir avec ! »

L'aspirant a entendu. Posément, il roule sur le dos et adresse, de la main, un salut à son capitaine. Puis, d'un extraordinaire saut de chat, il bondit, jette à la file quatre grenades et disparaît, à l'abri d'un trou à buffle. Son geste a été si rapide que Ferandon est presque certain que les grenades ont été lancées avant que Gasset ne touche terre.

Une immense lueur jaune dans un nuage blanc. Des cris. D'horribles hurlements provoqués par les insupportables brûlures du phosphore blanc. La principale résistance de Paksane vient de cesser.

Le lieutenant Deuve a choisi de faire avancer ses Laotiens comme on déroule un tapis. Ses hommes progressent en ligne de front pratiquement au coude à coude. En première vague, des tireurs au fusil ou au P.M., l'arme à la hanche, entretiennent un feu roulant, sans marquer le pas ni viser. Derrière eux, des lanceurs de grenades appuient la charge. Deuve a choisi les plus solides de ses tirailleurs, des métis siamois qui soulèvent sans ciller des poids de trois cents livres. Et leur puissance n'a d'égale que leur précision. Certes leur progression est moins rapide que celle des Jedburghs, qui déboulent en galopant d'une rue à l'autre, mais elle a le mérite de la régularité. Deuve avance sans rencontrer de grosses résistances. Il rejoint Ferandon au centre de la ville, près des réfectoires qui achèvent de se consumer. A cinquante mètres de là, Maloubier est toujours bloqué dans sa maison du carrefour. Pour ajouter à ses malheurs, un fusil mitrailleur s'est dévoilé, sur sa gauche, établi derrière un rempart de sacs, sur la véranda de l'appartement du *ly truong,* le chef de la communauté annamite.

« Ce salaud, râle Maloubier. Je le revois encore, il y a trois jours à peine, me jurer la main sur le cœur et la larme à l'œil que la France n'avait pas de fils aussi fidèle et dévoué que lui ! »

Sassi et Puget sont sur la trajectoire. Sans commentaires, ils dégagent d'un bond spectaculaire et parviennent, sous une grêle de balles, à regagner l'emplacement du commando Wavrant.

« Voilà Deuve ! » prévient Morin, posté vers le nord.

En effet, les Laotiens ont atteint le carrefour. Bloqués à leur tour par la mitraille venue de la maison du *ly truong,* ils se dispersent, cherchant des abris.

C'est alors que le sergent Biong Yang entre en scène. Un saut acrobatique l'amène au milieu de la rue. Un seul geste du bras, exécuté dans le mouvement. La *thermic bomb* s'envole, traverse les soixante mètres de glacis, crève une fenêtre de rotin et pénètre dans la maison. Une explosion fantastique souffle alors la maison, de l'intérieur.

« On a fait sauter la réserve d'explosifs du Viêt-minh ! »

Cette dernière action met fin à la résistance. La ville est aux Français. Elle le restera désormais.

Paksane reconquise, le rôle des guérillas n'est pas entièrement terminé. Il reste à assurer la sécurité des alentours, la protection des axes et des approvisionnements. Les parachutistes s'y emploient pendant la seconde quinzaine du mois d'octobre 1945 et tout le mois de novembre.

Peu à peu, les Français progressent en tache d'huile, pacifiant la brousse, village après village, vallée après vallée. C'est l'époque de la saison sèche, de la récolte du riz de montagne. D'une semaine à l'autre, le Viet se fait plus rare, les paysans retrouvent le sourire. Quant aux Chinois, ils se sont discrètement retirés sur Vientiane. Jamais ils n'ont reparu à Paksane ni au-delà.

C'est aussi l'époque des récompenses. Les guérillas se sont battues depuis dix mois maintenant, alors qu'en France, les soldats, l'arme au pied, savourent les délices de la victoire enfin acquise.

Promotions, nominations, citations s'accumulent sur les bureaux des chancelleries parisiennes, récompensant les faits d'armes des campagnes d'Europe. A Calcutta et à Saigon, les états-majors rappellent à Paris qu'il y eut, au Laos, pendant toute l'année 1945, des hommes qui n'ont connu ni trêve ni repos pour reconquérir par effraction une Indochine livrée à de nouveaux ennemis.

Un message demande alors aux guérillas de dresser la liste des récompenses et des propositions de promotion. Les commandos s'exécutent, un peu surpris, malgré tout, de constater à quel point Paris méconnaît leurs problèmes. Sales, hirsutes, en loques, les Gaurs et les Jedburghs se représentent mal la signification d'une médaille, d'un galon.

Les commandos sont obligés de s'arrêter dans des villages perdus pour s'y livrer à un fastidieux travail de bureaucrate, perdre de longues heures à chiffrer des messages, établir des listes de citations, normaliser la situation administrative de leurs hommes. Pour beaucoup, il s'agit d'un véritable imbroglio. Il y a les Gaurs de la première équipe appartenant à une unité maintenant dissoute. Il y a les Jedburghs qui servent sous des noms d'emprunt. Il y a surtout les rescapés des convois de mars 1945, portés disparus ou déserteurs.

Et puis il y a les civils. Les Européens, planteurs ou fonctionnaires, dont la présence fut précieuse et les services inappréciables. Les Laotiens aussi, les Méos, tout ce menu peuple des montagnes qui s'est spontanément mis à la disposition des Français sans ménager ni sa peine, ni ses fatigues, avec en plus un désintéressement total.

Des journées durant, les chiffreurs établissent des états civils, des mémoires de proposition, des textes, des additions de temps de campagne.

La réponse de Paris ne se fait pas attendre. Morlanne la communique aussitôt, laissant à ses groupes le soin de l'apprécier à leur convenance :

QSQ 73/22/10. Mon cher ami, je vous précise que ces messieurs les ministres refusent tout dossier de citation ou avancement qui ne soient pas : 1° Etabli dans les formes voulues, 2° Etabli sur les imprimés réglementaires, 3° Signé des intéressés eux-mêmes.

Partagés entre l'indignation et le fou rire, les chefs des guérillas expédient des réponses qui résument assez bien leur façon de penser. Calcutta accuse réception, sans transmettre.

L'impasse est totale.

C'est alors que Morlanne reçoit une visite inattendue. Un obscur lieutenant de chancellerie demande son rapport.

« Je suis le lieutenant Vétillard, annonce un grand homme mince et frêle, et je pense qu'il faut faire quelque chose pour aider nos camarades des guérillas du Laos.

— Tout à fait d'accord. Mais quoi ?

— Eh bien... »

Le lieutenant Vétillard plie en avant sa longue carcasse voûtée, tousse en rougissant un peu et, comme en confidence :

« Voilà, mon commandant, je me suis dit qu'il y avait une solution : parachuter un émissaire qui serait pourvu de toutes les pièces administratives réglementaires et qui irait visiter nos camarades, les uns après les autres. »

Morlanne reste un instant bouche bée. Puis il éclate de rire. Il vient d'imaginer un « administratif » en train d'arpenter les pistes de brousse à la recherche des guérillas, et la conversation qui s'ensuivrait : « Excusez-moi, n'êtes-vous pas Untel ? Oui ? Eh bien, veuillez, je vous prie, abandonner une seconde votre embuscade et émarger ce mémoire de proposition. »

Vétillard a rougi encore un peu plus devant le rire de Morlanne qui reprend :

« Dans le principe, votre idée est séduisante. Mais elle se heurte à plusieurs impossibilités. Primo : nous n'avons aucun administratif capable d'être parachuté. Secundo : les dossiers n'ont pas été préparés. Tertio : jamais nous n'aurons le temps de les établir avant le 1ᵉʳ décembre, date de forclusion. »

Vétillard se redresse :

« Je me permets d'être volontaire, dit-il doucement.

— Mais vous n'êtes pas parachutiste ?

— Si. Je me suis préparé. » Il sourit : « J'ai passé mon brevet hier. Quant aux dossiers, mon service a travaillé pendant une semaine, jour et nuit, pour les préparer.

— Mais comment allez-vous retrouver les guérillas ?

— J'ai prévu de sauter avec des piastres d'argent avec lesquelles je recruterai des guides. »

Morlanne ne répond pas. Il regarde mieux Vétillard, un lieutenant comme beaucoup, sans signe particulier, le type de bureaucrate qui passe inaperçu, et qui semble presque honteux d'avoir osé. Il se lève, lui tend la main :

« Merci, Vétillard ! Et bonne chance ! »

Vétillard saute le 28 octobre au-dessus de Luang Prabang. En un mois, il parcourt le Laos, précédé d'un guide Méo qui l'accompagne de commando en commando. Parfois en pirogue, de temps en temps à cheval, mais presque toujours à pied, il accomplit près d'un millier de kilomètres.

Et ce qu'avait imaginé Morlanne devient réalité. Vétillard se présente à la nuit dans les villages, installe sur une table de fortune ses dossiers soigneusement pliés dans des enveloppes de mica, rédige, explique, donne lecture et fait signer les états divers.

Et quand il repasse la frontière du Siam, le 24 novembre 1945, ses dossiers sont à jour. Au lieutenant Deuve, qui lui adresse ses félicitations, Vétillard répond simplement :

« Vous avez fait votre métier. Moi, je me suis efforcé de faire le mien. »

Rentré à Saigon où, désormais, siège l'état-major, Vétillard rend ses mémoires de propositions dûment remplis, puis il reprend sa place et se fait oublier. Il y parvient tout à fait. Seuls s'en souviennent encore ceux qu'il est allé trouver, au fond de la forêt pour leur dire :

« Veuillez, je vous prie, émarger ce dossier de proposition réglementaire que j'ai établi à votre intention. »

Des propositions de Vétillard, peu sont honorées, car, pour le gouvernement français, la guerre est finie depuis le 15 août 1945. La première chose qu'apprendront les Jedburghs, en débarquant à Marseille au mois de mars 1946, c'est qu'une loi de dégagement des cadres vient d'être votée, qui renvoie à la vie civile la plupart d'entre eux.

Morlanne sourit, fait semblant de se soumettre. Il sait déjà que le jour est proche où, à nouveau, la France aura besoin de ceux qui savent mourir pour rien.

Troisième partie

LE GUÊPIER
Février 1946 - décembre 1950

20

Le commandant Morlanne monte prestement les marches de la station de métro *Porte d'Auteuil*. A l'angle de la rue Poussin et du boulevard Suchet, il s'arrête un instant près de la glace écaillée ornant, depuis des lustres, le kiosque de la marchande de journaux. De là, il peut observer les passants qui se bousculent derrière lui. Une vieille habitude de la clandestinité. Rien. La foule anonyme des employés de bureau s'écoule, indifférente, sur le trottoir. Lentement, Morlanne repart, jetant, au passage, un rapide coup d'œil sur les manchettes des journaux. Un seul sujet : le rejet, la veille, 5 mai 1946, du projet de constitution présenté par référendum.

Routine. Morlanne traverse le boulevard, vers le petit immeuble carré du 83, où, depuis la Libération, siège la direction des services spéciaux.

Tout au fond, en arrière-plan, les arbres de l'hippodrome d'Auteuil commencent à verdir, au-delà du grand panneau où le ministère de la Reconstruction — ou du Travail ? — a fait placarder ses encouragements. Un solide garçon à l'air réjoui exhibe ses biceps avantageux, illustrant le slogan *Ça va déjà mieux. Retroussons nos manches, ça ira encore mieux...*

Morlanne esquisse une grimace agacée. « Ça va déjà mieux. » Il se demande pour qui. De Gaulle, parti au début de l'année 1946, a abandonné le pouvoir aux politiciens de la S.F.I.O. Et les socialistes n'ont qu'une envie : exorciser l'obsession d'un Etat « gaulliste » dans l'Etat, assurer la primauté du civil sur le militaire.

Le coup de balai n'a pas épargné les « Services ». Il y a d'abord eu la réorganisation. Au mois d'octobre 1945, l'ancien patron du

B.C.R.A., le colonel Dewavrin-Passy, est revenu. Sa mission, passer au tamis les quelque dix mille « agents » qui avaient envahi la D.G.E.R. de Jacques Soustelle, à la faveur du climat troublé de la Libération et de l'épuration.

Cela fait, Passy a soumis à de Gaulle un projet prévoyant la création d'une sorte d'Intelligence Service à la française, avec un effectif réduit, mille sept cents spécialistes seulement. En janvier 1946, le S.D.E.C.E. (Service de Documentation Extérieure et de Contre-Espionnage) est né.

Mais le départ de De Gaulle a tout changé. Passy sentait le fagot. Félix Gouin, nouveau président du Conseil, a saisi le premier prétexte venu — les fonds du B.C.R.A. londonien — pour s'en débarrasser. Passy ne portera pas son enfant sur les fonts baptismaux.

« Quelles nouvelles ? »

Morlanne est entré dans son bureau. Nicole Follo, sa secrétaire, lui tend un dossier officiel.

« Nous avons un nouveau patron, un nouveau local et de nouveaux statuts, dit-elle. Ces messieurs du gouvernement ont mis les bouchées doubles... »

Morlanne ne répond pas. Le nouveau chef du S.D.E.C.E. ne lui dit rien. Henri Ribière est un civil, député de l'Allier et, bien sûr, socialiste.

« Tiens, observe-t-il un instant plus tard en parcourant une note officielle, on nous renvoie dans les casernes ! Nous allons abandonner ce charmant hôtel particulier pour aller planter notre tente à l'autre bout de Paris, boulevard Mortier, près de la piscine des Tourelles... Pour des gens qui veulent " civiliser " le Service... »

Il range la feuille de papier pelure et commence la lecture du décret officiel portant création du S.D.E.C.E. et précisant ses missions, « rechercher hors du territoire national tous les renseignements et la documentation susceptibles d'informer le gouvernement pour signaler aux administrations intéressées les agents des puissances étrangères qui nuiraient à la Défense nationale ou à la Sûreté de l'Etat ».

Morlanne relit le texte. Quand il relève la tête, il a les mâchoires serrées, et une barre verticale entre les sourcils.

« Ma chère Nicole, dit-il d'un ton bourru, il n'y a plus de Service Action. »

« Logique ! explique, une demi-heure plus tard, le colonel Fourcaud, directeur adjoint du service. La guerre étant finie, il ne peut être question de former des agents ou des saboteurs à parachuter chez l'ennemi. Du reste, il n'y a plus d'ennemi... »

Morlanne lui jette un regard en biais. Il se demande jusqu'à quel point Fourcaud ne fait pas de l'ironie, tant il semble impensable que cette phrase traduise réellement ses sentiments profonds. Tout le passé de Fourcaud va à l'encontre de cette affirmation « il n'y a plus d'ennemi ».

Brillant combattant des deux guerres, le colonel Pierre Fourcaud est âgé de quarante-neuf ans. Sorte de condottière, fin et nerveux, il a le visage glabre, les cheveux courts et noirs, les yeux brillants. Il a rejoint Londres en juin 1940 et, très vite, de Gaulle l'a envoyé en zone Sud. Cet ancien cagoulard multiplia les contacts dans tous les milieux, aussi bien du côté de Vichy que du côté des socialistes. Arrêté une première fois en 1941, il s'évade, rallie Londres, se fait à nouveau parachuter en Savoie dont il assure le commandement jusqu'au mois de mai 1944. Arrêté à nouveau, il s'évade de la prison de Lyon, et, via Londres, revient une troisième fois. Chef adjoint de l'Armée secrète du Sud-Est, Pierre Fourcaud a réussi à se maintenir à son poste de directeur adjoint du S.D.E.C.E. après le départ de Passy. On murmure que personne n'a osé le débarquer. Il sait vraiment trop de choses.

En tout cas, sans être réellement gaulliste, Fourcaud rejoint au moins les socialistes sur un point ; l'anticommunisme. C'est la raison pour laquelle Morlanne s'étonne :

« Il n'y a plus d'ennemi ? Vraiment ? »

Fourcaud sourit rarement, mais lorsque cela lui arrive, c'est largement, la commissure des lèvres remontant très haut, presque jusqu'aux yeux. Il enchaîne :

« Il n'y a plus d'ennemi... déclaré. Mais rien ne nous dit que, demain, la situation sera aussi stable. S'il n'y a plus, officiellement, de raison pour maintenir une section Action, rien ne nous empêche de préparer, d'instruire et de former d'éventuels agents Action. »

Il se tait une seconde et poursuit d'un air entendu :

« Tout le monde conviendra qu'il faut longtemps, très longtemps, pour former un agent Action, n'est-ce pas ? »

Morlanne s'épanouit à son tour.

« Quels seront nos moyens ? »

Fourcaud secoue la tête et pose sa main sur l'épaule de Morlanne :

« Rien ! Ni crédits, ni personnel ! » Le colonel regagne son fauteuil et poursuit en braquant son index en direction d'un Morlanne interdit : « Raison de plus pour nous mettre à l'ouvrage. Asseyez-vous et mettons ensemble au point tout ce dont vous... » il corrige : « nous aurons besoin.

— Nous, mon colonel ?

— Bien sûr. Il est dans les attributions du sous-directeur du S.D.E.C.E. de superviser la " section technique ". Car, bien évidemment, pour le moment du moins vous allez dépendre de la section " T ". »

Il pousse en avant une grande feuille de papier timbrée du sceau rouge *Secret* :

« Voici l'organigramme de la Maison. »

Morlanne se penche et parcourt des yeux les tableaux divers, reliés entre eux par de grands traits convergeant vers le sommet où figurent deux noms, celui du directeur, Henri Ribière, au-dessus du sous-directeur, le colonel Jean-Pierre Fourcaud.

Trois grandes sections — ou services — dépendent directement du « Patron » : la section « Recherche » chargée de collecter les informations à l'étranger, coiffée par le colonel Dumont. A sa droite, la section « Contre-espionnage », commandée par un ancien du 5e bureau d'avant-guerre, le colonel Lafond — dit « Verneuil ». Vient enfin la section « technique », directement rattachée au colonel Fourcaud :

« Sa mission, explique le sous-directeur, consiste à fournir aux autres services tous les matériels dont ils ont besoin pour accomplir leurs tâches dans les meilleures conditions. »

Morlanne passe distraitement la paume de la main sur son menton qu'il a fort et carré :

« C'est un énorme investissement tant en personnels qu'en moyens. De l'avion jusqu'à la fabrication de faux papiers, du décryptement des messages codés à la pose de micros... »

Fourcaud approuve :

« Justement. Et la formation éventuelle d'agents Action peut être, pour l'instant, du domaine de la section technique.

— Techniquement, je suis d'accord avec vous. Mais il existe un esprit Action. Une éthique en quelque sorte, adaptée à des buts précis, des missions définies, correspondant à une situation déterminée. En temps de guerre, quand le pays était occupé par l'ennemi, il était facile de recruter et d'instruire des hommes décidés à risquer leur vie pour libérer le territoire... »

Fourcaud l'interrompt :

« Pensez-vous que la guerre soit finie ? Certes, la paix est signée avec l'Allemagne hitlérienne. Mais les comptes ne sont pas réglés...

— Vous voulez dire que la guerre peut éclater ?

— Non. Je veux simplement dire qu'elle se poursuit, par d'autres moyens aujourd'hui. Regardez autour de vous : l'Europe en est encore à se chercher. Des pays se font et se défont, des frontières éclatent, le communisme s'installe dans des pays où jamais encore il n'avait eu la moindre chance de s'implanter. Voyez-vous, aujourd'hui, il ne sert plus à rien de tenir militairement un territoire. Il est plus rentable d'y instaurer un régime à sa dévotion.

— Ce n'est pas possible en France.

— Vous croyez cela ? En tout cas, notre rôle consiste à nous prémunir contre cette éventualité. »

Morlanne approuve en silence.

« Combien pouvez-vous m'attribuer d'hommes ?

— Je pourrai vous faire détacher un petit nombre d'officiers, placés en situation hors cadres par l'armée. Vous ne serez officiels que lorsque vous aurez fait vos preuves. Combien vous faut-il d'hommes ?

— Une dizaine ?

— C'est trop. Je ne puis aller que jusqu'à cinq. »

Morlanne en trouvera six. Il a d'abord pris contact avec les anciens de Calcutta. Mais peu sont disponibles. Certains, ayant rejoint des corps de troupe, en Allemagne ou en Afrique du Nord, sont perdus pour le Service. Sassi, affecté dans la nouvelle arme des transmissions, s'arrange pour prolonger une convalescence, Puget et Morin sont partis au Maroc. Seuls Bichelot, Maloubier et Gauthier peuvent être récupérés. Parmi les anciens du B.C.R.A. rentrés des camps de déportation, Morlanne engage deux lieutenants, Pellay et Dunant-Henry. Ce premier noyau, réduit certes, sans beaucoup de moyens, est décidé à montrer ce dont il est capable. Dès la fin de 1946, Morlanne est prêt à fonctionner. Il a défini un programme de formation, étudié ses besoins en matériels et en effectifs, et réparti les tâches. Pour mettre ses hommes dans l'ambiance, il les a installés hors de Paris, dans une petite villa isolée en bordure de la forêt de Saint-Germain.

« Vous pouvez nous envoyer quelques clients », dit-il à Fourcaud.

A titre expérimental, ce sont les cadres du contre-espionnage qui défilent à Saint-Germain. Avec Maloubier, ils apprennent les méthodes du combat clandestin. Avec Bichelot, les techniques du sabotage et du contre-terrorisme. Pellay les initie aux règles des opérations aériennes, largages et réception des parachutages, tandis que Dunant-Henry leur donne des cours de chiffrement. Gauthier, enfin, leur parle du noyautage et de l'organisation des populations.

« Mais nous ne sommes pas des agents Action ! protestent les gens du C.E.

— Vous n'allez pas à la chasse à l'éléphant ! leur réplique Maloubier. Autant que vous connaissiez les mœurs du caméléon : ce sera votre gibier. »

« Envoyez-nous des gens sérieux », demande encore Morlanne.

Mais Fourcaud a d'autres soucis. Il veut officialiser la section « A ». Ribière, son directeur, s'il n'y est pas opposé dans le principe, craint un peu la tentation possible d'éventuels agents formés par Morlanne, de passer aux actes hors de toutes règles. C'est un homme politique auquel échappent un peu les réalités stratégiques.

« Du reste, dit-il, je ne peux vous fournir personne. Voyez donc du côté des militaires. »

Fourcaud va donc « tirer les sonnettes ». Il s'adresse aux chefs d'état-major des trois armes, les généraux Lechère (Air), Revers (Terre) et l'amiral Nomy (Marine). Tous l'accueillent favorablement, mais se retranchent derrière la hiérarchie :

« Le rôle de l'armée, disent-ils, est de regarder face à l'est où les divisions russes, sur l'Oder, sont à cinq heures de Strasbourg...

— Mais cela n'a aucune signification ! proteste Fourcaud. En tout cas pas tant que le régime est stable en France. L'expérience de la Résistance et de l'Occupation a montré que toute opération d'invasion est facilitée par un pourrissement des arrières de l'adversaire.

146

— Vous voulez préparer des guérillas en Allemagne ? demandent les militaires éberlués.

— Pas précisément en Allemagne. Mais nous devons avant tout préparer des cadres en vue d'opérations tous terrains, n'importe où, sur les arrières de n'importe quel ennemi. »

Marins, fantassins et aviateurs donnent leur adhésion de principe, mais :

« Il nous faut le feu vert du ministre des Armées ! »

Fourcaud va plus haut, sans rencontrer plus d'enthousiasme :

« Nous ne contestons pas l'utilité du Service Action, lui dit-on, mais nos missions sont de défense stratégique. Nous ne pouvons prendre aucune initiative politique, nous n'avons pas le droit de promouvoir un organisme qui dépend directement de la présidence du Conseil. »

Il ne reste au colonel Fourcaud qu'une issue : demander audience au président du Conseil lui-même. En janvier 1947, c'est le socialiste Paul Ramadier qui assure ces fonctions.

L'entrevue commence sur un malentendu ; tandis que Fourcaud développe des arguments techniques, Ramadier, lui, pense stratégie politique. Pourtant, rapidement, les deux hommes se mettent d'accord sur un préliminaire : la nécessité d'un Service Action.

Pour Ramadier, ce service doit avant tout l'aider à faire face à la situation critique, en France même. Car des signes apparaissent qui marquent une tendance à l'agitation sociale. Des grèves se préparent, qui peuvent déboucher sur un climat insurrectionnel. Il n'est pas interdit de penser que le chef du gouvernement n'ait, à l'époque, redouté une prise du pouvoir par les communistes, crainte d'ailleurs partagée par Jules Moch, le ministre de l'Intérieur.

Fourcaud objecte que les missions du S.D.E.C.E. — et d'un Service Action — sont incompatibles avec une utilisation sur le territoire métropolitain. Subtilement, Ramadier trouve une parade :

« D'accord pour le Service Action. Nous le tiendrons à l'écart des missions intérieures, missions du ressort de la D.S.T. ou des C.R.S. Mais rien ne nous empêche de constituer une unité de type classique, parachutiste par exemple, dépendant de la présidence du Conseil pour emploi, mais qui constituera, à votre profit, une pépinière de cadres et de personnels ? »

Fourcaud acquiesce. Il était venu demander quelques cadres et des crédits. Ramadier lui offre, sur un plateau, un bataillon au complet.

Le 11e bataillon parachutiste de choc est né de cette conjoncture. Basé à Montlouis près de Font-Romeu — puis à Perpignan et à Collioure —, aux ordres du commandant Yves Godard, il vivra, pendant quinze ans, dans l'ombre du S.D.E.C.E., fournissant la presque totalité des cadres du Service Action, qu'ils soient officiers et sous-officiers, d'active ou de réserve, employés dans les « coups tordus » les plus étonnants d'Indochine et d'Algérie.

21

Saigon, 12 juin 1950. Une journée comme les autres. En Cochinchine, les opérations se sont bornées à des ratissages, des contrôles de villages, des ouvertures de routes et, en ville, il n'y a guère davantage d'arrestations, de sabotages ou d'explosions que la veille. Rien ne change, pas même la rituelle averse de 5 heures qui s'est abattue avec sa force et sa brièveté coutumières sur les rues et les boulevards. Le soleil revenu, rien n'a subsisté de ces trombes d'eau évaporées aussitôt, rendant plus tangible encore la gluante moiteur de l'atmosphère. La saison des pluies commence.

Après un rapide crépuscule, la nuit est tombée et Saigon s'est remis à vivre. Enseignes au néon, illuminations des palais officiels, lampadaires des avenues — et peut-être quelque incendie de paillote — font traîner au-dessus de la ville un halo rouge et jaune, conique comme un chapeau annamite et qui fait paraître encore plus opaque l'obscurité de la campagne voisine — une obscurité qu'à quelques kilomètres n'arrive pas à dissiper le pinceau bleuté des projecteurs protégeant l'aérodrome de Tan Son Nhut. Dans leur immuable tour d'horizon, ils accrochent la cime du grand banyan, au ras du toit d'une modeste villa qu'ils coiffent comme un parasol.

C'est une petite maison de fonctionnaire européen, un bâtiment colonial typique, avec un large toit généreux qui déborde en une véranda circulaire sur laquelle donnent les portes-fenêtres en bois ajouré.

A l'intérieur, quatre hommes sont rassemblés autour d'une table carrée, sous la lumière violente d'un lampadaire à incandescence. Après 10 heures du soir, il n'y a plus d'électricité hors les murs de Saigon. Au-dessus d'eux, le ventilateur somnole. A quoi servirait-il, sinon à animer un air moite, presque compact à force de vapeur d'eau ? Une vapeur que l'on respire mais que l'organisme restitue aussitôt en une sueur qui dégouline en larges rigoles des fronts, des ailes du nez, des cous et se prolonge sur les vêtements en y laissant de vastes auréoles sous les bras, entre les omoplates, sur les poitrines.

Il est 11 heures du soir. Les quatre hommes ont enlevé leurs vestes, accrochées au dossier de leur chaise. Tous quatre sont des militaires. Des officiers. Trois sont jeunes — moins de quarante ans — avec ce teint de brique des métropolitains peu habitués à l'implacable soleil d'Asie.

Plus âgé, le quatrième a la peau fanée, jaunie, des Blancs vivant depuis trop longtemps en Indochine. Un visage osseux, des pommettes saillantes en dessous de deux yeux étroits presque bridés le font ressembler à quelque Bouddha maigre, sans autre expression qu'une indifférence vigilante et rusée. Ses gestes sont rares mais précis, empreints de cette solennité des animaux asiatiques quand ils se préparent longuement à attaquer leur proie.

Gabriel Abadie vit en Indochine depuis plus de vingt-cinq ans. Il porte négligemment des galons de capitaine trop minces et trop neufs, à l'inverse de la mode qui les veut larges et ternis : il y a longtemps que Gabriel Abadie ne croit plus aux vertus des galons ni de l'uniforme, même si — et peut-être parce que — sa vareuse ne porte qu'une seule décoration, insolite en 1950 · une Croix de guerre 14-18.

Gabriel Abadie représente tout à fait le type du civil de vocation et de goût, constamment rattrapé et cerné par la guerre. Rien n'indique chez cet homme au faciès trompeur de petit Blanc en retraite, l'aventurier fou d'inconscience qu'il n'a jamais cessé d'être. Même ses trois compagnons ne soupçonnent qu'à peine tout ce qu'il y a de puissance occulte, de possibilités dangereuses sous les airs placides de ce quinquagénaire qui se présente sérieusement comme un notaire « sans emploi », tout à la fois le plus jeune sous-lieutenant de l'armée française — à dix-sept ans, en 1915 — et son capitaine le plus âgé : il a cinquante-deux ans.

Au fond, Abadie se moque de ces galons qui ne représentent qu'un statut provisoire, définissant davantage une fonction au sein de la Sécurité militaire qu'une aptitude à un commandement opérationnel. Du reste, Abadie semble se moquer de tout, de sa propre sécurité par exemple. Cette manie qu'il a de vivre en dehors de Saigon est une preuve parmi les plus innocentes, de son indifférence ou de son inconscience, généralement considérées comme une douce folie de vieux colonial qui croit si peu au danger du Viêt-minh, qu'il effectue couramment des visites à ses amis de Tay Ninh, à la frontière cambodgienne, seul à bord de sa voiture, une 11 CV rafistolée avec des bouts de fil de fer.

A chaque observation, il répond, avec un sourire désarmant :

« Ce sont vos chars, vos canons, vos fusils qui attirent l'ennemi ! Que voulez-vous qu'un Viet fasse d'un vieux bonhomme comme moi, qui n'a même pas un pistolet et qui se promène en touriste à bord d'une ruine ambulante ? »

A la « S.M. » on a depuis longtemps cessé d'importuner Abadie avec ces questions de protection. Après tout, il sait ce qu'il risque. Quelques initiés, avec un sourire entendu, affirment que si Gabriel Abadie se promène impunément sur les routes de Cochinchine, c'est parce que personne ne lui veut du mal. Ni les Viets, ni les partisans des sectes, ces mouvements religieux et armés qui forment de véritables petites théocraties indépendantes, avec leurs capitales, leurs fiefs, leurs administrations et leurs armées. Tout le monde sait que Gabriel Abadie fréquente les dignitaires de ces minorités agissantes, à l'autorité sourcilleuse, souvent opposées aux Français, jamais tout à fait ennemies, jamais non plus complètement ralliées. Il est surtout l'ami des caodaïstes et de leur pape, Pham Cong Tac, qu'il connaît depuis vingt ans. Un peu moins de gens sont au courant des liens qui l'unissent à Tran Van Soaï, un ancien coolie, devenu « général » sous le sobriquet de Nam Lua qui signifie « cinq feux », chef des Hoa Hao.

Pratiquement personne, à Saigon, en revanche, n'est au courant des contacts menés par Abadie auprès du chef viêt-minh du Nam Bô — la Cochinchine —, le borgne Nguyên Binh.

Si on les connaissait, on ne pourrait que dire de Gabriel Abadie qu'il a tous les atouts dans son jeu et qu'il a raison de ne rien redouter.

La partie de poker se poursuit, guère animée. Abadie joue prudemment, attentif, sans qu'un muscle de son visage ridé ne bouge. Il ne s'interrompt que pour avaler, d'un geste précis, une gorgée de thé glacé.

Une ombre s'est glissée dans le jardin sombre. Puis une seconde. Une troisième enfin. Ce sont de petits hommes agiles et noirs, habillés comme des *nha qués* de la rizière. Tête nue, le cheveu rasé haut sur les tempes, ils portent cette touffe hirsute sur le sommet du crâne qui caractérise les paysans : la gomina reste l'apanage des citadins.

D'un bras impératif, le premier des trois hommes rameute ses camarades qui s'accroupissent aux aguets contre le panneau ajouré, d'où filtre un rai de lumière. Une minute, deux peut-être, ils écoutent, enregistrent les bruits provenant de la maison : froissement des cartes, raclement des pieds sur le carrelage, parfois une brève exclamation.

Le premier homme noir s'est relevé. D'une traction du poignet, il attire à lui le vantail de bois, l'ouvre en grand et bondit. D'un coup d'œil, il repère l'emplacement des joueurs. Abadie lui fait face. Lentement, le capitaine repose ses cartes, le visage immobile. Les invités se sont retournés, puis, en un réflexe dérisoire, ils se jettent à bas de leur chaise. Seul, Abadie reste assis, légèrement tassé, son torse reposant sur le chevalet de ses coudes. Il ne crie pas, mais, d'une voix égale, comme résignée, il dit simplement :

« Pourquoi vous ? »

Ses trois compagnons enregistrent la question. Plus tard, à la réflexion, ils se demanderont pourquoi Abadie n'a pas plutôt dit : « Pourquoi moi ? »

Sans doute, Abadie sait déjà que ces hommes sont venus pour le tuer. Il sait également pour quelle raison. Alors, il attend.

La rafale éclate, brève, définitive. L'homme en noir est un professionnel de l'assassinat qui ne gaspille ni son temps ni ses cartouches. Quatre balles, cinq peut-être. Abadie ne tombe pas. Son visage éclaté s'incline sur la table, inondant de sang les piastres étalées devant lui.

Le tueur s'éloigne à reculons. Ses complices n'ont même pas eu à intervenir. La nuit les avale.

Le capitaine Dunant-Henry prend son verre de whisky où des glaçons achèvent de fondre. Lentement, il déguste une gorgée, laissant l'auditoire en plein suspense.

Autour de lui, cinq des anciens du Service Action sont assis près de Morlanne dont le regard ne quitte pas Dunant-Henry, retour de Saigon où, envoyé en mission, il s'est fait éconduire par tous les états-majors auxquels il s'est présenté.

« Un vrai roman policier ! commente Pellay que rien n'étonne.

152

J'imagine que tu ne nous as pas raconté cette histoire pour nous avouer que ce sont les Viets qui ont tué ton Gabriel Abadie...

— Non ? Alors, qui ? » demande Bob Maloubier.

Dunant-Henry ne répond pas tout de suite.

« L'enquête n'est pas allée très loin, dit-il enfin. Pour la police officielle, cet assassinat n'est qu'un fait divers banal comme il s'en produit tous les jours en pays de guérilla. Un attentat de plus ou de moins, que l'on crédite — sans imagination — aux tueurs de Nguyên Binh. A la limite, un assassinat « pour l'exemple », pour décourager les aventureux qui veulent aller trop loin dans les arcanes des contacts secrets.

« Mais Abadie était trop prudent, trop averti des traquenards de l'action clandestine, trop versé dans le labyrinthe des machinations asiatiques, des combinaisons tortueuses, pour avoir commis une erreur fatale.

— Comment expliquer cette mort ? Peut-être par la personnalité d'Abadie ?

— On a cherché de ce côté en effet, et les policiers ont découvert que le petit notaire paisible, installé à Rach Gia avant la guerre, était un drôle de type. Engagé volontaire en 1914 — à seize ans —, il avait, en 1920, entrepris un tour du monde en automobile, ce qui l'avait conduit sur les confins turco-irakiens en pleine révolution. Capturé par les Kurdes, Abadie en était rapidement devenu le conseiller politique et avait quitté Mossoul en 1924 comme colonel !

« Arrivé en Indochine un an plus tard, installé comme notaire dans le Sud, il s'était lié avec d'obscurs fonctionnaires annamites qui devaient, par la suite, faire leur chemin : Pham Cong Tac, devenu pape des caodaïstes, Huynh Phu So, que l'on devait retrouver à la tête des bouddhistes réformés du Hoa Hoa.

— Mais, dites donc, si votre Abadie était lié avec les factions nationalistes antifrançaises, comment s'en est-il tiré pendant l'occupation japonaise ?

— C'est un mystère. Ni la Kempetaï, ni les terroristes viêtminh ne l'ont menacé ! Et, quand Leclerc a débarqué à Saigon en octobre 1945, il a trouvé un Abadie, plus alerte que jamais, qui lui a servi de guide auprès des divers représentants des sectes ! Plus tard, en 1948, quand le commandement français s'est proposé de rallier les caodaïstes, qui trouve-t-on au centre des négociations secrètes ? Gabriel Abadie, déguisé en capitaine de la Sécurité militaire !

— Ou cet Abadie est un excellent agent politique, ou c'est

un parfait agent double. Mais, dans l'un ou l'autre cas, il se serait soucié de sa propre sécurité... »

Dunant-Henry approuve, de la tête :

« C'est exactement la conclusion à laquelle j'ai abouti, répond-il. Seulement, voilà : en cherchant à en savoir davantage, je me suis aperçu que n'importe qui pouvait avoir commandé et commis cet attentat. Le ralliement des caodaïstes n'a pas fait que des heureux : le premier d'entre eux étant un certain Trinh Minh Té[1] qui, en liaison avec des agents américains, a pris le maquis contre ses anciens coreligionnaires et, par conséquent, contre les Français. Même observation pour les Hoa Hao : si Tran Van Soaï collabore avec nous, son rival, Ba Cut — qui est, notez-le, lui aussi en liaison avec la C.I.A. — continue à se battre tout à la fois contre les Viets et contre nos soldats. Et, que ce soit Trinh Minh Té ou Ba Cut, tous deux disposent de « comités d'assassinat » chargés de liquider les traîtres ou les gêneurs.

— Vous pensez que les terroristes sont d'un bord ou de l'autre ?

— C'est là que l'histoire se complique : j'ai appris qu'Abadie cherchait à avoir un contact avec le viêt-minh du Nam Bô, Nguyên Binh. Celui-ci a des tas d'ennuis avec ses patrons de Hanoi, notamment Giap qui lui reproche de jouer au vice-roi en Cochinchine. Pour le Viêt-minh, supprimer Abadie équivaut à supprimer l'idée même d'une trahison. »

Bob Maloubier passe un index machinal le long de sa moustache :

« Pour aller encore plus loin dans la logique, tout permet alors d'imaginer que c'est Nguyên Binh lui-même qui est l'instigateur de l'attentat, histoire de se dédouaner à l'égard de ses supérieurs, ou même de chasser la tentation ?

— Tu as raison. En fait, toutes ces diverses possibilités montrent quel guêpier est devenu l'Indochine. Il y a trop de coups tordus, trop d'intérêts contradictoires. Impossible de s'y retrouver. En tout cas, une chose est certaine : jamais je n'ai rencontré une telle unanimité autour de la nécessité d'étouffer " l'affaire Abadie "... »

Dunant-Henry n'est même pas amer. Il constate. Depuis bientôt quatre années que « l'opération de police » d'Indochine se traîne, à la veille de la « solution définitive » ou de la « victoire

1. Cf. *Un Américain bien tranquille* de Graham Greene.

militaire totale », le Service Action en a été obstinément maintenu à l'écart, malgré les propositions faites par Morlanne et son équipe. Tous ceux qui, avec lui, ont opéré à partir de Calcutta à l'automne 1945, trouvent anormal, pour ne pas dire scandaleux, qu'il ne soit aucunement tenu compte de l'expérience qu'ils ont acquise.

A quelques-uns, ils ont tenu la brousse, prenant et conservant l'initiative des coups de main, des embuscades ou des sabotages. Et ce sont les Viets qui ont relevé leur défi. Abandonnant les villes, les routes et les postes, ils se sont dilués dans la jungle, tandis que le corps expéditionnaire s'enlisait dans des servitudes de plus en plus nombreuses, de plus en plus sanglantes : l'exemple le plus fameux étant la route coloniale n° 4, cette « route du sang » que le haut commandement s'obstine à vouloir tenir en dépit des hécatombes provoquées par chaque convoi routier.

« Et tout est pareil, ajoute Dunant-Henry. On nage en pleine confusion. Les soldats reçoivent des ordres, concoctés dans des bureaux dont les titulaires n'ont jamais vu une rizière de près ! »

Morlanne repose ses lunettes :

« J'ai écouté le colonel Fourcaud, qui accompagnait la mission du général Revers. Les Services de renseignement sont un véritable panier de crabes.

— Il y en a tant que cela ? demande naïvement Maloubier.

— Tu veux dire qu'il y en a plus encore ! » Dunant-Henry ouvre les mains, comptant sur ses doigts : « Il y a d'abord les deux polices : la française et la vietnamienne. Puis les services civils du haut-commissariat. Puis les services militaires du 2° Bureau traditionnel, dirigé de Saigon et — théoriquement — destiné à répercuter sur les unités les tuyaux collectés. En fait, chaque unité a ses propres services, chaque arme les siens, surtout la marine et l'armée de terre. De temps à autre, on fabrique un service de " coordination " qui se dépêche de travailler indépendamment des autres ! A tout cela il faut ajouter les officines plus ou moins dépendantes de personnalités politiques ou militaires, comme ce Bureau technique de liaison des colonies du commandant Maleplate qui a torpillé l'an passé le fameux rapport Revers.

— Mais, en face, s'indigne Pellay, impressionné, il n'y a qu'un seul et même Viêt-minh !

— Ces messieurs semblent l'oublier. Chaque service, jaloux du voisin, s'ingénie avant tout à lui casser ses réseaux, lui faucher ses agents ou dénigrer les tuyaux qu'il a pu recueillir...

— A la limite, observe Maloubier, ton Abadie aurait tout aussi bien pu être descendu par l'équipe Action d'un service rival ? »

Dunant-Henry fait la moue :

« Ce n'est pas impossible ! N'oublions pas que la dernière parole prononcée par Gabriel Abadie a été « Pourquoi vous ? » Preuve qu'il était à cent lieues d'imaginer que ce seraient *précisément* ces tueurs-là qui viendraient l'exécuter. »

Maloubier allume une cigarette :

« Vous allez encore dire que je suis victime des obsessions, mais ça ressemble bigrement à un coup des agents américains ! »

Curieusement, personne n'a ri.

Aujourd'hui encore, la mort de Gabriel Abadie, affaire classée, reste toujours imputée aux tueurs du Viêt-minh. Et pourtant les Français savent la vérité. Très exactement depuis le ralliement, au mois d'avril 1953, de Hô Chan Son, un officier supérieur du Viêt-minh, commandant le *lien khu VII* — le 7° territoire de Cochinchine. Au milieu de la centaine de feuillets qui constituent sa « confession », figure cette affirmation : « Nguyên Binh et ses hommes *ne sont pour rien* dans l'assassinat de Gabriel Abadie. Il a été abattu par des dissidents caodaïstes du colonel Trinh Minh Té ».

Les Français savent pour qui opère le colonel Té. Mais, quand éclate la vérité, Abadie est mort depuis trois ans, Nguyên Binh depuis deux. On laisse donc les morts enterrer les morts et on restitue Hô Chan Son à la jeune armée vietnamienne. Hô Chan Son n'est du reste qu'une victime en sursis : des tueurs inconnus (?) le feront disparaître en 1956 en l'enterrant... dans le jardin de sa propre villa. Mais, en 1953, le fait de savoir qui avait tué Abadie, qui, surtout, en avait donné l'ordre, condamnait les Français au silence.

Tout a commencé en effet au printemps 1949.

A la tête de l'Indochine se trouve un civil, Léon Pignon, haut-commissaire de France. Cet homme jeune — il n'a pas quarante ans — est sans doute l'homme le plus intelligent qui ait exercé de telles fonctions dans ce pays. Clairvoyant, il a compris que la solution du conflit réside dans un Viêt-nam réellement indépendant et libéral. Courageux, il est décidé à imposer la « solution Bao-Daï », jusque-là mollement mise en place. Il espère ainsi faire échapper les hésitants, les sceptiques ou même certains nationalistes à l'alternative entre le colonialisme français et la lutte armée. Parmi les nationalistes engagés contre la France, le plus prestigieux est Nguyên Binh, chef du Nam Bô, qui traîne ses désillusions et ses rancœurs dans la plaine des Joncs. Pour le contacter, Pignon choisit Gabriel Abadie.

Mais, pour que cette entreprise aboutisse, il faudrait d'abord que tout le monde accepte la « solution Bao-Daï », ce qui est loin d'être le cas. Les militaires français montrent un enthousiasme mitigé : ils n'oublient pas, en effet, les volte-face de celui qui se montra projaponais en 1945, proviêt-minh en 1946, nationaliste mou depuis. Les sectes, elles, trouvent la solution Bao-Daï tout à la fois commode et inquiétante. Commode parce qu'elle leur permet d'abandonner définitivement le camp viêt-minh sans renier leur soif d'indépendance. Dangereuse parce qu'elle implique, à moyen terme, une armée nationale vietnamienne qui, par destination, absorbera leurs milices.

Pour le Viêt-minh, c'est une trahison, plus encore, une escroquerie. Officiellement reconnu depuis le 6 mars 1946 comme le chef légitime de la République démocratique du Viêt-minh, Hô Chi Minh clame que la France a violé sa signature. Et sa conviction est partagée par quelques-uns des Américains, restés en Indochine après la capitulation japonaise de 1945.

Certes, l'Amérique se dit neutre. En Europe, la guerre froide bat son plein et le blocus de Berlin a rendu caducs les arrangements Roosevelt-Staline concernant le Sud-Est asiatique. Mais, sur place, agissant suivant leurs propres convictions vaguement « libérales », les agents de l'O.S.S., récupérés par la jeune C.I.A., jouent un jeu étrange, persuadés que seul le « bon vieillard », le « patriarche de la jungle » Hô Chi Minh, peut et doit diriger le Viêt-nam.

A ces Américains-là, tout est bon. Ils ne manquent ni de dollars ni de vitalité ni d'imagination. Ils sont tour à tour « conseillers culturels », « hygiénistes » ou « agronomes », parfois pasteurs presbytériens et, au-delà de leurs activités officielles, se rejoignent sur l'anticolonialisme, ce mal incarné par les Français. Laissés sur la touche par les officiels français, ils mènent à Saigon une vie en marge, ne se recevant qu'entre eux, remâchant leurs désillusions, regardant d'un œil offusqué de démocrates les ravages de l'impérialisme. Alors, ils opèrent dans la coulisse, faisant couler un torrent de dollars dans l'escarcelle de ceux qu'ils croient capables de gripper la machinerie baodaïste.

Au moment du ralliement des caodaïstes, ils ont donné 2 000

dollars au « colonel » Trinh Minh Té pour sa défection[2]. C'est avec lui qu'ils organiseront, en 1950, les attentats à la bombe de Saigon dont le plus célèbre — trente morts — reste l'explosion d'une voiture piégée devant le théâtre, en plein centre de la ville.

L'homme qui est en liaison avec Trinh Minh Té est un « Américain bien tranquille », Dixie Reece, dont la couverture est celle d'un obscur gratte-papier de l'U.S.I.S., le service « culturel » américain.

Très tôt, Reece a compris que le ralliement de Nguyên Binh serait un désastre pour les thèses qu'il défend. Pire peut-être : si Nguyên Binh parle, il dévoilera le jeu mené par la C.I.A. en Indochine et prouvera que les services américains aident les guérilleros, favorisent leurs transactions commerciales en dehors des frontières, en ce qui concerne notamment la vente de l'opium et l'achat des armes.

Epoque trouble où un ancien secrétaire particulier de Hô Chi Minh, devenu à Hanoi interprète privé du général Gallagher, réapparaît à Bangkok en Thaïlande comme reporter de *Newsweek*. C'est Le Xuan — il l'avouera plus tard dans un livre introuvable, *Espion malgré moi* — qui a mis la C.I.A. en contact avec Nguyên Binh. Lui encore qui, pendant deux ans, de 47 à 49, a assuré les liaisons entre les maquis de Cochinchine et l'immeuble ultra-moderne de la C.I.A. à Bangkok.

Aussi, dès que Gabriel Abadie se met en marche, c'est une course de vitesse qui s'engage entre lui et Dixie Reece. Le capitaine français peut rallier Nguyên Binh, l'Américain bien tranquille doit à tout prix empêcher ce retour.

Dans un premier temps, Abadie marque des points. Il est à peu près certain qu'il a rencontré le chef du Nam Bô au moins à deux reprises. La première fois à Tay Ninh, dans le palais du pape caodaïste, la seconde fois, à Sadec, une petite localité en bordure de la plaine des Joncs.

C'est alors que Reece est intervenu : l'assassinat de Gabriel Abadie renvoie *sine die* la poursuite des contacts entre la France et le chef viêt-minh de la Cochinchine.

En réalité, Gabriel Abadie est mort pour rien. Le jour où il s'écroule sous les balles des tueurs, le destin de Nguyên Binh

2. Ils lui en donnèrent dix fois plus en 1956 pour se rallier à Diem.

est déjà en marche. De plus en plus surveillé par ses chefs, de plus en plus aigri, le général borgne est lancé sur la route solitaire qui le conduira jusqu'à ce jour de septembre 1951 où il sera tué, misérablement, par une patrouille de supplétifs cambodgiens, à l'entrée de Romphé, un minuscule village de montagne, dans la vallée d'un ruisseau inconnu, la Srépone.

Ironie du sort, ceux-là mêmes qui l'abattirent ignorèrent longtemps le nom de leur victime : leur rapport mentionne seulement qu'ils ont tué un *individu de taille moyenne, vêtu d'un pantalon de gabardine bleu, pieds nus. Il avait au poignet une montre Movado*[3], *portait des lunettes de marque américaine. Sur l'étui de son colt, des marques au poinçon dessinaient les lettres Binh.*

Quant à ceux qui ont voulu la mort d'Abadie, ils sont à la veille de dramatiques révisions : la guerre de Corée va, brutalement, faire comprendre aux Américains qu'en Asie la France mène un combat analogue au leur.

3. Hô Chi Minh faisait cadeau d'une montre *Movado* à ses amis en témoignage d'estime.

22

« La peur est parfois bonne conseillère ! observe le colonel
Belleux. Il a fallu la déroute américaine sur le Yalu pour que
Washington se décide à nous faire cadeau du pistolet dont ils
nous menaçaient ! »

Certes, en Indochine, en ce milieu de l'année 1950, ce n'est
pas encore l'abondance, seulement la fin de la pénurie. Depuis
1946, les Français se battaient comme des pauvres, avec un
matériel démodé, usé jusqu'à la trame et qu'il fallait faire durer.
Désormais, la politique américaine s'oriente vers une aide réelle,
à tous les niveaux.

Belleux sourit. Il se borne à apprécier, en spectateur lucide,
l'étrange ballet des émissaires de tout poil qui se sont abattus
sur Saigon. Il écoute leurs propositions, pèse leurs offres et, aimablement, secoue la tête.

On ne saurait être plus courtois, plus aimable que le colonel
Belleux. Responsable du S.D.E.C.E pour l'ensemble du Sud-
Est asiatique, il a très vite compris que personne ne lui pardonne-
rait de réussir. Aussi a-t-il borné son activité à la documentation, au renseignement d'ordre général et au décryptage des
émissions du Viêt-minh. Son service fonctionne bien, sans éclat,
et, s'il lui est arrivé d'obtenir des renseignements extraordinaires,
jamais il ne s'en est vanté. C'est à ce prix que l'antenne du colonel Belleux a dû de survivre et, finalement, de s'imposer.

Avec une obstination farouche, cachée sous un air affable,
cet officier d'aviation aux gestes ronds, aux propos mesurés, a
finalement convaincu l'état-major de Saigon. Sans forfanterie,
le colonel Belleux a pu prouver que « son » organigramme du
Viêt-minh était le seul valable, « son » ordre de bataille le seul

vrai, « ses » intentions de manœuvres les seules vérifiées.

Peu à peu, depuis quelques mois, la tendance est donc à l'unification des divers services qui s'occupent des renseignements, sous la houlette du colonel Belleux. Bien sûr, cela ne va pas sans grincements de dents, mais, que ce soit le 5ᵉ bureau, chargé d'étudier des formules nouvelles adaptées à la guérilla, le Service de renseignement opérationnel (S.R.O.) jusque-là directement rattaché au commandement en chef, ou les services de la Sécurité, tous ont fini par s'incliner : la collaboration commence.

L'année précédente, au cours du voyage d'étude effectué par la mission du général Revers — qui a tragiquement débouché sur le scandale de l'affaire des fuites — le colonel Fourcaud est venu à Saigon. Avec le colonel Belleux, il a étudié la possibilité d'installer, en Indochine, un Service Action destiné à reprendre le flambeau des Jedburghs du Laos.

Belleux, partisan de la contre-guérilla, spécialiste des problèmes de guerre de jungle qu'il a suivis en Indonésie ou en Malaisie depuis quatre ans, a été enthousiasmé par le projet.

Mais les moyens manquent terriblement et Paris, à son grand regret, n'a rien pu faire.

C'est alors que Belleux a reçu une visite surprenante. Un matin du mois d'août 1950, un homme se présente à son bureau. Belleux sourit. Il attendait cette visite, car il connaît le nouveau venu. Cet homme, un Américain, a déjà sa légende. Chef d'une équipe de « durs à cuire » de la C.I.A., le colonel Lansdale est l'un des hommes les plus redoutables du Sud-Est asiatique. C'est lui qui a arraché Manille aux communistes mais c'est lui aussi qui a conseillé Hô Chi Minh à Hanoi en août 1945 [1].

Passionné par l'action souterraine, spécialiste de l'Asie, Lansdale est un monstre froid, inhumain à force d'intelligence, subordonnant tout — même ses scrupules — au but à atteindre. Un personnage tellement fascinant qu'il entrera vivant dans la littérature : il sera en effet le fameux colonel Hillingsdale du *Ugly American* d'Eugène Burdick et William Lederer. Il sera surtout cet *Américain bien tranquille*, cet illuminé, fabriquant à coups de bombes la « troisième force » en Indochine, tel que l'a décrit Graham Greene.

----

1. Voir ci-dessus : Deuxième partie, *Reconquête par effraction.*

Belleux écoute Lansdale, et ce que propose l'ancien Pygmalion d'Hô Chi Minh est à la fois tentant et inquiétant :

« Vous avez besoin d'un Service Action. Nous avons ce qu'il vous faut : le matériel nécessaire, les personnels adéquats, surentraînés, prêts à tout. Nous sommes prêts à les mettre à la disposition de l'Indochine, pour lutter avec vous contre la subversion communiste. »

Belleux regarde la carte d'Indochine. Depuis un an, les troupes communistes sont sur la frontière tonkinoise. Accepter l'offre de Lansdale permettrait aux minorités antiviets de la zone frontalière de prendre les armes et de soulager ainsi le corps expéditionnaire. Mais les Chinois laisseront-ils les Français opérer sans réagir ? S'ils le veulent, en quelques jours, ils peuvent déferler sur l'Indochine, prêter main forte aux troupes de Giap, foncer du Yunnan à la pointe de Camau au sud en ne rencontrant qu'une résistance de principe.

Mais Lansdale est lancé :

« A partir des montagnes du Nord-Laos comme du haut Tonkin, nous pourrons lancer des contre-guérillas qui déborderont les frontières, remonteront vers la Chine du Sud, obligeront les gouvernements de Pékin à relâcher leur pression en Corée pour disperser leurs forces... »

Belleux l'arrête, la main levée.

« Ce n'est pas dans les intentions du gouvernement français. Pas plus que dans celles du haut commandement...

— Quelle importance ? Nous emploierons nos matériels, nos effectifs à notre guise. Au besoin, nous vous ferons profiter de nos dollars... »

Il y a une nuance de mépris dans les propos de Lansdale. Et aussi une certitude totale que les services français, misérables, vont accepter la proposition.

Belleux ne répond rien. Il pense que le gain est négligeable si, du même coup, les Américains deviennent les maîtres réels du jeu qui se joue en Indochine. Il rend compte à Paris. C'est un refus. « En aucun cas ne prenez le risque d'internationaliser le conflit », exige le gouvernement.

Furieux, désabusé, Lansdale s'en va sans un mot, mais avec un sourire mauvais. Il est prêt à attendre son heure et « régler leur compte à ces Français ».

Il tiendra parole en revenant à Saigon, en 1954, pour conseiller Diem. Et dans son sillage réapparaîtra Dixie Reece. Le dernier tour de piste de l'homme qui a imaginé l'assassinat de Gabriel

Abadie mettra comme une note de farce à la fin de toutes ses machinations.

1956. La guerre des sectes bat son plein. Sur le pont « en Y », au cœur de Saigon, Le Van Vien, le chef des Binh Xuyen — des pirates qui assuraient récemment en uniforme la police de Saigon — dirige les opérations de ses troupes contre l'armée de Ngô Dinh Diem. Un avion se présente, au ras des toits, timbré de la cocarde tricolore et portant sur son flanc les cinq étoiles de son propriétaire le général Ely, représentant la France auprès du nouveau gouvernement vietnamien.

Le Van Vien connaît le général Ely. Il sait que les Français sont ses amis ; longtemps, les services de Belleux ont été en contact avec lui. De la main, le chef des Binh Xuyen adresse un salut amical au pilote qui le survole, à moins de vingt mètres. Presque aussitôt un tir de mortier s'abat sur son P.C. L'avion français n'était qu'un mouchard, chargé de renseigner les artilleurs de Diem. Fureur de Le Van Vien. Aussi, quand l'avion se présente à nouveau au-dessus du pont « en Y », il est accueilli par des rafales de mitrailleuses. L'appareil prend feu et s'écrase non loin de là. Dans la cabine du pilote, les hommes de Le Van Vien découvriront le cadavre de l'agent provocateur.

Il s'appelait Dixie Reece.

Lansdale parti, l'idée d'un Service Action fait pourtant son chemin et son étude est confiée au colonel Gracieux. Parachutiste, il connaît bien la tactique des commandos. Colonial, il est parmi les plus compétents en matière d'Indochine. Son Staff — la D.G.D., Direction générale de documentation — est composé d'officiers de la Coloniale, spécialistes des minorités ethniques.

Reprendre pied dans les forêts inaccessibles, sur les montagnes envahies de jungle, auprès de tribus aux noms et aux coutumes étranges, les Moïs au Sud-Annam, les Thos, les Mans, les Méos et les Thaïs au nord, peuplades primitives sans aucune parenté avec les Annamites des deltas et des plaines, peut permettre, à moyen terme, de créer de sérieuses difficultés sur les arrières viêt-minh ; à plus long terme, de reconquérir définitivement des territoires immenses — les quatre cinquièmes du Viêt-nam — à partir desquels, comme il en avait été question à l'automne de 1944 pendant l'occupation japonaise, les troupes régulières pourraient repartir à l'attaque.

Mais l'imprévisible désastre de la R.C.4, au mois d'octobre

1950, rend secondaires les problèmes de minorités. Trois mille hommes ont disparu en quelques jours. Jamais aucun chef, aucun combattant français n'aurait imaginé que Giap ose livrer bataille à une force aussi importante. Giap a relevé le défi. Comme un bulldozer nettoie la brousse, il a nettoyé Cao Bang, Dong Khé, That Khé, Lang Son. Désormais les Viets n'ont plus un seul obstacle entre leurs réduits de la Moyenne-Région et la Chine : la frontière est à eux.

La dernière place forte du Delta est à Hanoi. A quinze kilomètres de la capitale du Tonkin, du haut des cimes du Tam Dao, les *bo doï* des régiments réguliers de Giap peuvent apercevoir au loin la grande cité blanche et verte, flanquée de la dentelle noire du pont Doumer. Ils sourient : avant le Têt, Hô Chi Minh le leur a promis, ils seront là.

Pourtant, ni Belleux, ni Gracieux ne renoncent. Au contraire, et c'est au moment où le général Carpentier donne l'ordre d'abandonner les dernières positions au nord du fleuve Rouge qu'ils se décident à tenter leur première expérience.

« Connaissez-vous Lao Kay ? »

Le sergent Bonardi acquiesce, sans répondre. Impressionné par l'aréopage qui l'entoure, il se sent tout petit, incongru dans sa tenue de treillis boueuse au milieu de ces officiers en uniforme de ville.

Et, tandis que les officiers du D.G.D. lui posent des questions, Bonardi ne pense qu'à ses chaussures de toile à la trame usée, à son col de chemise qui fait des plis ridicules au-dessus de la veste kaki, à ses mains griffées de longues cicatrices brunâtres :

« Je n'ai pas eu le temps de me changer, explique-t-il. On m'a ramassé ce matin dans mon poste, à Ha Dong, pour me mettre directement dans l'avion... »

D'un geste de la main, le colonel Belleux balaie les excuses du sergent. Bonardi le regarde, cherche une seconde une trace d'ironie ou de reproche dans l'œil du colonel, mais il ne rencontre rien qu'un regard placide.

Rassuré, enhardi même par l'amabilité dont il est l'objet, Bonardi se décontracte.

« Connaissez-vous la haute vallée du fleuve Rouge ?

— Oui. Quand j'étais gosse, ma famille partait en vacances d'été à Cha Pa, une station climatique juste en face de Lao Kay. »

En dépit de son nom d'origine corse, Bonardi est un Eurasien.

Un quarteron, plus précisément. De ses ancêtres annamites, il n'a conservé qu'un visage allongé, imberbe, avec des yeux à peine bridés et des cheveux bleus à force d'être noirs. Pour le reste, il est héritier de son ascendance méridionale. Une bouche mince et un nez très fin, pointu, un peu busqué, l'on fait surnommer « la Fouine » par ses camarades.

« Parlez-vous vietnamien ?

— Oui. Et aussi un peu de chinois, une sorte de patois que les montagnards des frontières utilisent pour commercer avec les pirates ou les contrebandiers.

— Seriez-vous volontaire pour sauter en parachute au-dessus de Lao Kay ?

— Sans problème : j'ai effectué plusieurs sauts avec la préparation militaire quand je voulais entrer à Saint-Maixent. »

Le colonel Belleux approuve, en silence. Puis il déploie une carte :

« Vous sauterez après-demain au-dessus de Ban Phiêt avec des parachutistes du 10e B.C.C.P. Leur mission importe peu, mais la vôtre consistera à prendre contact avec des émissaires qui ont rompu toute communication avec nous.

— C'est tout ?

— Oui. Ou plutôt non. Quand vous aurez récupéré ces hommes, vous rejoindrez le 10e B.C.C.P. et suivrez leur sort. En principe, vous rentrerez avec eux à Laï Chau.

— Pourquoi " en principe " ? »

Belleux hausse les épaules :

« Autant vous le dire franchement, les chances de retour sont seulement de 50 pour cent. Mais nous voulons à tout prix que nos deux émissaires reviennent ici.

— Qui sont-ils ?

— Le premier est un commerçant sino-vietnamien du nom de Se Co Tinh. Peut-être un nom pareil vous fera-t-il sourire. Vous aurez tort.

— Je le connais, dit doucement Bonardi. Un drôle de type. Il s'est fait construire en bordure de Lao Kay une maison « comme en France ». C'est un pavillon de banlieue avec un pignon peint en vert pomme qu'il a, sérieusement, baptisé *Mon Rêve* ! Dans le décor du fleuve Rouge, au milieu des Chinois et des Mans, sa maison ne passe pas inaperçue !

— Notre second correspondant est un chef méo, l'ancien *chao-muong* de Pa Kha, un nommé Lo Van Theu.

165

— Je le connais aussi : nous avons chassé l'ours ensemble, avant la guerre. »

Bonardi coiffe avec déférence son calot à pointes de la Coloniale et salue, torse cambré. Un peu surpris de ne récolter qu'un simple clin d'œil de la part du colonel Belleux :

« Rien d'autre, mon colonel ?

— Non. »

Belleux promène son regard sur les murs jaunes du petit bureau, s'attarde sur la fenêtre, revient sur le sergent.

« Je voulais juste te dire que tu as du pot. J'aurais bien voulu être à ta place. »

23

Mon père était parachutiste
Dans les armées de Napoléon,
Il fit la campagne d'Egypte,
Pour éprouver des sensations.
Parachuté au-dessus du Caire,
Son parachute ne s'ouvrit pas.
Un Mameluck et son cimeterre
Lui firent si peur qu'il remonta...

La chanson est ridicule et les Bérets rouges la chantent sans entrain. Ils n'ont pas le moral. L'œil morne, ils regardent défiler sous les ailes du *Dakota*, les cimes boisées qui se succèdent, de plus en plus abruptes, de plus en plus élevées.

Ils ont quitté Hanoi aux premières lueurs du jour, dans la clarté gris-jaune du crachin sec qui recouvre le Delta en ce début d'hiver. Le temps immobile, mou et sans relief, n'enlève rien au sentiment de défaite et d'amertume ressenti par l'ensemble du corps expéditionnaire, après le désastre de Cao Bang.

En réalité, deux postes tiennent encore. Carpentier, le commandant en chef, n'a pas osé tout abandonner et il conserve encore les deux extrémités de la frontière. Moncay, au sud-est, terminal de la R.C.4 au bord de la mer et de la Chine rouge. Et, tout au bout, à six cents kilomètres au nord-ouest, Lao Kay, encore plus isolé dans la haute vallée du fleuve Rouge, posé comme un défi à la porte du Yunnan.

Le général a peut-être encore la possibilité d'évacuer Moncay par bateau, mais jamais il ne sera possible de sauver Lao Kay : six cents kilomètres de brousse et de Viets séparent ce point d'appui de Hanoi et du Delta. Prendre le risque du repli équivaudrait à refaire un nouveau Cao Bang. Carpentier ne peut se résoudre à une telle catastrophe. Dans le climat actuel, ce serait la déroute. Le général hésite, puis finalement donne malgré tout au colonel Costes, commandant Lao Kay, l'ordre de s'en aller :

« Partez de nuit, par les pistes de brousse et tentez de gagner Laï Chau. »

Costes grimace. Celui qu'on appelle le « vice-roi » n'a pas envie de s'enfuir. Il affirme pouvoir tenir. Carpentier insiste. Costes demande un délai, arguant que les Viets sont maintenant trop près des défenses de la ville et qu'il lui est impossible de briser l'étau ennemi.

Alors, ainsi qu'il l'avait déjà fait à That Khé, le général Carpentier se décide à larguer un élément parachutiste. Moins pour porter secours aux tabors marocains de Costes que pour offrir une proie secondaire aux Viets.

Bien entendu personne, à l'état-major, n'a osé informer le capitaine de Bazin, chef du groupement parachutiste, de l'objet réel de sa mission, mais personne, dans son unité, n'est dupe. La règle d'emploi des Bérets rouges est maintenant connue : on les largue n'importe où, en sacrifiés, pour sauver les autres. Sur la R.C.4 on a déjà envoyé les légionnaires du B.E.P. au sacrifice et, dix jours plus tard, on leur a adjoint les para-commandos du 3e B.C.C.P., largués pour rien.

Et c'est pourquoi, ce 10 novembre 1950, les deux compagnies du 10e B.C.C.P. du capitaine de Bazin n'ont pas le moral.

Les paras ont renoncé à chanter. Ils regardent le paysage. Après la vallée du fleuve Rouge, bordée à droite et à gauche par des collines de plus en plus hautes, les six *Dakota* se sont enfoncés entre deux parois verticales qui forment une tranchée titanesque creusée par le fleuve bouillonnant.

Les vallées qui débouchent dans la tranchée sont encore plus étroites, plus abruptes, véritables couloirs sombres et velus qui retiennent les nuages bas, comme les volutes d'un chaudron de sorcière. On ne distingue rien. Rien de précis en tout cas. Ni village, ni maison, ni piste. Un désert. Ou plutôt un moutonnement chaotique d'un vert absolu, comme une purée d'épinards en ébullition. Les arbres s'accrochent partout, même aux parois vertigineuses, coulent de sommets aigus comme des poignards. Pour des Bérets rouges cette jungle folle de vie, grouillante d'insectes, est aussi un autre enfer, celui d'une guerre inhumaine où les Viets surgissent, dix fois, vingt fois plus nombreux, se jetant comme autant de fourmis, par compagnies entières, sur de simples groupes de combat. Pour les parachutistes, la jungle de la frontière, celle qui borde le fleuve Rouge, est synonyme de cauchemar.

Tous, maintenant, ont cette idée en tête : ils sont sacrifiés.

Assis, tassé dans le fond de la carlingue, seul, le sergent Bonardi brasse, lui aussi, des idées sombres. Les parachutistes se croient perdus, mais ils n'ont pas une pensée pour toutes ces populations qui, elles aussi, vont être abandonnées.

Dans les jours qui vont suivre, toute la région de Lao Kay va connaître l'exode. Comme à Cao Bang, comme à That Khé ou à Lang Son, les civils s'en iront à la suite des militaires, par les pistes des sommets, les sentiers de jungle, les rivières et les vallées. Le point de rassemblement, Laï Chau, deux cents kilomètres à vol d'oiseau au sud-ouest, sera, d'ici quelques semaines, envahi de réfugiés venus des confins de la frontière.

Comme d'habitude, l'armée effectuera un maigre pont aérien pour évacuer vers Hanoi les familles des partisans trop compromis, des chefs trop en vue, des rois locaux ou des barons de fortune dont la vie ne vaudrait pas cher aux yeux des Viets.

Ensuite, quand tout sera fini, les oubliés, les obscurs paysans, les humbles montagnards, comprenant enfin qu'ils sont définitivement rayé de la mémoire des Français, reprendront discrètement le chemin de leur *ray*, de leur village, de leur vallée pour essayer de survivre sous leur nouveau maître.

Son poste de radio sur le dos, le sergent Bonardi est entré dans Lao Kay avec les éléments de tête de la première compagnie de parachutistes. Mais, pendant que les officiers s'en allaient à l'état-major du colonel Costes pour y recevoir les ordres, l'Eurasien s'est discrètement éclipsé, s'est fondu dans la masse anonyme des militaires qui circulent en ville.

Il n'a aucun regard pour le décor. Cette ville à l'agonie est pourtant tragique. Les maisons prennent déjà cet air immobile des choses abandonnées. Sous un ciel qui devient lourd et gris, apportant une pluie fine qui suinte le long des façades, Lao Kay se prépare lentement à l'abandon. Il y a plus que de l'angoisse dans les yeux des civils qui entassent leurs ballots sur des carrioles de fortune, on y lit cette immense résignation des peuples d'Asie.

A la fois indifférence et accablement. Des yeux fixes, des gestes mous, des faces immobiles. Et puis aussi une surdité totale aux explosions qui secouent les rues — arrivées des obus que les Viets expédient sur la piste d'aviation, à moins d'un kilomètre, soutes à munitions que les tabors marocains détruisent avant leur départ.

A la pluie, aux nuages bossus, se mêlent les vapeurs irritantes de la cordite. La poudre aussi a l'odeur de la défaite et de l'abandon.

Mais Bonardi n'est pas venu pour respirer l'air d'une nouvelle calamité. Il a confié ses équipements à un camarade et s'est glissé jusqu'à la maison de Se Co Tinh — cette maison qui, voici quelques jours à peine, réconfortait par son allure insolite de petit pavillon banlieusard mais dont la défaite accentue aujourd'hui le côté incongru et presque surréaliste.

Autrefois, Se Co Tinh était un contrebandier prospère, qui devait sa richesse aux menus services qu'il rendait aux organes de renseignements. Parfaitement informé sur les Chinois — communistes ou non —, il fournissait à ses amis français la matière la plus digne de foi. Moyennant quoi, on tolérait ces cargaisons d'armes qui, parfois, transitaient en bord de frontière.

Aujourd'hui, Se Co Tinh n'est plus qu'un vieux Chinois fatigué qui n'ose même plus se montrer.

« Je suis venu vous dire que nous allions abandonner Lao Kay et qu'il vous faut partir avec les Marocains. »

Se Co Tinh secoue la tête :

« Vous ne m'apprenez rien. J'y suis déjà préparé. »

Le vieux Chinois montre les meubles qui encombrent son salon, du pitchpin venu en droite ligne de quelque grossiste du meuble des années 1930.

« Ce n'est pas d'abandonner tout cela qui m'attriste, dit-il. C'est de n'avoir pas d'autre choix que de partir. » Un faible sourire. « J'ai en effet la faiblesse de tenir à la vie. »

Bonardi a longuement parlé avec son vieil ami. Puis, sur ses conseils, il passe dans la chambre et revêt une tenue civile, pantalon de toile noire, chemisette vietnamienne sans col, de couleur marron et, après un rapide au revoir, sort par la porte de derrière. Devenu civil anonyme, Bonardi se fond dans la foule qui s'affaire.

Moins d'une heure plus tard, accroupi à l'étal d'un marchand

170

ambulant de *nuoc-kèm,* ces sorbets trop blêmes et trop sucrés à base de sirop de canne, il écoute le rapport que lui fait Se Co Tinh, accroupi à ses côtés :

« Les Français veulent faire croire qu'ils sont décidés à défendre la frontière. Ils espèrent que le Viêt-minh va se mettre à la poursuite des parachutistes, et laisser les Marocains s'en aller vers Cha Pa et Laï Chau. Mais ils ne savent pas que trois régiments viêt-minh ont déjà franchi le fleuve Rouge et qu'ils attendent les Marocains sur la route du Sud, au col de Sam Soa.

— Si je comprends bien, les Viets savent que les parachutistes sont sacrifiés ?

— Oui. C'est pour ça qu'ils prennent leur temps. Ils n'ont laissé autour de Lao Kay que le régiment régional 148 et des éléments du régiment de renseignements 920. A peine 1 500 soldats. Alors, les parachutistes iront à Hoang Su Phy dans le nord, mais ils ne pourront jamais en repartir. »

Bonardi baisse la tête, lèvres plissées, sans répondre tout de suite. Il se représente l'étendue du désastre au-devant duquel vont les Français, tabors marocains du colonel Costes, parachutistes du groupement de Bazin.

« Et si les Marocains s'en allaient demain matin ? »

Se Co Tinh secoue la tête :

« Il faudra qu'ils marchent très vite pour arriver avant les *Kinh* au col de Sam Soa. Alors seulement ils auront une chance de passer. » Il hésite une seconde, et conclut : « Mais cela ne changera rien pour les parachutistes. »

Bonardi émet un petit rire sans gaieté. Puis, sans transition, posant sa main sur le poignet osseux de Se Co Tinh :

« Et Lo Van Theu, le chef méo ? C'est lui que je suis venu voir.

— Il a quitté la ville voici trois jours, répond Se Co Tinh après un silence. Il est retourné dans son village, à Pa Kha. Je pense qu'il est allé proposer une alliance à Mat Den. »

Bonardi hoche la tête « Mat Den » — l'œil noir — est le surnom donné par les Annamites au chef de la tribu des Mans de la région de Pha Long : Cho Quan Lo, le borgne.

« Si Lo Van Theu est allé trouver Cho Quan Lo, dit Bonardi, c'est signe que les montagnards bougent. » Il se penche et, en confidence : « Il faut à tout prix que tu fasses avertir Lo Van Theu que je suis ici et que je veux le voir. »

A la nuit, un enfant d'une douzaine d'année quitte Lao Kay. Il traverse les lignes françaises, franchit les barrages de barbelés qui protègent le terrain d'aviation, s'enfonce dans la forêt, évitant les avant-postes viêt-minh. Dans sa poche, une lame de rasoir dans son enveloppe de papier. Et sur le papier, deux signes tracés au crayon : la marque de reconnaissance que Bonardi, enfant, donnait à son camarade Lo Van Theu.

Pendant ce temps, Bonardi, redevenu militaire, a fait parvenir à l'officier de renseignements du colonel Costes les informations recueillies auprès de Se Co Tinh sur le franchissement du fleuve Rouge par deux régiments viets. Le colonel ne peut plus hésiter : il fait avancer le départ de vingt-quatre heures.

A l'aube, il ne restera plus personne à Lao Kay : grâce à Bonardi, les Marocains seront sauvés.

A 4 heures du matin, tandis que retentissent les ultimes explosions et que les premières sections de tabors se glissent hors de Lao Kay, le petit garçon revient chez Se Co Tinh. Un bref conciliabule a lieu auquel prend part Bonardi. Le sergent eurasien écoute, hoche la tête, retient les instructions que lui a fait parvenir Lo Van Theu :

« Le point de rendez-vous avec Cho Quan Lo se situe au nord de Lao Kay, à un carrefour de piste identifiable au fait qu'il se trouve au plus profond de la vallée. Deux guides seront là, avec deux porteurs pour le poste de radio. Il est important que vous soyez à ce rendez-vous au lever du jour, à 6 heures au plus tard. »

Bonardi prend rapidement congé. En civil, il sort de la maison, remonte le flot des réfugiés qui emboîtent le pas aux Marocains. Sur son dos, roulé dans une vieille couverture, son poste radio. Autour du torse, dans un boudin de toile, six jours de vivres : quatre kilos de riz rouge.

24

La colonne du capitaine de Bazin remonte dans la vallée du Song Chay. Son objectif : Pa Kha. Sa mission : retrouver et détruire les dépôts de riz des régiments viets. En réalité, les parachutistes doivent avant tout distraire l'attention de l'ennemi, s'agiter sur le devant de la scène — « battre l'estrade », suivant l'expression employée par le général Carpentier — tandis que les tabors s'éclipsent dans la coulisse.

Pendant leur progression, les Bérets rouges ne rencontrent personne. Apparemment, les réguliers du régiment 148 ont été mystérieusement escamotés. La jungle est vide. Pourtant le rideau ennemi ne s'est qu'entrouvert : pendant que les hommes du colonel Costes réussissent l'impossible exploit de rallier Laï Chau pratiquement sans pertes, les paras de Bazin sont entrés dans un gigantesque filet qui s'est refermé sur eux. Quand les Français auront atteint Pa Kha, ils n'auront qu'une issue : aller plus loin, vers le nord, vers Hoang Su Phy. Là seulement ils toucheront au fond, acculés à la frontière de Chine, ils devront se battre, le dos au mur. Au besoin Giap fera appel à ses amis, les Chinois rouges, pour verrouiller encore plus solidement la frontière et, peut-être, pour aider à la mise à mort.

Bonardi est arrivé dans les faubourgs de Pa Kha par le chemin des cimes. Une série de pistes secrètes, tracées comme au cordeau par les Méos, lui a permis de gagner des heures précieuses.

Seuls les Méos savent tracer ces chemins directs qui ne s'embarrassent d'aucune difficulté et qui plongent ou escaladent les pics les plus abrupts sans condescendre à un détour. Et chaque fois que Bonardi emprunte un sentier de Méo, il pense à cette comparaison de son vieux camarade Lo Van Theu, lorsqu'ils étaient enfants : « On se promène sur des dents de scie. Mais chaque dent mesure mille mètres de haut. »

Bonardi a l'habitude. En quelques heures de marche, il abandonne le rythme souple des citadins pour adopter le balancement des Méos, qui lancent une jambe après l'autre en appuyant le poids du corps sur un genou. On dirait des perroquets grimpant à une échelle. Et ce travail des muscles, un effort tout en force, leur a fait des mollets énormes, ronds et musculeux, et des genoux monstrueux, souvent aussi gros que leurs têtes.

Bonardi a suivi, sans un mot, le petit groupe muet qui l'attendait au gué sur la rivière. C'est aussi en silence qu'il a grignoté, à la seule halte de midi, une poignée de riz trempée dans un peu de *padek* [1] au goût prononcé de pourriture. A la tombée de la nuit, il est arrivé devant la petite paillote, à l'écart. Lo Van Theu attendait.

Quelques phrases brèves de bienvenue. Pas plus l'ancien *chao-muong* que le sergent n'ont de temps à perdre. Ils ne manifestent aucun étonnement d'être là, à un rendez-vous arrangé de loin, perdus au sommet d'une montagne boisée, tellement isolée dans la brume du soir qu'on la dirait sur une autre planète. Le soleil, rouge, plonge en quelques minutes dans cette mer de nuages et la nuit s'installe d'un coup. Dans la cagna de bambou, quelques lucioles volettent autour du maigre feu de bouses séchées : là-haut, le bois est trop gorgé d'eau pour se consumer sans fumée. C'est pourquoi les Méos du Nord le brûlent à l'air libre.

« Lao Kay est évacué, annonce Bonardi. Les Français sont partis pour Laï Chau.

— Je sais. Ils ont envoyé les parachutistes sur la frontière pour tromper les Viets. Mais les Viets les ont laissés passer pour les écraser entre la Chine et eux.

— Et les Chinois ? »

Lo Van Theu ne cille pas. Il cueille un brandon, l'approche du foyer de sa pipe à eau, aspire une longue goulée de fumée, avec un bruit d'eau froissée, la rejette lentement par les narines :

« Ils arrivent. Un comité de liaison fonctionne entre les *can bô* du régiment 148 et la division rouge du général Tchou Kya-py. Dans quelques jours, les Chinois auront verrouillé Hoang Su Phy

---

1. Saumure de piment et d'entrailles de poisson, condiment des montagnards du Nord-Laos.

174

au nord. Tout ravitaillement sera impossible pour les parachutistes. Ils n'auront plus qu'une solution : tâcher de franchir en force le rideau viêt-minh. Naturellement, ils n'y arriveront pas.

— Que pouvons-nous faire ? »

Lo Van Theu se relève. Il semble n'avoir rien entendu. Mais il a un tout petit geste de la main qui signifie : « Viens. »

L'un suivant l'autre, les deux hommes quittent la maison, s'enfoncent dans la nuit. Bonardi n'a même pas eu le temps d'enlever ses équipements et le chef méo n'a pris avec lui que son coupe-coupe à manche d'argent.

Ils marchent ainsi deux kilomètres. Et puis, d'un seul coup, le faisceau rouge d'une lampe électrique troue la nuit. Le point lumineux n'a duré qu'une fraction de seconde, mais les deux hommes l'ont aperçu. Ils stoppent, au milieu de la piste. Trois secondes passent, puis, surgie de l'obscurité, une forme sombre bondit près d'eux, se penche à l'oreille de Lo Van Theu, murmure quelques mots et disparaît.

« C'est un guetteur, explique le Méo. J'en ai posté une cinquantaine depuis cette nuit. Tous les deux ou trois kilomètres sur les crêtes. Ils échangent leurs informations par des coups de lampe. »

Dans le noir, Bonardi devine un sourire :

« Dans cette guerre moderne, nous avons réinventé le système des Indiens. Et nous l'avons seulement adapté, modernisé avec les lampes de poche.

— Que t'a dit le guetteur ?

— Que tout était calme. Les Viets sont loin derrière. Les parachutistes peuvent marcher tranquillement, nous jalonnerons leur itinéraire.

— C'est tout ce que vous pouvez faire ?

— Non. La vraie opération commencera après que nous aurons vu Cho Quan Lo. »

Bonardi et Lo Van Theu ont repris la piste. Confiants dans leurs guetteurs, ils ont abandonné les parachutistes qui remontent vers Hoang Su Phy et se sont dirigés vers Pha Long.

Le soleil se levait alors qu'ils marchaient depuis de longues heures déjà.

Sans que son compagnon ait prononcé une seule parole, Bonardi a su qu'ils étaient arrivés à destination quand, à l'orée d'une haute vallée — un sillon taillé entre deux failles de rochers bruns creusés de trous, immenses comme des voûtes de cathédrales —, le soleil a allumé, l'espace d'un éclair, des milliers de corolles blanches, roses et rouges : des orchidées accrochées en grappes à leurs lianes, descendant en longues guirlandes des arbres de la forêt.

Le fief de Cho Quan Lo commence ainsi, par une explosion de couleurs crues, sauvages, inquiétantes même par leur densité, leur richesse. On les devine grasses et pulpeuses, nourries d'une sève alimentée de pourriture. Tout est eau dans le décor : le sol spongieux d'une humidité glacée, la condensation de l'atmosphère qui pèse sur les épaules, les herbes folles qui montent plus haut que les hommes, les feuilles gigantesques qui giflent les visages d'une touche flasque.

Et puis, sans que rien ne l'ait laissé prévoir, un cavalier a surgi, jailli d'une touffe d'épineux. Un gradé. Il porte la tenue bleu-noir des Mans, les étriers et les genouillères d'argent. Coiffé d'un large bandeau de laine rouge, il a le visage rond et lunaire des Mongols. La poitrine nue est surchargée de tatouages bleus qui lui font comme une dentelle finement ouvragée. A son côté pend le long sabre de combat, gainé de cuir rouge et d'argent. Mais, accrochée à ses fontes de toile bise, à côté du javelot indiquant son rang de chef, est logée une carabine américaine, acier noir et bois verni.

Main levée, plus pour un salut que pour un ordre, il s'adresse à Lo Van Theu dans le langage bref comme un aboiement pratiqué sur la frontière. Malgré son habitude des langues de la montagne, Bonardi a du mal à le comprendre.

« Il nous demande de le suivre, traduit Lo Van Theu. Le chef nous attend. »

Bonardi ne connaît pas Cho Quan Lo. Il en a entendu parler, comme la plupart des soldats servant dans le Nord. Il a hâte d'être en présence de ce pirate sur lequel courent d'étranges histoires.

Rebelle irréductible, Cho Quan Lo s'est toujours battu contre les étrangers quels qu'ils soient, Annamites ou Chinois, Méos ou Nungs. Il était, voici trente ans, disposé à se révolter contre les Français quand un jeune capitaine aux yeux bleus l'a séduit.

Ensemble, ils ont chassé l'ours à collier au pied des rochers du Song Chay. Dans la même pirogue, ils ont parcouru le pays des Lu, dont les filles, vêtues de robes à crinoline, évoquent une tapisserie des Gobelins.

Le jour de la fête du Chien — qui d'après la légende, serait l'ancêtre des Mans — le jeune capitaine a donné à son ami une carabine de chasse, au canon finement ouvragé, tandis que le chef man lui offrait en échange une arbalète d'ébène tirant des flèches d'argent. Et quand, en 1930, le capitaine est reparti pour la France, Cho Quan Lo lui a dit : « Tu es mon ami. Ici, la France sera toujours chez elle. »

Ce capitaine aux yeux bleus s'appelait Raoul Salan. Grâce à lui, jamais les Français n'ont eu de plus fidèle allié dans le 5e territoire.

Depuis toujours, Cho Quan Lo fait régner la loi dans la région de Pha Long. Un extraordinaire paysage, grandiose et tourmenté, avec ses pics de 2 000 mètres pointus comme des épées, truffés de grottes empanachées de lianes plongeant sur des falaises à pic. Dans ces gorges profondes comme des cassures de la Terre, le soleil ne pénètre jamais.

De Pha Long, petit village fièrement accroché à la falaise face à la Chine, les guetteurs mans ont de tout temps guetté l'envahisseur venu du pays des Cent Mille Monts, là-bas, de l'autre côté de la rivière, le Song Chay, un torrent fou rebondissant d'une paroi à l'autre. Et les envahisseurs venaient. En vingt-cinq ans, Cho Quan Lo les a arrêtés vingt fois. Qu'ils soient Chinois du Kouo-min-tang ou soldats de Mao Tsé-toung, qu'ils soient Japonais, Yunnanais ou Viets, personne n'est resté longtemps vivant sur les terres des Hautes Orchidées.

Pirate, Cho Quan Lo a été obligé de l'être quand il pillait les caravanes qui ravitaillaient les Japonais ou les Mandchous de Lin Piao. Il leur a livré de sévères batailles, attaquant de près, au corps à corps, à l'arbalète ou au sabre court. Il a été grièvement blessé, d'une balle de fusil mitrailleur qui lui a emporté la moitié du visage. Depuis, borgne, Cho Quan Lo promène un visage abominablement balafré : une longue cicatrice creuse la peau en un sillon blême, de la mâchoire à la racine des cheveux.

Alors, plus que jamais, Cho Quan Lo s'est dressé contre les « autres ». Au temps de la reconquête, c'est par paniers entiers qu'il collectait les têtes des Japonais en déroute. Il les faisait parvenir au capitaine Romain-Desfossés qui tenait Muong Khuong, de l'autre côté des crêtes ; mais l'officier n'appréciait pas le cadeau. Aussi Cho Quan Lo a-t-il pris l'habitude de planter au long des pistes, sur des pieux de bambou, les cadavres de ses ennemis.

Quand, à l'automne 1945, les Viets ont remplacé les Japonais, Cho Quan Lo a convoqué son neveu Nung, un jeune Tho à peine sorti du service militaire.

« Passe en Chine, lui a-t-il ordonné, et débrouille-toi pour te

177

faire incorporer dans les rangs communistes. Comme tu es instruit, tu deviendras le chef. Alors, tu m'appelleras. »

Nung a accepté. En quelques mois, il est devenu le chef viêt-minh de la compagnie qui tenait garnison à Hoang Su Phy. Alors, il a prévenu Cho Quan Lo. Le chef borgne est allé chercher les Français de Lao Kay. Et il leur a dit :

« Venez avec moi, nous allons reprendre Hoang Su Phy. »

Les Français n'étaient guère nombreux, aussi c'est un détachement symbolique qui s'est engagé sur les pistes aux côtés des guerriers mans. A l'entrée de la ville, une surprise les attendait : partout des drapeaux tricolores, partout une population en liesse. Et, pour présenter les armes aux deux Européens, une centaine de Viets. Les uns vivants, les Mans fidèles recrutés par Nung. Les autres, les Annamites, morts, mais maintenus debout par des piquets de bois auxquels ils étaient cloués.

Coquetterie ou défi, chaque cadavre tenait un drapeau français.

Après avoir marché le reste de la matinée, les trois hommes arrivent vers midi.

Une tente est dressée au point le plus haut de la montagne, endroit d'où l'on découvre un fantastique panorama. D'un côté, vers le nord, la Chine, océan de verdure se perdant sur des pics bleus ou violets. A l'ouest, montant doucement en gradins noirâtres, le Yunnan, dernière marche avant l'Himalaya. Au sud et à l'est, les dents de scie du Toung Yong Ping masquent les trouées de la rivière Chay et du fleuve Rouge.

Précédé de ses officiers d'ordonnance, Cho Quan Lo apparaît. Là, sur cette montagne, il est conforme à sa légende de pirate de la frontière de Chine. Une tête ronde, polie comme du cuivre ancien. Des oreilles froissées. Une lippe dédaigneuse sur un menton proéminent. Et puis, à gauche, un œil unique, noyé de graisse, pointu, précis, toujours aux aguets. A droite, la terrible blessure est masquée par un bandeau large de quatre doigts, noir, tranchant comme un défi sur le mat de la peau. Sous les gestes brefs, derrière la voix profonde aux intonations sèches, cet homme se sait roi.

« Les parachutistes seront demain à Hoang Su Phy, annonce Cho Quan Lo. Les Chinois y seront dans quatre jours, et les Viêt-minh à la fin de la semaine. On peut penser qu'il ne se passera rien de grave avant dix jours.

— Cela nous laisse le temps de préparer quelque chose, suggère Bonardi.

— Bien sûr, mais quoi ? » Cho Quan Lo baisse la tête. « Les Français devaient savoir ce qu'ils faisaient quand ils ont envoyé les Bérets rouges à Houang Su Phy. Ce n'est pas un simple brigand qui va pouvoir sauver des professionnels de la guerre.

— Tant pis. Les Bérets rouges sauront bien mourir. Ils ne s'enfuiront pas, eux. »

Le repas commence dans un silence profond. Après le brouet de riz rouge, Cho Quan Lo s'essuie la bouche d'un geste large, rote bruyamment et soupire. Le moment des discussions sérieuses est arrivé :

« Quand les Bérets rouges seront à Hoang Su Phy, j'irai les voir et je leur demanderai en quoi je peux les aider. »

Il se tait un instant pour bien marquer sa détermination et poursuit :

« Le " vice-roi de Lao Kay [1]" m'a demandé de m'en aller avec lui. J'ai refusé.

— Pourquoi ? »

Un bref coup d'œil.

« Pourquoi ? Disons que je ne tenais pas à servir de coolie à ses Marocains. Vous autres, les Français, quand vous partez, vous croyez qu'on va pleurer parce qu'on a peur. Seulement, je n'ai pas peur. Je ne suis pas parti parce que... »

Il s'interrompt et reprend, en martelant ses mots :

« ...parce qu'il y avait encore des soldats français dans ma région. Et que si je dois m'en aller, je serai le dernier. Après tout le monde. »

Dans l'après-midi, tandis que Bonardi et Lo Van Theu se reposaient, des cavaliers sont arrivés, des coolies ont apporté de mystérieux colis, d'autres sont partis, escortés de guerriers.

Pour Cho Quan Lo, la guerre n'exclut pas les affaires, et la contrebande, si elle est plus difficile qu'avant, ne s'en poursuit pas moins. Lao Kay, vidée de ses habitants, est livrée aux pillards. Et ceux-ci paient la dîme au seigneur de Pha Lon, « Mat Den », le chef des Mans.

Mais, au milieu de la foule bigarrée, Bonardi a remarqué

1. Surnom donné au colonel Costes.

d'autres visiteurs, d'autres émissaires que ceux envoyés par les contrebandiers des vallées.

« On dirait des Chinois ! observe-t-il auprès de Lo Van Theu, et pas des civils des montagnes d'en face ! De vrais Chinois, des Han, pas des Yunnanais. »

Lo Van Theu approuve :

« Exact ! Cho Quan Lo a des contacts avec les communistes. Mais jamais il n'a voulu me dire quelle en était la nature, Il faut, je crois, lui faire confiance. »

25

Trois jours plus tard, le groupe des Mans, Cho Quan Lo en tête, escorté de Lo Van Theu et de Bonardi, entre de nuit dans Hoang Su Phy.

La ville en ruine est dominée par un poste détruit dont la carcasse calcinée accentue l'air de détresse. Tous les habitants ont fui voici quelques jours, quand la garnison, attaquée sans répit depuis dix jours, a dû plier bagages vers Lao Kay.

Dix jours seulement, à peine six depuis le départ, et déjà la végétation reprend ses droits. Une semaine sans piétinements et les herbes poussent entre les dalles de béton, les arbrisseaux s'incrustent au seuil des maisons brûlées. Il n'y a même plus d'emballages vides, de caisses ou de valises, ces vestiges d'un départ précipité. Les Viets sont venus. Ils ont tout enlevé.

C'est là, dans les carcasses des maisons de la périphérie, une dizaine de bungalows modestes bordant la petite piste d'aviation, que se sont installées les compagnies de parachutistes. Plus en retrait, dans ce qui fut — dans un passé récent mais qui semble si lointain — l'école, campe le P.C. Le poste reste vide, inutile sur sa hauteur. Sa vocation désormais est de pourrir sous la verdure.

Le capitaine de Bazin reçoit aussitôt les visiteurs. Tard dans la nuit, il a conféré avec ses officiers, et tous ont abouti à la même conclusion : la marche vers Hoang Su Phy était un piège sommaire et grossier dans lequel les Viets ne sont pas tombés.

Les Bérets rouges se doutent de ce qui les attend quand il leur faudra repartir ; un combat solitaire et désespéré. L'appui de l'aviation est perdu car la météorologie est défavorable. Au mois de novembre, hormis quelques rares éclaircies, trop tardives, le ciel reste en permanence couvert d'un épais masque de coton blanc.

Cho Quan Lo connaît le capitaine de Bazin. Ce sont deux hommes de guerre, en dépit d'une apparence physique fondamentalement opposée. Autant Cho Quan Lo est petit, rond, laid, autant Bazin est grand, maigre, aristocratique, avec un nez légèrement busqué sur des lèvres minces, ironiques ou dédaigneuses. Mais le capitaine est un ancien des Hautes Vallées dont il parle plusieurs dialectes, du méo au man. Il sait comment mener un dialogue avec des mandarins ou des pirates, des *can bô* ou des généraux. Son œil bleu, soigneusement à l'abri derrière des lunettes à fine monture, a la fascination des pierres dures. Affable et disert, Bazin peut aussi, à l'occasion, se montrer cassant et brusque. Alors, son œil devient glacé, ses lèvres disparaissent et ses mains longues et osseuses se tendent comme un couperet de guillotine.

Cho Quan Lo apprécie l'homme, il admire l'officier, il fait confiance à l'ami. Il a appris depuis longtemps que Bazin est celui auquel on peut tout dire, même ce qui fait mal à entendre :

« Vous êtes foutus ! »

Bazin opine, sobrement :

« Entièrement d'accord, vieux pirate. C'est pourquoi je ne comprends pas pourquoi tu viens te perdre dans ce merdier.

— Ne vous faites aucun souci pour moi. Je suis comme les insectes de la forêt : quand je m'arrête, personne ne peut me voir, je ressemble trop au paysage. Mais pas vous, vous le savez bien. On vous sent, on vous respire à des kilomètres à la ronde, avec votre odeur de *Phalangs*.

— Je connais des pistes qui mènent à Laï Chau, réplique doucement Bazin. Mais pour les atteindre, il faut que je puisse sortir de Hoang Su Phy et que je marche pendant un jour entier. Avec mes officiers, nous avons cherché comment nous pouvions gagner cette journée.

— Ce n'est plus possible : les *Kinh* ont barré toutes les vallées entre le Song Chay et le fleuve Rouge. Ils sont quatre fois plus nombreux que vous et ils connaissent la région cent fois mieux que vos paras.

— Alors, en effet, nous sommes foutus. Mais nous sommes quand même décidés à aller jusqu'au bout. Et si tu le veux, nous pouvons t'emmener, toi et tes six cents guerriers : après notre départ, les Viets vont se précipiter pour vous massacrer. »

Cho Quan Lo secoue la tête :

« La France avait promis de ne jamais nous abandonner, et, moi, j'avais juré de ne jamais la trahir. Vous êtes la France à Hoang Su Phy. Que puis-je faire ?

— Viens avec nous. Peut-être réussirons-nous à passer et tes hommes seront sauvés. Peut-être serons-nous tués, alors tes hommes mourront. Ils mourront de toute façon, qu'ils viennent avec nous ou qu'ils restent. »

Le regard de Bazin est triste quand il conclut :

« La seule chose que je puisse faire pour eux est de les aider à mourir en combattant. »

Cho Quan Lo ne répond pas. Il ne répond jamais directement. Sa conversation ressemble à un puzzle dont il dévoile les éléments un à un, dans le désordre :

« Savez-vous si les Chinois ont pris position en face ? »

Bazin hausse les épaules :

« Non, et à vrai dire, je préfère ne pas le savoir. J'ai besoin de garder quelques illusions.

— Moi, je sais qu'ils sont là. Et je sais qui les commande : le général Tchong. »

Bazin pousse une exclamation étonnée. Puis, à l'intention de ses officiers, il explique :

« Pour comprendre la situation sur cette frontière, il faut entrer dans la mentalité chinoise, pétrie de ruses, de marchandages et aussi de ferveur communiste. En face, il y a toute la pureté révolutionnaire mais elle est encore profondément imprégnée de traditions millénaires de concussion, de mensonge, de cruauté, de trahison aussi.

« Vous rappelez-vous, en 1945, lorsque Tchang Kaï-chek avait envoyé ses troupes au Tonkin pour y désarmer les Japonais, il avait désigné son général le plus turbulent, Lou Han. En fait, en lui proposant une razzia monstre sur l'Indochine, il lui ménageait un traquenard géant. Quand Lou Han voulut rentrer chez lui, il trouva la place occupée par le général Li Mi et dut partir à des milliers de kilomètres au nord, aux confins de la Mandchourie, pour y combattre les rouges de Mao Tsé-toung et de Lin Piao.

« Remâchant sa rancune, Lou Han se rallia aux rouges. Mao accepta, et, trois ans plus tard, à la fin de 1949, le général " communiste " Lou Han, à la tête de sa division " rouge ", culbuta et chassa hors de son territoire Li Mi et les troupes du Kouo-min-tang.

« Mais, quelques mois plus tard, au début de cette année précisément, Lin Piao — le " Napoléon " de l'armée populaire chinoise — a commencé à avoir, à l'égard de Lou Han, les mêmes préoccupations que celles qu'avait eues Tchang Kaï-chek autrefois. Lou Han, général communiste, avait purement et simplement repris ses traditionnelles fonctions de seigneur de la guerre. Il édictait ses lois, prononçait ses sentences, exécutait ses ennemis, fussent-ils les émissaires du gouvernement de Pékin.

« Lin Piao ne pouvait pas livrer bataille à Lou Han. Il ne pouvait plus l'expédier hors des frontières comme l'avait fait Tchang Kaï-chek. Il a alors choisi de travailler " en souplesse ", à la chinoise. Il lui a envoyé un communiste ardent, destiné — en principe — à aider au redémarrage de l'économie yunnanaise. En fait, Tchou Kya-py était là pour grignoter la poire de l'intérieur. Il y est aujourd'hui pratiquement arrivé, excepté dans cette région-ci où un des plus fidèles disciples de Lou Han tient solidement le pays en main. Il s'appelle Tchong.

— Que change pour nous la présence de Tchong en face de Hoang Su Phy ? demande un capitaine.

— Pour nous, officiers français, une seule réponse nous vient à l'esprit : il en a reçu l'ordre et il se prépare à l'exécuter. Sur la frontière, il va être le mur contre lequel nous serons écrasés.

— Pour vous seulement, ajoute Cho Quan Lo. Tchong n'a de communiste que l'uniforme. Pour le reste, il pense en homme d'affaires, comme les généraux d'autrefois. Pour eux, l'armée n'est qu'un moyen légal de pratiquer le pillage, l'assassinat, l'enlèvement, tout ce qui peut servir à devenir riche. Tchong a certainement réfléchi et il s'est sûrement demandé : " Quel intérêt ai-je à laisser tuer les Français ? " En général communiste sa réponse a été : " Il faut aider les nationalistes vietnamiens à se débarrasser des colonialistes. " " Mais cela ne me rapportera que l'estime de mes chefs " a dû penser le seigneur de la guerre. Alors, il est venu lui-même, pour voir s'il ne pourrait pas tirer un profit personnel de l'opération.

— Autrement dit, si nous lui payons rançon, il serait prêt à nous aider ? »

Cho Quan Lo secoue la tête :

« Ce serait trop simple ! Jamais Tchong ne prendrait le risque de nous proposer de l'acheter. Ses troupes ne le suivraient peut-être pas. Mais il y a sans doute un autre moyen.

— Allez, l'interrompt Bazin, accouche, vieux pirate ! Tu sais déjà comment tu vas faire !

184

— Oui. Je le sais, et pour tout dire, j'ai déjà engagé les opérations, avec mes amis Lo Van Theu et Bong.

— Bong ?

— C'est comme cela qu'il m'appelle, explique Bonardi : il ne peut pas prononcer mon nom ; il en a fait : Bong Na Dy, ou, plus affectueusement, Bong... »

Bazin sourit, revient à son sujet :

« Comment allez-vous opérer ? »

Bonardi intervient encore :

« L'appui aérien de Hanoi est avare de ses avions ; alors nous n'avons qu'une solution, celle de vous demander de renoncer à un largage de ravitaillement, pour nous permettre de recevoir, à sa place, ce que j'ai demandé.

— Qu'avez-vous demandé ?

— Des lingots d'argent massif. Deux caisses. Nous pensons convaincre Tchong de cette façon. Nous savons que deux régiments communistes chinois, des farouches ceux-là, sont en route pour prêter main forte aux Viets, car Tchou Kya-py se méfie de la tiédeur de Tchong. Il va donc falloir aller très vite, Tchong ne veut pas s'engager sans biscuit.

— Il a l'intention d'attaquer les régiments rouges ?

— Non, mais il va s'emparer de leur convoi de ravitaillement. En fait lui-même est à court de munitions et de vivres ; c'est donc une bonne opération. Pour nous aussi, puisque les communistes se verront contraints de stopper leur progression, sinon de faire demi-tour. Seulement Tchong est cher, et c'est pourquoi j'ai demandé à Hanoi un petit coup de main...

— Hanoi est d'accord ?

— Oui, à condition, bien entendu que nous soyons le plus discret possible. Pas question que l'O.N.U. accuse la France d'avoir acheté un général chinois ! »

26

Le 15 novembre 1950 à 10 heures du matin, un petit biplan *De Havilland-Dragoon* se présente au-dessus du terrain de Hoang Su Phy. Il ne porte aucune immatriculation, et son poste de radio est verrouillé. Il a été loué à la compagnie privée *Autrex* pour la journée, sans indication de destination, par le Service Action de Hanoi.

Son pilote, le capitaine Gonthier, un pionnier des lignes intérieures d'Indochine, est le seul civil à bord. Il fallait un aventurier aussi confirmé que lui pour oser se risquer, entre nuages et pitons, au milieu de ce dédale mortel des hautes vallées de la frontière.

Dans la cabine, se trouvent deux militaires, sans uniforme, ni insignes de grade, ni papiers d'identité : le capitaine Lacroix et le caporal-chef largueur Amblard. Mais seul Lacroix connaît le contenu exact des deux lourdes caisses bardées de fer qu'ils parachutent, en un seul passage, sur la petite piste herbeuse.

Entre l'appareil et le sol ne s'engage aucun dialogue. L'opération ne demande que quelques secondes. Aussitôt débarrassé de ses colis, le *De Havilland-Dragoon* grimpe en chandelle et s'évanouit dans le brouillard.

Pour recueillir le parachutage, Bazin n'a requis que quelques sous-officiers. Ceux-ci chargent les caisses sur un cheval et pénètrent dans l'école où ils attendent la tombée du jour. A la nuit, les caisses changent de mains. Escorté de quelques guerriers mans, Cho Quan Lo les emmène vers son repaire de Pha Long.

par des sentiers secrets sur lesquels le Viet ne s'aventure pas encore.

Tout se joue à quelques heures près. A l'aube du lendemain, les « sonnettes » des parachutistes accrochent à tous les carrefours. Le régiment viet 148 s'est mis en place au lever du jour. Il a manqué de très peu le pirate borgne.

Le siège commence devant Hoang Su Phy.

Cho Quan Lo n'a pas perdu de temps. Alors même qu'il poursuivait sa route vers son campement de Pha Long, il a envoyé vers le nord des coureurs chargés d'inviter le général Tchong à une entrevue.

Tard dans la nuit du 16 au 17 novembre, les premiers émissaires du Chinois se présentent auprès des guetteurs mans. Ils précèdent de quelques heures leur chef qui arrive vers 9 heures du matin.

Bonardi le détaille avec attention. Il attendait quelque ruffian « céleste », harnaché de munitions, bardé de fer et de cuir. Il ne voit qu'un petit homme au visage mince et ridé, le nez chaussé de lunettes rondes à monture de fer, portant veste de coton blanc et cravate. Il fait davantage penser à quelque obscur fonctionnaire de ministère qu'à un général communiste, encore moins à un soldat de fortune jouant sur la frontière un mortel double jeu. Mais, derrière cette apparence anodine, Bonardi sent la cruauté et le calcul. Tchong est un homme pour lequel la vie humaine n'a aucune valeur. Il prononcerait sans doute un arrêt de mort ou une sentence de massacre, du même ton voilé, de la même voix tranquille qu'il prend pour demander à ses ordonnances de le descendre de son cheval.

L'entrevue entre « Mat Den » le borgne et le général félon dure quelques minutes seulement. Tchong n'accorde aux caisses qu'un regard distrait. Il n'en vérifie même pas le contenu. D'un claquement de doigts, il les fait charger sur les cacolets des mulets attachés au pied de la hutte de Cho Quan Lo.

Un autre claquement de doigts. Trois soldats chinois entrent à leur tour, et devant le regard stupéfait de Bonardi, ils entourent un des officiers de l'escorte de Tchong, le chargent de chaînes et le poussent en avant, jusqu'aux pieds du chef man qui observe la scène sans ciller, bras croisés, visage immobile.

Cela fait, Tchong s'incline très bas et se retire, sans avoir prononcé une parole. A sa suite, soldats et officiers s'en vont, sans même jeter un regard sur celui des leurs qu'ils ont abandonné, garrotté comme un condamné, et qui, lui non plus, ne manifeste aucune émotion.

« Qui est ce type ? demande Bonardi à Lo Van Theu. Un colonel communiste ?

— Pas du tout, c'est l'aide de camp du général Tchong, un peu son confident, un peu son ami, un peu son parent. Il sert de caution au marché passé avec nous.

— Si Tchong vient à manquer à sa parole ?

— Cho Quan Lo se fera un plaisir de couper la tête à ce jeune homme. » Lo Van Theu émet un rire bref et explique : « C'est notre façon de traiter nos opérations commerciales. Ici, ni les papiers, ni les contrats n'ont de valeur : pas plus Tchong que Cho Quan Lo ne savent lire. Aussi cet otage vaut toutes les signatures du monde.

— Et vous allez le relâcher quand Tchong aura attaqué les convois de ravitaillement ? »

Cho Quan Lo se fait traduire la question. Puis il part d'un énorme éclat de rire :

« Il te fait dire qu'il n'a jamais envisagé de relâcher ce Chinois. Il va le faire conduire, sous escorte, jusqu'à l'état-major du général Tchou Kya-py, pour bien prouver que l'attaque des convois est réellement l'œuvre de ce salaud de Tchong. »

Bonardi est suffoqué :

« Mais votre parole...

— Il n'y a aucune parole qui tienne devant les Chinois, encore moins quand ils sont communistes. Mon seul but est de sauver les soldats français qui sont sur mon territoire. Si j'avais laissé faire Tchong, il aurait attaqué les communistes. Bon. Mais rien ne l'aurait empêché d'attaquer, après, les parachutistes qui se repliaient. En prévenant Tchou Kya-py, je gagne plus de temps : le communiste ne va rien avoir de plus pressé que de se mettre à la poursuite de Tchong. Ça va leur prendre des semaines et j'espère qu'ils s'égorgeront copieusement... »

Bonardi hoche la tête, pas très convaincu :

« Tout finit par se savoir, dit-il enfin. Le général Tchou Kya-py apprendra un jour ou l'autre que nous avons donné des lingots d'argent à Tchong ; il risque alors de vous en vouloir à mort. »

Lo Van Theu intervient :

188

« Il faut des preuves, dit-il doucement. Les lingots d'argent n'arriveront jamais jusqu'à lui. »

Il sourit largement et conclut :

« J'ai oublié de te dire que j'avais placé des hommes à moi dans l'entourage de Tchong. Quand il sera bien occupé à se battre contre les rouges, les caisses reviendront jusqu'ici. Elles nous seront plus utiles qu'à lui. Nous allons connaître des jours difficiles. »

Depuis le 19 novembre, les Viets attaquent Hoang Su Phy. Bien retranchés, les parachutistes n'éprouvent que des pertes minimes, mais, après quarante-huit heures de combat, ils se rendent à l'évidence : leurs adversaires manquent de mordant ; ils se contentent de manifester leur présence, certains que le bouclage du nord réalisé par les unités chinoises est étanche et que le temps épouvantable prive les Français de l'avantage précieux de l'aviation.

Les Viets savent que l'offensive de Giap sur Hanoi est imminente et va mobiliser toute l'attention de l'état-major français. Pour eux, les parachutistes vont mourir discrètement. Oubliés par les leurs.

Dans la nuit du 20 au 21 novembre, Bonardi s'introduit dans Hoang Su Phy. Il se précipite dans le P.C. du capitaine de Bazin et ne lui dit qu'une phrase, très courte :

« Cette nuit, si vous voulez ! »

Bazin n'a pas l'air surpris :

« Les Chinois ? »

Bonardi sourit :

« Partis ! Ils sont en train de se filer une gigantesque peignée du côté de Pa Tchay, à vingt bornes d'ici. Ils sont trop occupés entre eux pour s'intéresser à nous. »

Très vite, Bazin alerte ses chefs de section, puis, après un rapide briefing, détermine l'ordre dans lequel les unités décrocheront. Le lieutenant Cavasse est désigné pour partir le dernier :

« Un homme tous les trente mètres pour " faire du volume ". Tu m'as compris ? »

Cavasse opine. Il connaît. C'est une ruse classique employée de nuit par toutes les unités qui ne veulent pas attirer l'attention sur leurs déplacements. Pendant que Bazin se glisse dans la forêt, vers le nord, les soldats de Cavasse s'en donnent à cœur joie. Toutes les cinq minutes, ils lâchent une rafale ou un coup de feu. Aussitôt, un gradé intervient, d'une voix de stentor :

« Quel est le con qui a tiré ?

— Untel, de la sixième compagnie !

— Halte au feu à tout le bataillon ! Il ne s'agit pas de gaspiller les munitions ! »

Dans les dialogues, échangés à quelques centaines de mètres des Viets, on prend plaisir à gonfler les effectifs, à multiplier les interventions, jusqu'à ce que personne ne reste dans les blockhaus.

Les sentinelles ennemies croient alors que la discipline de tir a joué.

Au matin, les parachutistes sont loin de Hoang Su Phy. A la suite des pisteurs de Cho Quan Lo, ils se sont jetés sur les sentiers qui mènent en Chine, hors de portée de leurs adversaires.

Les Viets ne se lancent pas à leur poursuite. Pas tout de suite en tout cas. Le temps, pour eux, de chercher à comprendre les raisons pour lesquelles non seulement les communistes n'étaient pas en place mais aussi pourquoi les unités du général Tchong ont quitté leurs emplacements, et ils ont perdu près de vingt-quatre heures. Un handicap qu'ils ne cherchent même pas à remonter. A la suite de la colonne, ils n'envoient que quelques équipes légères pour repérer les traces.

Les pisteurs viets ne vont pas loin. Cho Quan Lo les cueille, un par un, à un carrefour de piste, un débouché de vallée, ou près d'une source, à la tombée de la nuit, à l'heure où les animaux sortent de leurs repaires pour chercher leur nourriture.

Dans la vallée des Hautes Orchidées, on raconte que Ong Cop, le Seigneur Tigre, n'a pas manqué de pâture pendant les derniers jours de 1950.

Le reste du régiment 148 redescend à marches forcées vers Lao Kay. Son objectif : bloquer toutes les passes qui conduisent de Chine au Tonkin. Mais elles ne recèlent rien. Sitôt parti de Hoang Su Phy, après un large crochet en territoire chinois, Bazin, à la suite des pisteurs mans, est revenu discrètement passer la frontière. Il s'est installé, en bivouac clandestin, autour de Pha Long, la capital de Cho Quan Lo.

Pour plus de sécurité, il fait couper les contacts radio et s'enterre pour l'hiver. A Hanoi, ses camarades parlent de lui au passé.

Puis plus personne n'évoque les parachutistes perdus. On sait être pudique à Saigon : l'attaque de Giap sur Vinh Yen, l'arrivée du général de Lattre, monopolisent toute l'attention. Pour le corps expéditionnaire d'Indochine, la jungle et les Viets ont englouti deux cents Bérets rouges de plus.

Et pourtant, Bazin est vivant. Tout comme ses hommes qui s'accoutument chaque jour un peu plus à la vie en brousse. Certes, leur aspect extérieur s'est considérablement modifié et plus d'un de leurs camarades restés à Hanoi aurait bien du mal à reconnaître dans ces garçons barbus et sales, en haillons pour la plupart, leurs compagnons d'armes qui avaient défilé à Hanoi au mois de juillet.

Les parachutistes s'en moquent. Cette vie leur plaît, autant par son caractère insolite que par son côté clandestin. Ils se sont acclimatés, ils ont dominé leur peur de la jungle et sont en passe de surclasser leurs adversaires dans ce qui est leur point fort : la forêt devient leur alliée.

Ils apprennent à s'y déplacer sans erreur, ni bruit. Ils en découvrent les secrets et les ressources. Sobres et frugaux, ils se contentent de racines, d'herbes et de plantes, parfois de gibier.

Alors, Bazin décide que son unité est prête :

« Sac au dos ! ordonne-t-il à la fin du mois de décembre. Nous rentrons sur Laï Chau. Nous taillerons notre chemin au coupe-coupe, nous avancerons à la boussole. Si nous rencontrons une patrouille viêt-minh, elle n'aura plus l'avantage ; nous la surprendrons. »

Enthousiastes, les parachutistes approuvent.

« Pour une fois que nous pouvions faire la preuve que nous étions les meilleurs en brousse ! grogne Cavasse.

— Rien ne t'empêche de le prouver ailleurs ! Nous avions un ordre. Nous l'avons exécuté. Maintenant, ce n'est pas à nous de décider quelle mission nous convient. Finie la guerre personnelle : on rentre pour recevoir d'autres instructions. »

Le soir même, Bazin convoque Cho Quan Lo :

« Nous revenons sur Laï Chau, dit-il au chef man. Préviens tes hommes et tes familles. Tu pars avec nous. Nous ne pouvons plus rester ici et nous ne voulons pas te laisser. »

Cho Quan Lo serre les dents. Une seconde, Bonardi qui l'observe croit déceler dans son œil unique un nuage de tristesse. Mais Mat Den se ressaisit très vite.

« Vous avez reçu des ordres, dit-il d'une voix inhabituelle, rauque et étouffée. Très bien : vous devez obéir. Partez. Vous avez livré bataille, vous pouvez vous en aller la tête haute. Moi, je suis le chef d'un peuple de chasseurs qui ne sait vivre que sur les sommets, au milieu des grands arbres où poussent les orchidées. L'eau de nos sources est claire comme nos cœurs. Allez-vous-en vers la boue du Delta. Moi je reste. Les *Kinh* ne prendront jamais notre terre. S'ils viennent dans nos vallées, nous leur ferons la guerre. S'ils prennent nos villages, nous irons dans la forêt. Et s'ils prennent nos forêts, nous irons dans nos rochers, tout en haut, là où se cachent les grands vautours. »

Bazin ne répond pas. Il partage en cet instant la tristesse du chef borgne. Mais il comprend surtout que, malgré le désastre de Cao Bang qui a bouleversé l'échiquier stratégique, toutes les pièces ne sont pas entre les mains des Viets. Les peuples des montagnes et de la forêt ne leur appartiennent pas. Ils le prouveront en acheminement, de crête en crête, de vallée en vallée, les parachutistes jusqu'à Laï Chau.

Quatrième partie

LA FORÊT S'EMBRASE
Janvier 1951 - février 1952

27

Le capitaine Hentic étouffe discrètement un bâillement d'ennui. Il fait très chaud dans la petite salle de briefing de Saigon où, une fois par semaine et juste à l'heure de l'apéritif, les représentants des divers secteurs des forces terrestres du Sud-Viêt-nam (F.T.S.V.) ont l'habitude d'examiner la situation.

Toutes ces réunions se ressemblent. D'avance, Hentic pourrait les résumer d'une simple formule : le Viet n'est jamais chez l'orateur, toujours chez le voisin. On peut même discerner une secrète jubilation à voir la façon dont les officiers de renseignements se disputent les punaises à tête rouge pour leur faire franchir la limite de leur secteur.

Hentic s'ennuie. Il ne réagit même plus aux bilans qui pourraient faire croire que le Viet est à bout de souffle. Il faut seulement savoir qu'une compagnie — un *chi doï* — anéantie signifie que quelques éclaireurs ont aperçu un homme vêtu de noir qui s'enfuyait. Et quand on parle d' « usine d'armement détruite », Hentic imagine qu'une colonne a découvert, dans un vague trou au fond d'une vague paillote, une enclume, un sac de charbon de bois et deux ou trois outils. En fait, la Cochinchine s'enlise dans le médiocre.

Dans dix minutes, à son tour, Hentic prendra la parole pour lire la synthèse de renseignements hebdomadaire, rédigée par les décrypteurs des services du colonel Belleux dont il est l'un des adjoints. Mais il le fera sans illusions. Hentic sait que personne ne l'écoutera. Il n'y a pas un officier du 2ᵉ Bureau pour y croire.

Distraitement le capitaine Hentic consulte ses fiches. Soudain il dresse l'oreille : le ton a changé. La voix est incisive, aiguë, autoritaire. Le général Lecoq mérite bien son nom. Tout petit, il compense sa faible taille par une attitude agressive. Le visage sanguin, empourpré d'une hargne perpétuelle, l'œil étincelant, le mollet cambré, il commande la zone des Hauts-Plateaux, les derniers sommets de la chaîne Annamitique, à la frontière du Laos, du Cambodge et du Sud-Annam. Un pays de forêts et de montagnes où vivent les Moïs — une pléiade de petites tribus d'hommes nus — qui domptent l'éléphant et qui chassent le gaur à la sarbacane. Pour la plupart des militaires, il n'y a pas de Viets sur les Hauts-Plateaux. Que pourraient-ils bien y faire, parmi ces primitifs, tous hostiles, dans un terrain sans pistes, sans cultures, sans sel, sans rien ?

Hentic a toujours pensé le contraire. La jungle est en réalité un excellent filet de camouflage à l'abri duquel les Viets s'organisent, comme des termites, à l'abri des regards hostiles. S'ils ne se manifestent pas sur les Hauts-Plateaux, c'est uniquement pour s'y installer en toute tranquillité.

Dans son exposé, Lecoq a prononcé un nom, et ce nom a fait vibrer Hentic. C'est celui d'une tribu de Moïs, mais d'une tribu particulière, la plus évoluée, la plus hautaine, la plus féroce de tous les Hauts-Plateaux : les Hrés.

Il y a plus de trois ans, alors qu'il n'était qu'un obscur lieutenant de parachutistes, Hentic a participé à une opération dans le nord, à la recherche du P.C. de Hô Chi Minh. *Léa* — tel était le nom de cette opération — se déroulait dans le quadrilatère « sacré » de Bac Khan-Cao Bang en pays tho. Le jeune officier avait eu l'idée d'utiliser cette minorité ethnique à des fins de contre-guérilla. A la fin de 1947, Hentic disposait d'une centaine de Thos, répartis sur les arrières du Viêt-minh, chargés de brèves missions ponctuelles : sabotage d'un pont, piégeage d'une piste, assassinat d'un éclaireur. A Hanoi, personne n'avait cru à la rentabilité d'une telle expérience. En revanche, les Viets avaient réagi avec la férocité la plus extrême. Pour Hentic, c'était la preuve qu'ils redoutaient plus que tout la subversion des minorités.

Depuis l'opération *Léa*, Hentic attend donc l'occasion de reprendre son idée d'un maquis. Or, Lecoq vient précisément de prononcer le mot : « maquis ». Mais, dans la salle, il n'y a que des sourires sceptiques. Pour les jeunes lieutenants venus de la « plaine » et qui mènent avec le Viet un combat classique, face à face, les maquis hrés ne sont qu'aimables divagations de général monomaniaque et désœuvré. Pour les vieux coloniaux, les Moïs n'ont qu'une seule qualité : celle d'être de bons pisteurs pour la chasse au gaur ou à l'éléphant. Pour les gourmets, les Hrés produisent aussi une excellente bière de riz. Ce qui ne justifie en rien qu'on veuille les armer...

Dans le couloir, Hentic s'est approché du général Lecoq. Les deux hommes se connaissent bien. Pendant la Résistance, parachutistes tous deux, largués en même temps en France occupée, ils ont, un temps, opéré ensemble, mais Hentic, capturé dans le Jura, a été déporté à Dachau. Depuis, ils se sont à peine entrevus.

« Parlez-moi des Hrés », demande Hentic.

Lecoq n'est pas étonné. Son regard bleu pétille. Il a deviné juste : le capitaine Hentic a « mordu ». Ce curieux personnage, d'une réputation bien établie d'officier incommandable, ne pouvait laisser passer une aussi belle occasion.

Physiquement, Hentic est déjà déconcertant. Un visage osseux, aux pommettes hautes, accusées, presque asiatiques. L'œil invisible, à l'abri de paupières réduites à une fente. Le nez busqué, aigu, le menton carré au-dessous d'une bouche large au dessin ironique, aux lèvres inexistantes. Si le capitaine fait penser à une lame droite et coupante, il n'évoque pas une arme blanche de salon mais plutôt quelque vieux sabre d'abordage, mat, ébréché, inquiétant. Rigide et glacé, c'est pourtant un volcan sous la neige. Il décontenance l'interlocuteur par des conclusions imprévisibles et impétueuses, exprimées d'un ton égal et indifférent. Si Hentic aime jouer, il lance ses défis avec une placidité parfois railleuse.

« Mon général, parlez-moi des Hrés ?

— Tout a commencé voici un an, au mois de janvier 1950. Un matin, à l'aube, le chef du poste de Komplon, au nord de la zone des Hauts-Plateaux, a vu, émergeant du brouillard, un millier de soldats du Viêt-minh, rassemblés sous ses réseaux de barbelés. Avec eux, des femmes, des vieillards, des enfants, des troupeaux.

— Qu'a-t-il fait ?

— Un rapport ; c'était un gendarme. Puis il a fait venir les gradés et les a interrogés. Ce bataillon qui se ralliait était composé de volontaires de race hré. Ils en avaient assez de la tutelle annamite et voulaient revenir chez nous. »

Hentic s'étonne. C'est la première fois qu'il entend dire que les Viets avaient constitué des bataillons avec des montagnards.

« Les Hrés ne sont pas des montagnards — des Moïs — comme

les autres, explique Lecoq. Géographiquement, ils occupaient une sorte de balcon au-dessus de la plaine côtière du Bin Dinh - Quang Ngaï. Depuis des siècles, tous les trois ou quatre ans, ils organisaient de gigantesques safaris sur les villages annamites du bord de mer. Ils tuaient les hommes, raflaient le bétail et le riz et emmenaient avec eux femmes et enfants.

— Les Hrés sont donc très métissés ?

— Ce sont les seules peuplades montagnardes qui le soient à ce point ; ce sont aussi les seules à parler le vietnamien. Ce qui ne les empêche pas de mépriser l'Annamite — le *klouï* dans leur langue. De leur double origine, les Hrés ont acquis la robustesse et le courage des Moïs, mais aussi l'ingéniosité et l'ouverture d'esprit des Vietnamiens. C'est pourquoi les Annamites de la plaine côtière ont de tout temps redouté leurs terribles voisins. Et quand, en 1946, Hô Chi Minh a décidé d'entamer la lutte pour l'indépendance, il n'a eu de cesse que d'avoir la paix autour de ses deux sanctuaires, la région de Bac Khan et la région de Quang Ngaï. Lorsque la République démocratique du Viêt-nam a été proclamée, Hô Chi Minh a installé une Assemblée constituante, et là, à la stupeur générale, il a choisi deux ministres hrés ! C'est vous dire à quel point il tenait à s'attirer leurs bonnes grâces. Mais les choses ont dégénéré très vite. Pendant deux ans, les Hrés ont été les patrons chez eux, dans la vallée du Song Hré, berceau de leur tribu. Et puis, sans doute pour accélérer leur éducation politique et affermir leur foi révolutionnaire, les Tonkinois ont envoyé à Son Ha, leur capitale, des instructeurs, puis des militaires, puis des cultivateurs. »

Hentic plisse les yeux. Un sourire :

« La colonisation à rebours, quoi.

— Absolument. Alors les instincts des Hrés se sont réveillés, leurs sorciers ont parlé et, en quelques jours, ils ont réglé le problème suivant leurs coutumes ancestrales. Morts, les commissaires politiques, les officiers et les *bo doï...*

— Mariées de force, les amazones rouges ! Cela a tout de même dû se savoir chez nous ? »

Lecoq hausse les épaules :

« Que pouvaient faire les postes français ? Intervenir ? Il n'en était pas question faute de moyens. Alors, pendant plusieurs jours, les chefs de quartier se sont bornés à écouter les détonations. Puis, un peu plus tard, d'autres coups de feu, quand les Viets ont réagi. Car les communistes ne pouvaient laisser cette rébellion impunie. Pour la mater, ils ont fait appel à deux régiments qui se trouvaient sur le 17e parallèle, près de Quang Ngaï, les régiments 108 et 803. Les Hrés se sont bien battus, mais ils ne pouvaient que se laisser exterminer. La mort dans l'âme, ils ont choisi la solution la moins dangereuse, sinon la plus souhaitée : le ralliement aux troupes françaises.

— Il y a un an de cela, disiez-vous, mon général. Qu'a-t-on fait depuis ? »

Lecoq secoue les mains :

« Pas grand-chose, je vous l'avoue. D'abord, les chefs de quartier ont incorporé les Hrés comme supplétifs. Un fiasco : pour un tas de raisons, bonnes ou mauvaises, les Hrés refusaient la promiscuité des Vietnamiens, puis des Africains, puis de n'importe qui. Alors, on les a lâchés dans la nature avec des armes pour qu'ils mènent la guerre à leur façon...

— Je vois ça d'ici, grogne Hentic avec un rictus ironique. Ils coincent la bulle, vont à la pêche ou à la chasse et quand ils sont trop fatigués, ils rentrent chez vous pour demander des sous et du riz ? »

Lecoq approuve :

« C'est exactement cela. Voilà la situation telle que je l'ai trouvée en arrivant. J'ai décidé d'agir... J'ai dressé un bilan de l'effectif des Hrés encore contrôlés par nous. Les autres ont repris leur vie d'autrefois, quelque part dans la montagne. D'autres sont repassés aux Viets.

— Combien en reste-t-il ?

— A peine deux cents. »

Hentic fait face au général Lecoq.

« Je les prends », dit-il.

28

La jeep du capitaine Hentic freine dans la poussière, faisant voler les gravillons et chassant une demi-douzaine de volailles ébouriffées qui s'enfuient en gloussant d'indignation. Le cheval de frise placé au milieu de la piste barre l'accès de Kontum, la « capitale » des Hauts-Plateaux dont on aperçoit les paillotes anarchiquement dispersées de part et d'autre d'une vague ruelle qui tantôt se rétrécit, tantôt s'élargit au gré des constructions.

Un coup de klaxon, impératif, fait surgir de la guérite de planches un gendarme ensommeillé qui pousse son gros ventre jusqu'à la voiture :

« Papiers ? »

Hentic n'a pas un tressaillement. Pourtant l'envie lui est venue d'appeler le pandore à un peu de soumission. Mais il ne dit rien. Il préfère attendre et voir. Nommé depuis trois jours à la tête des commandos hrés, Hentic s'est arrêté la veille chez le général Lecoq, à Ban Mé Thuot, qui lui a dressé un rapide tableau de la situation à Kontum :

« C'est un fief de la gendarmerie, a-t-il dit. Tout ce qui n'est pas de la boutique, fût-ce un général, leur semble suspect. On ne peut rien contre eux : ils sont tous assermentés et la moindre peccadille prend d'énormes proportions. Du reste, pas un officier n'a pu leur résister...

— Je vois. Et, naturellement il n'est pas question de les remplacer ?

— Non. De Lattre a donné priorité au Tonkin. Pour la Cochinchine, il n'y a que le minimum. Par conséquent, sur les Hauts-Plateaux, où, c'est bien connu, il n'y a soi-disant pas de Viets, nous avons le minimum de ce minimum. »

Hentic ne répond pas. Pour Lecoq les commandos hrés sont bien plus importants que les heurts entre un modeste capitaine des services spéciaux et la gendarmerie.

Le gendarme a examiné les documents en s'attardant longuement sur la mission du capitaine. Il plisse un peu la bouche en restituant les papiers. Pour lui, un officier qui vient prendre le commandement de deux cents « bougnoules » n'est pas digne d'égards.

« Vous pouvez passer. »

Du menton, Hentic indique le cheval de frise qui obstrue la route. Mais le gendarme hausse les épaules et regagne sa guérite.

« Vous pouvez déplacer la barrière, dit-il.

— Bougez-la vous-même ! »

Une seconde, le pandore a hésité. Mains sur le volant, les yeux dans le vague, Hentic semblait ne rien voir. Alors, le gendarme s'est incliné en maugréant.

Le cantonnement des partisans hrés se trouve à l'extérieur de la « ville », au bord de la rivière. Dans une pouillerie de cases posées à même le sol, ceinturées d'une vague barrière de bambous, quatre cents personnes sont entassées, hommes, femmes et enfants qui s'ébattent parmi les canards, les cochons et les chiens. Au sommet d'un aréquier flotte le drapeau tricolore, seule manifestation d'une présence militaire. Tout autour, indifférents à l'arrivée de la jeep, quelques hommes discutent, presque nus, les plus habillés seulement vêtus d'un short noir. Hentic note le désœuvrement des partisans, l'indifférence qu'ils montrent, l'impression qu'ils doivent éprouver d'être abandonnés.

Sortant d'une case à peine moins minable que les autres, un Européen traverse le camp et vient à la rencontre de Hentic. Tête nue, ses cheveux blonds volant au vent, le nouveau venu n'a comme signe distinctif que deux galons de laine rouge accrochés à sa poche poitrine. Hentic le reconnaît sans l'avoir jamais vu ; le caporal René Riessen est connu sur les Hauts-Plateaux. C'est le seul des soldats français de la région a avoir accepté de rester parmi les Hrés. C'est aussi le seul qui ait été adopté comme l'un des leurs par les *padjao*, les sorciers montagnards. Marié à la fille d'un chef, Riessen a, malgré ses minces galons, autant de responsabilités qu'un chef de bataillon. Il commande à deux cents guerriers.

Mais Riessen est également connu pour d'autres raisons. Hentic en a entendu parler voici sept ans, quand il tenait le maquis dans l'Ain. Les F.T.P. avaient exécuté le sous-préfet de Vichy et mis quiconque au défi de prendre sa place. A l'époque, obscur chef de bureau du ministère de l'Intérieur, René Riessen avait cru son heure venue. Sensible à l'avancement, il avait sollicité et obtenu le poste, inconscient des conséquences inévitables. Se mettre en avant au cours de l'été 44 dans un camp manifestement voué à la défaite était un défi au bon sens. Riessen n'était pas un fanatique. C'est sans doute ce qui l'avait sauvé. Arrêté à la Libération, Riessen avait échappé de justesse au poteau d'exécution. Condamné à vingt ans de réclusion, il avait, quelques années plus tard, demandé à servir au bataillon léger d'infanterie d'outre-mer (B.I.L.O.M.) où se retrouvaient ceux des condamnés politiques qui souhaitaient se racheter.

En quelques mots, le caporal raconte la détresse des partisans. Négligés, inemployés, à peine assistés du bout des lèvres par une intendance chiche de ses piastres, brimés par les gendarmes qui leur interdisent de sortir de leur « réserve », les Hrés ont pris une mentalité de mendiants, au bord du désespoir.

« Je veux parler aux chefs », dit Hentic.

Ils viennent, une dizaine, à peine moins loqueteux que leurs hommes, mais bourrés de revendications sur le riz, les piastres, les maisons, les médicaments.

« Vous aurez tout cela, promet Hentic. Mais préparez d'abord cinq jours de vivres. Nous partons cette nuit. »

Pendant cinq jours, la colonne des deux cents guerriers hrés remonte vers le nord, dans un terrain difficile, en pleine jungle coupée de ravins, barrée de montagnes. Une zone où les cartes sont muettes. La forêt moï n'est représentée que par une tache jaune, uniforme, marquée, parfois, d'un vague pointillé signalant une crête. Vue d'avion, on n'aperçoit à l'infini qu'un moutonnement uniforme de verdure, que ne vient interrompre, dans un creux de rocher, que la tache irisée d'une cascade ou, au bord d'un marécage, la trace grisâtre d'une piste d'éléphants.

Du sol, l'impression est terrible et angoissante. Il faut avancer à la boussole, d'un buisson à l'autre, le coupe-coupe en action du lever du jour à la nuit tombée. La progression est lente, n'excédant jamais huit cents mètres à l'heure en terrain « facile ». Une erreur d'appréciation, un peu de malchance, et la colonne se trouve soudain bloquée au pied d'éboulis gigantesques noyés de lianes, de racines ou d'épineux, qu'il faut escalader ou, le plus souvent, contourner. Ou bien alors ce sont des falaises à pic, indiscernables à dix mètres où il faut plonger en utilisant les lianes comme des cordes de rappel.

Les pièges guettent constamment la colonne ; ceux que les tribus montagnardes tendent à leurs voisins — toujours ennemis — ou aux bêtes féroces, les trappes tapissées de bambous durcis au feu. Les pointes sont de différentes tailles : trente centimètres pour percer un pied, quarante centimètres pour sortir au milieu du mollet, davantage encore pour éventrer le blessé. Certaines sont empoisonnées à la sève de mancenillier ou simplement à la viande pourrie. Malheur au blessé, qui meurt en quelques heures. Malheur même au simple éclopé, car il est impossible de brancarder quiconque ; chacun sait que la moindre foulure est une condamnation à mort.

Hentic mène la colonne, cinq jours durant. Sur la piste, il jauge les hommes, teste les chefs. Il en a tout de suite remarqué un : Ngô. Plus grand que ses compagnons, il a le visage plus fin, car son métissage annamite doit être plus prononcé. Il parle peu, mais il est obéi au moindre geste. Son ascendant sur les autres Hrés est évident. Lui aussi observe le capitaine. Au troisième jour, il vient s'accroupir auprès de lui, peu après la pause du soir :

« Quand j'étais chez le Viêt-minh, explique-t-il, j'étais *trung doï* — capitaine. Maintenant, chez les Français, je suis deuxième classe... Peut-être puis-je prendre du galon ?

— Il faudra aller dans les écoles.

— Ça m'est égal. Je serai content d'apprendre les armes des Français et aussi la radio pour appeler les avions... »

Hentic hoche la tête :

« C'est promis, Ngô. Maintenant, à toi de me dire quels sont les soldats que tu voudrais emmener avec toi à l'école. »

Le Hré lui jette un regard en coin. Il secoue la tête :

« Si beaucoup de soldats vont à l'école, ce sera très bien. Mais personne ne voudra plus obéir, tous voudront être des chefs... »

Il réfléchit encore puis :

« Peut-être il faut trouver d'autres soldats ?

— Que veux-tu dire ?

— Je connais bien la forêt. A Kontum, il y a juste deux cents soldats, mais dans la forêt il y en a encore beaucoup qui n'ont pas voulu aller vivre dans la ville. Si vous voulez, on peut visiter leurs villages et leur dire de venir avec nous ? »

Hentic ne répond pas tout de suite. Il sait qu'au moment du

ralliement, les Hrés étaient un millier. Sur lui, ils ont l'avantage de connaître la brousse et d'avoir pratiqué la guérilla à l'école viêt-minh. Ils ont aussi le nombre pour eux.

« Voilà ce que nous allons faire, décide-t-il. Tu pars devant avec quelques hommes et nous te suivons avec le reste de la colonne. Si tes amis veulent se joindre à nous, tu enverras un éclaireur pour nous prévenir... »

En fait, Hentic prend ses précautions. Ngô parti, il se contente de laisser un faible élément sur la piste et avance à sa hauteur, à quelques mètres à droite et à gauche. Il espère ainsi éviter l'embuscade ou le mauvais coup.

Trois jours plus tard, en pleine nuit, il est surpris par l'arrivée d'un homme qu'il n'a pas entendu approcher :

« Ngô vous fait dire qu'il attend près de la cascade, au pied du village de Ba To. Il y a des Viets tout autour, mais Ngô et ses amis vont attaquer les postes de garde...

— Nous partons demain...

— Il vaut mieux partir tout de suite.

— De nuit ?

— Oui, je vous servirai de guide. Il faut que nous arrivions à Ba To au lever du jour parce que les Viets ne sont plus très nombreux au village. Ils ne campent là qu'à partir du milieu de la journée. »

Au lever du jour, alors que le commando atteint une crête et découvre, à ses pieds, une vallée profonde, encore noyée de brume, quelques coups de feu éclatent au lointain, estompés par la végétation. Déjà Hentic a rejoint à grands pas la tête de la colonne, mais Mine, le pisteur, se retourne vers lui, souriant largement de ses dents limées en pointe :

« Ba To », dit-il simplement.

Ba To ! Hentic fait presser le pas. Il est impatient de savoir si Ngô a réussi, il tend le cou pour tenter d'apercevoir, au-delà de la cime des arbres, le toit des paillotes. Mais, hormis quelques fumées éparses dans le lointain, bleues sur le blanc des écharpes de brouillard, le capitaine ne distingue rien.

A 10 heures du matin, à un détour de piste au flanc de la montagne, surgissant de l'arc-en-ciel d'une cascade, Ngô se présente, stoppant le commando de son bras levé.

« Mon capitaine, c'est vous faire attention. Il y a cent guerriers hrés qui vous attendent à Ba To. Eux c'est contents faire soldats français : vous pas tirer sur eux...

— Et les coups de feu ?

— Rien ! Seulement cinq *Klouï* qui gardaient les maisons.

Lorsque la colonne arrive à Ba To vers midi, elle est accueillie par une centaine d'hommes rangés en ligne. Tous ont revêtu des défroques qui veulent ressembler à des uniformes militaires, et qu'ils ont sans doute récupérées dans les maigres réserves viêt-minh. Hardes sans âge, chemises ou calots de toile noire, cartouchières datant de l'époque de la conquête, casques japonais, guêtres taillées dans des sacs. Aucun n'a de chaussures, luxe inutile pour eux. Quelques recrues présentent de vieilles pétoires enrobées de rouille. D'autres n'ont que leurs arbalètes et certains ne possèdent que des lances de bambou, hâtivement confectionnées pour faire honneur au capitaine blanc.

Pendant huit jours, jusqu'au 27 février, mystérieusement prévenus de l'itinéraire, des groupes de cinquante ou de cent hommes attendent le passage de la colonne du capitaine Hentic pour se joindre à lui. Comme preuve de leur bonne volonté et de leur loyauté, les ralliés amènent des présents, touchants ou insolites. Parfois leur commissaire politique, soigneusement ficelé et porté comme un cochon, sur un long bambou ; souvent leurs femmes et leurs enfants ; une fois même tout le cheptel du village viêtminh voisin : une dizaine de buffles noirs qui avancent en grognant, une grosse liane attachée dans les naseaux.

Le 18 février, lorsque le capitaine Hentic rallie Kontum, sa base de départ, il se trouve à la tête de cinq cents Hrés. Dernière surprise : sur la placette du camp, une centaine de familles attendent. Elles ont précédé l'arrivée des chefs de clan.

Hentic regarde longuement ces hommes et ces femmes qui lui font confiance et se rangent sous son commandement. Il sait qu'il a gagné. Chassés de leur territoire de la vallée du Song Hré, les montagnards sont désormais prêts à se battre avec lui pour chasser le Viet et reprendre pied dans leur pays.

29

La flamme jaillit d'un seul coup, droite et jaune, filant de branche en branche avant d'atteindre en un instant le sommet du bûcher, dressé en pyramide au coin de l'aire carrée du sacrifice. Puis, une à une, successivement, dans un ordre indiqué par les *padjao* après avoir longuement consulté le ciel, trois autres flammes ont surgi, trouant la nuit, éclairant les visages tassés autour de l'enclos sacré.

Au milieu, attaché par le col aux quatre montants ornés d'inscriptions magiques qui constituent le « mât du sacrifice », le jeune buffle baisse la tête, aveuglé, fouissant la terre de ses sabots. Il a les cornes peintes, et, sur les flancs, les signes dessinés la veille d'un pinceau sommaire par le *bok*, le chef désigné par les sorciers.

Une invocation hululée impose le silence et fait mourir le bourdonnement de la foule. Dans quelques secondes, la cérémonie va commencer. Une sorte de corrida primitive où les plus braves des guerriers hrés vont, tour à tour, attaquer le buffle sauvage à la lance, une lance très courte qui ne met pas les corps à l'abri d'un coup de corne. Mais c'est la coutume à la veille des grandes batailles : les guerriers montrent au village qu'ils sont hardis, adroits et courageux.

Ninh saute le premier dans l'arène. Il est nu, le sexe entouré d'un pagne réduit, le torse peint des signes blancs de la guerre. Ninh n'a pas, comme ses ancêtres, les cheveux ramenés en chignon sur le sommet du crâne, mais la nuque rasée, la coupe « réglementaire ». Ce n'est plus un sauvage, même s'il participe à la cérémonie du buffle. Il est entré la veille, avec une dizaine de camarades, d'un stage radio à Ty Wan, l'école des commandos du cap Saint-Jacques. Maintenant, il sait parfaitement manipuler la « valise », petit poste radio à longue portée.

Plus encore, Ninh a vu la mer. Il a nagé dans une eau tellement salée que certains ont cru qu'elle était empoisonnée. Il a vu Saigon, la rue Catinat et les boutiques illuminées. Ignorant ce qu'est le vol, le premier jour, Ninh et ses camarades ont voulu saisir ces bijoux brillants, ces vêtements aux couleurs vives. Une invisible barrière les en a empêchés. Jamais encore, Ninh n'avait soupçonné qu'il puisse exister des murs transparents. Hentic, après avoir beaucoup ri, lui a expliqué qu'il s'agissait d'une vitrine, d'une glace. Un peu plus tard, on lui a fait goûter une autre glace, de l'eau dure comme un caillou — que les Annamites appellent *nuoc-da*, eau de pierre — et qui fait grincer des dents. Ninh a craché, croyant à de la magie.

Aujourd'hui, Ninh sait presque autant de choses que les *mou linh*, les soldats français. Il en sait même davantage puisqu'il va leur montrer comment les Hrés attaquent un buffle à la lance.

Les Hrés sont les plus courageux des montagnards. Dans toutes les autres tribus, Djaraï ou Sedangs, les sorciers cisaillent d'abord les tendons des jarrets de l'animal, ce qui ne le rend guère dangereux. Mais pas les Hrés. Avec eux, le fauve conserve ses chances.

Ninh traverse prestement l'espace découvert, commence à tourner autour du buffle qui le suit du regard, faisant face à son adversaire. Ninh tourne, de plus en plus vite, de plus en plus près, encouragé par les gongs qui frappent en cadence. Le buffle ancre ses pattes au sol, balance la tête à droite et à gauche...

Un craquement. La corde qui retenait l'animal a cassé sous un coup de collier trop vigoureux. Une seconde, le buffle reste immobile, ne comprenant pas. Mais, avant que les spectateurs ne bondissent pour le rattacher, l'animal, affolé, fonce droit devant lui, crève la fragile barrière de bambou, trace un sillon de cris et d'appels à travers les spectateurs et se perd dans la forêt toute proche.

« On ne va pas épiloguer des heures, décide Hentic en se dirigeant d'un pas rapide vers l'aréopage des sorciers et des *boks*. Vous n'avez qu'à choisir un autre animal.

— Impossible, disent les *padjao*. C'est ce buffle qui avait été désigné, c'est lui qui sera sacrifié. »

Hentic soupire. Le commando doit partir en opération à 5 heures du matin.

« Il n'y a qu'une solution, décide-t-il, mettre tout le monde en ligne dans la brousse et essayer de rattraper la bestiole... »

Torches à la main, les six cents partisans, escortés des femmes et des enfants, entament la poursuite.

« Si ça se trouve, murmure la voix ironique de Ngô, c'est moyen retrouver le buffle à la fourrière ! »

Hentic se retourne et foudroie Ngô du regard. Moins on lui parle des gendarmes et mieux cela vaut. La dernière trouvaille des pandores l'a rendu furieux : les représentants de l'ordre ont embarqué les bêtes récupérées chez les Viets et lui ont dressé un procès-verbal en bonne et due forme. Motif : « Divagation d'animaux sur la voie publique. »

Cris, rumeurs, danses, claquements de mains soutenus du baryton sonore des gongs de cuivre. La cérémonie peut recommencer. Terrorisé, le jeune animal a été retrouvé et ramené jusqu'au lieu du sacrifice. A la lueur des bûchers ranimés, la sarabande des guerriers a repris. Un à un, bravant la bête de plus en plus près, s'efforçant de prendre des risques supérieurs à celui du prédécesseur ou du rival, chacun des jeunes guerriers a piqué de sa lance le flanc de l'animal qui gronde, perdant ses forces, mais qui bande son énergie pour éloigner l'ennemi.

Enfin les gongs roulent, discontinus, cassant leur rythme monotone, frappés tantôt en vagues grondantes comme une cascade, tantôt en syncopes comme autant de signaux magiques. Un long silence suit, à peine égratigné par le brasillement des branches enflammées.

Alors, le *bok* le plus admiré des jeunes Hrés entre dans la lice. Jambes fléchies, pieds écartés en une position de danseur hindou ou de samouraï, Ngô s'avance par bonds brefs, les talons frappant le sol en même temps, le bras en arrière, distendu, tenant la lance pointée à l'horizontale. D'un mouvement latéral du poignet, il la bascule, régulièrement, accrochant des éclats de lumière rouge.

Figé, terrifié surtout, ancré sur ses pattes de derrière, les antérieurs raides, tendus, vibrants, le buffle regarde l'homme. L'assistance retient son souffle. D'un coup d'instinct, sans viser, Ngô projette son javelot.

Le buffle n'a pas eu un tressaillement. Mais il lève la tête, ouvre la gueule comme s'il voulait lancer un ultime beuglement. Rien ne se produit et pourtant toute l'assistance l'entend, protestation muette. Le buffle est foudroyé, debout, déjà mort. Quand il tombe enfin, tous les spectateurs se ruent sur lui, à la suite des *padjao* qui, d'un coup sec de leurs couteaux sacrés, lui ont sectionné l'artère jugulaire.

Le sang jaillit en flot vertical chassé du corps par la formidable pression des vaisseaux. Le sang monte, s'épanouit en fleur rouge et retombe en pluie, éclaboussant la foule compacte grouillant autour de la dépouille. Chaque Hré reçoit ces gouttes comme une grâce céleste, l'étalant sur son torse, son cou, son visage, ses membres. Folie. Ivresse. Trépignements, cris, hurlements, poussière. Sabbat sanguinaire d'hommes et de femmes déchaînés. Sauvagerie originelle, remontée du fond des millénaires.

Dépecé, découpé, mis à bouillir dans d'imposantes marmites, le buffle a disparu. Maintenant, accroupis autour des jarres d'alcool de riz, les Hrés boivent, hommes et femmes mêlés, aspirant dans de longs bambous courbés. De temps à autre, un *nho* ajoute de l'eau dans l'amphore. Un instant, la mousse du riz fermenté scintille, puis disparaît, avalée par cent bouches en un énorme gargouillement.

A l'écart, groupés dans la case qui leur sert de bar-popote, les Européens se sont retrouvés, entre les cartes au 400 000ᵉ et les canettes de bière. Ils ont été rejoints, un peu plus tard, par quelques-uns des *boks* auxquels a été confié le commandement des trentaines. Hentic a en effet réparti son effectif en centaines, elles-mêmes découpées en trentaines. Chaque centaine est aux ordres d'un sous-officier européen ou de l'un des deux jeunes lieutenants que lui a expédiés le colonel Belleux.

Le lieutenant de Montauzan est un cavalier aux traits fins et aristocratiques, grand et mince, élégant malgré le treillis maculé de poussière et le béret de parachutiste qu'il a coiffé à la place du képi bleu ciel. Souriant, affable sans être familier, il promène un regard attendri sur les Hrés qui lui arrivent à peine à hauteur de poitrine, mais qui sont « ses » soldats, les premiers qui lui sont confiés.

A l'inverse, Cardona, pied-noir de Bône, noir de poil et de peau, est un petit Maltais sec et nerveux, perpétuellement agité, atteint d'une sorte de fureur permanente que son verbe prolixe et ses expressions imagées ont le pouvoir de rendre comique. Autant les Hrés se montrent flattés de la prestance de Montauzan, autant ils ont envie de calmer le lieutenant Cardona. S'ils suivront le premier simplement parce qu'il l'ordonne, jamais ils n'abandonneront le second dont ils se sentent un peu responsables.

« Ho, Le Nabour ! *Ra savo ar Vretoned o werennou !* Que les Bretons lèvent leur verre ! »

Du fond de la salle, le sergent Driezen a hurlé le toast traditionnel. Son verre de bière à la main, il a une attitude ambiguë, à la fois invite et défi. Moitié tête brûlée, moitié corsaire malouin, le sergent Driezen, Breton bretonnant comme le capitaine Hentic, a un visage étroit, buriné, dont toutes les rides semblent concentrées autour du regard clair, immobile, qui fait penser à des yeux de mort. Ancien parachutiste S.A.S. de la France Libre, Driezen n'a peur de rien ni de personne. Malgré sa petite taille, il promène sur la vie, la guerre ou les Viets une égale indifférence un peu méprisante, dépourvue d'intérêt. Deux fois blessé, et chaque fois au corps à corps, Driezen est une pelote de nerfs, et sa voix, haut perchée, nasillarde, débite les phrases à la cadence d'une mitrailleuse.

Accoudé au bar, l'interpellé, le sergent Le Nabour, surveille son camarade, tout en guettant aussi les réactions du capitaine Hentic. Tout à l'heure, quand il s'est présenté en arrivant au P.C. de Kontum, l'accueil n'a pas été enthousiaste :

« Je me demande ce que j'ai bien pu faire au colonel Belleux ! a soupiré Hentic, accablé. Il y a deux calamités en Indochine, Driezen et toi ! Et j'avais déjà Driezen ! sans rire, il y a des jours où j'envie les Viets. »

Le Nabour a baissé la tête, l'air faussement humble, essayant de se faire tout petit. Peine perdue, Le Nabour est un colosse d'un mètre quatre-vingt-dix, ancien champion de lutte bretonne.

« Pourquoi t'a-t-on envoyé ici ?

— Ben voilà, mon capitaine, c'est à cause des légionnaires. »

Voici quelques années, Le Nabour, parachutiste S.A.S. largué en Bretagne, a été capturé par les S.S. à la ferme Saint-Marcel. De ce contact, il a conservé une rancune tenace à l'égard de ses tortionnaires, rancune qu'il a reportée sur les légionnaires allemands avec lesquels il entretient des rapports orageux. Récemment, au cap Saint-Jacques, une dizaine de Képis blancs, en convalescence au centre de repos, racontaient leurs exploits guerriers dans l'unique bistrot du lieu. Très vite, ces rodomontades ont exaspéré Le Nabour. Finalement, il s'est approché de la joyeuse tablée, s'est taillé une place avec ses coudes :

« Ecoutez-moi, espèces de " terrines d'ablettes " (un juron tout personnel dans lequel il met son mépris le plus absolu), vous jouez les héros, mais si je dégoupille une grenade sur cette table, vous allez vous grouiller de mettre vos os à l'abri, tas de dégonflés ! »

Joignant le geste à la parole, Le Nabour pose une O.F. dégoupillée entre verres et bouteilles. Relevant le défi, pas un seul des légionnaires ne bronche. Mentalement, tout le monde compte. La grenade explosera dans sept secondes. Trois... quatre... cinq... six..

Une détonation sourde, une fumée âcre. Dans le bruit des verres éclatés, trois légionnaires se roulent par terre, atteints par des éclats. Mais le plus surpris est sûrement Le Nabour. Il a reçu la cuiller dans le ventre.

« Je ne suis pas resté longtemps à l'hôpital, mon capitaine, explique-t-il. Mais, quand je suis sorti, le père Belleux m'a viré de l'école de Ty Wan. Il m'a dit : « Je t'envoie chez les Hrés, il n'y a que des sauvages pour goûter ton sens de l'humour. Et puis il y a le capitaine Hentic... » Le Nabour essaie la plaisanterie avec précautions : « ... le capitaine Hentic qui, j'en suis sûr, trouvera des gags encore plus rigolos que les tiens. »

« Ho, Le Nabour ! *Ra savo ar Vretoned o werennou...* »
Hentic n'a pas bougé un cil. Il observe les deux sergents échanger leurs défis, comme s'il s'agissait d'un rite, d'un langage codé débouchant sur quelque chose qu'ils sont seuls à connaître. Bagarre ou beuverie ? Tout dépendra de l'humeur de l'un des deux.

Le Nabour hésite. S'il n'y avait pas le capitaine et son œil fermé, ses lèvres pincées, ses mains posées à plat sur la planche du bar, peut-être se lancerait-il dans la bagarre. Mais il sent l'atmosphère trop tendue, il se détourne en haussant les épaules et d'une voix aussi douce que possible :
« Ne m'emmerde pas, fils. Et tâche de parler en français.

— Ho, Le Nabour...

— T'es pas drôle, Driezen. Chaque fois que tu es bourré, faut que tu cherches des crosses. Si tu veux mon avis, tu te termines vite et j'irai te coucher.

— *Ra savo ar Vretoned...* », éructe Driezen, en levant son verre de bière.

Le Nabour se tourne vers le sergent-chef Dupuy.

« Toujours pareil avec ce plouc ! Faut qu'il me cherche quand il " est " bu.

— D'autant que tu es au moins aussi " bu " que lui », constate Dupuy, placide.

Le sergent-chef Dupuy est un professionnel de la guerre. Poitevin, il a hérité de ses ancêtres, artisans de province, le goût des choses bien faites, le souci de l'ordre minutieux et une totale absence de passion. Pour lui, le monde se divise en deux clans : ceux qui sont à leur place et ceux qui veulent en sortir. Ce n'est pas le monde qui doit changer, c'est l'homme qui doit progresser. A l'issue de sa carrière militaire, Dupuy, homme de bon sens, envisage sans rire une carrière politique. Il a le goût de la conciliation et ce n'est pas par hasard si Le Nabour l'a choisi pour arbitrer son différend avec Driezen.

Du fond de la salle, retentit la voix haut perchée :

« Ho, Le Nabour ! Puisque je suis bu, montre-nous que tu es à jeun et que tu restes le meilleur tireur au colt de tous les S.A.S. ! »

Le sergent s'est dressé. Adossé à la cloison du bar, il pose son verre de bière sur sa tête !

« Tire, Le Nabour ! Tire donc !

— Fais pas le con, Driezen ! »

Hentic n'a pas élevé la voix, mais son ordre arrive trop tard. En un éclair, Le Nabour a dégainé. Bien qu'il soit ivre à tomber, sa main n'a pas eu une hésitation. Le coup de feu claque et la balle fait exploser le verre qui s'éparpille, tandis que la bière, inondant les cheveux, coule sur le visage de Driezen noyant les yeux et la bouche.

D'un revers de la main, Driezen s'essuie le front. Puis, sans un mot, il se penche, ramasse un autre verre plein, le replace sur sa tête et reprend sa position, contre le mur.

« Bah ! clame-t-il d'un ton furieux, c'était un coup de chance. Un hasard. Cent piastres que tu ne recommences pas ! »

Cette fois, Hentic a arrêté l'escalade. En souriant parce qu'il apprécie les caractères un peu fous. Il pense, du reste, qu'il faut être un peu fou pour accepter de servir aux commandos des services spéciaux, hors des normes traditionnelles, loin des patrons, des grandes villes, des propositions d'avancement ou de citation. Pour la guerre en fraude, il faut des hommes en marge.

Et Hentic estime qu'il a de la chance : le G.C.M.A. qui vient de naître est précisément une pépinière de ces soldats hors du commun.

30

Le capitaine Hentic croit aux G.C.M.A. Il est le seul ou presque. Et si, dans les popotes, beaucoup d'officiers se posent des
questions sur l'évolution de cette guerre qui ne ressemble à aucune
autre, la plupart d'entre eux se bornent à exécuter les ordres reçus,
quitte, parfois, à en mourir et le mieux possible. Certes, ici et
là, quelques jeunes cadres s'efforcent de combattre l'adversaire
en utilisant ses propres méthodes ; mais les résultats qu'ils obtien-
nent à peu de frais sont le plus souvent tenus pour négligeables.

Pire sans doute : lorsque parfois ils sortent de l'ombre, ces
précurseurs ne trouvent que sarcasmes ou médisance. L'exécution est brève : « C'est un tueur », dit-on de l'adjudant Vandenberghe qui se bat chez les Viets, déguisé en *bo doï,* à la tête
d'une bande de prisonniers communistes qu'il a retournés. Et on
le laisse mourir, seul. L'armée traditionnelle n'aime pas les irréguliers ; elle regarde d'un œil réprobateur les têtes brûlées en haillons qui s'enfoncent dans la brousse avec des supplétifs autochtones.

Ce qui n'empêche pas de livrer à la méditation des nouveaux
débarqués en Indochine cette parabole prêtée à Hô Chi Minh :

« Le combat des Français contre nous est celui de l'éléphant
contre le tigre. D'abord, on pense que l'éléphant est le plus fort,
parce qu'il peut, d'un seul coup de patte, réduire le tigre en
bouillie, ou bien, s'il arrive à le saisir dans sa trompe, lui briser
l'échine en le précipitant contre un arbre. L'éléphant a une peau
très dure que même les griffes du tigre n'arrivent pas à déchirer,
et pourtant, si le tigre est malin, il gagnera, de petit coup de
griffe en petit coup de griffe. D'abord l'éléphant n'y prête pas
garde. Cela saigne un peu, mais il n'y fait pas attention. Au

coup de griffe suivant, l'éléphant se fâche. Il barrit très fort, il exécute des mouvements désordonnés, il perd son sang-froid. C'est là qu'il devient vulnérable parce que le tigre reste prudent et vigilant. Il attaque encore et, à force de petites blessures, l'éléphant perd tout son sang. Alors le tigre peut tuer l'éléphant. »

En écoutant cette fable, beaucoup d'officiers ricanent :

« Encore une des salades de tonton Hô du temps où il se prenait pour un poète ! Lui qui n'a été qu'un petit retoucheur photographe...

— C'est vrai, admettent les cadres du colonel Belleux. Hô Chi Minh travaillait comme apprenti chez un photographe. Mais Giap n'était qu'un minable petit pion de lycée, et Nguyên Binh, le chef communiste du Sud, blanchisseur de son état, a pourtant tenu en échec, pendant six ans, cinq ou six généraux de grande valeur...

— ... Parce qu'il avait le peuple avec lui ! Mais que pouvons-nous y faire ? Les Viets nous espionnent même pendant notre sommeil. Leurs agents sont partout. Ce sont eux qui cirent nos chaussures, qui nettoient notre linge, qui balaient nos chambres...

— Vous oubliez qu'il y a des Vietnamiens qui ne sont pas avec Hô Chi Minh ! Des milliers d'hommes se battent et meurent avec nous. Ce sont ces hommes-là qui peuvent nous aider à gagner la guerre, à condition de mener le combat qu'il faut... »

Depuis l'affaire Cho Quan Lo, l'entourage du colonel Belleux et les officiers du D.G.D. de Gracieux vivent dans l'enthousiasme. Ils étudient les dossiers d'objectifs, dressent la carte des zones à maquis, calculent les besoins d'une guérilla de cent partisans, l'effectif indispensable à l'encadrement. Ils brûlent de concrétiser leurs théories.

« Les premières réalisations d'Hentic confirment, disent-ils, que dans la jungle, avec l'appui des tribus hostiles aux Viets, de petites troupes décidées peuvent interdire, sinon contrôler d'immenses territoires. Et Giap ne pourra que s'y épuiser... »

L'instant est donc venu de créer l'organisme qui prendra les maquis sous son aile. Pour ne pas attirer l'attention de l'ennemi, le sigle choisi est volontairement anodin : G.C.M.A. veut dire Groupement de commandos mixtes aéroportés. On ne saurait être plus vague... ni plus efficace : cette modestie volontaire permet aux commandos de ne pas être rattachés aux parachutistes, donc au haut commandement. Pour emploi, le G.C.M.A. doit dépendre directement de l'antenne S.D.E.C.E. de Saigon.

« A qui en donner le commandement ? »

Le Service Action de Paris souhaiterait un officier qui lui soit étroitement lié, mais, à Saigon, depuis l'affaire des fuites où le S.D.E.C.E. a été considérablement impliqué, l'état-major se méfie de la caserne Mortier. Aussi le général de Lattre de Tassigny préfère-t-il au colonel Vicaire, initialement pressenti, un parachutiste, colonial de surcroît, le colonel Grall.

« Grall est une grande gueule, proteste l'entourage du commandant en chef.

— Peut-être, tranche le " roi Jean ", mais il a une gueule et ça me suffit. »

De la « gueule », le chef du jeune G.C.M.A. en a à revendre. Ce Breton au physique de gladiateur, tout en muscles, avec un menton lourd sous une bouche charnue d'homme aimant passionnément la vie, passe son temps dans la fureur et le paroxysme. Aussi bien au combat, qu'il mène comme un hussard de l'Empire, droit devant, pulvérisant l'adversaire, vociférant, fou d'héroïsme, qu'en amour. Sa nuit de noces tapageuse est restée légendaire. Elle a scandalisé les membres bien-pensants de l'état-major du général de Lattre. Les deux époux en sont sortis ivres, marqués de coups, tonitruants et affichant une passion violente dans une totale impudeur.

Geneviève Grall, la jeune épousée, n'est pas non plus d'un gabarit ordinaire. Infirmière civile, ses initiatives plongent souvent les généraux dans le plus total affolement. Quelques jours avant son mariage, elle a sauté au-dessus d'une compagnie du 3e B.C.C.P. encerclée à Pho Lu, pour y secourir ses « petits » sous le feu intense d'un régiment viet. Comme les Bérets rouges, elle est rentrée à pied, à travers cinquante kilomètres de jungle, portant son sac et n'hésitant pas à faire le coup de feu avec la carabine d'un blessé.

Excentriques et héroïques, les époux Grall défraient la chronique autant par leurs coups d'audace que par ce club ultrafermé qu'ils ont constitué avec les officiers du G.C.M.A., tout aussi fous qu'eux. Un seul critère les rassemble, la « gueule » : c'est-à-dire le courage et l'audace. Chez les Grall, on trouve tout aussi bien Puy-Montbrun, aide de camp du commandant en chef, personnage ascétique et torturé qui abandonne parfois le service du « patron » pour effectuer sur les côtes de Vinh des coups de main d'une folle témérité, que Hentic et ses spectaculaires « dégagements », fêtes imprévisibles pleines de bruits et d'explosions. On y voit aussi Philippe Barrès, le petit-fils de l'écrivain, guérissant son aristocratique ennui dans des raids en solitaire sur les côtes d'Annam ; Bichelot, l'homme qui avait conquis Xieng Khouang au mois d'octobre 1945. Bichelot a créé dans une île isolée un faux village viêt-minh, avec slogans et banderoles et fabrique des commissaires politiques bidons qu'il dépose, de nuit, dans les zones ennemies.

Mais tous ces officiers ont un point commun : leur volonté de mener la guerre hors des normes apprises à Saint-Cyr, dans l'ombre et la nuit, avec des armes prises ou apprises chez l'adversaire.

Le G.C.M.A. aurait pu n'être que l'application pratique d'une théorie d'état-major. Avec Grall et ses officiers, la contre-guérilla va devenir une arme redoutable.

« Les dossiers d'objectif, dit Grall, c'est bien joli, mais c'est surtout un piège à cons ! »

Avec l'accord de Belleux et de Gracieux, le colonel est allé trouver le général de Linarès, commandant les forces du Tonkin.

« Lorsqu'une opération aéroportée est décidée, explicite Grall sans prêter la moindre attention à l'air d'hidalgo offusqué du général, nos services se dépêchent de constituer des dossiers d'objectif. C'est-à-dire que nous faisons tirer des photographies aériennes du terrain de saut et de ses abords, et s'il n'y en a pas, nous envoyons sur place une mission photo. Les B 26 du service géographique décollent de Bach Maï, au vu et au su de tout le monde. Il suffit donc aux Viets d'avoir des gens soit au labo, soit aux abords des pistes d'envol. Ensuite, quand les avions font des " 8 " au-dessus d'une zone déterminée, le Viet est certain à 9 contre 1 que c'est là que se déroulera l'action. C'est la même chose pour les cartes d'état-major : nous récupérons des tirages dans les archives du 3ᵉ Bureau. Que ce soit le planton, l'archiviste ou le commis de la librairie où nous les achetons, les Viets apprennent tôt ou tard quelles sortes de cartes nous intéressent. Le recoupement est donc simple pour eux. Et ça doit se passer de la même façon pour les stencils, les méthodes de chiffre, les listes de ravitaillement.

— D'accord avec vous, admet Linarès de sa voix bourrue. Mais que proposez-vous ?

— Il me faut des officiers et des sous-officiers volontaires pour courir les pistes, le plus loin possible chez les Viets, prendre des contacts et relever des itinéraires.

216

« — Vous rendez-vous compte de la difficulté de l'entreprise ? Que feront ces officiers, quand ils seront tout seuls, face aux divisions ennemies ?

— Il ne s'agit pas de s'attaquer aux réguliers, mais de préparer les futures opérations ! Rappelez-vous, mon général, ce qui est arrivé au capitaine de Bazin l'an passé. Sans Cho Quan Lo, tous ses parachutistes disparaissaient. Or d'autres Cho Quan Lo existent. Nous devons les trouver.

— Il faudrait d'abord trouver des volontaires pour de telles missions, bougonne Linarès. Il me paraît exclu de procéder par note de service. »

Grall bondit :

« Ne vous inquiétez pas, mon général. Je souhaitais seulement entendre de votre bouche que vous ne vous opposez pas à me voir recruter pour le G.C.M.A. les cadres dont j'aurai besoin. »

Linarès se déride enfin :

« J'admire votre optimisme, colonel. Et j'attends avec intérêt la liste des volontaires...

— Mon général, répond Grall avec solennité, tous les gradés du corps expéditionnaire ne sont pas des fonctionnaires qui attendent la fin de leur séjour et limitent leurs ambitions au bateau du retour. »

D'une des poches de sa veste de parachutiste, Grall sort un petit carnet :

« Mon général, je vous demande de me faire affecter deux officiers, le lieutenant Hantz et le capitaine Vautier. Ils arrivent de France mais ce sont des spécialistes du pays : Hanz a déjà effectué un séjour en pays tho et Vautier est né ici. Avec ces deux officiers, je voudrais aussi deux sergents, Schoepff et Madeleine, des anciens eux aussi. »

Le général prend note :

« Je donne les ordres nécessaires. Dès demain Hantz et Vautier seront placés sous vos ordres. »

Grall salue et s'en va. Dans la soirée, il appelle le capitaine Vautier :

« Je vous ai récupéré dans ma boutique, lui déclare-t-il.

— Bien, mon colonel. Et pour quoi faire ?

— Vous partez dès demain pour Nghia Lo, en pays thaï. Mission : faire du tourisme le long du fleuve Rouge et récolter tous les tuyaux sur le terrain, les Viets, les populations. Ça vous convient ?

— Oui, répond Vautier, placide. Quels seront mes moyens ? »

Grall pose sa main sur l'épaule du capitaine :

« Vos moyens ? C'est simple : un poste radio et des piastres d'argent.

— Et mes effectifs ?

— Illimités ! mon cher. Illimités ! A condition que vous les recrutiez vous-même sur place... »

31

« *Xep ?* C'est moi, partisan Sa Piat. Moyen demander pour partir permission dans mon village. Cousin pour moi c'est beaucoup malade. »

Le capitaine Vautier se retourne, surpris. Il repose sa gamelle sur le coin du foyer et se lève lentement, sourcils froncés attendant une explication supplémentaire. Il trouve pour le moins curieuse cette demande de permission, en pleine forêt, dans un minuscule village thaï, perdu au fond d'un *ray* qui descend en terrasses vers la rivière Ngoï Hui, à trois cents kilomètres de Hanoi.

« Qu'est-ce que c'est que cette salade ? »

Vautier a posé cette question par réflexe, mais il sait que Sa Piat, l'un de ses plus jeunes partisans, ne la comprendra pas. Pour former sa phrase, tout à l'heure, il a sûrement bénéficié de l'aide du sergent Hô Chan Sang qui a dû lui inculquer les syllabes, une par une, phonétiquement.

« C'est toi content permission ? Va chercher le sergent. »

Sa Piat se précipite, dévale à toute allure les degrés de bois de l'escalier. Ses pieds nus ne font pas le moindre bruit sur le sol de terre battue. Quelques minutes passent, où Vautier n'entend que les bribes étouffées d'une conversation excitée. Puis Hô Chan Sang paraît dans la lumière jaune du feu de brindilles. Il sourit. Une grande cicatrice noire court sur la tache blême et ronde du visage. Comme tous les Thaïs « blancs », Sang s'est fait laquer les dents, ce qui donne un air de vieillard précoce à ce jeune homme d'à peine vingt-cinq ans.

Sang s'assoit, fesses aux talons, imitant le capitaine Vautier qui, posément, allume sa pipe. Il ne se presse pas. Il attend :

« Sa Piat m'a demandé une permission Tu es au courant ?

— Oui, *xep*.

— Cela ne t'étonne pas ? Si je me rappelle bien, son village d'origine se trouve à deux jours de marche d'ici, de l'autre côté du fleuve Rouge.

— Oh, deux jours de marche... »

Hô Chang Sang remue les mains, comme pour raccourcir les délais de route. Vautier flaire le mensonge. Il insiste :

« Enfin ! je ne comprends pas. Nous avons marché sans arrêt depuis deux jours. Depuis Gia Hoï, nous n'avons fait qu'avancer et si nous nous sommes reposés, c'est seulement deux heures la nuit passée. Vous étiez tellement fatigués que vous avez voulu vous arrêter. Explique-moi pourquoi, tout d'un coup, Sa Piat veut partir en permission ? Et puis d'abord, comment a-t-il appris que son cousin était malade ? »

Hô Chan Sang lève les épaules, une façon de montrer son ignorance.

« Si je permets à Sa Piat de s'en aller, qu'est-ce que tu vas dire ?

— Moi ? Peut-être bien que je demanderai une permission aussi, *xep*. »

Pour le coup, Vautier reste sans voix. Il se prend à dévisager son sergent avec plus d'attention encore. Il ne découvre rien qu'un visage lunaire et placide, qui ne reflète aucun sentiment. Et c'est précisément cette apathie qui le met en alerte. Sa première impression est que ses partisans ont envie de l'abandonner.

En cet instant, Vautier ressent profondément la tristesse d'un lâchage. Depuis presque deux mois maintenant, depuis qu'il a sauté, seul, le 10 juillet 1951, sur le poste de Nghia Lo avec comme mission de parcourir la région pour y lever des troupes supplétives, jamais encore il n'avait imaginé que ses premiers fidèles, Hô Chan Sang, le sergent, ou Sa Piat, le plus jeune de ses partisans, auraient un jour envie de tout laisser tomber. Et pourquoi pas Vu Viêt Tho, et pourquoi pas Son That That ? Vautier croyait les connaître bien. Ils ont tout partagé à eux cinq depuis le premier jour, le riz et les munitions, les médicaments et le tabac, les fatigues, les angoisses et les joies. En regardant Hô Chan Sang, il éprouve le curieux sentiment d'une trahison, mais c'est en officier qu'il ordonne :

« On boucle les sacs. Dans dix minutes, on fout le camp d'ici. On va faire une petite marche en forêt, la vie dans les villages ne .vous vaut rien. »

A son grand étonnement, le sourire reparaît sur le visage

rond, et c'est presque joyeusement que le sergent saute sur ses pieds et se précipite dehors.

Vautier a rejoint ses quatre partisans qui se sont silencieusement rassemblés près d'un pilotis, dans une posture chère aux Thaïs, le buste plié en avant, le menton reposant sur les deux mains jointes sur le canon du fusil.

Sans un mot, d'un geste de la main, Vautier leur donne l'ordre de le suivre. Un par un, les Thaïs avancent, puis, comme s'ils se décidaient, le dépassent. Tout recommence comme la veille. Chacun reprend son rôle. Les éclaireurs en tête, le sergent en serre-file surveillant les côtés. Il se considère comme le dépositaire de la sécurité de son chef.

Vautier est soulagé. Sa première impression était fausse, et pourtant quelque chose s'est passé. Manifestement ses partisans ne tenaient pas à rester dans le village...

« Nom de Dieu ! » jure-t-il sourdement. Puis il stoppe la colonne et accroche Hô Chan Sang par le col de son *cai hao* brun : « Dis-moi, espèce de salopard, il y avait des Viets dans le village, hein ? »

Hô Chan Sang sourit largement en secouant vigoureusement la tête :

« Oh oui, *xep* ! Beaucoup les Viets ! Ils sont arrivés au début de la nuit, des *chien si*, des réguliers. Pas les *du kich*[1] des villages du bord du fleuve. De vrais soldats. Si on avait bougé, ils nous auraient tous tués, alors, on voulait partir...

— Et c'est seulement maintenant que tu me dis ça ? »

Hô Chan Sang plisse son visage, en une grimace comique et familière. Elle signifie qu'il va faire preuve de son humour personnel, en mettant son chef en difficulté sur une simple question de bon sens :

« *Xep*, et si c'est moi dire qu'il y a beaucoup les Viets dans le village, c'est faire quoi ? »

Vautier répond par une évidence :

« On leur tombait sur le paletot, naturellement. »

Hô Chan Sang s'épanouit. Il ouvre les mains, paumes vers le ciel.

« C'est pour ça, moi rien dire ! Nous, à cinq, c'était pas moyen casser la gueule aux Viets ! Eux, c'est beaucoup beaucoup. Alors

1. Guérillero « occasionnel », ne quitte que rarement son village.

si vous dites d'y aller, on y va... et on est tous *chêt*. Morts ! »

Vautier soupire. Il comprend que son sergent avait raison.

« Ça ne sert à rien d'être *chêt,* comme tu dis. La mort d'une poignée de partisans n'aurait rien empêché. Et puis, maintenant, c'est trop tard, les Viets sont loin.

— Pas loin, *xep* ! corrige Hô Chan Sang. Ils sont tout partout : il y en a comme le fleuve Rouge, sur toutes les pistes des vallées. Pour nous, c'est mieux se cacher pour parler au général avec la radio ! »

Hô Chan Sang a raison une fois de plus : au matin, Vautier contemple un spectacle qu'il n'est pas près d'oublier. De son observatoire, camouflé sous le feuillage épais qui pousse son fût à trente mètres de haut, il regarde couler les régiments viets qui avancent vers l'ouest. Une longue colonne ininterrompue d'hommes-buissons. Tantôt verts, tantôt noirs : il y a un coolie pour deux réguliers. Courant le long des unités, les commissaires politiques, les *can bô* encouragent les soldats à l'offensive, corrigent les erreurs de camouflage, répartissent les charges. Elles sont nombreuses, elles sont lourdes. Il y a des mitrailleuses, des mortiers, de petits canons de montagne japonais de 77, des bazookas soviétiques — que Giap a rebaptisés en vietnamien SKZ, *sung khong zat,* canon sans recul — des sacs de riz, des caisses d'obus et de munitions.

Sous ses yeux, pendant trois jours, défile ainsi une bonne partie de la division 312, la fameuse division de montagne, la plus prestigieuse formation des armées de Hô Chi Minh. Celle qui, voici seulement dix mois, en octobre 1950, a attaqué et défait les colonnes françaises de Cao Bang et de That Khé.

Douze mille Viets se préparent à attaquer Nghia Lo.

En effet, rejeté du Delta tonkinois, durement marqué par trois défaites successives subies devant de Lattre, menacé de perdre la population des plaines, le Viêt-minh est à court de vivres. A tout prix il doit trouver du riz pour l'hiver et remporter une victoire de prestige. Décimées à Vinh Yen au début de l'année 1951, devant Dong Trieu trois semaines plus tard, étrillées sur le Delta, devant Ninh Binh et sur le Day, les divisions des plaines ne sont plus opérationnelles : Giap ne possède plus que sa précieuse 312.

Il a donc décidé de la pousser vers le haut Tonkin, au cœur du massif montagneux entre deux grands cours d'eau, la rivière

Noire et le fleuve Rouge. Les premiers éléments ont quitté leur repaire de Bac Khan au début du mois de septembre 1951. Ils ont franchi le fleuve Rouge dix jours plus tard dans des sampans de bambou tressé. Marchant de nuit et de jour, ils se sont infiltrés vers la cuvette de Nghia Lo.

Du haut des pitons de deux mille mètres qui enserrent la vallée, les premiers éclaireurs de la 312 ont pu apercevoir, posé, minuscule, sur deux collines noyées de verdure, le poste français qui semble veiller sur les rizières étagées en gradins au long des pentes.

Mais les Viets sont réalistes. Pour eux, Nghia Lo représente surtout des chiffres : trois cents soldats français qui gardent une rizière de six kilomètres sur quatre. Une rizière dont la récolte est proche et qui peut nourrir cent mille hommes pendant un an.

La survie des troupes communistes est attachée à la conquête de la récolte du dixième mois. A cet égard, l'existence de la petite garnison française ne pèse pas lourd : quand Giap livrera bataille, les marsouins et les bigors de Nghia Lo devront se battre à un contre cinquante.

La fumée bleutée des douze bâtonnets d'encens s'élève lentement en volutes paresseuses, jusqu'aux dentelles d'argent de la cuirasse de Trung Vu, le Guerrier Sombre, dont la statue de bronze luit, immobile, au fond du temple nord de la pagode du Grand Lac. Une odeur de cardamome et de cannelle emplit l'air, environne l'homme seul, debout, qui se tient droit, sa tête aux cheveux d'argent à peine levée vers le visage hiératique du guerrier de métal.

Raoul Salan médite. Il a quitté, il y a une heure, son petit bureau blanc de l'avenue du Grand-Bouddha pour venir, comme au début de chaque nuit, puiser dans le silence et le recueillement, la réponse aux questions qu'il se pose. Il vit seul, il travaille seul, il prie seul. Depuis deux mois, depuis le départ du général de Lattre pour les Etats-Unis, Raoul Salan porte le poids du commandement de l'Indochine. Un poids terrible, écrasant.

Nommé général de corps d'armée au début du mois d'août 1951, Raoul Salan sait qu'il n'a pas le droit de se tromper. Ni de Lattre, qui tente d'arracher aux Américains l'aide indispensable à la victoire, ni surtout la France qui semble n'espérer qu'un moyen de se tirer du guêpier indochinois, ne le lui pardonneraient.

Dans la moiteur de l'été tonkinois, Salan travaille vingt heures sur vingt-quatre. Il n'a pas de confident. Il a besoin d'une certaine qualité de silence pour y voir clair, pour se mettre à la place de son adversaire, deviner ses plans, devancer ses initiatives. Car Giap doit attaquer, bientôt. Salan en est persuadé.

Mais où ?

Le commandant en chef se penche un peu et jette dans la cassolette dorée où des charbons rougeoient faiblement une pincée d'encens de jasmin. En grésillant, la fumée s'élève, compacte, dessinant un paysage surréaliste, avec des trous qui s'étirent et deviennent des vallées, des arabesques qui forment comme des montagnes. Une seconde, la carte du Tonkin se superpose aux volutes bleues.

Salan y voit, en clair et sombre, les pics et les gorges, la trouée du fleuve Rouge et le ravin de la rivière Noire. La carte s'immobilise et, comme en gros plan, Salan devine une cuvette aux contours nets, ovales, frangés de pitons vertigineux.

Maintenant, il sait. Le lent cheminement de son esprit a abouti à ces deux syllabes qu'il prononce du bout des lèvres :

« Nghia Lo. »

Il est 3 heures du matin. Penché sur son bureau encombré de dossiers, Salan écrit. Sous ses doigts naissent les ordres d'opération, ces ordres qui portent la date du 11 septembre 1951, mais qui ne prendront effet que s'il a confirmation de son intuition.

Le téléphone sonne.

Salan écoute, puis répond d'une voix feutrée, égale, sans relief. Son visage n'a pas un tressaillement, ses gestes demeurent mesurés. Et pourtant il jubile. Grall, qui tonitrue à l'autre bout du fil, vient à son tour de prononcer les deux syllabes attendues :

« Offensive sur Nghia Lo plus que probable, mon général ! Hautier, qui est sur place, m'assure qu'il a vu passer la valeur de deux régiments réguliers, dont un lourd. A coup sûr, la 312 a franchi le fleuve Rouge... »

Une heure plus tard, lorsque Grall entre dans le bureau du chef militaire pour l'Indochine, il est surpris par l'air reposé du général. La fatigue semble ne pas avoir de prise sur lui. Il se tient debout devant la carte du Tonkin, jaune et verte, où de larges traits de crayon gras, bleu et rouge, indiquent les positions respectives des deux camps. Du côté français, des hachures, des pointillés. Du côté viet, de larges zones étalées à l'estompe visualisent l'extension de la « roséole », ce cancer rongeant des régions entières.

Pour Salan, ces courbes, ces traits, ces pointillés ne sont pas des signes abstraits. Il connaît toutes les chaînes de montagnes, toutes les vallées, toutes les pistes, tous les cours d'eau du haut Tonkin. Il les a parcourus, autrefois, des années durant. Il en connaît les dangers et les détails, il sait les limites des tribus, il a fumé le *tuoc lao* avec les chefs, il a chassé avec les hommes. Il a fréquenté les Lolos de la Nam Tha, les Muongs du Pays Bleu, aux cheveux enduits de cire et qui attaquent le tigre à la lance. Il voit encore les Thos aux longues silhouettes graciles dont les filles sont les plus belles d'Asie, les Thaïs dont les villages portent des noms d'abondance et où les chansons parlent d'amour et de paix.

Au milieu de tous ces peuples, parmi les lianes et les bambous, sous les arbres gigantesques, souvent debout, cherchant le soleil, parfois couchés, foudroyés, sur les pistes tapissées de feuilles humides, dans l'odeur sucrée de décomposition, Salan voit aussi les Viets. Il imagine le dur cheminement de cette longue procession d'hommes verts comme des chenilles, rampant dans l'humidité, le froid, la faim, sans jamais apercevoir le soleil, dans une atmosphère lourde de grotte végétale.

Grall, à son tour, est fasciné par le général qui médite, l'œil fixe et voilé, sous des paupières lourdes et lisses. Il est là, massif et frêle tout à la fois, écrasé de responsabilité mais porté par sa certitude.

Salan se détourne lentement de la contemplation de sa carte.

« Giap veut attaquer de nuit. Je riposterai de nuit. Depuis trois jours j'ai reçu enfin des B 26 de bombardement qui peuvent attaquer en piqué, à la bombe et au napalm. J'ai aussi reçu des bombes éclairantes qu'un *Dakota-luciole* pourra lâcher, des heures durant, sur la cuvette : désormais la nuit n'existe plus. Giap va connaître la plus terrifiante surprise de sa vie.

« Et puis, j'ai les paras. Je les larguerai comme jamais ils n'ont été largués. Non plus devant l'ennemi, comme nous l'avons toujours fait, mais derrière, sur leurs pistes et leurs dépôts, sur les gués et les débouchés de vallées. Giap a commis une erreur, celle d'étirer ses lignes de ravitaillement sur deux cents kilomètres. Je les briserai, les ferai éclater. Alors, matraqué sur son front, coupé sur ses arrières, il devra se replier. »

Salan s'interrompt. Comme un joueur de poker annonçant ses enchères sur un carré d'as évite de faire éclater sa joie, il s'oblige au calme. Et quand il parle à nouveau, il s'adresse à Grall comme à un subordonné dont on attend l'obéissance absolue :

« Et quand Giap devra se replier, vous serez là pour porter l'estocade.

— Moi, mon général ?

— Oui. Je vous confie la mission la plus décisive. Je sais que vous n'avez rien et je vous demande tout. »

Grall n'aime pas les belles phrases. Il préfère les belles armes. Il ne vibre que devant l'acier poli d'un couteau de commando, il ne s'enthousiasme que devant une carabine perfectionnée. Il a du goût pour les splendides guerriers, pas pour les grandes idées. Il interroge :

« Mon général, savez-vous exactement de quoi je dispose ? Jusqu'à hier, j'avais quatre hommes en piste, autour de Nghia Lo. J'en avais un seul à l'est du fleuve Rouge, et deux entre la frontière de Chine et Laï Chau ! Seulement, aujourd'hui, après la formidable poussée des Viets, je ne puis plus rien promettre : ils se trouvent tous de l'autre côté des lignes ennemies. Donc, pas moyen de les récupérer, et plus question de les étoffer, ou, même, de les ravitailler en munitions, en armement ou en vivres. J'ai donc sept hommes en tout. Mais je suis sans pouvoir sur eux. »

Salan plisse les yeux. Avec ses cheveux lisses, soigneusement aplatis sur le crâne, il ressemble comme jamais à un mandarin chinois. Il ne sourit pas, n'élève pas le ton. Il se borne à émettre des considérations apparemment banales.

« Avant leur départ, j'ai longuement parlé avec la plupart des cadres que vous avez envoyés dans la nature. Je me souviens très bien de ce que m'a dit l'un d'eux. Rappelez-vous, il s'appelle Schoepff. Il est sergent de la coloniale, mais il a passé trois ans en Russie, dans les rangs de la Wehrmacht. »

Grall opine. Il revoit, étrangement nette, la silhouette de cet Alsacien lourd et massif, avec une tête toute ronde auréolée de cheveux blonds se raréfiant au haut du front et des yeux de porcelaine, un peu protubérants, dont la naïveté désarmante contraste avec un accent dur, qui fait culbuter les mots les uns sur les autres.

« J'ai été frappé, reprend le général, par ce que m'a déclaré ce sergent. Il m'a dit : " Il n'y a pas trente-six méthodes pour savoir ce qui se passe en face. Il n'y en a qu'une : c'est d'y aller ! Et l'unique façon de pénétrer le dispositif est de se laisser dépasser par leurs avant-gardes ! En Russie, les partisans ne procédaient pas autrement. Ils se planquaient quand nous avancions et nous les retrouvions dans notre dos, quelques jours plus tard. " Les Russes non plus, mon cher Grall, n'avaient ni liaisons, ni ravitaillement, ni ordres, ni chefs. Et cependant ils étaient efficaces. Il n'y a aucune raison pour que nous n'usions pas de la même méthode. Derrière le Viet, il y a des peuples, des tribus, des chefs qui refusent l'ordre communiste comme ils refusent la domination des Viets. Aidez-les, encouragez-les. Ils sont partout. Ils sont autour de vous. Je ne leur demande rien d'autre que de baliser les itinéraires ennemis, je n'attends d'eux que des embuscades sans risques contre des Viets en déroute, démoralisés, apeurés, affamés. C'est-à-dire des victoires sans grand éclat, mais qui compteront parce qu'elles montreront aux minorités qu'elles peuvent surclasser le soldat viet. »

Grall approuve, convaincu. D'une façon tout à fait incongrue, les propos du général Salan lui font penser à la mise à mort d'une corrida où un matador folklorique, uniquement armé d'une épée nue, affronte un taureau fatigué, blessé, épuisé. Et pourtant c'est lui qui recueille seul les bravos et les roses. Une seconde, Grall a failli demander, tant il était porté par cette image, si Salan lui accorderait les oreilles et la queue.

Mais le général ne le voyait plus, et son visage avait repris sa froideur. Aussi Grall est sorti, à reculons, imposant à sa carcasse de lutteur des façons feutrées d'aide de camp.

Tout en conduisant sa jeep, à tombeau ouvert, dans Hanoï déserte, vers l'état-major des troupes aéroportées du Tonkin, il a réfléchi. Ce que lui demande Salan est gigantesque, autant par l'importance de la mission que par la brièveté des délais qui lui sont impartis. Organiser un maquis, préparer une guérilla sont des actions de guerre qui ne s'improvisent pas. Déjà, au sud, quelques officiers courageux et prévoyants avaient tenté de dresser des tribus entières contre le Viet. Il leur a fallu presque deux ans pour y parvenir.

« Et nous, au nord, combien de temps avons-nous ? pense Grall. Pas même un mois. Les jours comptent double, les heures, triple. »

Et pourtant, Grall aime ce qui paraît impossible. Au bout, il voit déjà des maquis, des peuples primitifs, hôtes de la forêt, qui se regrouperont autour de quelques soldats français, moitié héros, moitié prophètes.

Quand il entre dans son bureau, malgré la chaleur moite qui sent le tabac froid et le papier entassé, il tremble. Et ce n'est pas de froid, ni de fièvre. Mais d'excitation. Il va agir. Enfin.

Aux T.A.P. personne n'a beaucoup dormi cette nuit-là. Dans toutes les directions les ordres sont partis, préparant les parachutages à effectuer, les avions à rassembler, les colis à acheminer.

Les radios se sont également mis en action, se tenant en écoute permanente des postes qu'animent, à heures variables, chacun des sept hommes perdus au milieu du déferlement de la marée de la division 312, et qui, obstinément, sans relâche, transmettent des renseignements sur l'offensive qui se prépare.

Au nord de Nghia Lo, le sergent Schoepff — indicatif *Colmar* — annonce le franchissement de deux régiments en amont de Bong Cuong. Ses partisans — une trentaine de Thaïs blancs — balisant l'avance ennemie de crête en crête, il se fait fort d'accueillir et de guider l'unité parachutiste qui sera larguée dans sa zone.

De l'autre côté du fleuve Rouge, c'est le lieutenant Hantz — un autre Alsacien, indicatif *Mulhouse* — qui, avec une centaine de guerriers thos, marque, à douze heures de marche, deux régiments qui filent plein ouest, au-delà de Nghia Lo, vers Laï Chau, semble-t-il.

Enfin, autour de Nghia Lo, Vautier et ses quelques Thaïs pointent les passages des deux autres unités de la 312, donnant, toutes les six heures, l'état et les effectifs des troupes qui se déploient sous ses yeux.

Grall veut davantage. Il saute dans des avions, se pose à Son La, à Laï Chau, à Diên Biên Phu, partout où les garnisons françaises demeurent, et où elles entretiennent des partisans. En quelques jours, il crée des filières, lâche des commandos par petits paquets, qui essaiment, vont de piton en piton, se cachent au passage des colonnes ennemies, mais les signalent, estiment leur nombre et leur puissance.

Et le miracle se produit. La forêt, soudain, devient l'alliée des Français. Tout le petit peuple des montagnes et de la jungle bascule d'un coup, comme s'il n'avait jamais attendu autre chose. Quand Giap, venu en personne, au début du mois d'octobre 1951, au bord de la cuvette de Nghia Lo, se prépare à donner l'ordre d'attaque massive, il ne sait pas encore qu'il signe l'arrêt de mort de ses propres troupes.

Tout au nord, sur la frontière de Chine, dressées comme un

228

seul homme contre eux, trois tribus des vallées des Hautes Orchidées attendent les Viets pour l'hallali.

Depuis le 15 septembre 1951, Cho Quan Lo a abandonné son fief de Pha Long et s'est porté, à la tête de mille guerriers, jusqu'au bord du fleuve Rouge. Il commande à ses Mans, mais aussi aux Méos de Lo Van Theu comme aux Muongs de Bac Quang. Il n'a même pas eu besoin de recevoir de message radio pour se mettre en route, et quand Bonardi lui a dit : « Hanoi nous demande quels sont nos besoins en matériel ou en armement », le chef borgne a répondu :

« Dis à mon ami le " capitaine " Salan qu'il garde ses fusils pour protéger Hanoi. Nous nous battrons de nuit, à l'arme blanche. Qu'il nous envoie seulement des fusées qui éclairent. »

Pour partir en campagne, Cho Quan Lo n'a reçu que des feux de Bengale.

32

« Les Viets sont des rigolos ! »

En hurlant ensemble le slogan de leur section, les vingt légionnaires parachutistes du 2ᵉ bataillon se sont jetés en avant. Tout en haut, sur le piton boisé, un bataillon viet s'installe en catastrophe. Affolés, les gradés tournent en rond, ne comprenant pas ce qui leur arrive. Au matin, ils avaient reçu l'ordre de foncer sur Nghia Lo où l'offensive subissait quelque retard. Et voici qu'ils sont attaqués, de flanc, par des Français surgis de la brousse qui donnent l'assaut en hurlant.

Ils les regardent monter, souples, bondissant d'arbre en arbre, de buisson en buisson. Hâtivement, ils essaient bien de constituer des points d'appui autour de mitrailleuses rapidement mises en batterie, mais, en réponse, leur parvient le défi des légionnaires :

« Les Viets sont des rigolos ! »

Ils ne comprennent pas. On leur avait pourtant assuré que l'ennemi était définitivement à genoux, qu'il n'avait plus le moral, que, depuis l'année passée, les Français se contentaient de subir. Et ce qu'ils voient les comble de terreur. Un homme monte vers eux, sans casque et sans autre arme qu'une canne à pommeau d'argent. Il hurle plus fort que ses parachutistes et il lance plus loin qu'eux des grenades quadrillées enrobées de plastic dont l'explosion déracine des arbres de vingt mètres.

Médusés, les *bo doï* du 3ᵉ bataillon du régiment 165 de la division 312 ne peuvent pas s'opposer à la furie des légionnaires parachutistes qui bousculent leur dispositif, les acculent à la défensive, les contraignent au repli. Ce 8 octobre 1951 sera pour eux une date tragique : celle de leur rencontre avec la section de l'adjudant Lombardero.

Lombardero est une figure des Bérets verts. Ancien des Brigades internationales, au temps de la guerre civile espagnole, il faisait sauter à Barcelone les blindés franquistes en lançant contre eux des limousines bourrées d'explosifs. Depuis cette époque, il ne se sépare plus de sa canne à pommeau d'argent et se refuse à porter un casque, disant : « Les femmes mettent un casque chez leur coiffeur. Moi quand je me bats, je ne me fais pas sécher les bigoudis. »

C'est lui qui a appris à ses légionnaires le fameux cri de guerre et, quand il charge, toujours devant eux, il lance ce défi d'une voix terrifiante avec un accent dans lequel roulent des cailloux. En moins d'une demi-heure, il a conquis le terrain, rejetant dans la brousse, éparpillés, les débris du 3e bataillon viet.

« Ici *Saragosse*, clame-t-il dans son poste. Objectif coiffé ! On est montés en s'amusant ! Les Viets sont des rigolos. »

Le soir tombe, comme un rideau, sur le premier acte de la tragédie de Giap. Il n'a pas pris Nghia Lo. Pendant trois jours ses troupes se sont ruées en vain sur les barbelés dérisoires du petit poste français. Pendant trois jours, surgis du ciel, *Dakota-lucioles* qui déchiraient la nuit, B 26 qui bombardaient au plus près des barbelés, ont réduit ses espoirs à néant. Et, à chaque aube, les *Corsaires* de la marine, hélice au petit pas, achevaient les survivants des combats éparpillés dans la rizière, en déversant sur eux le feu du ciel par milliers de litres de napalm.

Dans la plaine, le riz de la récolte du dixième mois n'est plus que cendre, mais les *bo doï* eux aussi ont brûlé avec leurs fusils, leurs munitions, leurs canons et leurs SKZ.

Alors Giap fait donner ses réserves. Il les a rameutées des rives du fleuve Rouge qu'elles franchissaient à peine. Il les a poussées par les vallées étroites vers l'enfer, pour écraser ce ridicule piton où deux maigres canons de 88 s'obstinent à donner encore de la voix, pour balayer ce minuscule drapeau tricolore qui persiste à flotter sur son mât, au milieu du feu, des obus, des explosions. Il attend l'arrivée des régiments d'assaut, ceux qui ont sonné naguère l'hallali contre la colonne Lepage, à Cao Bang l'an passé. Des durs, spécialistes du combat de jungle, que les sangsues ou que les tigres n'effraient pas et qui se rient des génies de la forêt. Ils ont foncé, courant sur les pistes taillées au coupe-coupe, droit dans la jungle, pour arriver au plus vite sur les lieux de la mise à mort.

Ils n'ont pu y parvenir.

Car Salan leur a opposé des bataillons de parachutistes lâchés sur des vallées inconnues d'eux, mais répertoriées par Vautier, par Hantz ou par Schœpff. Le 8e groupement de commandos, le 10e B.C.C.P. ou le 2e B.E.P. ont été pris en charge par des pisteurs thaïs qui les ont conduits jusqu'aux Viets en marche. Et là, ils ont donné l'assaut. En quarante-huit heures de corps à corps, les parachutistes, bérets bleus, bérets rouges ou bérets verts, ont surclassé le *bo doï* qui pourtant se défendait à trois contre un. Ensemble, menés comme jamais, les trois bataillons venus du ciel ont vengé leurs morts de la R.C. 4.

Désormais, il n'y a plus de danger pour Nghia Lo. Il ne reste plus dans la jungle que des morts dispersés au long des pistes, des blessés qui agonisent au milieu des buissons, sur les tranchées ou dans les réseaux de barbelés. Les débris des divisions d'élite refluent, en désordre, le long du fleuve Rouge, vers leurs repaires de Bac Khan.

Etrillé par les légionnaires-parachutistes, obligé d'effectuer un large crochet par le nord pour éviter les axes sur lesquels l'aviation française s'acharne avec une précision diabolique, guidé par les guetteurs des maquis de Vautier ou de Hantz, le régiment 165 remonte le long de la rivière Chay, en ordre de combat.

Après le repli imposé par Giap, ses gradés ont ravivé la discipline, exécuté les traînards, sanctionné les défaitistes. C'est, depuis le 10 octobre, une unité opérationnelle qui a retrouvé sa vigueur et son mordant. Elle l'a montré en s'attaquant, à l'aube du 11 octobre, à un village muong qui l'avait accueillie à coups de fusil. En un instant, les compagnies ont manœuvré comme à l'exercice, l'investissement a été réalisé et, comme il fallait faire un exemple auprès des populations dont la fidélité était suspecte, la plupart des hommes valides ont été jugés et fusillés, puis le village brûlé. L'armée populaire ne peut s'accommoder de la traîtrise et de la perte de la foi révolutionnaire.

La nuit .tombe sur la forêt. Depuis une heure, les hommes se reposent, accroupis dos à dos, mâchonnant une poignée d'herbe. Il y a quatre jours que le régiment 165 n'a plus de riz.

« *Di lên !* En avant !»

Un à un, les *bo doï* se remettent sur pied, emboîtent le pas à l'homme qui le précède. Ils ont ajusté sur leur dos leur petit sac de toile verte, accroché autour de leur casque les feuilles neuves d'un camouflage nocturne, et posé sur les sangles de leur équipement une luciole vivante emprisonnée dans une petite cage de bambou : c'est sur cette fragile lumière que se guidera l'homme qui les suit. Ils ne parlent pas, attentifs à poser leurs pas sur le chemin tracé, attentifs surtout aux bruits de la forêt. Ils portent leur fusil dans la saignée du bras, une balle engagée dans le canon. Ils savent qu'ils n'ont plus que deux jours de marche forcée à accomplir avant de retrouver les grottes de Bac Khan ou de Chiem Hoa, avec le bol de riz et la tasse de thé vert. Beaucoup ne pensent qu'à ce prochain vrai repas, et cette seule envie entretient leur volonté et aide leur courage.

Soudain — est-ce au milieu de la colonne ? est-ce en tête ? ils ne peuvent le dire —, a éclaté une énorme flambée aveuglante et rouge. Brutale et crue, la lueur a jailli en chuintant près d'un arbre, semant la panique dans la colonne. Immédiatement, les *bo doï* ont sauté dans la jungle, croyant à une attaque au napalm. Mais rien ne s'est produit d'autre qu'une petite rafale brève, trois minuscules claquements que l'écho de la forêt n'a même pas retenus. Un homme est tombé, que les *bo doï* enjambent avec précaution. Douze fois dans la nuit éclatent ainsi les terrifiantes boules de feu scintillant, tantôt jaunes, tantôt vertes, tantôt rouges, et chaque lueur est accompagnée d'une ou de plusieurs rafales qui, toutes, font mouche.

Les *bo doï* perdent leur assurance : les pas de leurs camarades morts n'ont-ils pas déclenché, avec ce feu brutal, la colère des *Ma kui*, les génies de la forêt ? Bien qu'ils soient imprégnés de la foi communiste, les *bo doï* respectent malgré eux les croyances de leur enfance.

Presque tous sont d'humbles *nha qués* de la rizière. Ils ne connaissent pas les feux de Bengale.

Cho Quan Lo est arrivé. Il a suivi, la veille, la progression du régiment 165. Il a déterminé son futur itinéraire et disposé, de place en place, des équipes de deux ou trois hommes, groupées autour d'un feu de Bengale qu'un simple fil à traction suffit pour allumer. Dans la lueur éblouissante, c'est alors un jeu pour les guerriers mans que de faire mouche sur les silhouettes affolées, dansant, terrorisées, dans la clarté rouge ou verte.

A la fin de la nuit, les Muongs ont pris le relais. Sans autre arme que la lance ou la sarbacane, ils ont harcelé la colonne, transperçant un éclaireur, empoisonnant un gradé, égorgeant un traînard.

Et quand le jour se lève enfin, le régiment 165 n'est plus la brillante unité qui, la veille encore, pensait faire la loi dans la vallée du Song Chay. C'est une bande d'hommes hagards qui fuient en avant, poursuivis par les gradés qui tentent en vain de ramener le calme. Les *bo doï* tournent en rond, se perdent et se retrouvent dans le désordre le plus total. Il n'est plus question ni de régiment, ni de bataillon, ni même de section ou de compagnie. Le régiment 165 est une troupe peureuse et démoralisée qui fuit vers le nord, ou vers l'ouest, elle ne le sait même plus. Qui le saurait ?

Cho Quan Lo a revêtu son uniforme d'apparat. Ses cavaliers ont dénoué leurs cheveux, sorti des sacs les jambières d'argent et soigneusement aiguisé le tranchant de leurs sabres. En bas, sur la corniche qui surplombe le ravin de la rivière Quan, les fantassins sont alignés, longue file d'hommes bleus, coiffés du turban de guerre. Devant chacun des Mans repose un énorme quartier de rocher, placé en équilibre sur le vide.

Dans le jour qui se lève à peine, le fond de la vallée n'est pas visible, mais un piétinement d'hommes marchant sur les galets de la rivière renseigne les guerriers de Cho Quan Lo : les Viets s'enfoncent dans les gorges de la Nam Quan. Haletant, un petit homme bleu monte vers le pirate borgne. Un gamin d'une douzaine d'années. Rapidement, en phrases brèves, il renseigne son maître :

« L'arrière-garde vient de passer le dernier point de surveillance ! Dans moins d'un quart d'heure, le régiment ennemi sera tout entier coincé dans le ravin. »

Le soleil émerge de l'horizon. Bonardi a du mal a apercevoir Cho Quan Lo, silhouette immobile, plaquée en aplats noirs et mordorés sur le fond vermeil du ciel d'aurore. Le sergent n'a pas dormi de la nuit. Il attendait cet instant fantastique où, en une seconde, va être réglé le sort de milliers de vies humaines. Il lui semble être près d'un dieu qui possède le redoutable privilège d'influer d'un geste sur le destin des hommes.

Et Cho Quan Lo fait ce geste. Il lève le bras très haut pour qu'il soit visible de loin, puis le rabat brusquement, avec la brutalité d'un arbre qui s'abat.

Alors, en un han collectif montant de la corniche, plusieurs centaines de Mans actionnent, ensemble, les leviers de bois, précipitant dans le ravin des tonnes de gros rochers blancs qui dégringolent le long des parois en un grondement d'Apocalypse. Quatre kilomètres au nord, au fond de la vallée, trois cents Méos ont fait exactement le même geste.

Depuis le 18 octobre 1951, à 6 heures du matin, le régiment viêt-minh n° 165 est prisonnier, coincé entre des éboulis fantastiques.

Cho Quan Lo a rassemblé ses guerriers. De la main, il les a dirigés vers les bords du ravin en leur recommandant :

« Personne ne doit sortir du piège. Si un *Kinh* vient jusqu'à vous, coupez-lui la tête.

— Quand donnerez-vous l'assaut ? » demande Bonardi, impatient d'en découdre enfin.

Cho Quan Lo lui jette un regard en biais et de sa voix rugueuse :

« Es-tu aussi pressé de voir couler le sang de tes ennemis ? Dans la guerre, il faut apprendre la valeur du temps qui s'écoule. Les *Kinh* attendent aussi que nous les attaquions. Ils sont impatients de se battre enfin contre un ennemi qu'ils pourront voir. Mais s'il ne se passe rien, s'ils n'entendent rien que les grands vautours qui criailleront au-dessus de leur tête, alors ils deviendront fous. Ils nous insulteront, ils nous défieront. Puis ils nous supplieront de venir les combattre. »

Cho Quan Lo émet un rire cruel qui fait frémir Bonardi :

« Moi, je ne répondrai pas. Ici, quand on respecte un ennemi, on lui promet les supplices les plus grands, parce que l'on honore son courage et sa valeur. Ce serait le déshonorer que de le laisser mourir de faim ou de soif, ou bien même de lui couper la tête d'un seul coup.

« Les *Kinh* sont de mauvais ennemis : je vais les laisser dans leur trou. Ils crèveront lentement comme des chiens blessés ! Et, dans trois jours seulement, mes cavaliers descendront les achever... »

Cho Quan Lo a tenu parole. Il a fait allumer des feux immenses tout au long des lignes de crête, que les Viets peuvent apercevoir au fond de leur gouffre. Par trois fois, ils ont tenté d'escalader les éboulis, du côté des Mans qui les ont repoussés à la carabine et à la mitraillette, du côté des Méos qui les ont dispersés par des feux de salve tirés avec leurs fusils artisanaux chargés à mitraille.

Seuls peut-être une centaine d'hommes plus chanceux que les autres ont réussi à franchir les mailles du filet. Le gros du régiment est resté dans l'eau jusqu'aux genoux, guettant dans les broussailles l'arrivée de leurs ennemis, à en avoir les yeux rouges. Mais rien ne s'est produit.

Enfin, à l'aube du quatrième matin, Cho Quan Lo a gravi la colline, sur son cheval harnaché en guerre, protégé des ardeurs du soleil par son parasol de cérémonie porté par son écuyer encapuchonné de rouge. D'une voix forte il a crié :

« Pas de quartier ! Achevez tout ce qui bouge ! »

Puis il s'est élancé, le premier, sur le raidillon qui mène au fond du ravin, tandis que les crieurs, échelonnés de crête en crête, transmettaient l'ordre du seigneur de Pha Long.

Quand ils sont entrés dans la forêt, les Mans ont entonné leur chant de guerre, celui qu'ils n'ont le droit de chanter qu'à la fête de la lune ou dans les grandes occasions. Une sorte de hululement modulé, grandiose et terrifiant. Ils se sont, à leur tour, jetés dans la bataille, encouragés par le rythme des grands tambours de bambou frappés à une cadence démente.

Bonardi a suivi la meute des guerriers mans se précipitant au massacre. Ce qu'il a vu lui a tourné le cœur. Il a rejoint Cho Quan Lo, le suppliant d'épargner quelques hommes, ne serait-ce que pour qu'ils racontent à leurs chefs et qu'ils sèment l'épouvante, mais le Borgne a refusé :

« Je ne veux pas de prisonniers ! Je n'ai pas assez de riz pour mes partisans. Quand ils sont sur mes terres, les Viets massacrent mes hommes et les enfants de mon peuple. Autour de Hoang Su Phy, ils ont brûlé les treize villages qui avaient aidé les parachutistes. Quand ils capturent un de mes hommes, ils lui ouvrent le ventre et attachent ses entrailles à la queue d'un porc. Nous ne pouvons leur faire grâce : ils ne sont pas de notre race. »

Lorsque la nuit est tombée sur la vallée de la Nam Quan, les guerriers mans se sont assis, à bout de force. Ils n'ont même pas pu étancher leur soif : l'eau de la rivière était pleine de sang. Bouleversé, Bonardi a pris contact avec Hanoi. Il a transmis, à l'intention personnelle du général Salan, le message que lui a dicté Cho Quan Lo :

Deux bataillons viêt-minh anéantis à trois heures de marche de Chan Muong. Aucun survivant. Important butin : 1 200 fusils et 80 armes lourdes ont été récupérées. Laï Chau n'est plus menacée. Signé : Œil Noir.

33

La nuit tombe lentement d'un ciel plat que n'irise pas un soleil noyé de brume. Dans l'air immobile, entre les branches muettes, le friselis des ailes des oiseaux regagnant leur nid prend des proportions énormes. Du sol, une humidité tiède d'humus en décomposition suinte des herbes tassées sur leur lit de feuilles mortes et fait luire, d'une phosphorescence blême, la mousse bleue accrochée aux racines.

A travers une étroite cheminée entre les frondaisons, le sergent-chef Dupuy regarde la trouée du ciel violissant.

« *Pepoua... bê !* »

Les quatre syllabes agissent comme un miracle. Jusque-là figés, les Hrés s'accroupissent. *Pepoua... bê ·* permission de faire cuire le riz.

« Sans vent, précise Dupuy à Isaac, son adjoint. Nos fumées risquent de se voir de loin. »

En brousse, tout est signe : l'odeur épicée des branches sèches, la fumée bleutée d'un campement. Aussi les Hrés enterrent-ils leurs foyers au fond de tunnels de cailloux. Dans la clairière, cent éclairs brefs se sont allumés en même temps pour disparaître en rougissant le long des brindilles enflammées. Dans quelques minutes, le parfum tiède du riz en ébullition remplacera celui des feux de bivouac.

Assis l'un près de l'autre, auprès d'un banyan au tronc lisse, aux racines creusées comme un fauteuil, Dupuy et Isaac se taisent, plongés dans leurs pensées. Responsable de sa centaine, Dupuy observe les Hrés entre ses paupières mi-closes, en silence, savourant avec une placidité de paysan cet instant privilégié où tout s'arrête, la journée, la fatigue et la guerre. De temps à autre, l'éclat rougeoyant de la cigarette que fume Isaac à l'abri de sa paume à demi fermée fait apparaître un visage carré, aux lignes accusées, rond et lisse, avec des méplats arrondis. Lyonnais, des cheveux blonds aux boucles courtes tombant bas sur le front, Isaac fait souvent penser à un enfant boudeur. A vingt ans, il n'a pas encore été marqué par la guerre qu'il imaginait différente, pleine de bruits et de fureur, de dangers et d'actes de bravoure.

« Quand je pense, dit-il de sa voix bourrue, que je croyais être un agent secret ! A peine un boy-scout qui campe autour d'un feu de camp... »

Isaac n'est pas réellement déçu. Il constate que l'Indochine ne ressemble guère à l'image qu'il s'en était forgée, un rien d'*Aventure en Birmanie* avec des images de westerns : cow-boys et Indiens, parachutistes et Viets. Mais la nuit est calme et la journée d'hier s'est passée à creuser dans le tunnel de végétation compact comme un mur vert le sentier de la centaine.

Dupuy hausse les épaules, en vieux soldat qui ne croit plus ni aux coups d'éclat ni aux moments de chance.

« Et alors, dit-il, tu ne pensais tout de même pas que tu allais trouver des Viets devant la porte du camp ? Il faut d'abord aller chez eux. Ensuite s'y installer, y être comme chez nous. Pour ça, une seule solution, marcher une semaine, peut-être deux, sans voir personne que le gars qui te précède. Il y a une frontière à franchir, cent kilomètres de forêt, un écran opaque entre les Viets et nous. Il faut passer de l'autre côté. »

Isaac ne renonce pas facilement :

« Il y a longtemps que tu te balades chez les Viets ?

— J'étais là au début avec le père Hentic. Ça fait bientôt un an. D'abord nous ne savions rien d'en face. Avant nous personne ne s'était aventuré loin dans la forêt moï. Il faut dire que c'était décourageant de prime abord. Une forêt vierge, ça ne se laisse pas dépuceler sans résistance. Il a fallu des litres de sueur, des coups de sabre, des journées à se faire bouffer par les moustiques ou sucer par les sangsues pour avancer ! Et puis, peu à peu, nous avons tracé des sentiers, à la boussole ; nous avons relié entre eux les villages par un système d'estafettes hrés. Nous avons créé notre propre système de communications. Maintenant il ne nous faut guère plus d'une dizaine de jours pour nous trouver en pleine zone viet.

— C'est pour quand ? »

Dupuy fait un geste évasif, accompagné d'un sourice placide de paysan qui ne se pose pas de questions inutiles :

« Tu ne verras pas de poteau indicateur. Tu sauras que nous sommes de l'autre côté quand tu verras les premières pistes — très différentes des nôtres pour qui sait lire les signes infimes : traces de coupe-coupe, hauteur des tailles, empreintes de chaussures — quand tu verras les premiers villages carrés. Alors tu découvriras le Viet. Pas celui qui monte à l'assaut des postes en hurlant, mais le Viet chez lui, décontracté, sans méfiance. Pas le conquérant, mais l'occupant laborieux. »

Dupuy se lève pesamment, dégourdissant ses jambes ankylosées par une trop longue station accroupie et, un à un, de sa démarche lourde de paysan, il va visiter les postes de guet. Un seul mot, échangé de part et d'autre :

« *Chêm ?* Qui va là ?

— *Lhem !* Ça va... »

Raflant au passage une gamelle pleine de riz cuit, assaisonné de poisson sec, Dupuy revient, partage son repas avec Isaac. En silence, les deux hommes mastiquent avec application, déjà séparés par le sommeil.

« Tu prends le premier quart ? »

Isaac acquiesce, la bouche pleine.

« Je dors. Tâche de ne pas rater la vacation radio de 10 heures. S'il y a du neuf, réveille-moi. »

Sans attendre la réponse, Dupuy s'enroule dans son poncho de toile bariolée et s'endort d'un seul coup.

Mains sur les écouteurs, Ninh, le radio, concentre son attention à capter les signaux lointains qui se fraient difficilement leur chemin à travers la végétation. En brousse, même les postes puissants, comme la « valise », n'ont qu'une portée dérisoire. En face de lui, le buste ployé dans l'attitude d'un pistard attendant le top du départ, Rhot, l'aide-radio, se tient prêt à empoigner les pédales de la magnéto.

Debout près d'eux, Isaac guette la prise de contact, tout en appréciant le sérieux avec lequel Ninh procède aux vacations. Il y met autant d'esbroufe que de componction, affichant dans ses gestes, un peu trop étudiés, cette supériorité qu'il ressent à l'égard de ses camarades, tout comme sa certitude d'être nanti d'un pouvoir occulte aux rites immuables et sacrés.

Du doigt, Ninh lance Rhot qui s'arc-boute sur ses manivelles,

240

déclenchant une cataracte de couinements, de parasites et de bribes de voix. Ninh assure la prise de contact, cale ses écouteurs, et hoche la tête comme si son interlocuteur était en face de lui. Quelques explications rapides, un « terminé » claironnant. Ninh repose ses écouteurs :

« Capitaine, c'est dire pour nous pas moyen rester ici cette nuit. Il y en a un village viêt-minh pas loin, au nord. Deux heures de marche. Il faut partir de suite et bloquer la forêt au sud du village... Moyen parler avec capitaine dans une heure... »

Fataliste, Isaac hausse les épaules, partagé entre la déception face à la perspective d'une nuit blanche et la satisfaction de savoir qu'il est enfin arrivé. Sans surprise, Dupuy, immédiatement lucide, encaisse la nouvelle :

« Je le connais, ce village ! J'y suis passé voici deux mois. Trois paillotes minables et pas un chat à l'intérieur !

— Alors, ça pouvait attendre demain ? »

Dupuy secoue la tête :

« Non, sans doute. Hentic doit avoir ses raisons. C'est pas le genre à nous réveiller pour des détails. »

Isaac va d'un partisan à l'autre, secouant une épaule, tirant un bras. Les Hrés se réveillent, tantôt d'un bond, tantôt en s'étirant, étonnés de ne pas voir le jour. Fatalistes, ils s'équipent en silence et s'alignent le long de la piste tracée la veille.

« Ici Dupuy, annonce, un moment plus tard, le chef de la centaine.

— Ecoute-moi bien. » La voix du capitaine Hentic parvient au milieu du fading, en vagues, tantôt claire, tantôt voilée comme si une main invisible distordait les distances. « Nous avons récupéré un rombier qui dit appartenir au régiment 803.

— Un régulier ?

— Ça m'en a tout l'air. En tout cas, cela annonce qu'il y a du solide dans votre coin. Quand les Viets déplacent un régiment de soldats réguliers, ils préparent toujours un gros coup... D'après le prisonnier, ils tracent une piste est-ouest pour relier le Laos et la plaine côtière. En principe, elle passe par le village de Ba To, à deux heures au nord de ta position. Tu dois vérifier.

— Et après ?

— Ne te fais pas accrocher ! Le 803 est, paraît-il, à effectif complet, trois mille *bo doï* au moins. Tu ne fais pas le poids. Tu regardes et tu t'étouffes...

— Compris. Je vous rends compte à la vacation de 10 heures du matin ?

« — O.K. Je viens sur toi. J'y serai dans la soirée. Bonne chance ! »

Il y a maintenant trois heures que la colonne a repris sa progression. Déjà difficile dans la journée, elle présente, de nuit, des problèmes presque insurmontables. Pour ne pas tourner en rond malgré la boussole, seule indication valable, Dupuy est obligé d'adopter un train d'escargot qui ne doit pas excéder les deux cents mètres à l'heure. La colonne avance avec une lenteur désespérante, chaque partisan tenant dans sa main gauche un pan de la chemise de celui qui le précède.

Après huit heures de marche, quand le jour se lève enfin, Dupuy se permet un sourire. Il a amené ses hommes exactement à l'endroit prévu, en bordure d'une minuscule clairière au fond d'une vallée étroite, nappée de brume.

« Une clairière, grogne Isaac, c'est vite dit ! Je ne vois toujours pas le ciel. »

Sans répondre, Dupuy montre à travers les fûts espacés des arbres, la tache claire d'un toit de paillote, plate et jaune.

« C'est ça, ton village de Ba To ? »

« — Qu'est-ce que tu attendais ? Un gratte-ciel avec des enseignes au néon ? En brousse, la moindre *nhim*, la plus petite cagna est le plus utile des repères... »

Isaac va répondre. Un geste de son camarade, la main sur son bras, l'interrompt. Tous les Hrés sont figés, attentifs comme des chiens à l'arrêt. Insolite dans cette brousse compacte, au milieu des cris d'oiseaux ou du grésillement des insectes, un air de flûte leur parvient. Isaac imagine le musicien, un Viet sûrement, ignorant le danger qui le menace et qui meuble une longue garde en rêvant, son pipeau aux lèvres, à son village du Delta, mauve et ocre sous le soleil.

Dupuy, lui, n'a aucune imagination. Il se borne à traduire en ordres clairs les informations qu'il reçoit ou les observations qu'il fait : pour lui, la musique signifie qu'il y a du Viet en face et que celui-ci n'a pas détecté les partisans.

« Hogne et Mine ! »

Les deux pisteurs du groupe s'approchent, le visage fendu d'un grand rire muet. Ils savent déjà ce que le *xep* attend d'eux. Aussi les ordres sont brefs, accompagnés d'un geste de la main :

« Voir. » La main de Dupuy se met en visière sur ses yeux. « Compter. » Les doigts s'écartent. Hogne et Mine encensent du menton. C'est un jeu pour eux que de se couler à travers les branches et les lianes, ou de se hisser au tronc d'un arbre. Ils n'ont jamais fait autre chose que de guider ainsi, depuis toujours, leur tribu ou leurs chasseurs sur la trace du gaur ou du cerf-cheval.

Ils reviennent presque aussitôt, le même sourire découvrant leurs dents, limées en pointe :

« *Mou linh Klouï* ! Des soldats viêt-minh.

— *Ban nhu ?* »

Les deux mains s'ouvrent deux fois. Vingt hommes.

« Ça va, murmure Isaac. Une seule section. On va pouvoir se la farcir.

— Il y a des femmes avec eux ! »

Ninh, le radio, est intervenu. Hogne et Mine décrivent les femmes avec les gestes éternels du mâle dessinant dans le vide des courbes harmonieuses.

« Hogne dit que les femmes sont des Bahnar, des sauvages qui ne savent rien faire d'autre que de baiser... »

Les deux Français éclatent de rire. L'idée que les Viets auraient installé une maison de passe en pleine jungle leur semble irrésistible. Ninh insiste.

« On y va quand même », décide Dupuy.

Sans être vu des sentinelles, le petit groupe choisi par Dupuy pour opérer la reconnaissance jusqu'à Ba To pénètre d'un bond dans la plus grande des paillotes. Une seconde, l'affolement règne parmi les Viets, mais, rapides, les Hrés se sont emparés des armes des six soldats qui somnolaient sur leurs bat-flanc, bercés par la mélopée de la flûte.

Dupuy inspecte la paillote, sonde le sol du talon pour y déceler une éventuelle cache.

« On embarque tout le monde », dit-il.

Un homme se détache du troupeau des prisonniers. Grand, maigre, les cheveux grisonnants, il n'a pas cet air soumis ou accablé des vaincus, mais l'assurance altière d'un homme qui a l'habitude du commandement. En un français presque sans accent, il se plante devant Dupuy :

« Je suis content que vous soyez venu, monsieur l'officier. D'ailleurs, je vous attendais...

— Depuis quand ?

— Hier soir. Je savais que vous étiez dans la région et vous voyez que je n'ai rien dit...

— Qui êtes-vous ? »

L'homme sourit, préparant son effet :

« Je m'appelle Xung Khaï. Peut-être avez-vous entendu parler de moi ? J'étais député de la population Hré de la première Assemblée constituante de Hanoi. J'étais un ami personnel du président Hô Chi Minh, mais nous sommes brouillés maintenant. »

Bouche bée, Dupuy a du mal à conserver son sérieux. Il a peine à croire qu'en pleine jungle, un vieux politicien en loques puisse tranquillement parler de sa « brouille avec Hô Chi Minh » comme s'il s'agissait d'un événement banal. Xung Khaï reprend, avec un sourire contraint cette fois :

« Je vous attendais, je vous l'ai dit. Je souhaite rentrer avec vous : il faut l'autorité d'un ancêtre sur votre village pour attirer la bienveillance des esprits.

— D'accord ! » Dupuy se détourne, rameute ses hommes : « On embarque tout le monde !

— Quoi ? proteste Xung Khaï, offusqué. Vous n'allez tout de même pas emmener aussi ces femmes banhar ? Ce ne sont que des prostituées.

— Peut-être bien, réplique Dupuy, visage fermé. Mais nous ne laissons jamais de témoins derrière nous. Alors je les emmène ou je les bute. Moi, je préfère les emmener. » Il tend sa carabine à l'ancien député. « Butez-les vous-même si vous voulez. »

Arrivé dans la soirée avec le gros du commando, Le Nabour a attrapé le fou rire de sa vie :

« On fait une drôle de guerre ! » réussit-il à articuler, entre deux hoquets. « Un sacré bilan que tu as ramassé là, mon pauvre Dupuy ! Cinq putes et un député ! Y a pas à dire, t'es un héros ! Franchement, ça vaut une citation.

— Ferme la, Le Nabour ! l'interrompt Hentic. Mois je ne vois qu'une chose. Le groupe de Dupuy a investi un village sans y laisser de plumes. Il y aurait eu un bataillon que ça ne changeait rien : c'étaient les Viets qui étaient surpris. Tu devrais comprendre : la forêt est avec nous, et c'est ça qui compte. »

Hentic s'éloigne, à grands pas, comme un bulldozer. Il a du mal à conserver son sérieux. L'incident est cocasse, mais il traduit exactement la réalité : désormais, l'insécurité règne sur les arrières du Viêt-minh. Ceux-ci ne resteront pas longtemps sans réagir ; ils ne vont sûrement pas tarder à mettre en ligne leurs réguliers du régiment 803. Des adversaires coriaces, spécialistes de la guerre de jungle.

« Enfin des soldats à notre taille ! » affirme sans rire le lieutenant de Montauzan. »

Un regard bref du capitaine Hentic :

« Ne sous-estimez pas l'adversaire. Pourtant vous avez raison. Notre mission est remplie car nous avons inversé les rôles. Nous sommes devenus les Viets des Viets, des rebelles contre lesquels ils lancent leurs forces de maintien de l'ordre ! »

34

Assis, immobile, le buste droit, les paupières mi-closes formant une mince fente, le capitaine Hentic semble d'une humeur de dogue. Trois fois, depuis le début de la journée, ses officiers ont essayé de lui tirer un mot. Trois fois ils n'ont obtenu qu'un clappement agacé des lèvres.

« Mais enfin, mon capitaine, insiste Montauzan de sa voix distinguée, il faudrait tout de même nous dire pourquoi vous boudez... »

Le mot fait éclater Hentic :

« Bouder ? Vous croyez que je boude ? Je ne suis pas une douairière, moi... »

Montauzan rosit imperceptiblement. Il passe sur l'extrémité pointue de son nez un index distrait, signe, chez lui, d'une intense confusion :

« Je ne voulais pas exactement dire ça, mon capitaine, mais ça fait presque trois heures que le commando attend, sans bouger... »

Hentic lui glisse un regard en biais.

« Et alors ?

— Alors, mon capitaine, nous nous demandions si une phrase de nous ou un fait quelconque vous avait blessé ? Nous ne demandons qu'à nous excuser... »

Hentic éclate de rire :

« C'est ça, mon vieux, excusez-vous, ne vous gênez pas. Ça nous fera passer une heure ou deux, mais ça n'avancera pas la solution d'un centimètre. Nous sommes en zone viet. Bon. Maintenant, on peut y grenouiller à l'aise. Parfait. Seulement un régiment régulier viet grenouille, lui aussi, dans notre zone...

— Le 803 ? Je sais...

— Il ne suffit pas de savoir ! Il faut découvrir où le 803 se trouve exactement, ce qu'il fabrique, et où il va. Je ne tiens pas à m'y cogner sans l'avoir prévu. Je souhaite également qu'il ne fasse pas écran entre les lignes amies et nous, sinon notre retour risque d'être singulièrement délicat...

— Envoyez des reconnaissances, suggère le lieutenant, décontenancé par la vivacité de l'explication.

— Merci, c'est fait ! Pendant que vous dormiez j'ai désigné un petit groupe pour passer le coin au peigne fin. Vous serez satisfait d'apprendre que je ne boude pas : j'attends le retour de Ngô... »

Un bruit lointain de fusillade éclate en direction du sud-ouest.

« Radios ! ordonne Hentic. Tâchez de capter du viet ! Il y aura sûrement quelqu'un pour rendre compte... »

Le caporal C..., un petit Corse maigre et noir, manipulateur formé à la « Centrale », accroche rapidement l'émission ennemie :

« Sommes tombés sur élément français au carrefour de pistes en bas de la vallée, nasille le radio viet. Deux tués de notre côté. En face, pertes non dénombrées. Sans doute importantes... »

Presque aussitôt, la fusillade reprend, tandis que la voix du Viet monte à l'aigu, presque hystérique :

« Ça y est ! L'élément français est encerclé ! Nous allons l'anéantir... »

Autour du caporal C..., les visages sont tendus, inquiets, tous les membres du commando savent que Ngô n'est pas de taille à résister à l'assaut de sections de réguliers viets armés de fusils mitrailleurs, lui qui ne possède que six ou sept fusils et deux mitraillettes.

Pendant une heure encore, le radio viêt-minh clame sur tous les tons sa certitude que « l'ennemi » va être détruit. L'encerclement est total à son avis, comme est inéluctable l'assaut final. Le suspense se prolonge, alors que la plupart des Hrés du commando qui comprennent le vietnamien se sont silencieusement agglutinés autour du poste.

Et puis, soudain, la conclusion arrive, inattendue :

« Libérez cette fréquence et taisez-vous ! » commande une voix rocailleuse, à l'accent tonkinois.

Hentic jette un bref regard autour de lui. Une fraction de seconde, il a été tenté d'engager le dialogue avec le dernier interlocuteur, peut-être le chef du régiment 803 en personne. Mais c'eût été une satisfaction dérisoire que de décontenancer l'ennemi, en confirmant la présence dans les parages d'un détachement français.

« Restez sur écoute, dit-il à C... Prévenez-nous s'il y a du nouveau. »

Le reste de la journée se passe dans l'incertitude. D'autant plus que les coups de fusil reprennent, sporadiques, vers midi, pour cesser tout à fait au début de la soirée. Et la radio viet reste désespérément muette.

« Il faudra tout de même envoyer une autre reconnaissance, dit le lieutenant de Montauzan. Je n'aime pas beaucoup savoir le Viet aussi près... »

Hentic hausse les épaules :

« Nous ne risquons rien tant que nous ne bougeons pas. Un régiment comme le 803 mettrait des années pour nous trouver dans cette brousse. Par rapport à lui, nous sommes dans la position d'une aiguille dans une meule de foin. Quelques guetteurs font l'affaire. On décampera si ça se gâte. »

Une main sur l'épaule de son lieutenant, Hentic sourit :

« En revanche, j'ai une idée. Marrante. Je vous en parlerai demain si nous n'avons pas d'autres nouvelles de Ngô. »

Mais Ngô est revenu en même temps que la nuit. Satisfait de sa journée :

« Nous c'est trouver la piste des *Klouï*. Et puis aussi trouver un grand dépôt de riz. Nous tuer les gardiens et mettre le feu...

— Et les coups de fusil ? »

Ngô découvre ses dents limées. Un sourire de loup :

« Quand bambou brûler, c'est faire comme fusil. Peut-être les *Klouï* pas connaître ? Eux c'est tirer contre eux... » —

Hentic approuve. Puis hoche la tête :

« J'avais une idée. Maintenant je sais que nous pouvons la réaliser. » Il rameute ses chefs de centaines, s'accroupit et, dans la poussière, trace un trait vertical. « Voilà, explique-t-il : entre Kontum et nous, il y a le régiment 803. Donc impossible d'aller vers le sud. Mais rien ne nous empêche d'aller d'est en ouest...

— Cela ne nous mènera que chez d'autres Viets ! proteste Montauzan.

— Et puis il y aura le problème du ravitaillement, observe

Cardona avec une nuance de regret. Déjà qu'on la saute avec la livre de riz quotidienne ! »

Hentic secoue la tête :

« Si nous découvrons les dépôts viets, nous pouvons nous ravitailler sans problèmes. Seulement, le régiment 803 ne va pas apprécier la plaisanterie. Que va-t-il faire ? Se retirer de ses positions pour nous donner la chasse. C.Q.F.D. Si nous avons deux jours d'avance, nous serons à Kontum avant qu'ils aient compris ce qui leur arrive. »

Ngô approuve le plan, sans restrictions :

« Pour les Hrés, les raids sur la région du Quang Ngaï sont une vieille tradition ! Nous beaucoup contents recommencer... »

Pendant quinze jours, l'opération se déroule comme prévu. En tête du commando, Ngô et une trentaine de partisans flairent la piste, repèrent les dépôts, observent le mouvement des gardiens et l'emplacement des sections de protection. Ensuite, chacune à tour de rôle, à l'abri du bouclier des deux autres, une centaine donne l'assaut, opère le ramassage du riz nécessaire à l'ensemble des partisans et brûle le reste.

Le premier accrochage sérieux se produit, alors que les éclaireurs de pointe débouchent sur les crêtes dominant la plaine côtière. Très vite débordé, le groupe se replie en désordre, poursuivi par une compagnie ennemie qui manœuvre, comme à la parade. « Nous sommes tombés sur une unité d'instruction, pense Hentic. Ils ont trop de mordant pour être des broussards confirmés. »

« Qu'est-ce qu'on fait ? demande Montauzan par radio. On leur rentre dans le lard ? Moi, je suis placé sur leur flanc et ils ne m'ont pas encore détecté...

— Ne bougez pas, au contraire ! Observez et rendez compte de leurs mouvements. »

Hentic avait raison. Trente secondes et Montauzan annonce :

« Voilà des renforts. Il en sort de tous les côtés. Nous étions attendus... »

Hentic bénit les éclaireurs hrés : si le commando était resté sur la piste, il tombait en entier dans une énorme embuscade.

« Pas un coup de feu ! ordonne-t-il. Quand les Viets verront qu'ils ont frappé le vide, ils reprendront d'eux-mêmes leurs emplacements... On décrochera en souplesse à la nuit. »

Hentic sait qu'il a eu de la chance, mais il comprend aussi

qu'il est pris entre le 803 qui rebrousse chemin à sa poursuite et la nouvelle unité — le régiment 108, il l'apprendra le lendemain — qui boucle les crêtes. La situation devient sérieuse. Le lendemain, les premiers éléments du sud sont signalés sur les crêtes, derrière le commando.

« Ils sont cinq ou six mille et nous sommes quatre cents, constate Hentic. Notre but est atteint : mettre le bordel en zone viet ! Ils seront obligés de tripler l'effectif des gardes autour des dépôts. Autant de moins pour se battre ailleurs.

— Alors ? Que faisons-nous ? »

Hentic lève un sourcil :

« Dispersion générale. Chaque centaine éclatera en petits groupes. A Dieu vat... On se retrouve à Kontum. »

« En pays hré, constate Ngô, les *Klouï* sont des étrangers. Ils n'osent pas sortir des pistes qu'ils tracent, de peur de se perdre ou de tomber sur nos pièges. »

A travers le filet serré des réguliers viêt-minh, par deux ou trois hommes, de nuit, de jour, au fond des vallées ou sur les crêtes, le commando réussit à passer par les passages secrets de chasse que les guides connaissent bien.

Le 12 février 1952, il est rentré au complet à Kontum. Le raid en zone profonde viêtminh a duré neuf semaines.

Dans son bureau, Hentic rédige le rapport destiné aux patrons du G.C.M.A., quand un coup, frappé à la porte, lui fait relever la tête.

« Oui ? »

Le sergent Le Nabour est en grande tenue. Il salue, réglementaire, avec un rien d'affectation dans la présentation.

« Toi, tu as encore fait une connerie, grommelle Hentic en posant ses mains de part et d'autre de sa feuille de papier.

— Pas moi, mon capitaine ! Il s'agit des filles ; vous savez, les putes qu'on avait ramenées de la dernière opération.

— Et alors ? »

Le Nabour râle. Sa tête carrée se balance de droite à gauche, participant à l'indignation du sergent :

« C'est dégueulasse ! Les gendarmes les ont ramassées pendant qu'on était partis. Ils les ont flanquées en cabane pour leur faire passer la visite médicale. Ils m'ont dit qu'ils veulent les mettre en carte ! »

Hentic lève la main, signe qu'il n'a pas envie de se perdre dans les détails. Puis, d'une voix lasse :

« Ecoute, Le Nabour, tes filles, je m'en fous ! Alors, tu sais ce que tu vas faire ? Me foutre la paix. Et si tu veux récupérer les putes, débrouille-toi. Tu n'as qu'à attaquer la gendarmerie de Kontum. Je suis commandant d'armes et je te donne l'ordre de tester la qualité de ses défenses. Mais ne me casse pas les pieds pour des bricoles ! J'essaie de travailler sur des choses sérieuses ! »

Le Nabour sort, avec un air de satisfaction peint sur le visage. Hentic a enfin donné le feu vert pour une action de représailles contre les pandores dont le commando subit depuis des mois les avanies sans riposter.

Le sergent rameute ses copains. Sa voix forte parvient à Hentic, alors qu'il rédige les conclusions de son rapport :

« La preuve est faite que nous pouvons réoccuper durablement des territoires contrôlés par le Viêt-minh, sinon avec des troupes classiques du quadrillage, du moins avec des partisans (minorités ethniques ou montagnardes) qui parviennent à créer des zones d'insécurité importantes où l'adversaire est obligé de distraire des effectifs considérables à la garde des points stratégiques, des pistes, des villages ou des dépôts. Multipliées et systématisées, de telles entreprises pourraient arriver à diminuer le potentiel offensif des communistes, notamment dans des régions où la forêt et la population favorable assurent un refuge à nos commandos... »

Cinquième partie

SUR LE FIL DU RASOIR
Février - décembre 1952

35

« Sur la carte, nous avons à peu près effectué deux cents kilomètres... »

Groupés autour du capitaine Hentic, les gradés européens hochent la tête, impressionnés par la performance accomplie. Partis le 19 février 1952, ils sont allés vers l'ouest, jusqu'au Laos, en suivant une piste récemment taillée au coupe-coupe, droite comme un « boulevard », qui escalade crêtes et collines, sans dévier d'un pouce.

La veille, ils ont franchi la Sé Kamane, une rivière aux eaux calmes qui descend, paisible, vers le plateau d'Attopeu, au Laos. Pour une fois, les Hrés se sont montrés étrangement craintifs.

« Cette rivière est sacrée, a expliqué Ngô. Elle abrite les derniers lamantins du monde. Des créatures de légende, moitié poisson, moitié homme, ou plutôt moitié femme. Les femelles ont des seins et de longs cheveux, et l'on assure qu'elles pleurent de vraies larmes et poussent des sanglots déchirants quand on les pourchasse. »

Le commando n'a pas vu de près les fameux lamantins, tout au plus, à la fin de la journée, quelques silhouettes confuses qui s'enfuyaient vers le nord.

« On dirait plutôt des phoques ! » a observé Isaac, sceptique.

Dans leur raid, les hommes du capitaine Hentic ont surtout relevé les emplacements, nombreux, de futurs villages, des tracés sommaires d'itinéraires orientés vers le sud.

« Nous allons rentrer, décide le capitaine. Mais nous emprunterons un autre chemin. Je ne tiens pas à tomber dans des embuscades... Et puis... »

Jetant un regard circulaire, il observe ses hommes. Deux mois de brousse les ont transformés. Sales, hâves, les vêtements en lambeaux, des barbes drues, ils sont sérieusement éprouvés.

« Et puis, vous avez besoin d'un peu de repos... »

Un froissement de feuilles détourne l'attention. Ngô arrive, haletant, les yeux brillants d'excitation :

« Capitaine, c'est venir très vite ! Moi trouver piste très grande avec beaucoup les *Klouï* dessus...

— Des pistes, soupire Isaac, en aparté. On ne voit que ça depuis des jours. Comme si c'était une nouveauté.

— Ça n'est pas pareil. Piste très, très grande. » Ngô étend ses bras, distend ses mains, comme pour indiquer l'aspect monumental de ce qu'il a vu. « Moyen faire rouler camions... »

Hentic siffle, impressionné. Un peu sceptique malgré tout :

« Ce ne serait pas plutôt une trace d'éléphant ? »

Ngô pince les lèvres, offensé. Comme si un Hré ne savait pas ce qu'est une trace d'éléphant !

« Moi c'est pas trompé ! dit-il, d'un ton définitif. Vous c'est moyen venir voir. Mais c'est faire attention, il y a beaucoup les *Klouï*... »

La piste découverte par Ngô plonge les Européens dans la perplexité la plus grande. Jamais, depuis qu'ils opèrent en zone viêt-minh, ils n'ont rencontré d'ouvrage aussi important. Tout est étudié, depuis le tracé des courbes et des rampes, jusqu'au camouflage aux vues aériennes et à la dispersion. Il s'agit tantôt d'un tunnel serpentant entre les arbres les plus gros, large d'une dizaine de mètres et dont les passages bourbeux sont étayés avec des baliveaux liés entre eux, tantôt d'une série de petits chemins se diluant dans la forêt pour se rejoindre et former une large avenue au passage des radiers sur les gués.

Mais ce qui impressionne le plus Hentic et ses officiers, c'est encore la main-d'œuvre requise pour cette œuvre gigantesque. De nombreux sentiers d'homme conduisent à des villages disséminés dans les clairières gardées comme autant de forteresses. Plusieurs milliers de travailleurs, soldats et coolies, habitent dans cette région inhospitalière, vivant de quelques poignées de riz amenées à dos de porteurs depuis la Cochinchine à travers des sentiers de contrebande.

Pendant deux jours, le commando au complet, éparpillé le long de la piste, prend des croquis, établit des relevés topographiques, note des observations sur les effectifs, l'infrastructure militaire de l'ouvrage, les relèves, les sentinelles, les postes de guet.

« A quoi peut servir un tel travail ? demandent les gradés.

— Ça me paraît évident, réplique Hentic : les Viets n'ont pas renoncé à la conquête du sud. Mais elle se fera depuis le nord. Ne pouvant utiliser la plaine côtière pour amener leurs troupes à pied d'œuvre, ils ont choisi la jungle du Laos. Dans quelque temps, bien malin qui pourra interdire à cette route d'être opérationnelle.

« Raison de plus pour nous dépêcher de rentrer, suggère Montauzan. Il faut signaler au plus vite cet objectif, comme une cible prioritaire pour notre aviation. »

Hentic approuve. Il vient de comprendre la stratégie de Giap. Comme les pièces d'un puzzle qui se rassemblent, les observations fragmentaires du commando prennent maintenant tout leur sens. Depuis des semaines, les Hrés ont découvert des villages viêt-minh apparemment sans objet, des troupeaux théoriquement sans intérêt, des dépôts sans raison tactique. La découverte de la route leur donne une autre portée. Tous ces villages, ces troupeaux, ces dépôts témoignent d'un plan à longue portée : les Viets préparent l'invasion du sud et jalonnent à l'avance l'itinéraire de leurs divisions. Le haut commandement français escompte sur les difficultés du ravitaillement en forêt montagnarde. Giap a déjà résolu le problème.

Le 4 mai 1952, le commando au complet est rassemblé en bordure de brousse, près du Song Ha, en vue du poste de Komplon, quatre-vingts kilomètres au nord de Kontum.

« On arrive. C'est pas trop tôt », soupire Montauzan.

« Demain nous passerons cet arroyo », décide Hentic après un bref coup d'œil sur sa carte. « En principe, un bataillon régulier, le 1er bataillon montagnard, nous attend sur les pitons de l'autre côté de la vallée. Sauf gros pépin, il nous couvre suffisamment au débouché de la vallée. »

Une heure plus tard, la liaison radio est établie entre le 1er B.M. et le commando.

« Rien à signaler », affirme le chef de l'élément de recueil.

Prudent, Hentic inspecte le terrain à la jumelle. En face de lui, une longue plaine plate monte en pente douce vers la crête dominée par deux petites éminences boisées. Un coin idéal pour une embuscade.

« Si les Viets nous attendent, dit Montauzan, c'est là. »

C'est là en effet. A la vacation de 9 heures, les montagnards confirment :

« Il y a entre nous une petite compagnie viet qui nous taquine », dit une voix distinguée.

Hentic grogne :

« Amusez-vous avec elle ! Mais faites attention, les Viets sont solides dans le coin... »

Rien ne répond, qu'un silence méprisant. Pour l'officier qui commande les montagnards, le Viet ne peut être qu'un adversaire négligeable. Mais Hentic est décidé à prendre les précautions nécessaires. Il essaie de se faire confirmer la position du bataillon ami :

« Nous tenons le piton 685.

— Et l'autre ?

— Sans intérêt. Il y a trop d'arbres pour constituer une base de feu importante. »

Hentic se fâche. Il sent venir le pépin :

« Occupez le second piton avant la nuit ! »

A dix heures du soir, piteux, le commandant des montagnards avoue :

« Impossible. Il y a un fort effectif retranché sur la montagne. Avec des armes lourdes et des mortiers... »

Hentic se retourne vers ses gradés :

« Une compagnie de Viets qui le taquinait ! Nous allons avoir affaire à dure partie. »

En quelques mots, il donne ses ordres pour le lendemain :

« Le commando sera fractionné en quatre parties. Franchissement séparé. Un kilomètre entre chaque centaine. Je veux mettre les chances de notre côté. En face, il y a du solide et il ne faut pas compter sur les montagnards. Encore heureux s'ils sont toujours là demain matin. J'ai l'impression que les Viets vont profiter de la nuit pour les déloger de leur piton. Alors, chacun pour soi. On marchera au canon. Toute centaine qui ne sera pas accrochée se portera au secours du voisin. Vu ? »

Tous les gradés approuvent. Cérémonieusement, Ngô sort de son sac une gourde de métal, la montre à la ronde :

« C'est Chinois faire pastis pour moi. Moi garder pour le dernier jour... »

Avec d'infinies précautions, comme s'il s'agissait d'un rite magique, Ngô verse le « pastis » dans un quart réglementaire, sans eau. Ensuite, d'une petite bourse de cuir pendant à son cou, il sort quelques cailloux ronds qu'il jette dans le quart.

« Les cailloux sacrés, explique Dupuy. Ce sont des pierres du Song Hré, le fleuve qui traverse le pays hré. En abandonnant leurs villages, les chefs ont emporté des cailloux comme symbole de leur terre, comme espoir de leur retour. »

Doucement, à petits coups du poignet, Ngô fait tourner l'alcool dans le quart. Puis il le lève, le salue et le tend à Hentic. Le capitaine boit une gorgée, rend le quart. Alors successivement, Ngô présente le pastis à la plupart des gradés, au hasard. Enfin, il avale la dernière gorgée et range le quart.

Hentic fronce le sourcil. Ngô a ignoré deux officiers : Montauzan et Cardona.

« Pourquoi n'as-tu pas donné à boire aux deux lieutenants ? Ce n'est pas aimable de ta part, pour de bons camarades... »

Ngô ne répond pas tout de suite. Mais, prenant le capitaine à part, il lui explique :

« Moi, c'est voir la mort dans le fond du verre, avec les cailloux sacrés. Et, demain, Montauzan et Cardona c'est morts. Si tout le monde boire après eux, c'est grand malheur pour tout le commando... »

Hentic ne répond pas. Son scepticisme naturel lui donne envie de hausser les épaules, mais il a appris à respecter les croyances des Hrés. A grands pas, visage lisse, inexpressif, il se dirige vers les chefs de centaines, les répartit lui-même aux abords du fleuve. La seule chance du commando est que les Viets ne les aient pas encore détectés. Les *bo doï* attendent mais ne savent pas exactement à quel moment les Hrés tenteront le franchissement.

Pendant la nuit les hommes ne dorment guère. Ils entendent, loin au sud, les fusillades entre les Viets et les montagnards. Manifestement, l'ennemi essaie de s'assurer le contrôle du piton.

Au lever du jour, la voix du commandant dans le poste radio est moins distinguée, plus lasse. Celle de quelqu'un qui a passé une nuit difficile :

« Nous avons réussi à nous maintenir sur 685 au prix de pertes sérieuses. J'ai l'impression que les Viets sont bien armés. Nous avons affaire à forte partie. Quand comptez-vous arriver ? »

Hentic consulte sa montre. Il est 9 heures du matin. Les montagnards sont à moins de cinq kilomètres.

« J'essaierai d'être chez vous vers midi. »

A 9 h 15, Hentic et son groupe de commandement prennent position en base d'appui-feu au bord du Song Hré. En même temps, un groupe entraîné par Ngô passe l'eau en souplesse et établit une tête de pont sur l'autre rive. A 9 h 30, les quatre centaines, chacune séparément, entament la traversée. Deux d'entre elles y parviennent sans encombre mais les deux autres sont sévèrement accrochées par des Viets retranchés dans des rochers sur la rive sud. Immédiatement, Dupuy et Rouquette, qui se sont regroupés, donnent l'assaut, prenant l'ennemi de flanc. Montauzan et Cardona peuvent franchir à leur tour.

« Et voilà le travail, dit Le Nabour, trempé mais heureux. Le plus dur est fait. »

Hentic plisse les lèvres. Les Viets ont manœuvré trop vite. Ce qui laisse à penser qu'ils n'étaient pas nombreux, juste une sonnette chargée de prévenir le gros des forces. De fait, dès que les premiers éclaireurs débouchent dans la plaine, ils sont accueillis par un feu nourri d'armes automatiques de gros calibre. Retranchés sur le piton occupé depuis la veille, les Viets ont établi des tirs préréglés qui balaient le glacis.

« Manœuvrez sur la gauche ! ordonne Hentic. Ça ne sert à rien de riposter, ils ont des mitrailleuses lourdes. »

Il faut passer, Hentic en est persuadé. Et vite, car, s'ils arrivent à fixer le commando à la lisière de la plaine, le dos à la rivière, les *Klouï* pourront procéder à un matraquage de mortiers.

« Mortiers ? Vous ne pensez tout de même pas que... »

Le lieutenant de Montauzan trouve son capitaine trop pessimiste. Mais Hentic :

« Ils avaient des mitrailleuses lourdes. Pourquoi pas des mortiers ? A mon avis, nous avons en face de nous un bataillon de réguliers. Attendez-vous à un assaut en règle si vous n'avez pas franchi les deux kilomètres de plat avant une heure ! »

La centaine du sergent-chef Dupuy est chargée d'ouvrir la progression. Ses partisans s'égaillent dans les herbes, en rampant, un genou en terre, prêts à bondir.

« Pas de finesse, dit Hentic. On n'a rien à défendre, rien à prouver, sinon que nous réagissons au quart de tour. S'agit de battre les 12,7 de vitesse... »

Dupuy sourit, ironique :

« Les jeux Olympiques sont pour bientôt ? »

Au commandement de Dupuy, les Hrés bondissent, courbés sous les rafales, traçant dans les herbes à éléphant — le *tran* —, des sillons rectilignes. Ils atteignent rapidement une dépression où ils s'installent, haletants. Au-dessus d'eux, inoffensives désormais, miaulent les balles de mitrailleuses. C'est alors que les mortiers se déclenchent. Il faut repartir : les Viets ont procédé à des repérages et les coups tombent juste.

De la voix et du geste, parfois relevant brutalement l'un des partisans craintif, recroquevillé sous le déluge de fer, Dupuy remet ses gens debout, les propulsant en avant d'une brusque poussée dans le dos. Enfin, la centaine parvient au défilement de crête, à l'abri de bosquets d'épineux. Dupuy soupire, se retourne vers Isaac :

« Je pense que nous avons battu des records... »

Isaac approuve, entre deux respirations :

« Sans compter qu'on a attiré sur nous le tir des armes lourdes. Reste à espérer que les autres en auront profité. »

Des cris, des bruits de galopades, des souffles oppressés ; la deuxième centaine — Rouquette — est arrivée jusqu'à eux.

Mais, derrière, les deux autres centaines se font terriblement accrocher. Il y a des pertes importantes, et Hentic, qui a tenu à rester en queue pour rameuter les retardataires, le constate en remontant sa colonne de commando. Une dizaine de morts, deux fois plus de blessés.

« Et Montauzan ? » demande-t-il à Le Nabour.

Le géant baisse la tête :

« Tué, sitôt sorti de la brousse. Nous avons ramené son corps. Un éclat en pleine tête... »

Inquiet soudain, pensant à la prédiction de Ngô, Hentic se précipite vers Driezen qui traîne sur ses talons les rescapés de la centaine de Cardona :

« Le lieutenant ? »

Driezen grimace :

« Pas beau à voir, mon capitaine ! Il a pris un obus de mortier sur la gueule. J'ai récupéré le maximum, mais il en manque un peu. »

Hentic a ramené le corps de ses deux officiers à Kontum, puis le commando leur a rendu les honneurs militaires. Ensuite, le capitaine est rentré dans son bureau. Pour lui, l'hommage à ses deux lieutenants ne prend sa valeur que dans la solitude et la réflexion. Montauzan et Cardona ne sont pas morts pour rien : ils ont découvert la piste Hô Chi Minh. Une piste qui, pendant longtemps, aujourd'hui encore, constituera le cordon ombilical des troupes de Giap dans toutes leurs attaques vers le sud.

36

Après deux heures de vol au-dessus de la vallée du fleuve Rouge, le *Dakota* s'est enfoncé entre les vallées étroites du massif de Pa Kha. Dans la cabine de pilotage, le radio est soudain devenu très attentif.

« Ecoutez-moi ça, dit-il enfin. Ça grouille de Viets ! »

Le radio tend le casque au capitaine Vautier, penché sur la carte de la Haute-Région. Le poste capte surtout des crachotements, des sifflements, des parasites craquants et, de temps à autre, des voix nasillardes, pressées, brèves, étrangement proches :

« On dirait des bataillons qui se communiquent leurs positions...

— C'est exact. Notre V.H.F. récupère leurs talkie-walkies, dès que nous passons au-dessus. »

Vautier rend l'écouteur, colle son front au hublot noyé de buée. Sous ses yeux, le moutonnement irrégulier de la jungle, tantôt arrondi, le plus souvent vertical, courant comme une guirlande vers le fond de vallées noires où une eau jaune bouillonne en écume blanche.

« On est encore loin de la D.Z. ?

— Non, hurle le navigateur. Un quart d'heure à peu près : mais je plains vos gus, ils vont tomber en plein sur les Viets. Une chance s'ils s'en tirent... »

Le navigateur se tait d'un seul coup. Avec un claquement qui a résonné comme un coup de gong dans la cabine, un petit trou rond aux bords dentelés est apparu au milieu de la paroi d'aluminium. Un impact. Les Viets.

D'un coup sec sur le manche, le pilote cabre le *Dakota*, prend un virage très serré, sur la tranche. Déséquilibré, Vautier s'accroche à la sangle d'un siège de toile, puis, par réflexe, il regarde du côté des deux jeunes Méos qui se cramponnent, le teint verdâtre, aux montants de métal. Leur parachute sur le dos, les montagnards n'aspirent qu'à quitter l'avion. Dans quelques minutes, ils vont être largués sur le fief de Cho Quan Lo.

L'avion reprend une position normale. Vautier se glisse de biais, en crabe, vers les passagers et demande à Lo Van Theu, qui a tenu à accompagner ses hommes :

« Pas trop de peur ?

— Non. Mes amis sont impatients de retourner dans leur pays. Ils ont du mal à s'habituer au Delta et aux Vietnamiens. »

Vautier regarde longuement, l'un après l'autre, les trois montagnards. Ils lui sourient, comme si c'était leur rôle de rassurer le capitaine. Ils sont habillés en civil, veste bleue et pantalon de toile noire grossièrement tissée. Ils n'ont ni casque ni chaussures, qu'ils ont refusés, surpris même qu'on les leur propose. Seule concession à la sécurité, de vieux chapeaux mous, déformés en cloche, qu'ils ont enfoncés jusqu'aux oreilles et, autour des chevilles, des guêtres anglaises, en toile kaki, incongrues comme un nœud papillon sur le torse nu d'un roi nègre.

« Il y a beaucoup de Viets ?

— Oui. »

A la question de Lo Van Theu, Vautier a décider de répondre franchement. Il n'a pas le droit de mentir à des hommes qui vont risquer la torture et la mort.

Le Van Theu hoche la tête lentement, traduit la question et la réponse. Les deux Méos accueillent la nouvelle avec indifférence. Eux aussi ont choisi. Vautier pense qu'ils subissent aveuglément : ils n'ont même pas un regard de curiosité pour le paysage qui défile de l'autre côté des hublots.

Vautier y jette un œil machinal. Il voit passer, haute sur son piton envahi de lianes, la carcasse noircie du poste de Hoang Su Phy, puis la vallée noyée de brume, puis l'amorce d'une autre montagne. Pha Long n'est pas loin.

Vautier regagne le poste de pilotage. Le *Dakota* avale lentement la montée abrupte. La cime des arbres se rapproche, de plus en plus nette. Le *Dakota* grignote mètre après mètre, et le pilote, qui tire lentement sur le manche, semble porter à lui seul l'effort de son appareil.

« Bon Dieu, gronde le navigateur, on va se foutre la gueule sur le calcaire ! »

Vautier a la pénible impression que le *Dakota* est à bout de forces. La montée n'en finit plus. Au profil presque vertical de la montagne s'oppose la marche horizontale de l'avion. L'accident paraît inévitable. Dents serrées, le pilote tire encore le manche. Les moteurs peinent, font gémir les ailes qui protestent de tous leurs rivets malmenés.

« Un arbre ! »

Il a jailli, pratiquement sous le nez du *Dakota*, et ses branches supérieures caressent à coup sûr le ventre d'aluminium. Vautier pense qu'un *Junker,* qui n'a pas de train d'atterrissage escamotable, y eût laissé la peau.

La crête est passée. De l'autre côté, la pente plonge droit vers le vide. Un à-pic d'au moins mille mètres au-dessus duquel le *Dakota* semble maintenu par miracle.

« Long Ping ! hurle le navigateur. Mettez vos gus à la porte. Feu vert dans quinze secondes ! »

Les deux corolles blanches ont flotté longuement au-dessus de la vallée, rapidement estompées par la brume. Le *Dakota* ne s'est pas attardé, et Vautier qui s'est couché à plat ventre, tête hors du vide, les a perdues de vue avant qu'elles aient touché terre.

Il a eu le temps de reconnaître, loin sur sa gauche, le piton qui domine Pha Long, mais aucun signe n'en est venu, aucune fumée n'y apparaissait, comme si toute vie avait déserté la montagne.

« Cela ne prouve rien, dit Lo Van Theu. Si Cho Quan Lo est encerclé, il a donné des ordres pour cacher tout le monde. Il est rusé comme un tigre qui a faim.

— J'aurais pourtant aimé qu'il sache que nous ne le laissons pas tomber.

— Il le sait, affirme le chef méo. Il n'y a pas que les Viets qui ont des yeux sur les crêtes. Je suis certain que des cavaliers mans sont déjà en chasse pour retrouver vos... » Il s'arrête et corrige : « *nos émissaires.* Il faut avoir confiance : Œil Noir se débrouillera pour nous donner bientôt de ses nouvelles. »

Pendant un mois, aucune mission aérienne n'a pu être effectuée au-dessus de la frontière, le commandant de l'air en Indochine estimant trop risqué le survol des vallées du 5e territoire par des *Dakota* à bout de potentiel.

La mort dans l'âme, Vautier a dû se contenter de suivre, sur les messages interceptés par les décrypteurs, la progression viêt-minh dans la région de Pha Long-Muong Khuong. Et ce qu'il en apprend ajoute à son inquiétude. Le régiment 148 a pratiquement isolé du fleuve Rouge toute une région naguère tenue par le pirate borgne. Il a été rejoint, sur place, par le régiment 920.

Dans la nomenclature viêt-minh, les unités dont le numéro commence par « 9 » sont spécialisées dans l'action subversive et le renseignement. Plus que des combattants, les hommes qui les composent sont des cadres politiques formés dans les écoles de Moscou ou de Canton qui ont pour mission la propagande, l'organisation des populations et le « retournement » des « égarés ».

« Un euphémisme, dit Vautier : ce sont surtout des tortionnaires qui jouent autant de la bible rouge que du coup de pistolet dans la nuque. Plutôt que de risquer une " trahison " des civils, ils n'hésitent pas à massacrer les villages que nous allons investir. C'est dans ces " régiments de renseignement " que se recrutent les " comités d'assassinat ". Rien ne vaut la torture viêt-minh, le découpage en petits morceaux d'un chef de village pour amener les villageois à résipiscence. »

« Cho Quan Lo est mal parti. »

Vautier se démène, assiège le 3ᵉ Bureau du général de Linarès afin d'obtenir, au moins, un survol de reconnaissance de la zone frontière. En vain :

« Nous ne pouvons pas nous permettre de fantaisie dans ce coin d'Indochine, répond-on. La frontière est si biscornue, si mouvante, si perméable que nous sommes à la merci d'une protestation chinoise. Imaginez qu'ils prouvent qu'on viole leur territoire, et l'on ne peut prévoir les réactions de Pékin...

— Parce que vous pensez que Mao se gêne pour aider les troupes de Giap ?

— C'est seulement une aide limitée. Mais s'il leur prend l'envie de lancer sur nous quelques divisions rouges, avec quoi allez-vous les arrêter ? Avec Cho Quan Lo ? »

La haute stratégie dépasse Vautier. Il ne voit rien, ne sait qu'une chose : par couardise, par lâcheté ou par indifférence, on va laisser assassiner un homme dont le seul tort est d'avoir voulu rester fidèle au drapeau tricolore, et le seul crime d'avoir toujours refusé le moindre fusil, la plus petite grenade, le plus maigre subside.

« Si seulement on lui avait parachuté des canons, des mitrailleuses ou des postes de radio, ce serait différent ! prétend Vautier. Même l'intendance insisterait pour qu'on s'intéresse au sort de son précieux matériel. »

Un planton arrive en courant, portant un pli à la main ; Vautier le prend, l'examine. C'est une enveloppe banale, imprimée en bleu et rouge, portant une publicité pour une savonnette chinoise.

Vautier décachette, déplie la feuille de papier pelure. Lo Van Theu y propose un rendez-vous discret, derrière le quartier chinois, à la tombée de la nuit.

Sous la signature — trois initiales entrelacées — trois petits mots : « *C'est gagné.* »

« Qu'est-ce qui est gagné ? demande, deux heures plus tard, Vautier à Lo Van Theu.

— Khoaï, un des deux émissaires parachutés le mois dernier, a réussi à contacter Cho Quan Lo. Il est arrivé à Hanoï voici deux jours. Le second a disparu à Long Ping. »

Vautier fronce le sourcil. Deux jours déjà, et c'est seulement aujourd'hui...

« Il y a un petit ennui, explique Theu avec une moue contrariée. Je n'ai appris qu'en fin d'après-midi le retour de Khoaï. Et encore par un de ses cousins. Il nous fait dire qu'il ne peut pas nous rencontrer.

— Pourquoi ? »

Lo Van Theu regarde furtivement autour de lui, Vautier l'imite, mais il ne voit, dans ce restaurant sordide, que des nuques penchées ou des profils plongés dans quelque bol de soupe de riz.

« Pourquoi ?

— Parce que... » Lo Van Theu a baissé la voix au point que le capitaine Vautier est obligé d'approcher son visage du sien, au-dessus de la petite table de bois blanc. « ... Parce que les Vietnamiens l'ont mis en prison.

— Qu'est-ce que c'est que cette histoire ? » Vautier s'attendait à tout, mais cette arrestation lui apparaît comme le sommet de l'aberration. « Et d'abord, vous dites " les Vietnamiens ". Quels Vietnamiens ?

— Les militaires. »

Vautier pose ses coudes, et, des deux mains à plat, il tente de remettre la conversation sur ses rails :

« Expliquez-vous. Vous me dites que Khoaï a retrouvé Cho Quan Lo. Bon. Ensuite ?

— Ensuite, il est redescendu en pirogue par le fleuve Rouge jusqu'à Sontay, à trente kilomètres d'ici. Quand il a débarqué, la Police militaire vietnamienne l'a arrêté.

— La Police militaire ? Je comprendrais s'il s'agissait de la

Sécurité : un type qui arrive du territoire viêt-minh. Pourquoi la Police militaire ? »

Lo Van Theu hésite, puis :

« Ils l'ont aussitôt envoyé à Hanoi pour y être incorporé comme soldat d'un bataillon léger. Vous savez ces " T.D.K.Q. ", les Tieu-Doan Kinh-Quoan que l'on forme à tour de bras.

— C'est pas vrai ! » Vautier est accablé. Pour un peu, il en rirait, tellement la situation apparaît folle. « Voyons, dit-il d'un ton qu'il s'efforce de conserver calme : voilà un homme, parachuté seul au-dessus des Viets, chargé d'une mission importante et dangereuse et qui se fait cueillir, bêtement, par une administration militaire qui ne sait comment recruter ses bidasses... »

Il se lève, soudain furieux.

« J'imagine Sorge rentrant de mission, ramassé comme un vulgaire troufion et expédié *manu militari* à la caserne pour faire " une-deux " avec des *nha qués* abrutis ! Bon Dieu, ça ne va pas se passer comme ça ! »

Trois jours plus tard, Vautier fait évader Khoaï du camp d'instruction de Ha Dong. Puis, escorté de Lo Van Theu, il va trouver le général de Linarès :

« Il y a deux façons d'aider Cho Quan Lo, dit-il. La première consisterait à lui faire parvenir munitions et armement. Mais cette formule présente nombre d'inconvénients, à commencer par le risque de le localiser aux yeux des Viets.

— Où se trouve-t-il ?

— D'après Khoaï, Mat Den a quitté son village et a donné à ses sujets l'ordre de se disperser dans les grottes de la montagne. Pour l'instant, les Viets passent les abords de Pa Kha au peigne fin, entre les montagnes et Long Ping. Ils opèrent prudemment, mais Cho Quan Lo ne se montre pas. Il ne tient pas à les affronter de face : les Viets sont près de quatre mille !

— Et lui ?

— En cas de besoin, s'il arrive à rassembler tous ses guerriers, il peut aligner entre quinze et dix-huit cents fusils. Pour le moment, il n'a conservé près de lui que sa garde personnelle, deux cents fidèles seulement.

— La lutte est inégale.

— Certes, reprend Vautier après un instant de silence. Mais, mon général, Cho Quan Lo représente pour nous un immense avantage : avec ses Mans, il bloque près de quatre mille Viets sur la frontière. Des réguliers que nous n'avons pas sur le paletot en Moyenne-Région ou dans le Delta. »

Linarès opine, lèvres pincées, presque convaincu :

« Que suggérez-vous ?

— Une opération en deux temps. En premier lieu, monter une manœuvre de déception. En gros, elle viserait à faire croire aux Viets que nous allons revenir en force sur la frontière. Nous procéderions d'abord à des parachutages fictifs à l'est de Pa Kha, dans le dos du dispositif du régiment 148. En même temps, nos colonnes de partisans monteraient au plus près du fleuve Rouge pour lancer une campagne d'intoxication, en répandant des informations bidons destinées au régiment de renseignements 920. »

Linarès approuve, sans interrompre l'exposé.

« Si tout marche bien, poursuit Vautier, et ça marchera j'en fais mon affaire, les Viets se demanderont : par quelle route les Français vont-ils revenir ? Une seule réponse, compte tenu de notre dispositif : par Laï Chau et les pistes de crêtes. D'où nécessité pour eux, de barrer les points de passage obligé, le col des Nuages vers Lao Kay et le col de Chou Vat, vers Cha Pa. Ils allégeront d'autant la pression exercée autour de Pha Long.

« Nous pourrons passer alors à la seconde phase de l'opération, qu'on pourrait appeler " réactivation ". Elle consistera à reprendre contact avec Cho Quan Lo pour lui demander ses besoins et les lui faire acheminer. Qu'au moins le vieux pirate ne crève pas comme un chien.

— Vous aimez bien Cho Quan Lo, n'est-ce pas ? demande Linarès, de sa voix bourrue. »

Vautier hoche la tête :

« Oui, mon général. Mais ce n'est pas la seule raison qui me fait agir. Je ne suis pas un sentimental, ou, si je le suis, je suis aussi un officier. On m'a envoyé en Indochine pour me battre et je volerais ma solde et la confiance qu'ont mise en moi mes supérieurs, si je ne défendais pas auprès de vous un homme dont le courage et l'attachement à un pays qu'il n'a jamais connu et qu'il aime, peuvent décider du sort de cette guerre ! »

Vautier frappe l'air de son poing fermé, comme pour donner plus de force à ses propos :

« Et puis, mon général, nous sommes sur le fil du rasoir ! Les Viets veulent foncer vers le sud mais, derrière eux, la forêt s'est embrasée. Pour pouvoir nous attaquer, Giap doit d'abord éteindre l'incendie. C'est de nouveau une course de vitesse entre lui et nous ! A cette différence près que, pour la première fois depuis longtemps, nous avons tous les atouts pour gagner... »

Vautier s'échauffe en parlant. Machinalement, emporté par son désir de convaincre, il s'appuie des deux mains sur le bureau du général. Quand il termine, il a son visage à vingt centimètres du grand nez de Linarès.

Le général a écouté attentivement, sans bouger un cil, sans faire un geste, en laissant se consumer dans le cendrier la *Camel* qu'il avait allumée. Impassible, il paraphe une feuille tapée à la machine, timbrée du rectangle rouge *Très secret*. Puis il la rend au capitaine Vautier :

« Voilà votre feu vert. Bien entendu, personne d'autre que le général Salan, vous et moi ne sera au courant. Pour les ordres de missions aériens, voyez directement le général. Je l'avertirai. Au fait, quel nom de code donnerez-vous à cette opération ? »

Vautier prend son temps pour répondre.

« J'ai pensé à un mot qui rappelle phonétiquement celui de notre chef man. J'y vois aussi un présage : celui de la réussite de notre opération intoxe. C'est le mot " chocolat ". »

37

« Ça y est, mon capitaine ! Le 148 fait mouvement vers l'est et le 920 redescend en direction de Lao Kay. »

Avec un sourire épanoui, la P.F.A.T. de 2ᵉ classe Arlette Métivier tend au capitaine Vautier la feuille rose des D.Y., le décryptement des messages ennemis. C'est une robuste Berrichonne au teint coloré, dont l'accent fleure bon la campagne et les yeux reflètent une ancestrale malice paysanne. Championne du chiffre, elle a ce don exceptionnel de flairer de loin les « astuces » de camouflage et s'est taillé une sorte de célébrité dans le service en arrivant à reconnaître, au style ou aux erreurs de chiffre, le responsable viet et l'indicatif de son unité :

« Tiens, dit-elle parfois, c'est *encore* le petit du 3/148 qui est sur l'antenne ! »

Vautier lui arrache la feuille des mains, la parcourt d'un œil rapide et soupire d'aise. Depuis trois semaines il n'a pratiquement pas quitté son bureau, uniquement préoccupé de diriger les partisans thaïs chargés de semer « l'intoxe » sur les arrières, ou de guider les parachutages « bidons » effectués derrière les lignes adverses.

« Ce 5 avril est à marquer d'une pierre blanche, dit-il enfin. Ils sont tombés dans le panneau et partent nous attendre où nous n'arriverons pas. »

Il se lève, cueille d'un geste vif son béret rouge, accroché à la patère murale, et sort en disant :

« Fini le bureau ! Je vais pouvoir maintenant m'occuper sérieusement de notre *Chocolat*. Lui, au moins, a choisi la bonne forme de combat. »

Depuis la mort du général de Lattre — voici trois mois —

le Tonkin semble s'enliser doucement dans le crachin de l'hiver et la boue de la rizière. La bataille pour le Delta se poursuit sans trêve, mobilisant des groupements mobiles avec leurs canons, leurs blindés et leurs régiments d'infanterie, du Bui Chu au Day, de Ha Dong à Ninh Binh. Les opérations ont des noms de fleurs, *Anémone* ou *Chrysanthème*, mais la réalité est moins colorée, moins plaisante surtout. Pour les opérationnels, il y a d'abord la boue, l'eau bourbeuse de la rizière, les villages tonkinois enrobés d'épineux, ceinturés de blockhaus, les marches harassantes et les nuits d'embuscades, tout le quotidien de la guerre au ras du sol, monotone, désespérante parfois.

Le capitaine Vautier ne juge personne. Il n'a ni dédain, ni mépris pour ceux qui font honnêtement (c'est-à-dire bien souvent héroïquement) leur métier. Il regrette seulement qu'en Indochine, on ne fasse pas la guerre qu'il faut.

Très vite, le *Dakota* de l'escadrille *Anjou* s'est arraché de la piste de Gia Lam. Après un passage au ras des poutrelles du pont Doumer, il a crevé le plafond des nuages bas pour émerger, trois mille pieds au-dessus, au ras d'un moutonnement lumineux qui ne laisse passer que les pics chevelus de la Haute-Région. Il fait chaud dans l'appareil, malgré l'hiver et l'altitude car le soleil, qui donne droit sur la carlingue, se moque de la météorologie.

A côté du capitaine Vautier, sanglé dans un uniforme de sous-préfet vietnamien, Lo Van Theu somnole, sa tête ballottant sur sa poitrine. Toute la nuit, les deux hommes ont préparé la seconde partie de l'opération.

Aujourd'hui, leur seule préoccupation est de localiser le campement du pirate borgne et, le cas échéant, de lui adresser des messages destinés à améliorer les futures liaisons. A cette intention, Vautier dispose de deux 536, des talkie-walkies de faible portée, mais qui présentent l'avantage double d'être d'un maniement élémentaire, et d'être inaudibles aux Viets : fonctionnant en modulation d'amplitude, les 536 possèdent des fréquences uniques, prédéterminées par des cristaux. Qui ne possède pas les cristaux correspondants ne peut capter le moindre son.

« Verticale de Long Ping ! annonce le navigateur, accrochez-vous, on plonge ! »

Epreuve redoutable, redoutée d'ailleurs, que celle qui consiste à foncer à l'aveuglette, à travers une couche compacte de nuages, sans visibilité, à l'estime, entre des pitons aigus dont on ne connaît qu'approximativement la position. Le navigateur, responsable du vol, mesure l'étendue de ses pouvoirs : qu'il se trompe de cent mètres, à droite ou à gauche, et le *Dakota* percute la montagne.

Vautier le regarde. Il est blême, tendu, le cou rentré dans les épaules. Impuissant à modifier le destin, il attend.

L'avion abandonne le ciel bleu, plonge au milieu des nuages. Quelques secondes passent, durant lesquelles passagers et équipage ont l'impression de pénétrer dans un gouffre. L'avion descend toujours.

Et puis, soudain, juste devant, à les toucher, jaillissent des arbres, noirs, inquiétants, hostiles. Cramponnés de toutes leurs racines aux parois de la falaise, ils tendent vers l'avion les bras menaçants de leurs longues branches chargées de lianes.

« Regardez ! » hurle Vautier à l'oreille de Lo Van Theu qui s'est allongé sur le plancher de métal, sans égard pour sa tenue officielle et qui a placé sa main en visière au-dessus de ses yeux.

Le pilote a réduit les gaz et défile, au plus près, le long des flancs de la montagne. Une montagne qui cache, entre le fût de ses grands arbres, l'ouverture noire de ses grottes. Mais rien ne se produit que l'envol des vautours, effrayés par le grondement des moteurs que répercute la vallée.

« Demi-tour ! ordonne Vautier au pilote. On recommence ! »

Les aviateurs blêmissent. Un demi-tour au fond de cette gorge étroite équivaut à un suicide :

« On va planter une aile dans le décor !

— M'en fous ! On refait un passage ! S'il y a quelqu'un laissons-lui le temps de se montrer.

— On va être bientôt en limite de potentiel !

— Justement, ne perdez pas de temps. »

La scène s'est répétée une semaine durant. En vain. Et pourtant Vautier ne renonce pas. Il est certain que Cho Quan Lo va comprendre et qu'il fera un signe, un geste, un feu de brousse pour signaler sa présence.

Une semaine durant, du 6 au 12 avril, le même *Dakota* est revenu. Et puis les aviateurs ont renoncé, leur potentiel était trop limité pour leur permettre de se plier aux « fantaisies » de ce bouillant capitaine qui, à leurs yeux, se comporte en général.

En haussant les épaules, Vautier les a quittés. Les *Dakota* sont trop « courts » ? Qu'importe . Il demandera les B 26 de l'aéronavale. Il arrive à Haiphong, explique son problème à l'amiral. Celui-ci bondit :

« Fantastique ! Il y a des années que j'attendais ça ! »

Le 13 avril 1952, Vautier est de retour dans la vallée de Long Ping. Il en connaît maintenant toutes les embûches, tous les recoins, presque toutes les grottes. Lo Van Theu, qui est de chaque voyage, s'est aussi pris au jeu. Il a adapté son habillement aux circonstances et — fonction exige — s'est fait exécuter un treillis « militaire » dans un tissu extraordinaire, dont la teinte hésite entre le vert réglementaire et le vieux rose.

Le 14 avril, le B 26 de l'aéronavale remonte pour la dixième fois au moins en deux jours, la vallée qui mène de Pha Long à Long Ping. Soudain :

« Un type, sur la corniche !

— Pas la peine de gueuler comme ça, réplique le pilote en secouant ses écouteurs, j'ai entendu ! »

Lo Van Theu exulte. Trop. Pour communiquer entre eux, membres de l'équipage et passagers ont été dotés de laryngophones branchés sur le circuit intérieur, installation guère prévue pour les cris d'enthousiasme. Mais Lo Van Theu s'en moque. L'index pointé, il désigne une mince silhouette noire, qui s'estompe dans le lointain, agitant désespérément un morceau de tissu blanc.

« On y va », grogne le pilote, avec une voix traînante, d'une décontraction affectée, à l'américaine.

Il cabre le B 26, effectue un presque-tonneau et revient sur ses pas. A son tour, il pousse un cri d'étonnement :

« Mais c'est un drapeau français qu'il agite, votre type ! »

En effet : pour sa première manifestation, Cho Quan Lo a choisi de faire flotter, sur son réduit, l'emblème qu'il sert fidèlement.

Au troisième passage, par la trappe inférieure, Vautier balance le 536, accroché à un petit parachute, tandis que le marin effectue des 8 autour de l'emplacement du drapeau. Alors commence le dialogue le plus étonnant jamais enregistré dans les annales de la marine. Lo Van Theu entame la conversation, puis la traduit à Vautier qui dicte les réponses, le plus brièvement possible, harcelé par le pilote qui affirme : « Grouillez-vous, on se fait tirer depuis les crêtes ! »

« Ici Mat Den, répète Lo Van Theu. Je suis au contact avec les Kinh.

« — Est-ce que ça va ?

— Oui. Depuis ce matin. J'ai fait nettoyer les abords de la montagne pour être plus tranquille.

— Avez-vous besoin de quelque chose ?

— Oui. Envoyez-moi mille mines antipersonnel.

— Bien compris. Et des armes ?

— Pas besoin. J'en ai suffisamment pour tous les guerriers, mais je manque de munitions.

— On vous en enverra dès demain.

— Alors, ne revenez pas ici, les *Kinh* vont installer des mitrailleuses pour vous tirer. Je vous dirai où il faut larguer le matériel.

— Voulez-vous aussi des mitrailleuses ?

— Non. Si j'en veux, j'irai les prendre en face ! »

Le pilote n'en peut plus. Déjà les gerbes de traceuses encadrent le B 26 d'une façon dangereuse. Il se tourne vers le capitaine Hautier et, la voix désolée :

« Ne m'en veuillez pas, mais il faut abréger. On rentre. »

Le lendemain, 15 avril, c'est un *Dakota* qui est chargé de la mission : le largage du matériel demandé et promis ne peut s'effectuer d'un B 26, et après quelques hésitations, Vautier s'est résolu à emprunter une fois encore le *Dakota* habituel.

Outre les caisses de matériel, le *Dakota* emmène Vautier et Lo Van Theu, mais aussi un photographe du service cinéma des armées, le colonel Trinquier, nouveau patron du G.C.M.A.-Tonkin et un général, Pélissier, chargé, à l'état-major, des renseignements sur la Chine ; deux passages seulement sont prévus. Le premier pour la prise de contact au cours de laquelle le photographe prendre des clichés au téléobjectif. Le second, sur les indications de Cho Quan Lo, sera consacré au parachutage des caisses de munitions. Pour plus de précision dans le largage, les colis ont été groupés en deux fardeaux. Le *Dakota* décolle de Bach Maï le 15 avril à 10 heures du matin. Son ordre de mission, sans numéro, ne comporte qu'une seule indication « *au profit O.P.S. Chocolat* ».

« C'est là ! »

Le navigateur hoche la tête, guidé par l'index du capitaine Vautier, accroupi au coin droit de la portière ouverte. Il désigne, dans le lointain, tout au bout de la vallée, un repli de verdure qui tranche, vert clair sur fond sombre des calcaires. Il fait exceptionnellement beau en ce début d'après-midi et le soleil accentue les contours massifs du Toung Yong Ping, creuse les gorges, éclaire les crêtes déboisées des sommets.

Par interphone, le navigateur donne ses indications au pilote qui perd de l'altitude de façon à défiler exactement à l'horizontale de l'entrée de la grotte du pirate. Il est 13 h 6 exactement, quand le *Dakota* se présente, bien en dessous de la ligne de crête.

« Ici Mat Den, nasille le poste. Il n'y a aucun danger de ce côté-ci de la vallée. Méfiez-vous de l'autre versant. Je vous demande de parachuter directement ici, au plus près de la falaise. »

Lo Van Theu est placé juste derrière le capitaine Vautier assis sur ses talons, et qui s'est reculé de façon à laisser le champ le plus vaste possible au photographe. Celui-ci est debout, jambes écartées, son viseur collé sur l'œil.

Un passage rapide comme l'éclair. Vautier a le temps d'apercevoir, groupés autour de Cho Quan Lo, reconnaissable à son turban rouge, quatre ou cinq Mans qui agitent les bras. Il va se retourner. Il n'en a pas le temps.

Il sent à la cuisse comme un coup de poignard et, par réflexe, tend le bras gauche pour agripper l'autre montant de la porte. En même temps il voit passer devant lui une masse noire qui bascule et tombe en tourbillonnant dans le vide. Puis il reçoit, sur son bras tendu le corps inerte du photographe Courroussé. Sans le bras du capitaine, l'infortuné reporter passait par-dessus bord.

L'instant de surprise passé, le navigateur se précipite, rattrape le blessé, le couche à plat sur le plancher de l'avion. Il hoquette, roule des yeux exorbités, à demi asphyxié. Un petit trou, à la hauteur du sternum, fournit l'explication : le projectile a sectionné le nerf splénique, paralysant l'activité des poumons.

Vautier s'assoit à son tour, regarde sa propre blessure. Un éclat, tranchant comme une lame de rasoir, lui a labouré la cuisse sur une longueur de vingt centimètres.

Mais le *Dakota* arrive au bout de son demi-tour. Le pilote, qui ne sait rien de l'incident, revient sur son objectif. Il n'y a pas une seconde à perdre. Le largueur écarte les blessés, approche les caisses de la portière. Il porte brutalement les mains à son ventre et tombe à genoux, touché lui aussi.

Le pilote ne s'est toujours aperçu de rien. Il allume la lampe témoin, actionne le klaxon de largage. Mais en vain. Il n'y a personne pour jeter les colis dans le vide.

Un homme bondit alors. Il s'arc-boute contre la paroi, pousse de toutes ses forces, les bras tendus, les veines gonflées. C'est Lo

Van Theu. Il met dans ses gestes toute l'énergie dont il est capable, et, malgré sa petite taille, parvient à faire passer les caisses par la porte ouverte.

Au dernier moment, le général Pélissier lui a prêté main forte, mais il manque d'être précipité dans le vide : touché de plein fouet par une rafale, le *Dakota* vient de faire une embardée fantastique que le pilote a bien du mal à corriger.

« Ici *Dakota Anjou*. J'appelle la tour de contrôle de Bach Maï. Avion en difficulté, demande autorisation d'atterrissage prioritaire.

— Ici Toricelli, autorisation accordée. »

Dans le soir qui tombe, le *Dakota* se traîne au long de la vallée du fleuve Rouge, comme un oiseau malade. A bord, aucun des occupants — à l'exception de Lo Van Theu — n'est indemne. Tous ont reçu, plus ou moins grave, une ou deux blessures. La carlingue est percée comme une écumoire, le moteur droit cafouille et la pression d'huile baisse dangereusement.

« Voici Hanoi ! »

Le navigateur tend le bras et montre à une dizaine de kilomètres la dentelle du pont Doumer. Il jette un œil dans la cabine et éclate de rire :

« Avec vos pansements et vos airs sinistres, on dirait *le Radeau de la Méduse* ! »

L'interphone couine :

« Un malheur n'arrive jamais seul, grogne le pilote : le train est coincé. On est bons pour le crash !

— Quelle journée », soupire le général Pélissier.

Et pourtant la chance était avec eux ce jour-là : au sol, après un atterrissage spectaculaire sur le ventre, le *Dakota,* visité, accusera trente-sept impacts de mitrailleuse de gros calibre, 13,2.

« Je le retiens, votre Chocolat, dit le général avec une moue ironique, en montrant sa cheville gauche criblée d'éclats. " Aucun danger de ce côté-ci de la vallée ! " Heureusement ! Je me demande ce qui se serait passé s'il y avait eu réellement du danger ! »

38

Le capitaine Vautier se soulève sur ses oreillers et tend le bras pour réduire la vitesse du ventilateur dont le vrombissement couvre toutes les conversations. Le commandant Fournier, adjoint du colonel Grall pour le Tonkin, vient d'entrer dans sa chambre, tout au fond de l'hôpital Lanessan.

Fournier est une sorte de négatif du chef des G.C.M.A. Aussi pondéré que Grall est exubérant, c'est un homme de dossiers, aussi froid qu'un scalpel, qui ne prend jamais une décision dans l'enthousiasme ou suivant l'humeur du moment. Aussi prudent que Grall est fonceur, Fournier ne s'engage jamais à la légère, mais toujours avec un soin du détail machiavélique, du « coup tordu » qui arrive à désarçonner, sinon l'adversaire, du moins les subordonnés.

« Il y a du chambardement chez les Viets ! annonce le commandant avec jubilation. La manœuvre intoxication a trop bien marché. Furieux, Giap a relevé le chef du 148.

— Qui est le nouveau ?

— Bui Long Kham. Un ancien de chez nous. » Fournier lit la fiche : « Trente-quatre ans, célibataire, membre du Lao Dong — le parti communiste — depuis 1948. »

Il range la fiche et commente :

« C'est un dur, paraît-il. Il est chargé de réorganiser le dispositif de bouclage autour de Pha Long. On dirait que Giap commence à prendre Mat Den au sérieux. »

La P.F.A.T. Arlette Métivier entre à son tour :

« Voici les D.Y. de la journée d'hier. Rien de particulier dans le secteur nord-ouest. Depuis l'arrivée du nouveau patron, le 148 remonte lentement vers Pa Kha. C'est presque un rite : quand ils prennent leurs fonctions les Viets procèdent de la même façon : ils réorganisent leur dispositif selon leurs propres conceptions.

— On croirait qu'ils ont suivi les cours de l'Ecole de guerre », plaisante Fournier.

La déchiffreuse va se retirer. Elle se ravise :

« Tiens, dit-elle, il y a eu chez nous une erreur de classement. A moins qu'il s'agisse d'un poisson d'avril un peu tardif.

— Qu'est-ce qui vous fait dire ça ? »

Elle rit :

« Il y a un farceur qui nous a inventé une division viêt-minh dans la région ! On se demande où Giap serait allé la pêcher ! »

Fournier échange avec Vautier un regard entendu. La déchiffreuse connaît comme personne l'organigramme ennemi. Toujours souriante, elle ajoute :

« La plaisanterie est grosse ! On aurait au moins pu donner à cette division bidon un numéro existant, sinon plausible. Tout le monde sait qu'il n'y a jamais eu de « Division d'assaut n° 302 » dans l'armée viet !

— Tout le monde, tout le monde, c'est vite dit ! corrige Vautier dont le regard s'est durci. Etes-vous certaine qu'il s'agisse d'une plaisanterie ?

— A coup sûr, capitaine ! D'ailleurs, je vais moi-même brancher mon équipe de radios et d'interprètes sur l'affaire. Si cette division n'est pas un canular, si elle est spontanément sortie de la brousse, je veux bien vous payer le champagne. »

Arlette Métivier a payé le champagne.

Trois heures plus tard, elle est revenue, sérieuse, inquiète. Sans un mot, elle tend une feuille de papier :

Synthèse des D.Y. du 24 avril 1952 — Secret/Opérations. Division viêt-minh numéro 302 fait mouvement depuis le territoire chinois. Elle utilise quatre itinéraires pour son arrivée. Un : par la localité de Mao Tsao Pin, au confluent de la rivière Tsao Pin et du Song Chay. — Deux : par ouest de vallée Pha Long-Long Ping. — Trois : ouest de la Nam Tsaï. — Quatre : nord-ouest de Lao Kay. Ordres initiaux prescrivent à ces éléments d'effectuer un mouvement convergent. Objectif triangle Muong Khuong-Pa Kha-Pha Long.

Vautier rejette le panier sur son drap :

« Ça, c'est la synthèse. Elle montre que Giap met le paquet pour

278

exterminer la rébellion de Cho Quan Lo. Mais cela ne nous dit pas, comme vous vous le demandiez tout à l'heure, où il est allé pêcher cette division fantôme ! »

La jeune femme hésite :

« Je n'ai pas osé l'écrire parce que c'est trop grave. Mais mes interprètes ont eu beaucoup de mal à identifier les indicatifs et surtout à traduire les écoutes radio.

— Pourquoi ? »

Une seconde passe. Puis Arlette Métivier prend sa respiration et dit, très vite :

« Tout est en chinois ! »

Vautier sursaute, se résignant mal à admettre l'incroyable :

« Vous n'ignorez pas, explique-t-il d'une voix posée, que les frontaliers utilisent une sorte d'argot sino-thaï uniquement compréhensible des pirates, des contrebandiers et des trafiquants qui passent du Siam en Chine, via le Laos, la Birmanie ou le Tonkin ? Il est vraisemblable que les Viets de cette « 302 » auront utilisé quelques pisteurs ou bien des guides locaux.

— Nous y avions d'abord pensé, réplique vivement Arlette Métivier en rougissant, comme si cette remarque mettait en cause ses compétences professionnelles. Mais nos difficultés sont principalement venues du fait que les codes de chiffrement étaient ceux des troupes régulières de Lin Piao, comme le vocabulaire employé, du han, du pur chinois. »

La nouvelle éclate comme une bombe. Bouleversé, Vautier en mesure immédiatement la portée : l'intervention de l'armée chinoise constitue une catastrophe sans précédent. Certes ce défi à la France peut être exploité sur le plan international. Mais encore faudrait-il que le corps expéditionnaire français parvienne à survivre. Depuis l'apparition, en 1949, des troupes de Lin Piao sur la frontière, les divers commandants en chef ont vécu dans la hantise d'un déferlement chinois, ont tout fait pour l'empêcher. Jusqu'ici ils y sont parvenus : en 1950, même la défaite de Cao Bang a apporté, malgré la guerre de Corée, la preuve que Mao Tsé-toung respectait un accord tacite de non-intervention directe. La guerre d'Indochine restait avant tout, sur le terrain, une affaire exclusive entre le corps expéditionnaire et l'armée de Giap.

Il a fallu l'embrasement de la forêt et la rébellion d'un pirate irréductible pour réduire à néant trois ans de patients efforts.

Les Chinois en Indochine, c'est l'internationalisation de la guerre, et peut-être au bout, un troisième conflit mondial.

« Le seul aspect encourageant de cette affaire, explique, quelques heures plus tard, le général Salan à Antoine Pinay, le président du Conseil qu'il a réveillé, par radio, au milieu de la nuit, c'est le soin avec lequel Giap a camouflé cette division. A mon avis, il a seulement demandé une aide limitée.

— Raison de plus pour être prudents, ordonne le chef du gouvernement. Il est impératif d'ignorer officiellement cette intervention. Plus encore, il est nécessaire d'éviter tout ce qui pourrait ressembler à une provocation. En conséquence, aucune intervention ne peut et ne doit être pratiquée sur cette région soit par des unités régulières, soit par l'aviation.

— Mais nous ne pouvons pas abandonner Cho Quan Lo ! Tant qu'il occupe les Viets au nord-ouest, cela fait autant de troupes qui ne peuvent opérer ailleurs.

— D'accord, mais je veux désormais le secret absolu. Vous disposez de moyens pour cela, utilisez-les, quitte à les désavouer en cas de crise internationale. »

A partir des premiers jours de mai 1952, l'opération « Cho Quan Lo » devient ultra-secrète. Entièrement confiée au Service Action, il n'en reste ni archives, ni comptes rendus, ni ordres de mission. C'est sans doute l'un des secrets les mieux gardés de toute la guerre, et, aujourd'hui encore, aucun dossier n'en subsiste plus.

Sur ordre du général Salan, et pour augmenter la sécurité, l'état-major de Hanoi fait courir le bruit de la mort du vieux pirate. submergé par les troupes de Giap. L'intoxication réussit. Et si Cho Quan Lo est aujourd'hui mentionné dans les récits sur la guerre d'Indochine, c'est comme un météore, peut-être un peu plus brillant que les autres, et dont l'éclat a cessé de luire au cours des premiers jours de mai 1952.

« Mourir ? » Le rire tonitruant du vieux pirate fait vibrer les écouteurs du poste radio. « Ça m'est égal au fond, parce que je serai tué chez moi. Mais avant d'y arriver, mes ennemis connaîtront à leur tour la peur et la souffrance. « Vous me dites qu'il y a beaucoup de Chinois autour de Pha Long ? Je le sais. Que peuvent-ils faire contre un peuple qui se bat ? Tuer des hommes, des femmes, des enfants, brûler des récoltes et des villages ? Il y aura toujours un survivant pour se souvenir et pour se venger ! Il y a des siècles qu'on massacre les Muongs, les

Mans, les Méos. Il en reste toujours assez pour reprendre les traditions de nos ancêtres. On n'arrive jamais à tuer l'âme du peuple. »

Cette conversation se déroule le 6 mai 1952 au-dessus de la vallée des Hautes Orchidées. Une fois de plus, le capitaine Vautier et Lo Van Theu ont repris contact avec Cho Quan Lo. Ils ont tenu à lui annoncer qu'un pont aérien a été décidé pour lui venir en aide.

Pour cela, l'aéronavale a mis à la disposition du Service Action l'un des appareils les plus modernes dont elle dispose en Indochine : un quadrimoteur *Privateer*, d'un important rayon d'action et dont les soutes peuvent emporter jusqu'à cinq tonnes de frêt, bombes ou colis.

Au poste de pilotage, le capitaine de corvette Audibert. Ce « quatre galons » de la marine, un Méridional au verbe haut, cache, sous les allures un peu compassées en usage dans la Royale, une âme de pionnier. Il conduit son appareil comme naguère il menait son chasseur bombardier, avec une virtuosité d'acrobate. Et ses rase-mottes au ras des pics et des cols de la haute région constituent, avec un quadrimoteur, un exploit dont les témoins parlent encore avec une respectueuse admiration.

Pendant presque dix jours, jusqu'au 19 mai, Audibert achemine quotidiennement le ravitaillement de Cho Quan Lo. Le vieux chef man n'a rien demandé que des mines, mais le Service Action a tenu à l'équiper comme jamais troupe irrégulière ne le fut. Il y a de tout dans ces largages : armes et munitions, mais aussi habillement, médicaments, piastres d'argent et pains de plastic.

Tous les jours, ponctuellement, à midi, Audibert est au rendez-vous. Après une rapide prise de contact, il prend le cap indiqué par un feu de brousse, sur une crête, dans un fond de vallée. Un premier passage pour lancer un colis et calculer la dérive du vent. Au second, Audibert ouvre les trappes. Puis il revient, au plus bas, ses ailes à toucher les parois de la vallée, saluant de la main depuis son cockpit les partisans mans qui agitent leurs turbans rouges en hurlants leur enthousiasme.

Le 19 mai, Cho Quan Lo intervient en personne sur la fréquence de contact :

« Merci pour tout, dit-il. Mais nous devons songer à nous battre. Nous ne pouvons plus vivre comme des mendiants qui passent leurs journées à attendre un riz qu'ils n'ont pas cultivé. Vous nous avez donné des armes. Nous les mériterons en nous en servant. »

Il salue longuement le capitaine Vautier et conclut, avec un sourire qui se devine au ton de sa voix :

« Revenez dans un mois. Vous saurez si je suis encore vivant. Vous saurez surtout si votre précieux matériel n'a pas été gaspillé pour rien ! »

Une fois encore, Cho Quan Lo a choisi la guerre. Ce 19 mai 1952 à 12 h 15, son peuple entre à sa suite dans la jungle.

Ce mois de silence et de nuit serait malaisé à reconstituer sans les témoignages ou les résultats des reconnaissances aériennes. Sans aussi les décryptages des messages viets décrivant l'évolution de la situation.

Au départ, Cho Quan Lo ne dispose que de ses mille guerriers, bien armés, remarquablement adaptés à la guérilla de brousse. Contre lui, douze mille Chinois de la division 302 prêts à tout, se battant en pays ennemi, à l'extérieur des frontières.

Le champ de bataille : un quadrilatère d'environ cent vingt kilomètres de côté creusé de vallées profondes, de gorges étroites, boursouflé de pics culminant à trois mille mètres, piqué de cols sinistres et venteux, parsemé de rares villages, de maigres *rays* où l'on cultive le riz gluant à flanc de montagne. Dans ce paysage chaotique vivent une dizaine de milliers de Mans que Giap a donné l'ordre de terroriser. Les Chinois appliquent ces consignes à la lettre en ajoutant à la barbarie traditionnelle des envahisseurs venus du nord, la minutie communiste.

Contre eux, Cho Quan Lo n'a qu'une arme : la ruse. Il va s'en servir. Dans la nuit, ses émissaires partent en direction de la ligne de front, vers le nord, par où progressent les colonnes ennemies. Ils sont porteurs d'ordres de Mat Den :

« Que toutes les femmes, que tous les enfants, que tous les vieillards et que tous les malades abandonnent leurs villages avec leurs animaux, leurs volailles et leurs réserves de nourriture. Il ne faut rien laisser à l'ennemi. S'ils brûlent les villages, nous les reconstruirons. S'ils détruisent les récoltes, nous sèmerons de nouveau. Mais nous ne devons pas mourir. Allez dans les montagnes, les guerriers vous montreront le chemin et se battront pour vous protéger. »

Commence alors une migration fantastique. En quelques heures, le pays man ressemble à une fourmilière en ébullition. Les villages se rassemblent, les colonnes se forment qui, de nuit, par des sentiers ouverts au coupe-coupe, rejoignent les pistes de chasse tracées à mi-pente, au flanc des falaises sur des corniches verti-gineuses. Hommes et femmes se relaient pour transporter les malades, les vieillards, les enfants. Sacs de riz et cochons gris passent aussi de mains en mains, de dos en dos. Dans les hottes de bambou qu'ils portent sur le dos, maintenues par une sangle accrochée au front, les Mans, nomades infatigables, traînent des charges stupéfiantes, avoisinant cinquante kilos, des journées durant, sur des pistes où le moindre faux pas signifie la mort.

Et le miracle a lieu : en quarante-huit heures, le nord du pays est devenu un désert. Sur un mot de Cho Quan Lo, il n'y a plus rien devant les Chinois.

Plus rien qu'une poignée de volontaires de la mort, chargés de protéger l'arrière-pays contre l'envahisseur.

Les guerriers mans sont partis eux aussi, n'emportant dans une musette de toile que quatre mines antipersonnels, des rouleaux de fil de piégeage et une poignée de riz. Ni arme, ni argent. Leur mission est de sacrifice et Cho Quan Lo n'a que peu de moyens.

Avant leur départ, ils ont été longuement chapitrés par leur chef :

« De votre action, de votre courage, de votre refus d'accepter l'humiliation, de votre mépris de la mort dépend le salut de notre peuple. Allez. Partez au-devant de l'ennemi. Attendez-le où il sera obligé de passer, de s'arrêter. Guettez-le où il veut boire, sur-prenez-le où il va s'endormir. Vous n'avez en face de vous que des hommes. Soyez des démons. Placez vos mines au débouché des pistes, au milieu des gués sur les arroyos, sous les arbres dans les clairières, près des sources et des bancs de sable. N'ayez peur que d'une chose : que les Chinois passent sur vos engins sans les faire sauter ! »

En moins d'une semaine, les volontaires mans ont posé plus de mille mines. Elles ont été placées en ligne comme une frontière de fer et de feu, au pied des montagnes, à l'entrée des vallées interdites.

D'abord, les soldats chinois de la 302e division ont cru à des accidents. Il est vrai que, dans la brousse, une explosion fait autant de bruit qu'un pétard mouillé. Mais, chaque fois, un groupe de combat comptait un ou deux tués, deux fois plus de blessés. Et des blessures horribles à voir : les éclats de métal déchirent les chairs, font éclater peau, muscles et os en un magma sanguino-lent. De telles blessures ne pardonnent pas dans la forêt : en moins de dix jours, les Chinois ont perdu une centaine de soldats.

D'une unité à l'autre, les nouvelles vont vite. Elles s'amplifient, se grossissent. Le nombre des blessés devient rapidement double ou triple, celui des morts, quadruple. Peu à peu la zone de Pha Long devient synonyme de zone maudite. Alors, l'une après l'autre, les unités de la 302ᵉ division ralentissent la cadence. Leur ardeur tombe vite, d'autant plus vite qu'elle ne peut s'exercer que contre des villages vides, des paysans absents, des soldats invisibles.

Au fil des heures, comme naguère le régiment 165, les soldats rouges font connaissance avec l'angoisse. Des ordres arrivent pourtant, qu'il faut bien exécuter. Les régiments y obéissent avec mollesse, surtout quand il s'agit pour eux de pénétrer profondément dans des gorges moussues, des ravins envahis de lianes auxquelles s'accroche la brume.

Parfois claque un coup de feu. Une sentinelle qui a cru apercevoir une silhouette suspecte. La plupart du temps, il n'y avait rien qu'une branche, noire entre deux rochers blancs, plus rarement le pelage sombre d'un gibbon, surpris dans un bond entre deux arbres.

Les Chinois commencent à prendre contact avec la résistance spontanée d'un peuple unanimement dressé contre eux.

L'état-major de la 302ᵉ division a réagi. Pendant que ses unités glissent vers l'est en direction des régions déjà tenues par le Viêt-minh, il a, de force, exigé que des reconnaissances soient poussées, malgré les pertes, vers le massif de Pha Long. Et il s'est aperçu qu'une fois ouverts des couloirs de sécurité dans les champs de mines, il n'y avait plus rien derrière que des grands vides. Alors il a envoyé, dans toutes les directions, des coursiers rameuter ses régiments pour les lancer à l'assaut de la citadelle du pirate.

Du 26 mai au 1ᵉʳ juin 1952, dispersée sur une bande large de dix kilomètres, longue de près de cent, la 302ᵉ division ressemble à un serpent immense, démesurément étiré, alors que deux bataillons d'assaut, s'infiltrant profondément vers le sud, escaladent le versant le plus abrupt du massif de Pha Long qu'ils atteignent le 7 juin.

Mais Cho Quan Lo n'y est plus. Depuis quarante-huit heures, il est parti vers l'est, en profitant des couverts, pour se retrancher, entre Hoang Su Phy et Pa Kha, chez les Méos de Lo Van Theu. De là, il lance de petites équipes chargées de harceler les arrières des colonnes ennemies.

Dans cette gigantesque partie de cache-cache, l'avantage demeure à celui qui connaît le mieux le terrain et la population. Cho Quan Lo gagne la seconde manche ; les coups de boutoir des Chinois portent dans le vide.

Le 12 juin, le général commandant la 302e division prend conscience de l'étirement de ses troupes. Il s'affole à l'idée de la vulnérabilité de ses lignes de communications, et, sans attendre le retour du régiment d'élite qui est en route depuis Con Linh pour rallier le gros du dispositif à marches forcées, il donne l'ordre à son P.C. de se mettre en route. Direction Pha Long, cœur du système offensif rouge.

Le 3 juin au soir, le P.C. atteint un petit col planté comme une blessure entre deux falaises à pic. Il s'installe pour la nuit dans une cagna isolée, cernée d'un vaste enclos de bambou. Autour, silencieuses, les sentinelles vont et viennent. Depuis leur entrée en territoire man, les membres de l'état-major ont fait renforcer la protection. Outre la compagnie organique, une compagnie de renfort est venue étoffer la défense.

La nuit tombe, brusquement, comme un rideau tiré d'un seul coup sur le soleil. Hormis les bruits familiers — crissement des criquets en brousse, feulement des tigres affamés, couinement des gerboises agonisantes, rires hystériques des gibbons —, rien ne laisse supposer un danger proche.

Groupés autour d'une lampe à pétrole, les douze officiers supérieurs commentent les cartes, tout en grappillant le repas servi dans des paniers de bambou tressé.

Soudain retentit le cri du gecko. Un cri modulé, en deux temps : un « ta » bref, suivi d'une sorte de gloussement rauque, « koooo ». En pays de montagne ce cri est un présage. Bon ou mauvais suivant qu'il est pair ou impair. Machinalement les colonels enregistrent la litanie. Quatre fois. Cinq. Six. Sept... Sur un dernier gargouillement, le gecko rentre dans le silence.

Une rafale disperse le silence et sa voix, aussitôt, fait taire toutes les autres.

« Qu'est-ce que c'est ? demande le général.

— Sans doute une sentinelle nerveuse, répond un colonel. Vous savez, dans cette région, les hommes sont impressionnés.

— Allez voir. J'espère que le responsable pourra donner une explication valable de son geste. Je ne peux tolérer que mes hommes aient peur. »

Le colonel boucle son ceinturon de toile verte et sort de la maison. C'est un Mandchou d'environ un mètre quatre-vingts, énorme, au visage lunaire, au nez épaté. Un descendant des Tartares de Gengis Khan aux épaules de lutteur, à la voix rauque des hommes du Nord. Il s'en va et, un moment, ses camarades entendent le bruit de ses pas qui font crisser les cailloux de la piste.

Une minute passe, deux peut-être. Puis il reparaît, baissant sa haute taille pour franchir la porte, avant de se redresser. Fascinés, les officiers le dévisagent, tellement son expression est étrange. Il a les traits crispés, les yeux fous, la lèvre blême.

Mais personne ne remarque tout de suite qu'il n'a plus de ceinturon et qu'il tient ses mains loin de son corps, à la façon des porteurs d'eau. Il va ouvrir la bouche, dire quelque chose ou pousser un cri. Il n'en a pas le temps. Il s'effondre d'un bloc, tout droit, raide, foudroyé.

Son corps ne montre aucune blessure, excepté, fine comme une piqûre d'insecte, sur la nuque, la marque cruciforme des flèches empoisonnées que lancent les arbalétriers mans.

Depuis l'avant-veille, Cho Quan Lo suivait la progression du P.C. de la 302e division. Il attendait la faute tactique, il espérait l'endroit favorable. Dans la journée, il a rassemblé cinquante de ses guerriers d'élite, sa garde personnelle :

« La guerre n'est plus un rite sacré, leur a-t-il dit. Il ne s'agit plus d'honorer l'ennemi mais de le vaincre. Laissez vos turbans et vos colliers. Ne conservez que vos habits noirs. Une arbalète pour le combat en silence, une mitraillette pour exterminer le reste des rouges. Ne respectez plus rien. Aucune vie ne vaut la nôtre. Je veux seulement que vous rameniez ici, enchaînés comme les voleurs et les parjures, les chefs de ces Chinois. »

A la nuit tombée, l'embuscade était prête. Béret enfoncé jusqu'aux oreilles, pantalons relevés jusqu'aux genoux pour se reconnaître entre eux, silencieux comme des tigres à l'affût, les cinquante Mans ont guetté l'occasion favorable.

Et puis, sans un signal, se coulant de rocher en rocher, d'arbre en arbre, ils ont attaqué. Une sentinelle pour deux. Et tandis qu'un petit commando d'une dizaine d'hommes investissait le P.C., braquant les Thompson sur le ventre des colonels terrorisés, le reste fusillait à grandes rafales les dormeurs des compagnies de protection.

Le 19 juin, le capitaine Vautier note, sur son carnet, le message transmis par Mat Den :

Avons capturé l'état-major chinois au complet. Au bilan : un général commandant, un général adjoint, chef d'état-major. Un colonel chef des renseignements. Un colonel chef des transmissions. Un colonel chargé des effectifs. Un colonel chef du ravitaillement. Plus six colonels commandants ou adjoints des régiments d'assaut. Nous les tenons à votre disposition.

39

S'il y a des officiers supérieurs pour trouver que, décidément, Cho Quan Lo le Borgne en fait trop, ce n'est pas l'avis du général Salan. Arrivé à la tombée de la nuit à Bach Maï, il s'est directement fait conduire à la maison de France, résidence aménagée naguère par de Lattre avec ce souci du décorum qui le caractérisait, et que son successeur, indifférent au cadre dans lequel il vit, a laissée en l'état. Le nouveau commandant en chef est entré très vite, saluant sans les voir les membres de son état-major restreint qui l'attendaient dans le hall un peu trop solennel. Plus tard, dans l'intimité relative du bureau, comme rassuré par ce cadre austère et fonctionnel, il leur sourira, en silence, retranché malgré tout derrière sa discrétion et cette façon d'écouter d'un air absent qu'il place devant lui comme un paravent ou un bouclier.

Pour l'instant, adossé au mur, face aux cartes, laissant inoccupé le fauteuil Empire — celui du « Roi » Jean — il regarde la grande carte murale polychrome, protégée par son écrin de mica dont les faux jours s'estompent autour de la zone frontalière, creusée du piquetage des punaises de couleur.

« Nous tenons enfin la preuve de l'immixtion chinoise dans notre territoire, explique le chef du 2ᵉ Bureau. Il nous reste à l'exploiter. Ce serait d'un effet certain sur l'O.N.U. si nous pouvions présenter à l'Assemblée générale au moins les photos de ces officiers. »

Entre haut et bas, le colonel Fournier observe, en imitant le ton doctoral de l'officier d'état-major :

« Y a qu'à... faut qu'on... ça doit. Tout se passe comme si les Chinois en question étaient déjà dans l'antichambre à attendre l'avion pour New York ! »

Vautier, à qui cet aparté est destiné, s'amuse beaucoup. En alertant ses patrons dès son retour de mission, il imaginait le remue-ménage que sa révélation allait causer. Il n'avait pas prévu l'appropriation immédiate du succès du pirate borgne par les « officiels » de Hanoï. Il attend une remarque foudroyante du généchef, celle que n'aurait pas manqué d'avoir de Lattre : « Je veux le général rouge demain matin dans mon bureau. »

Mais Salan ne manifeste aucune hâte. Son visage n'exprime qu'un intérêt poli pour l'exposé complaisamment prolongé. Il semble être ailleurs. Lui, qui connaît le terrain, se représente très bien la situation de son vieil ami. Les montagnes, dressées comme des barrières, les gorges découpées comme au rasoir, la jungle et les rochers, les falaises et les rapides. Rien qui permette d'amener à pied d'œuvre l'avion qui pourrait évacuer les prisonniers. Et puis Cho Quan Lo, vainqueur sans doute, est aussi prisonnier que ses ennemis. Prisonnier de la forêt, des vallées, mais surtout de ceux qui l'assiègent, la 302ᵉ division chinoise, le 148ᵉ régiment viêt-minh. Près de quinze mille hommes que la privation de quelques généraux ne rend pas moins combatifs et présents.

Pour Salan, comme pour les deux représentants du Service Action, l'important n'est pas le succès, mais son exploitation. Car l'enlèvement d'un P.C. ne constitue pas qu'un épisode de la guérilla. Il est un défi lancé aux envahisseurs, et ceux-ci ne vont pas laisser passer l'insulte sans réagir. Ils ont perdu la face, et, même pour des communistes, le vieux concept de l'honneur bafoué va les pousser en avant, tout comme les lancera à l'assaut le simple souci de l'efficacité. Personne, jamais, ne se laisse capturer son état-major sans tout tenter pour le récupérer.

Si le général Salan se permet un sourire, ce n'est pas seulement pour marquer sa satisfaction à la conclusion du monologue du chef du 2ᵉ Bureau, mais simplement parce qu'il s'est représenté, une fraction de seconde, tous les officiers qui l'entourent prisonniers d'un pirate borgne, quelque part dans la forêt du haut Tonkin.

« Ainsi que vous l'avez fait si justement remarquer, commence Salan de sa voix blanche, l'important pour nous est de prendre livraison des Chinois aussitôt que possible. »

Fournier jette un bref regard interrogateur à son voisin Vautier.

« Ou bien le patron se fout de ce rombier ou bien il ne l'a pas écouté », murmure-t-il sans tourner la tête. Il parle comme les prisonniers, en ne remuant que l'extrémité des lèvres. « Jamais cette question n'a été abordée. »

Salan observe un silence de quelques secondes, comme pour reprendre souffle avant de donner ses ordres. Ceux-ci sont brefs, comme à l'habitude :

« Dans l'avion, j'ai réfléchi au problème. Ce n'est pas simple. Vous n'ignorez pas que les terrains d'aviation — même les terrains de fortune où pourrait atterrir un *Morane* — sont aux mains des Chinois ou des Viets : Lao Kay, Hoang Su Phy, Muong Khuong ou Pa Kha. Il ne reste pas d'autre possibilité que l'hélicoptère. »

L'officier de liaison Air intervient :

« Moi aussi, mon général, j'ai pensé à cette solution. Malheureusement nous nous heurtons à trois impossibilités, toutes fondamentales.

— Lesquelles ? »

Salan a envoyé la question d'un ton sec, comme un smash. Il n'aime pas entendre le mot « impossible ». Très technique, l'aviateur explique :

« Aucun hélicoptère existant ne possède un rayon d'action assez important pour effectuer une liaison aller-retour du terrain le plus proche de Pha Long. Et encore faudrait-il amener l'engin à pied d'œuvre, à Than Uyen ou à Laï Chau par exemple. Mais même sur ces terrains que nous tenons encore, les problèmes ne seraient pas résolus : jamais un *Bell* ne pourra franchir les cols, soit à l'aller à cause du poids du carburant, au retour à cause du poids des passagers. Et encore ne pourrait-il en emporter que deux à la fois. »

Salan n'a pas bronché. A chaque argument de l'aviateur il a eu une légère crispation agacée des mains.

« Parfait, dit-il. Je vois que nous nous sommes bien compris. »

Posément, il se dirige à son tour vers la carte et, comme s'il voulait donner une leçon de tactique banale : « Nous procéderons en trois temps. Le plus tôt possible, une compagnie de parachutistes saute sur Than Uyen, le long du terrain. But à atteindre : y organiser l'atterrissage et le ravitaillement de l'hélicoptère. En même temps, vous faites acheminer le *Bell* par avion. Deuxième temps : même opération, mais au plus près de Pha Long, du côté de l'ancienne station climatique de Cha Pa. Enfin, de saut de puce en saut de puce, votre *Bell* pourra effectuer plusieurs rotations entre l'endroit déterminé par Cho Quan Lo et le final de Than Uyen. »

Salan dévisage les officiers qui l'ont écouté et poursuit :
« Il s'agit d'un exploit technique, je le sais. Pensez avant tout aux risques politiques ou stratégiques que nous prenons, et réussissez cet exploit.

— Nous jouons sur des œufs, observe Fournier.

— Oui, approuve Salan. Notre échec peut signifier l'intervention officielle des troupes de Lin Piao. »

Le 23 juin, le capitaine Vautier reprend ses contacts avec Cho Quan Lo. A mots couverts, il essaie d'expliquer au pirate Six jours, c'est même un délai trop long pour Cho Quan Lo. Le 26 juin, il l'explique à Vautier :

« Il faut aller très vite ! Les Chinois sont déchaînés. Ils remontent par mes vallées en détruisant tout, village après village. A force de se déplacer sans cesse, mes paysans sont à bout. Parfois même ils refusent d'avancer et acceptent de se faire massacrer en restant sur place. Passé un délai de six jours, je ne pourrai plus rien pour vous donner satisfaction.

— Six jours ? Impossible ! répond-on à Hanoi. Il en faut déjà presque quatre pour amener l'hélicoptère en pièces détachées à Than Uyen et pour le remonter ! Une journée entière pour les essais, et une pour effectuer le premier saut jusqu'à Cha Pa. Et encore ne comptons-nous pas les délais d'acheminement du *Bell* depuis Saigon... »

Six jours, c'est même un délai trop long pour Cho Quan Lo. Le 26 juin, il l'explique à Vautier :

« C'est fini ! Depuis hier les Chinois tiennent toutes les crêtes autour de mon P.C. Je suis obligé de m'en aller.

— Où ?

— Vers le soleil levant. Je partirai au début de la nuit. » Vautier proteste :

« Mais vous allez chez les Viets. Entre Pa Kha et Si Ma Khoï il y a tout le régiment 148 ! »

Mystérieusement, Cho Quan Lo rit. Un rire sans gaieté, mais qui recèle des traces de malice :

« Vous savez, des arrangements sont toujours possibles dans les montagnes. Vous serez surpris, un jour...

— Vous cessez le combat ? »

Nouveau rire, ironique celui-là :

« Non. Je leur apporte un cadeau. Celui-là même que je vous réservais.

— Les Chinois ?

— Oui. Je ne pouvais plus les conserver en vie. Je leur ai coupé la tête tout à l'heure ; je n'avais plus rien à leur donner à manger : il faut avant tout que je pense à mes soldats ! »

Vautier voudrait avoir d'autres explications. Il n'en a pas le temps. Des crêtes, soudain partent des rafales.

« C'est du 90 antiaérien ! hurle le capitaine de corvette Audibert. On est foutus s'ils nous touchent. »

En bon Méridional, Audibert exagère. Le *Privateer* n'explose pas. Mais il est touché.

« On rentre ! Autrement, c'est la catastrophe. »

Curieusement Vautier ne remarque qu'une chose : annoncée avec l'accent de Toulon, une mauvaise nouvelle n'est jamais complètement tragique.

Si la déconvenue de l'état-major de Hanoi a été grande, elle a été brève. Personne, au fond, n'avait réellement cru qu'il était possible de matérialiser les idées du général Salan. Personne non plus n'avait vraiment espéré pouvoir prouver officiellement l'existence des Chinois sur la frontière. Désormais tout redevient simple. Ou presque. Les différents bureaux se penchent à nouveau sur les dossiers « sérieux » : le Delta.

Seuls peut-être le capitaine Vautier et le colonel Trinquier continuent à se poser des questions : Cho Quan Lo a disparu. Depuis le 26 juin 1952, il n'a plus donné signe de vie, a refusé — ou ignoré — tous les contacts. En face du rouleau compresseur chinois qui se comporte en territoire man comme naguère les Allemands dans le Vercors, il a choisi la seule tactique possible : le sommeil.

Il a replié ses bagages, enterré les armes en surnombre, constitué des dépôts secrets, organisé la dispersion de ses villageois et de ses guerriers. Il veut se faire oublier, résister à l'attaque par la fuite, décourager l'ennemi par l'absence de combats, lui donner en quelque. sorte l'illusion de la victoire. S'il ne renonce pas, il essaie d'en donner l'impression.

Et pourtant il survit. Plus encore, jamais il n'a autant agi. Il prépare déjà son retour à Pha Long. Il envisage toujours de reprendre le combat.

C'est Arlette Métivier qui, la première, apporte la réponse aux questions que tous se posaient :

« Voici un long message, dit-elle le 4 juillet. Il émane d'un commandant de bataillon du 148 replié au sud de Lao Kay, de l'autre côté du fleuve Rouge :

Une révolte a éclaté au sein de notre unité. Des traîtres à la solde des Français ou de leurs complices ont tiré prétexte des représailles exercées par nos alliés du nord sur les populations rebelles de la frontière — zone Pha Long- Hoang Su Phy- Con Linh — pour assassiner les cadres de race vietnamienne. Avec quelques rebelles montagnards enrôlés sous la menace, ils ont contraint leurs chefs à se mettre au service du pirate Cho Quan Lo. Seul notre bataillon a échappé à l'insoumission et a fait retraite en ordre jusqu'à Lao Kay. Ce bataillon fidèle est composé de vaillants soldats originaires de la région de Hoa Binh. En revanche, les unités rebelles sont constituées de bandits thos, mans ou méos. Nous demandons l'autorisation, pour des raisons de sécurité, de franchir la frontière et de nous installer provisoirement en Chine populaire.

Deux heures plus tard, un autre télégramme, issu cette fois du Tong-Bo, le comité suprême viêt-minh, apporte la confirmation du premier message :

Selon renseignements sûrs, le colonel Bui Long Kham aurait déserté pour s'allier avec Cho Quan Lo.

Malgré tous les efforts de Giap, malgré l'aide que lui a apportée la Chine, la forêt indochinoise continue à brûler.

40

L'été 1952 se termine. A Saigon, le haut commandement se prépare à faire face ; avec l'automne, viendra l'offensive des divisions de Giap. L'an passé, le général Salan l'avait brisée autour de Nghia Lo et dans la haute vallée du fleuve Rouge. Mais cette année, Salan est sans illusions ; son adversaire ne commet jamais deux fois la même erreur. Aussi la question se pose : où Giap va-t-il porter son effort, cette année ?

A tout hasard, on a ressorti des dossiers le plan de défense de Nghia Lo, verrou du pays thaï, cet « entre-deux-mers » indochinois, coincé entre le fleuve Rouge et la rivière Noire. Si les Viets se hasardent à attaquer Nghia Lo, peut-être suffira-t-il, comme l'an passé, de traiter l'objectif à la bombe, avant de larguer, en brousse, une unité de parachutistes qui portera l'estocade. A cet effet, depuis le 2 octobre, le 6e bataillon de parachutistes coloniaux et son jeune patron, le commandant Bigeard, ont été mis en alerte.

Au bord du fleuve Rouge, postés en sentinelle comme des vigies sur une frontière, trois commandos du G.C.M.A. veillent en permanence. Leur mission n'est pas d'interdire le passage, mais de signaler les mouvements ennemis. Au sud-est, en face de Yen Bay, autour de Khé Dong, se tiennent les trente éclaireurs thaïs noirs du lieutenant Hantz. En amont, à l'embouchure de la rivière Ngoï Thié qui va de Nghia Lo au fleuve Rouge, ce sont les partisans du sergent Shoepff, des Thaïs noirs eux aussi. Plus en amont encore, face à Bong Cuong, opèrent les petits groupes du lieutenant Ly Séo Nung.

Comme ses pères, Ly Séo Nung aurait pu se faire pirate à l'ombre du pavillon noir de ses ancêtres ou devenir guérillero politique en se ralliant à Hô Chi Minh ainsi que l'a fait son cousin

Chu Van Tan, le seigneur rouge des Thos de la rivière Claire. Ly Séo Nung ne l'a pas voulu. Il ne fait pas la guerre pour s'enrichir ou pour sauver sa tête. Simplement parce qu'il n'aime pas que les *Kinh*, les Annamites — des étrangers — viennent sur ses terres.

Grand, mince, un visage allongé aux traits fins, à peine asiatiques, les sept tatouages porte-bonheur sur la poitrine et sur les bras, Ly Séo Nung a reçu une éducation à l'ancienne, en fils de prince de la race des Nungs. Il pratique avec art la boxe chinoise, le tir à l'arc et l'escrime aux dix-huit armes. Avec des chasseurs venus de Chine, il a appris à traverser les torrents à la nage, à franchir des rapides en équilibre sur des fagots de bambous. Il sait poser des pièges invisibles et silencieux pour l'homme ou la panthère et sait confectionner des poisons foudroyants. A dix-sept ans, il a tué à la main son premier tigre. Son père, Ly Séo Song, lui a alors remis le symbole de son rang, l'ombrelle à bec d'ivoire.

Ce jour-là, les Viêt-minh ont envahi le territoire des Nungs, et Ly Séo Nung s'est donné aux Français. Il ne s'est pas présenté comme un prince pirate, mais comme un simple partisan, et, au poste de Bao Ha, pendant toute l'année 1948, il s'est astreint à l'apprentissage des armes modernes. Ce n'est qu'au cours de l'année 1950 qu'il a demandé à former des partisans. A cette époque, le Viêt-minh n'était pas encore fortement implanté dans la vallée du fleuve Rouge, et c'est sans grand risque qu'il a pu courir le pays. En un an, il a visité tous les villages, recruté des alliés et conçu sa tactique.

En effet, seul peut-être des chefs de commandos, Ly Séo Nung n'a jamais rassemblé la totalité de ses hommes. Il estime que les groupes importants de soldats en armes appellent d'autres regroupements, ennemis ceux-là. Alors, seulement escorté de Vo Chan, un fils d'esclaves mongols dont les yeux pailletés d'or attestent une lointaine origine blanche, il arrive au soir dans de modestes *ban*, s'entretient avec les chefs, et emmène à la nuit trois ou quatre éclaireurs. Au retour de leur mission, les partisans enterrent armes et munitions, tandis que Ly Séo Nung s'en va vers d'autres *ban*. De la sorte, jamais les paysans ne sont absents de leurs travaux quotidiens.

Depuis le début du mois d'octobre, Ly Séo Nung et une quinzaine de Nungs sont postés sur les rives du fleuve Rouge. Tous les quinze sont originaires de Ban Lang Nhuoc, en amont. Pisteurs-nés, ils ont truffé les sentiers de forêt de pièges de bambou, une sorte d'arc primitif déclenché par une liane qui envoie une flèche durcie au feu dans la poitrine du maladroit qui marche sans précaution.

Un bruit sec, vibrant comme une corde de guitare qui se rompt.

Le piège a fonctionné. Rien d'autre ne s'est produit. Les partisans savent que les Viets sont là : un animal aurait rué, un chasseur aurait gémi. Seul un éclaireur viet ne peut que se taire, dents serrées.

Et maintenant, ils écoutent le piétinement des soldats en marche qui va s'amplifiant. De son emplacement, Ly Séo Nung évalue leur nombre et leur puissance. Malgré la nuit noire, il lui est facile d'identifier des troupes régulières. Les *bo doï* sont plus lourdement chargés, leurs unités plus strictement articulées que celles des *daï doï* régionaux.

Le visage du jeune chef des Nungs n'a pas un tressaillement, mais sa main fait un signe bref. Un à un, quatre partisans se lèvent et s'éloignent. Ils savent où aller pour que leur message transmis de crête en crête arrive à destination, porteur de la nouvelle : la seconde bataille pour Nghia Lo vient de commencer.

Cette fois, Giap veut gagner. Il récidive devant la haute région, mais il a entièrement révisé ses plans. Le 11 octobre, trois de ses meilleures divisions — la 308, la 312 et la 316 : trente mille hommes — ont franchi le fleuve Rouge à partir de Yen Bay sur un front de soixante kilomètres.

Le mouvement prévu par Giap est à l'inverse de celui choisi l'an passé. Il n'attaquera pas par le nord-ouest, mais plein sud, vers Nghia Lo et la rivière Noire. Ensuite seulement,. exécutant un large arc de cercle, il balaiera les petits postes de montagne pour porter le feu devant Diên Biên Phu puis Laï Chau.

Dès les premières heures du 11 octobre, le général de Linarès a été renseigné sur les préliminaires de l'attaque. En quelques coups de crayons rouges et bleus, il a tracé les axes de marche des divisions ennemies. Tout se réduit à une figure géométrique simple. Un triangle français. La pointe extrême, au nord-est, est représentée par Nghia Lo dont la défense a été renforcée depuis un an avec des blockhaus bétonnés, des réseaux de barbelés posés sur deux des pitons qui s'appuient mutuellement de leurs mitrailleuses. Plus loin dans les vallées qui divergent vers l'ouest, se trouvent une myriade de petits postes — parfois de simples tours — dont les effectifs sont maigres — trente partisans aux ordres de deux gradés français — mais les positions défendables. Enfin, en arrière, base du triangle, appuyés sur une barrière naturelle, deux importants points d'appui : Son La, au sud-est, à cheval sur la R.P. 41, contrôle tout le pays thaï noir; Laï Chau, au nord-ouest, citadelle inexpugnable, bâtie au confluent de deux profondes rivières, est la capitale des Thaïs blancs de Déo Van Long.

Si Giap s'attaque à la Haute-Région, il lui faudra s'épuiser en de multiples actions secondaires avant de buter, à bout de souffle, sur le gigantesque fossé de la rivière Noire. Dans ce cañon aux parois à pic que le soleil n'atteint presque jamais, sauf à midi, les mois d'été, roulent des eaux furieuses dans lesquelles se reflètent les feuillages noirs des frondaisons. Pour franchir la rivière Noire, il n'existe que quelques rares passages, bloqués, soit par Laï Chau, soit par Son La. Même si Giap arrive là, jamais il ne pourra passer.

Heure après heure, Linarès se tient au courant. Dans son bureau du boulevard Gambetta, la lumière a brûlé toute la nuit. Pourtant il ne se passe rien. Jusqu'au 15 octobre, la trace des trente mille *bo doï* s'est perdue dès leur entrée dans la brousse.

Autour même de Nghia Lo, les reconnaissances terrestres ou aériennes ne voient rien. Ni traces, ni fumées. Plus étrange encore : les trois commandos du G.C.M.A. qui ont réussi à se maintenir sur les arrières viêt-minh, n'ont rien trouvé d'autre que des postes de guet ; le lieutenant Hantz, qui a traversé le fleuve Rouge en aval de Yen Bay, ne signale aucune activité extraordinaire. Tout se passe comme si les Viets avaient été engloutis.

L'attente dure, en Haute-Région comme à Hanoi, où, près des avions en alerte, veillent les parachutistes de Bigeard qui campent, tout équipés, sous les ailes des *Dakota*.

« C'est pour le 17 octobre à 17 heures. »

Sans phrases inutiles, le commandant Grall vient d'informer de Linarès, et la feuille de papier qu'il glisse sur le sous-main vert ne fait que confirmer la nouvelle.

Un instant, la carcasse osseuse du général se voûte un peu plus, tandis que son nez interminable semble pointer quelque tir sur la tache bistre de la carte. Mais il est décidé à faire front et, quand il se redresse, plantant son regard lourd dans celui de Grall, il ressemble à un hidalgo tel qu'aurait pu le peindre le Greco :

« D'où vient ce renseignement ?

— Du lieutenant Hantz. Il a cravaté un officier d'état-major à côté de Yen Bay.

— Peut-il rentrer ? »

Grall serre les mâchoires :

« Il ne reviendra pas, mon général. En rompant le silence radio pour me communiquer cette information, Hantz savait qu'il se signalait aux Viets. Il va, tout de même, tenter de retraverser le fleuve et de descendre vers Phu Tho.

— A-t-il une chance ?

— Pas la moindre, mon général.

— Et vos autres commandos ? »

Grall secoue la tête :

« Le sergent Schoepff a cessé d'émettre cet après-midi après nous avoir dit qu'il était encerclé au sud de Coc Bong. Il a détruit son poste radio et dispersé ses partisans.

— Et Ly Séo Nung ?

— Aucune nouvelle. Mais il a peut-être une chance de passer au travers du filet s'il remonte vers le nord. »

Linarès déploie sa longue silhouette d'échassier et contourne son bureau. Brillants de fatigue, ses yeux sont vides de toute expression quand il pose sa main sur l'épaule de Grall :

« Je ne sais que vous dire. Vos commandos ont fait le maximum pour nous renseigner. J'espère que leur sacrifice servira... »

Grall relève la tête. Mâchoires contractées, il ne sourit ni ne remercie :

« Mon général, répond-il, il est possible que ce qu'ils ont fait ne sauve pas Nghia Lo. Mais quand mes gars sont en train de crever sur une piste, j'ai le devoir de leur faire croire que c'est pour le bien du pays ! Surtout si je sais que ça ne sert à rien. C'est le moins que je puisse faire pour eux. »

Le renseignement transmis par le lieutenant Hantz était exact. Le 17 octobre, à 17 heures, alors que rien n'avait permis de détecter la moinde infiltration ennemie, une pluie de torpilles de mortier noyait le poste et les défenses accessoires de Nghia Lo. A la tombée de la nuit, les avant-postes sont investis et, quand enfin arrivent les B 26 accourus de Cat Bi à la première alerte, ils assistent, impuissants, à la lente procession des prisonniers qui s'en vont vers les camps, mains sur la tête, entre deux haies de *bo doï* encoconnés de branchages. Le plan communiste se déroule, inexorable, écrasant comme un bulldozer tous les postes de la Haute-Région.

En vingt jours, du 11 au 30 octobre 1952, la présence française en pays thaï est anéantie. Hormis Laï Chau, Diên Biên Phu (qui tombera le 28 novembre) et Na San, le corps expéditionnaire ne tient plus aucun poste dans le nord hors du Delta tonkinois.

Trois mille hommes, presque autant que sur la R.C.4, ont été engloutis dans la tourmente. Pour l'Histoire, tout le nord-ouest est perdu pour les Français.

La vérité est tout autre.

Les divisions de Giap assiègent Na San, mais derrière ce fragile cordon, le pays, à peine occupé par les Viets, n'est pas conquis. Au contraire. Jamais sans doute la fidélité des peuples montagnards, mise à rude épreuve, n'a été aussi solide.

A la mi-novembre, les survivants des postes de la Haute-Région, dispersés dans la jungle, commencent à rejoindre les lignes françaises. Le 5, les trente Thaïs du poste de Muong Chên arrivent devant Na San avec leurs gradés, l'adjudant Peyrol et le sergent Cheyron. Le 20, le chef méo Ba Khao escorte personnellement le lieutenant Latapie, commandant l'un des avant-postes de Nghia Lo. Le lendemain, 21 novembre, les rescapés du commando du sergent Schoepff, une dizaine de Thaïs, arrivent à leur tour et racontent la capture de leur chef.

Le retour de ces hommes prouve que le filet viêt-minh n'est guère étanche.

« Et Ly Séo Nung ? »

Le jeune prince des Nungs n'a, pour sa part, donné aucune nouvelle. Mais tous les renseignements concordent, il n'a pas été fait prisonnier et il ne s'est pas rallié. Se sachant encerclé, il a franchi le fleuve Rouge vers le nord et a réussi sa jonction avec les postes avancés de Cho Quan Lo. Le 15 décembre, le contact radio est enfin renoué. Au capitaine Hautier qui lui signale la présence viêt-minh dans la zone de Than Uyen et le déferlement probable de la division 308 vers Laï Chau, Ly Séo Nung réplique :

« Qui est le plus fort, du maître qui commande ou du serviteur décidé à mourir et qui dit non ? »

« Nous sommes sûrement à un tournant de la guerre », murmure le commandant Fournier auquel Vautier a répété la réflexion du prince des Nungs. « La défaite de Nghia Lo a libéré d'immenses territoires. Maintenant, notre champ d'action est illimité. »

Fournier ne pensait pas avoir raison à ce point-là. Alors que le corps expéditionnaire se renferme sur son Delta, la réaction des peuples de la montagne va accroître d'une façon insoupçonnée, mais prodigieuse, les possibilités d'action des Français.

Les maquis peuvent commencer.

Sixième partie

L'ÉPOPÉE DES MAQUIS
Décembre 1952 - juillet 1954

41

Un marcheur, le capitaine Hébert ? Avec un léger sourire sceptique, les colonels de l'état-major de Hanoi ont toisé le petit officier rouquin présenté par Grall. Et cette fois, ils en sont certains, Grall exagère. Bien sûr, depuis de Lattre, on tolère beaucoup d'écarts du chef des G.C.M.A. Mais là, il en fait trop. Pourquoi proposer le capitaine Hébert pour organiser un « maquis » en pays thaï, derrière les lignes viets ?

A Hanoi, il n'y a pas beaucoup de colonels qui prennent cette idée très au sérieux. Lever des troupes dans un terrain occupé depuis des semaines par l'ennemi, au sein d'une population isolée depuis le mois d'octobre, est bien autre chose que « manipuler » des rebelles « spontanés » comme Cho Quan Lo ! Et puis, cette idée de « maquis » a germé dans le cerveau d'un civil, Riner, administrateur replié de Son La depuis l'offensive de Giap et qu'en dépit de ses cinq galons d' « assimilé », personne ne prend réellement pour un militaire.

Pourtant, Riner est un spécialiste du pays. Né en Indochine, il s'est installé à Son La en 1946 et parle couramment les langues de la montagne comme celles du Delta. Taillé en armoire à glace, le visage ouvert, buriné, il n'a peur de rien et a mené, pendant six ans, une sorte de guerre personnelle avec les Thaïs ralliés aux Viets.

L'administrateur Riner est donc qualifié pour estimer qu'un maquis est viable en Haute-Région, mais les militaires n'aiment pas qu'un civil ait l'air de leur donner des leçons. Sans grand enthousiasme, ils ont transmis la proposition au général Salan. Trois jours plus tard, le 23 novembre 1952, le général de Linarès recevait l'ordre impératif de « préparer une base secrète opérationnelle dans le nord-ouest ».

Heureusement, le colonel Grall était là. On lui a discrètement refilé la mission. Personne n'est chaud. Pourtant, ce n'est pas une raison pour qu'il se permette de proposer le capitaine Hébert à la tête de ce maquis. Certes Hébert porte un béret rouge. Certes sa Croix de guerre et sa Légion d'honneur témoignent de ses qualités et de son courage. Seulement le courage ne suffit pas. Il lui faudra marcher.

Une fois encore les colonels examinent le petit capitaine. Râblé, le cou dans les épaules, presque aussi large que haut, Hébert subit l'examen avec une placidité de menhir, posant en silence un œil délavé, tantôt indifférent, tantôt goguenard sur le cercle des colonels. Sous le front têtu où les cheveux s'accrochent dru, l'officier breton cache d'inépuisables réserves de patience. Il a l'habitude des coups d'œil critiques : il y a plus de cinq ans que ses chefs s'apitoient ou font la moue devant sa jambe atrophiée.

Depuis un jour de février 1947 où une balle de mitrailleuse lui a broyé le fémur gauche.

C'était à Nam Dinh. Deux mille Viêt-minh assiégeaient trois cents légionnaires et marsouins. En renfort, on leur avait largué une compagnie de paras aux ordres du capitaine Ducasse. Une goutte d'eau dans la mer. Au pis, cent vingt tués de plus. Au mieux, cent vingt assiégés supplémentaires.

Dans la première demi-heure, les Bérets rouges perdaient le tiers de leur effectif. Blessé quatre jours après, Hébert n'était évacué que trois mois plus tard, quand Nam Dinh était enfin dégagé. Sa jambe était perdue.

« Jamais plus vous ne pourrez sauter, affirma le professeur Merle d'Aubigné, à l'hôpital Foch de Suresnes. Estimez-vous heureux de marcher encore. Je ne peux pas opérer. Il vous manquera toujours trois centimètres de fémur à la jambe gauche.

— Vous en avez de bonnes, toubib ! Trois centimètres de moins pour un homme de ma taille, c'est déjà plus que je ne pouvais me le permettre ! »

Mais Hébert était obstiné. Il a recommencé à sauter et il est devenu instructeur para à Saint-Cyr-Coëtquidan. Puis il s'est porté volontaire pour l'Indochine où Grall, qui le connaissait depuis l'époque du B.C.R.A. de Londres, a tenu à le récupérer.

Lentement, Hébert relève la tête. Il sourit et ce sourire signifie qu'il a cessé d'être poli :

« Vous regardez ma jambe ? Regardez donc l'autre. »

Gênés, les colonels constatent que, depuis cinq ans, la « bonne » jambe s'est ajustée à la « mauvaise ».

« Maintenant, on va pouvoir parler de choses sérieuses. » Hébert a une voix apparemment douce, haut perchée, avec cet accent breton qui fait claquer les finales. Une voix qui force l'attention.

« J'ai rencontré l'administrateur Riner. Il pense que nous pouvons reprendre contact avec les chefs thaïs encore dispersés dans la nature, et constituer, avec leur appui, des groupes de guérilla. » Hébert laisse passer une seconde et ajoute : « Je suis tout à fait de cet avis.

— Et ensuite ? demande le colonel Revol, chef d'état-major de la Z.O.N.O. (Zone opérationnelle du Nord-Ouest, limitée en fait au seul camp de Na San). Croyez-vous qu'il sera possible de rassembler des partisans en assez grand nombre pour inquiéter sérieusement les divisions viets ? »

Hébert éclate de rire, mais sa réponse cingle :

« Ne confondez pas maquis et bataillons d'assaut ! Je vous abandonne les réguliers de Giap, c'est votre boulot. Mon job à moi est le harcèlement et l'embuscade. Je ne suis que capitaine et je ne prétends pas gagner votre guerre à votre place. »

Le colonel Grall a bien fait les choses. A défaut d'hélicoptère — encore rarissime en Indochine — il affecte à Hébert un petit avion de liaison à décollage court, un *Beaver* civil immatriculé FOAMI et un pilote, le lieutenant Nicolaï.

Le 1ᵉʳ décembre 1952, le *Beaver* se pose sur la piste de Na San encombrée de transports lourds : *Junker 52*, *Dakota* ou *Bristol*. Na San, uniquement ravitaillé par air, est en passe de devenir un aéroport aussi important qu'Orly, avec un trafic supérieur à celui de Tan Son Nhut, près de Saigon, dépassant même Berlin au temps du pont aérien.

De son P.C., une sorte d'isba en rondins qui domine la piste, le général Gilles regarde la fourmilière humaine qui s'active dans la cuvette. Légionnaires, sapeurs, artilleurs, tirailleurs creusent, charrient, abattent. Ils poussent des canons ou des bidons, véhiculent des caisses ou des rondins, arriment des réseaux ou des tentes. Dans la poussière ocre qui s'élève de la piste, plissant son œil unique, Gilles distingue trois silhouettes insolites qui se hâtent vers lui.

« Qu'est-ce que c'est que ces clients ? »

Les trois hommes ont en effet de quoi surprendre. Escortés par un capitaine marchant en parenthèses sur des jambes torses, deux civils pittoresques trottinent à pas menus. Le premier, un vieillard aux épaules voûtées, en longue robe noire traditionnelle à brandebourgs de satin blanc, a déployé sur sa tête un étonnant parapluie noir. Le second, plus jeune, vêtu comme un paysan, veste courte et pantalon flottant, porte sur la tête un surprenant chapeau mou aux bords tombants. Gilles attend, sourit à Hébert et du menton, semble dire : « Drôles de guignols... »

Mais il se contente de grogner :

« J'attendais l'antenne du G.C.M.A. Comme effectif, c'est maigre !

— Un *Dakota* se posera cet après-midi avec le reste du personnel, mon général ! Deux sous-officiers et un radio. »

Gilles fronce les sourcils. Homme d'action, spécialiste des commandos, il ne conçoit pas de partir en campagne avec moins de deux bataillons. En réalité, tout comme la plupart des chefs traditionnels, il ne se fait pas la moindre idée de la mission des G.C.M.A. Commandant le camp retranché de Na San, il attend du capitaine Hébert et de ses hommes des missions de renseignement militaire. Pour le reste, son scepticisme est évident :

« Armer des civils ? Vous prenez un risque énorme : tous vos fusils passeront chez les Viets au premier accrochage. »

Hébert s'arme de patience. A défaut du reste.

« Mon général, mon système est fondé sur les réflexes collectifs des Thaïs : l'attachement des tribus à leurs chefs traditionnels, la haine ancestrale du Viêt-minh, avec, en trame de fond, l'amitié des notables pour les Français.

— Certes. Vous obtiendrez de bons résultats au début. Mais que feront vos gens face aux divisions viets ?

— Rien, répond Hébert, placide. Ils enterreront leurs armes et se disperseront. Pour eux, l'important est de durer et de tenir le terrain quand les Viets n'y sont pas...

— Alors, tranche le général, cela ne sert à rien ! Votre G.C.M.A. est du folklore et vous n'êtes pas des gens sérieux. A quoi sert d'avoir des soldats si c'est pour les planquer au moment du combat ?

— Les Viets ne font pas autrement. Dans les villages, ils possèdent des *du kich* dont la mission consiste à se cacher quand nos colonnes arrivent. Nos maquis devront être cela. Peu à peu, le seul fait de leur présence montrera aux Thaïs neutres

306

ou indifférents la nécessité de prendre parti. Alors, peut-être arriverons-nous à créer, au sein de ces tribus, un réflexe de résistance. »

Gilles hausse les épaules. Le jargon politique l'agace comme autant de rêveries d'intellectuels. La guerre est simple pour lui ; il y a le Viet d'un côté, le corps expéditionnaire de l'autre. Toutefois, par politesse, il s'informe :

— Qui sont ces gens ? »

Le plus âgé des deux civils qui se tiennent de part et d'autre du capitaine Hébert s'incline et, dans un français châtié, incongru au milieu d'un appareil aussi guerrier :

« Mon nom est Bac Cam Quy. Je suis le *chao pen kham* — le chef de province si vous préférez — de Tuan Chau. Mon territoire s'étend de Tuan Chau à cent kilomètres d'ici jusqu'à Mai Son, au pied des montagnes. »

Gilles n'abandonne pas son air bougon :

« Si je comprends bien, vous êtes le chef des Thaïs noirs ? Déo Van Long, le chef des Thaïs blancs, se bat à nos côtés dans sa capitale de Laï Chau. Ici, à Na San, nous défendons votre territoire.

— Je ne pense pas qu'à Na San vous défendiez le pays thaï noir ! Tout au plus les quelques kilomètres carrés de ce camp fortifié où il y a plus de Français que de Thaïs. Mes sujets sont loin, hors de vos limites. Ce sont eux qui doivent prendre les armes. »

Il étend le bras, désigne le civil le plus jeune :

« Avec mon neveu, Bac Cam Sûc, j'ai décidé de revenir dans mon territoire et de voir les chefs des villages pour leur demander de rassembler leurs administrés. »

Gilles ne peut que capituler. Mais il tient à avoir le dernier mot :

« Au fait, Hébert, vous arrivez bien ! J'ai aperçu dans le camp une pouillerie de Méos qui n'ont rien à y faire et passent leurs journées à fumer l'opium. Si vous pouviez vous en charger, ça me débarrasserait. »

La « pouillerie » des Méos dont parlait le général Gilles est en fait une sorte de mini-village, tout au bout du terrain d'aviation, où se sont installés quelques montagnards, ramenés par les bataillons thaïs au cours de leur retraite de Son La. Jugés inutilisables par les cadres européens, ils croupissent dans un blockhaus désaffecté, payant leur subsistance de menus services : coolies, porteurs, fournisseurs d'opium aussi, dans des proportions tout à fait artisanales.

« L'opium ? demande le sergent Châtel. Il ne pousse tout de même pas ici, à Na San ! »

Arrivé dans l'après-midi avec le *Dakota* de matériel, le sergent Châtel est un Lorrain au visage régulier, au regard clair, au sourire gouailleur, souligné d'une mince moustache, taillée au millimètre. Il se tourne vers le capitaine Hébert. Les deux hommes se comprennent sans parler tant l'évidence s'impose : si les Méos de Na San se procurent de l'opium, c'est qu'ils vont le chercher.

« Le système défensif du camp retranché ne me paraît pas particulièrement étanche », observe Hébert.

Les Méos ne font d'ailleurs aucune difficulté pour admettre leurs expéditions en dehors de Na San.

Interrogés, ils se disent tous originaires du Long Hé, un massif montagneux situé au sud de Son La, qui culmine à 1 500 mètres. Leur chef, Ba Khao, n'est pas un inconnu pour les Français. En 1945, il a sauvé la vie d'un « Jedburgh » évadé de Vinh, le lieutenant Kervarec, et, voici quelques semaines, il a récidivé en escortant l'un des défenseurs de Nghia Lo, le lieutenant Latapie.

« Est-il possible de contacter votre chef ?

— Aucun problème. Nous connaissons les chemins pour passer entre les *Kéos*... les Viêt-minh. »

Hébert remet à l'un des hommes une barre d'argent, seule monnaie valable en montagne :

« Tu diras à ton chef que nous allons venir bientôt dans son territoire. Qu'il se tienne prêt à nous rejoindre. »

Châtel arrondit les sourcils :

« Vous parlez d'un rendez-vous ! Comme précision on fait mieux !

— Ne t'inquiète pas. Où que nous allions désormais, les Méos ne nous perdront pas de vue. S'ils estiment que nous avons une chance de réussite, ils viendront. »

Pendant tout le mois de décembre 1952, le capitaine Hébert ne chôme pas. Le *Beaver* non plus. Il décolle tôt le matin, au ras des arbres qu'un surprenant respect a conservés en bout de piste, s'engouffre dans le coton blanc du crachin sec noyant la cuvette, et, de saut de puce en saut de puce, explore la région ouest, du col des Méos, à mi-chemin de Diên Biên Phu, jusqu'à Mai Son, au sud de Son La.

Auprès de lui, tassés dans l'étroite carlingue dont le pilote Nicolaï a retiré les sièges pour agrandir le volume habitable, se tiennent les deux chefs thaïs, Bac Cam Quy et son neveu Sûc, puis les deux sous-officiers de l'antenne de G.C.M.A., Châtel et Schneider, un nouveau venu, un Alsacien, rose et blond, aussi bourru que Châtel est gouailleur, aussi placide que son camarade est nerveux.

« On se pose ? »

Nicolaï a tiré Hébert par la manche et montre, juste dans l'axe de l'hélice, une portion rectiligne de route, apparemment en bon état.

« C'est suffisant ? »

Hébert est prêt à tout, mais il pense à la mission. En cas d'accident, les Viets auront tôt fait de foncer vers l'épave du *Beaver*. Il hésite. A-t-il le droit ?

« Si la route est sèche, affirme Nicolaï en ponctuant ses mots de grands gestes de la main, je vous garantis un posé en cent mètres ! Sur trois pattes...

— On y va ! » hurle Châtel.

Le *Beaver* prend l'axe, bat des ailes pour contrôler son horizontalité et plonge. A droite et à gauche des plans, la végétation défile, menaçante. Un bambou mal placé suffirait à provoquer la catastrophe. Nicolaï touche des deux roues, rebondit à peine et pose la roulette de queue, tout en freinant avec précaution. Un dérapage sur de la glaise aurait des conséquences désastreuses. Cent mètres plus loin, le *Beaver* s'arrête, exécute un demi-tour :

« La R.P. 41, c'est du solide ! » commente Nicolaï.

Un village est en vue, quelques centaines de mètres en avant. Sur la carte, Hébert lit son nom, Ban Chieng Phuoc.

« On y va ? demande Châtel, impatient.

— Non, répond le vieux chef thaï. Les villageois iraient se cacher. Ils vous craignent autant qu'ils redoutent les Viets. Laissez-moi, et, puisque, maintenant vous savez que vous pouvez venir avec un avion, repartez. Je reste. Dans une semaine, contactez-moi. »

Il s'éloigne, suivi de son neveu Bac Cam Sûc. Pour la première fois de la guerre, un émissaire venu de Hanoi vient organiser la résistance à quelques kilomètres à peine des divisions de Giap.

Rangé à l'écart, tout au bout de la piste de Tan Son Nhut, l'aérodrome international de Saigon, le *Dakota* ressemble à un rebut de l'aéronautique. Ailes ternies, dont on ne distingue même plus la couleur originelle — kaki ? blanc ? — sigle de compagnie à demi rongé par l'humidité, il paraît avoir été exilé comme une offense à la vue, loin des *Super-Constellation*, des *Globemaster*, des D.C.6 briqués à neuf, des long-courriers qui transitent par le Viêt-nam avant de s'envoler pour la France, via Karachi et Le Caire ou pour les Etats-Unis, via Hong Kong et le Japon.

Nonchalamment appuyé contre le train d'atterrissage, Lucchési [1], le pilote, fume tranquillement une *Cotab* au goût douceâtre en attendant ses passagers. Indifférent à l'activité de fourmilière de l'aérodrome, il ne regarde même pas au-delà du parking. Du reste, Lucchési n'y distinguerait rien. Myope comme une taupe, il ne satisferait sûrement plus aux tests du personnel navigant. C'est tout juste s'il arrive à lire les indications de son tableau de bord. La plupart du temps, Lucchési les ignore. Nul mieux que lui ne connaît la Haute-Région, pas un seul pilote ne sait distinguer aussi bien les vallées du Nord-Laos. Il les identifie à des détails vagues, une teinte, un contour, un brusque changement de vent. Et puis il n'aime pas se mêler de ce qu'il considère comme les affaires des autres. On lui a dit d'attendre. Il attend.

Malgré son ascendance corse, Lucchési joue volontiers le dandy blasé et tranche sur ses collègues, des furieux qui vivent dans le paroxysme, par une attitude compassée comme par le soin

---

1. Pseudonyme choisi par l'auteur

qu'il prend de ses vêtements toujours impeccablement repassés, sans la moindre tache d'huile ou de cambouis.

Ce qui, avec la ruine volante qu'il pilote, constitue déjà une sorte d'exploit.

Une jeep traverse à toute allure le *taxi way*, opère un demi-cercle en faisant crisser ses pneus et vient se ranger contre le *Dakota*. Deux officiers en descendent. Lucchési connaît le plus grand des deux : le capitaine Pierre Talbot avec son béret rouge incliné sur l'oreille, son nez pointu au-dessus d'une moustache à la Clark Gable. Plus petit, plus trapu, le second parachutiste est nouveau à Saïgon. Un visage aux os carrés que les joues rondes humanisent, en lui donnant une fausse apparence d'adolescence prolongée, accentuée par des yeux candides et une bouche au pli boudeur. Et pourtant le capitaine Evrard [2] a trente ans, une Légion d'honneur et plusieurs missions au service du G.C.M.A. Il vient de prendre la direction de l'école de Ty Wan, le centre de formation des commandos du cap Saint-Jacques.

« Vous nous emmenez au Cap ? » demande-t-il.

Lucchési hoche la tête :

« Je vous attendais. Vous pouvez embarquer... »

Il se hisse dans l'appareil, louvoie entre des caisses qui encombrent le plancher de métal, réveille, au passage, d'un coup de pied, le radio qui dormait, la tête entre ses bras repliés sur la planchette du poste. Hippolyte est un gros Réunionnais dont la principale activité consiste à passer de la sieste au sommeil.

Pierre Talbot et son camarade Evrard s'installent près d'un hublot, assis sur les caisses de bois. Dans une demi-heure, ils seront à Ty Wan au bord de la mer. Arrivé l'après-midi même de Kontum, le capitaine Talbot va rejoindre une dizaine de ses Hrés, présentement en stage « opérations aériennes ». Ils doivent y apprendre l'installation et la signalisation diurne et nocturne d'une D.Z., la procédure d'appel d'un avion, l'orientation d'un axe de largage et la protection rapprochée de la zone.

Du coin de l'œil, Talbot surveille son camarade. Evrard ne passe pas pour être un joyeux drille. C'est au contraire un Lorrain froid et timide, austère dans sa vie, sérieux dans ses pensées. Entraîné dans l'aventure des services spéciaux par la guerre, il s'obstine pourtant à voir dans l'armée une sorte de scou-

2. Pseudonyme choisi par l'auteur.

tisme où la responsabilité morale des chefs, l'exemple donné par les gradés, la franchise des rapports, l'honnêteté dans la conduite des opérations restent des règles fondamentales. Confronté à l'Indochine, chargé des G.C.M.A. du Cambodge, Evrard a dû, pour sa première action, restituer ses partisans à l'armée nationale khmère, et abandonner en catastrophe certains de ses maquisards qui préféraient le drapeau français à l'emblème rouge timbré d'un Angkor symbolique et blanc.

Esprit sérieux, Evrard est devenu un peu chagrin, facilement agacé, parfois même franchement scandalisé. Manifestement, les procédés du G.C.M.A. le choquent. Avec un sourire ambigu, Talbot suit sur le visage de son compagnon les progrès d'une hargne à demi émergée. Evrard ne va pas tarder à exploser.

« Sais-tu ce qu'il y a dans les caisses où tu es assis ? »

Talbot fait « oui » de la tête.

« De l'opium. Et alors ?

— Alors ? » Evrard n'attendait qu'un mot pour montrer sa réprobation. « Alors ? Cela ne te fait rien ? Nous sommes des officiers et voilà ce qu'on fait de nous : des trafiquants de drogue ! »

Talbot sourit, toutes dents en dehors.

« Au contraire. Le fait que l'on te confie un tel chargement est une preuve d'estime de la part des patrons. Tu sais te taire et tu n'auras pas l'idée de détourner une caisse pour ton bénéfice personnel. »

Evrard sursaute, offusqué.

« Parce que tu penses qu'il y aurait des officiers assez inconscients pour détourner de l'opium à leur profit ? »

Talbot rit et observe :

« Je ne le pense pas. Il n'y a que des saints ou des officiers pour refuser de gagner de l'argent...

— Il n'en reste pas moins que le principe est scandaleux ! Nous sommes ici pour faire la guerre aux Viets. Parfois, nos méthodes sont déloyales, mais l'opium n'est pas une arme propre. Et puis elle n'est même pas dirigée contre les Viets : ils ne fument pas.

— D'accord. L'opium n'est pas une arme directe contre le Viet. Mais c'est un moyen d'action politique aussi important qu'un objectif militaire.

— Cela n'a rien à voir. En convoyant la récolte de pavot des Méos, nous les encourageons à poursuivre leur culture au lieu de les inciter à faire autre chose de moins nocif. »

312

Un soupir. Talbot répugne à donner des explications théoriques. Pourtant, il ne voit pas d'autre issue :

« Au lieu de juger de l'opium depuis Saigon, essaie un peu de te placer à l'autre bout, sur les montagnes du Nord où l'enjeu est là, matériel, impérieux. Nous sommes en guerre et le règlement des cas de conscience se fera plus tard, quand la paix sera revenue. Tu dis : " Il faut reconvertir l'activité des Méos. " Tu rêves, et tu n'es pas le premier. En 1920, un administrateur du nom de Barthélemy a essayé d'interdire la culture du pavot sur les montagnes méos. Il a récolté autre chose : une révolte qui a fait pas mal de morts de notre côté, bien davantage en face et, pendant de nombreuses années, les Français ont été accueillis à coups de fusil du côté de Sam Neua. On a rappelé Barthélemy et, pour le consoler, on a donné son nom à un col, entre le Tranninh et l'Annam. Et puis on n'a plus parlé de rien. Pour liquider l'opium, l'administration coloniale a créé une très officielle régie de l'opium où, avant la guerre, dans des débits ayant pignon sur rue, tu pouvais très librement acheter de petites boîtes rondes pleines de " confiture ".

— Je sais. Mais, en 1945, l'usage de l'opium a été interdit. »

Talbot s'amuse.

« C'est comme la fermeture des bordels ! Total, le commerce devient clandestin. Enfin, clandestin à la façon asiatique, c'est-à-dire qu'on supprime les enseignes au néon. A Saigon, il y a des fumeries pour cyclo-pousses à une piastre la pipe. Et puis il y a des fumeries pour riches où l'on retrouve les gros Chinois, les grands généraux et les hauts fonctionnaires ! Qu'on le réprouve ne change rien. Seulement nous sommes à Saigon et pas à Paris. Question de latitude.

— Pourquoi, si tout est aussi naturel, prend-on autant de précautions pour ce transport ? Pourquoi camoufle-t-on cet avion, pourquoi enfin le décharge-t-on clandestinement au cap Saint-Jacques ? »

Talbot allume une cigarette, et, posément, rejette un long nuage de fumée :

« Je pourrais te dire que nous redoutons l'argument que tireraient de ce transport tous ceux qui n'attendent, en France, qu'une occasion pour attaquer l'armée. Ce serait un argument de lâche. Ce transport est secret parce qu'il s'agit tout bonnement d'une opération militaire. Et ça me paraît suffisant. Mettre de la morale où elle n'a que faire relève de l'aberration mentale. Tuer non plus n'est pas moral.

« — Et l'opium empêche les Viets de tuer quelqu'un ?
— Oui. »

Evrard hausse les épaules, pas convaincu. Pour un peu, il soupçonnerait son camarade de jouer sur les mots. Mais Talbot s'explique :

« Les Méos cultivent le pavot. Ça, c'est un fait précis, acquis, contre lequel on ne peut rien. Enfin, rien pour le moment : il faut faire la guerre. De deux choses l'une : ou nous aidons les Méos à vivre ou nous les renvoyons chez les Viets qui, eux, n'ont pas ce genre de délicatesse et ne font pas les dégoûtés quand il s'agit de rafler la récolte annuelle.

— Tu penses qu'ainsi l'amitié des Méos nous est acquise ?

— L'avenir nous le dira. Pour le moment, il semble que ce soit le cas. Il faut tout de même te mettre dans l'ambiance du Nord, au moment de la récolte du pavot. Dès le mois d'octobre, toute la frontière entre en ébullition. Pirates chinois ou birmans pénètrent par petites bandes dans le 5ᵉ territoire, jamais très bien contrôlé, pratiquement inaccessible. De l'est arrivent les Viets. Du nord les émissaires de Mao. Tout ce joli monde se fait la guerre. Les convois clandestins sont attaqués par des bandes inconnues qui sont étripées à leur tour. Il y a quelques années, des Siamois avaient créé une véritable petite armée pour attaquer les Méos et leur voler la récolte. Ils les tuaient même un petit peu. C'est alors que nous sommes entrés en scène. Certes, nous ne sommes pas allés partout et, aujourd'hui encore, il y a toujours la « guerre de l'opium » au mois d'octobre, dans les confins des quatre frontières, Thaïlande, Birmanie, Yunnan, Laos. Je soupçonne même nos petits copains, les Chinois nationalistes, implantés en maquis anti-rouge avec la bénédiction de la C.I.A., de ne pas être en reste dans la compétition.

« En revanche, sur le plateau du Tranninh, dans la province de Phong Saly, dans celle de Sam Neua et même près de Na San, les Méos sont ravis de nous avoir comme clients. D'une part, nous payons la marchandise et ça leur permet de vivre. Nous les protégeons contre les Viets et ça les défend tout de même un peu. Maintenant, l'ennemi, c'est le *Kinh*.

— Tout ça, c'est de la théorie. Tout à l'heure, à Ty Wan, la cargaison d'opium va être livrée à un ancien pirate saigonnais, Le Van Vien.

— Objectif politique autant que militaire : autrefois, Le Van Vien et ses pirates, les Binh Xuyen, nous menaient la vie dure sur la rivière de Saigon et dans les faubourgs de la ville. Maintenant,

Le Van Vien est de notre côté, contrôle l'empire des jeux de Cho Lon — qui, naguère, alimentait le trésor de guerre du Viêt-minh de Cochinchine — et nous aide à nettoyer les quartiers annamites des comités d'assassinats rouges.

— Autrement dit, tu trouves que tout est bien ? Nous assurons un transport d'opium ! Nous faisons des affaires avec Le Van Vien, un gangster, qui revend la drogue avec la bénédiction des grands chefs ! Nous sommes donc objectivement les complices de l'empoisonnement de milliers de gens. Parce que c'est la guerre, toi, tu trouves ça normal ? »

Talbot soupire :

« Non. Mais le moyen de faire autrement ? Je trouve courageux de se poser, comme tu le fais, la question de moralité. Je trouve encore plus courageux de la trancher. Pour ma part, je suis satisfait de ne pas avoir à m'occuper de ce trafic. Cela ne veut pas dire que je me désolidarise des copains qui sont dans le bain : l'argent de l'opium me permet de faire vivre mes mille guerriers hrés et leurs familles.

« Dans cette histoire, il faut considérer le résultat du point de vue de la guerre. Nous privons les Viets d'alliés importants, les Méos. Nous privons les Viets du bénéfice d'un trafic qui leur permettait, autrefois, de financer, chaque année, l'équipement d'une de leurs divisions. Enfin, grâce à Le Van Vien, ce " gangster ", il n'y a plus d'attentats à Saigon, plus de comités d'assassinats et le bénéfice du *Grand Monde* ne tombe plus dans l'escarcelle des commissaires politiques ou des collecteurs de fonds.

« Peu importe la morale : la guerre ne se fait pas avec de bons sentiments. »

L'avion perd de l'altitude, puis roule sur l'herbe de la piste et coupe ses moteurs.

Aussitôt un convoi léger, trois camions civils aux bâches tirées, débouche de derrière les bâtiments du camp des commandos. Une vingtaine d'hommes en armes, véritables arsenaux ambulants, encadrent les véhicules. Bardés de carabines légères et de pistolets chromés, ils ont des têtes de tueurs à gages, malgré leur semblant d'uniforme : kaki aux tons roses, bérets vert pomme, galons tressés et brassards. Ils avancent comme des truands d'opérette, en roulant les épaules, l'œil fixe et dépourvu de sentiment, la mâchoire s'activant sur le chewing-gum. En dépit de leur style « voyou 1925 », on les devine dangereux, asiatiques, c'est-à-dire cruels et méprisant la mort. Ce sont les durs de la garde personnelle de Le Van Vien, des fauves fanatisés qui ne craignaient pas de combattre, seuls dans les rizières, contre les *chi doï* du Viêt-minh. Ils ont couvert de leurs poitrines la vie de leur chef et, en quelques mois, ont purgé Saigon des bandes de terroristes communistes. Dans la foulée, ils ont aussi « persuadé » les gros Chinois de Cho Lon de céder leurs affaires à leur patron.

Le Van Vien est également présent. Il n'a voulu laisser à personne le soin de réceptionner sa cargaison : plus de trois tonnes d'opium brut est un butin qui provoquerait trop de convoitises. Le visage ridé de mille petits sillons qui attestent sa satisfaction, le *baï vian,* malgré ses sourires, n'arrive pas à se faire passer pour un commerçant affable et prévenant. Ses courbettes ne sont que de façade. C'est un tueur lui aussi, d'une audace folle, mais d'une méfiance presque pathologique. Il ne couche, dit-on, jamais deux soirs dans la même pièce, toujours gardé par une panthère, spécialement dressée pour attaquer l'importun à la gorge.

Le Van Vien connaît sa force et a eu l'occasion de mesurer sa chance : en 1948, il a réussi, seul, à se tirer d'un traquenard que lui avait tendu son vieil ennemi, Nguyên Binh, le borgne. Le chef viêt-minh avait convoqué le *baï vian* dans son P.C. de la plaine des Joncs. Les deux hommes étaient seuls dans une paillote mais, derrière les minces parois de *caiphèn,* vingt tireurs d'élite étaient tapis, à l'affût, attendant, pour tirer, le signal de Nguyên Binh. Le Van Vien est méfiant. Un instinct de fauve traqué l'avait averti du danger. Alors, il avait foncé, droit sur ses bourreaux et leur avait échappé, de justesse. Plus tard, des semaines durant, ses propres gardes avaient lavé l'affront dans le sang, tandis que Le Van Vien se ralliait aux Français.

Le Van Vien a compté les caissettes de bois, apposé sa signature (un paraphe majestueux d'illettré asiatique, quatre idéogrammes compliqués et maladroits) puis, sans un mot, le chef des Binh Xuyen a regagné la cabine de son camion.

La boucle est bouclée. Demain, dans trois jours au plus tard, Touby Liphong, le roi des Méos, ira dans la villa du *baï vian,* près du pont en « Y » encaisser son argent. Ensuite, le Méo se rendra au P.C. du G.C.M.A. remettre au comptable des commandos la quote-part qui leur revient : cinq mille piastres par kilo. Ainsi les Thaïs de Hébert, les Nungs de Ly Séo Nung, les Mans de Cho Quan Lo, tous les maquis d'Indochine pourront être ravitaillés en produits non fournis par l'intendance : riz, sel, étoffes, médicaments.

L'opération « X » a une nouvelle fois été menée à son terme. Mais la bombe qui risque à tout moment de pulvériser les guérillas françaises en Indochine est amorcée, mécanisme enclenché.

43

L'hiver passe sur la Haute-Région et, avec le pâle soleil de
janvier, les rizières se teintent de vert cru. A Na San, après les
dures attaques de Noël sur les points d'appui périphériques (le
P.A. 24 a été pris et repris deux fois), les divisions viets ont
rompu le contact, Giap semble avoir renoncé et, déjà, l'idée fait
son chemin que jamais les communistes ne réussiront à s'emparer
de vive force d'un camp retranché en montagne, où l'artillerie
ne peut donner sa mesure. Pendant que l'état-major français s'enfonce dans l'optimisme qui conduira au désastre de Diên Biên
Phu, les services spéciaux, eux, se séparent de plus en plus des
thèses officielles : pour les officiers du G.C.M.A., plus que jamais
l'issue de la guerre dépendra de l'organisation des guérillas dans
les régions conquises par l'ennemi.

Au nord-ouest de Na San, les maquis du capitaine Hébert s'étof-
fent et s'implantent. Aux quarante partisans, rassemblés à la
fin de décembre par Bac Cam Quy, le *chao pen kham* de Tuan
Chau, se sont ajoutés près d'un millier de volontaires qui tiennent
toute la R.P. 41, du col des Méos jusqu'aux portes de Son La,
fief du régiment viêt-minh 88. A l'est du fleuve Rouge, la troupe
de Cho Quan Lo, en sommeil depuis le mois d'octobre 1953 [1],
se réveille et étend son influence. Trois mille Mans tiennent la
montagne depuis Lao Kay, à la frontière du Yunnan, jusqu'aux
abords de Ha Giang, sur le débouché de la rivière Claire, cent
cinquante kilomètres à l'est.

Sur la rive droite du fleuve Rouge, Ly Séo Nung a décrété la
levée en masse des Nungs de Than Uyen. Appuyé sur Laï Chau,

1. Cho Quan Lo, lui-même, est probablement mort à cette date.

le jeune prince fait la loi, de Cha Pa où il peut tendre la main à Cho Quan Lo, jusqu'à Kinh Khoaï où il a pris contact avec des émissaires des maquis du capitaine Hébert par-dessus la rivière Noire.

Enfin, depuis l'offensive viêt-minh sur le Laos, en mai 1952, les Méos des montagnes du Tranninh ont repris leur place sur l'échiquier des maquis. Mais qui dit Méo dit opium, et c'est la drogue qui va secouer durement l'édifice des guérillas contre le Viêt-minh.

Rien ne manque pour faire de cet épisode une fantastique aventure avec ses héros et ses trafiquants, ses combines et ses traquenards, avec, en surimpression, la guerre impitoyable des services spéciaux. Car, comme dans toutes les tentatives originales en Indochine, les Américains n'ont pas été absents de la tragédie.

Tout commence au milieu de l'année 1952. Au moment où les Viets prennent pied au Nord-Laos, introduisant l'assassinat, la menace et la terreur sur cette terre de calme et d'accueil où vivent en paix de nombreux planteurs et éleveurs [2], la D.G.D. du colonel Gracieux se souvient à point nommé que Touby Liphong, le roi des Méos, a puissamment aidé les commandos français, Gaurs et Jedburghs, pendant les mois terribles de l'occupation japonaise et les débuts de l'insurrection viêt-minh [3].

Depuis cette époque, Touby Liphong a affirmé — et affermi — son autorité sur l'ensemble des tribus du Tranninh et même au-delà, vers le massif du Phu Loï au nord. En 1952, Touby vaut deux cent mille âmes.

Le jeune leader méo — il a tout juste trente-huit ans — est un homme réaliste. Il sait que la seule chance de survie de son peuple réside dans l'alliance avec les Français, quelle que soit l'autorité régnant sur le Laos. En effet, si les Viets tentent de s'implanter par le fer et par le feu, le gouvernement de Vientiane, qui redoute le caractère individualiste et le courage des Méos, s'efforce, depuis toujours, de les maintenir dans la misère, enfermés dans leurs montagnes comme dans un ghetto. Seuls les Français sont en mesure de protéger les sujets de Touby Liphong contre le Viêt-minh. Seuls aussi ils peuvent imposer, à plus ou moins long terme, l'autonomie du Tranninh au gouvernement royal.

2. Cf. *Rage blanche* de Jean Hougron.
3. Voir ci-dessus : Première partie, *Une poignée de guérilleros*

Mais quand le colonel Grall rencontre Touby Liphong, l'entretien n'est pas seulement sentimental, dominé par la fidélité et la loyauté. Il est avant tout politique et économique. Très vite, Grall constate que l'on parle moins de résistance au Viêt-minh que de culture et de récolte d'opium.

« C'est une condition essentielle, explique Touby Liphong. Les Viêt-minh raflent les récoltes. Ils ne paient pas le prix demandé et, bien souvent, ils tuent les villageois. Je sais que beaucoup de leurs cadres partent à la chasse au Méo comme vous, en France, allez à la battue au sanglier. Assurez vous-même l'achat de la récolte, protégez les paysans, fournissez-leur des cadres et des armes. Alors tout le pays se rangera derrière vous. »

Grall est indécis. C'est un soldat. Il accepte toutes les missions pourvu qu'elles soient militaires. Il est même prêt à prendre la tête du premier bataillon méo. Mais l'opium...

Le chef du G.C.M.A. rentre à Saigon et fait part de ses contacts au colonel Gracieux, puis au colonel Belleux. Ensemble, les trois hommes réfèrent de leur problème au général Salan :

« Nous vous suggérons d'acheter l'opium des Méos, proposent-ils. Puis, pour éviter le cycle infernal du trafic, nous irons jeter la récolte dans la mer. »

Salan comprend les scrupules de ses officiers. Mais leur projet est irréalisable ; il en coûterait une fortune au contribuable français. Vu de Paris, le ralliement des Méos ne paraît pas si important qu'il faille investir des millions pour l'acquérir.

« Nous pourrions vendre l'opium aux laboratoires pharmaceutiques, propose le généchef. Les hôpitaux ont besoin de morphine pour de nombreux médicaments. »

L'accueil des laboratoires est tiède :

« Notre consommation annuelle d'opium brut est de l'ordre de mille à mille cinq cents kilos. Et encore faut-il qu'il soit déjà traité dans des conditions d'hygiène et de technique que seuls des chimistes équipés peuvent réunir... »

Grall décide d'étudier personnellement le problème.

« Me voilà laborantin », plaisante-t-il.

Avec Touby Liphong d'abord, il s'initie à la culture du pavot.

« Quand les têtes de pavot sont incisées, explique Touby, elles dégagent des vapeurs qui sont très toxiques, de sorte qu'en l'absence d'un vent très fort, les moissonneurs risquent d'être empoisonnés. Après la récolte, quelques gouttes par tête de pavot, la liqueur est mise à décanter pour être débarrassée des grosses impuretés. Puis on la fait sécher. Quand on a obtenu une pâte à peu près solide et homogène, il faut la rouler en boules de un ou deux kilogrammes. C'est à ce stade que nous livrons l'opium. Mais, après, il faut encore le traiter. »

Grall se renseigne. Il apprend que, pour livraison aux laboratoires, il faut obtenir au préalable de la « morphine base ». Pour cela, on mélange l'opium à l'eau et on le chauffe. La température ne doit pas dépasser le point d'ébullition. A l'eau chaude, on ajoute une certaine quantité de chaux, afin de séparer l'opium de la morphine. La solution qui contient la morphine est filtrée, chauffée de nouveau et traitée au chloride d'ammonium.

« Naturellement, explique le chimiste interrogé, tout cela doit se faire à l'air libre. Et surtout le plus tôt possible après la récolte afin de ne pas courir le risque de détruire la morphine.

— Si je comprends bien, je devrai être obligé de construire un laboratoire à Xieng Khouang ?

— Si vous voulez avoir une chance de vendre votre production aux laboratoires, c'est en effet ce que je vous conseille. Avec cet avantage supplémentaire que personne ne pourra aller voir ce qui s'y passe. »

Grall renonce.

« Je croyais naïvement que nous pourrions discrètement refiler ce foutu opium à des gens qui en feraient le meilleur usage. C'est fichu. »

Le chef du G.C.M.A. soupire et prend sa décision :

« Je vais dire à Touby Liphong qu'il se débrouille lui-même pour trouver ses acheteurs, à condition que ce ne soient pas les Viets. »

Touby se débrouille très bien et Grall se met rapidement d'accord avec lui. A la charge du chef des Méos : la récolte, le conditionnement de l'opium et son acheminement vers la plaine des Jarres qui dispose d'une piste « dakotable ». A la charge du G.C.M.A. : la protection des transports et la livraison des caisses. Un *Dakota* porteur d'une immatriculation civile enlève la cargaison et, via Tan Son Nhut, la livre, en Thaïlande, à Li Mi, un général nationaliste chinois qui tient maquis dans l'extrême nord du pays avec l'appui de la C.I.A.

Mais la C.I.A. n'a pas pardonné aux Français d'avoir refusé leur concours pour organiser le Service Action [4].

4. Voir ci-dessus : Troisième partie, *Le guêpier*.

« Vous faites du bon travail, admet, en grognant, le colonel Lansdale, mais vous ne pourrez jamais monter des opérations subversives sur une grande échelle sans notre appui ! Le Viêt-minh est un ennemi secondaire : l'essentiel de l'effort doit porter contre la Chine rouge... »

Le général de Lattre avait, d'une phrase, réglé le sort de la collaboration franco-américaine : « Pas d'Amerloques ici ! Oui au matériel, non aux voyous de la C.I.A., sauf s'il s'agit de gens bien élevés comme l'ambassadeur Heath ou le chargé d'affaires George Bohlen ! » Mais, maintenant, de Lattre est mort et la C.I.A. reprend espoir. Pour les Américains, les choses redeviennent comme avant. Le haut-commissaire en Indochine, Jean Letourneau, est un civil inféodé à la politique des gouvernements de la IVᵉ République qu'il est facile d'influencer. Il suffira alors de remettre au pas les militaires qui lui sont subordonnés en prouvant qu'ils sont incapables ou, pis, qu'ils couvrent certaines actions inavouables.

Bien évidemment, rien n'est aussi déclaré et les sourires sont de rigueur. La guerre entre services est impitoyable, mais elle se cache sous les fleurs, souvent empoisonnées. Invités à visiter l'école du cap Saint-Jacques, les Américains sont attaqués, en brousse, par des Viets qui manœuvrent comme des guérilleros communistes. Même tactique, mêmes dispositifs, mêmes costumes. Une seconde de panique, vite calmée, quand Evrard, le patron du centre, explique que ces Viets sont des Hrés, des Thaïs ou des Méos à l'instruction. Enthousiasme des spécialistes américains, sincère et admiratif. Du coup, ils débloquent, au profit de Ty Wan des crédits d'équipement et offrent au G.C.M.A. deux *Dakota* qu'ils sont eux-mêmes allés racheter, à prix d'or, en Afrique du Sud.

Les Américains admirent. Mais ils veillent. L'outil forgé par les Français les intéresse ; l'opium des Méos va leur fournir le moyen qu'ils attendaient pour briser la résistance à la coopération. Très vite, d'insinuations en chuchotements, beaucoup d'officiers français apprennent la présence de l'opium dans les caves de la villa qui sert de P.C. au G.C.M.A. : les agents de la C.I.A., camouflés dans les services de l'U.S.I.S. (le service culturel) ou de l'U.S.O.M. (coopération agricole), quand ce n'est pas à l'intérieur des missions évangéliques presbytériennes, sont des artistes de la rumeur.

Informés de cette nouvelle scandaleuse, deux capitaines du Service Action s'en indignent. Ils sont du reste persuadés que ce trafic est dû à la seule initiative d'un certain Basiflis [5], trésorier de l'antenne du G.C.M.A. de Saigon, et qui confond d'une manière voyante la gestion militaire et la prospérité des deux boîtes de nuit dont il est propriétaire. Adjudant de réserve, ce Grec a repris du service dans l'Indochine en guerre, trouvant plus commode de se trouver du côté de la légalité quand elle porte l'uniforme.

Malgré les avertissements qui lui sont prodigués, les mises en garde, les abus de fonction évidents dont Basiflis se rend coupable, Grall se désintéresse de ces « questions secondaires ». Le G.C.M.A. a des fonds et augmente ses moyens. Basiflis est efficace. Donc il reste en place.

« C'est déshonorant pour les camarades qui se font trouer la peau dans la brousse », estiment les deux capitaines.

L'occasion de se débarrasser du Grec leur est fournie quand ils apprennent que quatre-vingts kilos de « confiture » dorment dans des caisses de munitions, entreposées dans leurs caves.

Le même jour, par un « hasard » extraordinaire, le colonel Bertin est également mis au courant. Bertin est un officier de gendarmerie à cheval sur le règlement. Il n'aime pas Gracieux, auquel il reproche ses activités mal définies, son goût du secret et, sans doute aussi — car les deux hommes sont des camarades de promotion de Saint-Cyr — son avancement plus rapide. Seulement Bertin est aussi le directeur du cabinet de Jean Letourneau, haut-commissaire, lequel diligente une enquête, certain que le scandale ne pourra pas être étouffé.

Jubilation des Américains. L'affaire s'enclenche bien. Jean Letourneau n'apprécie guère Salan, le commandant en chef dont il redoute les appuis politiques parisiens. Le colonel Bertin ne voit pas sans déplaisir son camarade Gracieux dans l'embarras. Pour leur part, les deux capitaines qui souhaitent moraliser le service espèrent de l'enquête qu'elle founira l'occasion d'évincer définitivement ce « margoulin » de Basiflis. Dans la coulisse, la C.I.A. compte les points, persuadée que ce scandale va déblayer la scène. Au besoin elle fera ce qu'il faut pour le gonfler et lui assurer toute la publicité souhaitée.

Mandaté par Jean Letourneau, le procureur général Pruvot mène l'enquête, et ordonne une perquisition menée par la Prévôté militaire, dans les caves du G.C.M.A. Et là, c'est la stu-

5 Pseudonyme choisi par l'auteur.

peur. A la place des quatre-vingts kilos attendus, c'est un stock de huit cents kilos qui est découvert.

Ce n'est plus un scandale, c'est un typhon. Et tellement inattendu, tellement énorme qu'il effraie ses promoteurs. Tout le monde voulait bien d'une tempête dans une tasse de thé, mais en déclenchant un raz de marée, la crainte déferle qu'il ne mouille trop loin ou trop haut. Brusquement, un voile tombe sur le « trafic ». Seuls, à la base, les deux responsables font les frais de l'opération. Basiflis, bien entendu, mais aussi le colonel Grall qui, après avoir purgé cinquante jours d'arrêts de rigueur, est évincé, puis renvoyé sur la France au mois de janvier 1953.

Le G.C.M.A. est décapité.

44

Le *Beaver* F.OAMI glisse dans la vallée entre les langues de brousse qui poussent leurs avancées jusqu'à la petite rivière aux reflets gris. A droite et à gauche de l'appareil, s'étageant au flanc des collines, les rizières en gradins mettent parfois une tonalité gaie, d'un vert lumineux, dans la sombre jungle. Juste en dessous, serpentant, jaune, d'une vallée à l'autre, la R.P. 41 s'enfonce vers le nord-ouest et, par-dessus le col des Méos, file jusqu'à la pleine de Diên Biên Phu, abandonnée au Viet depuis le 20 novembre dernier.

Pour Nicolaï, le pilote, le décor n'est plus nouveau et l'atterrissage en zone viêt-minh simple routine. Dans quelques minutes, il se posera à Tuan Chau, sur une portion droite de la route aménagée en piste de fortune au pied des paillotes typiques — caiphèn et latanier — montées sur leurs échasses.

Depuis le mois de décembre 1952, Nicolaï ne compte plus les missions au-dessus des maquis thaïs. Liaisons, ravitaillements, évacuations, transferts, ont repris pour épauler l'action du capitaine Hébert. En voulant trop bien faire, les Américains ont, en effet, échoué : la politique générale des services spéciaux français n'a pas été bouleversée. Seule concession aux promoteurs du scandale, le G.C.M.A. a été dissous pour réapparaître aussitôt affublé d'une dénomination différente. Le groupement mixte d'intervention, G.M.I., a vu le jour en même temps que le remplaçant du colonel Grall était nommé. Parachutiste et colonial, le colonel Trinquier est également, comme son prédécesseur, totalement acquis aux idées de contre-guérilla. Seule différence : il n'appartient pas au Service Action, même si, pour emploi, il y est rattaché.

Curieux personnage que Trinquier, ancien instituteur qui a découvert l'armée à travers l'école des officiers de réserve de Saint-Maixent dans les années 1930. Colonial, volontaire pour l'Indochine, il y a trouvé matière à l'épanouissement de deux vocations apparemment contradictoires : l'esprit didactique hérité de l'Ecole normale et le souci de l'organisation militaire. Comme terrain d'expérimentation, il a découvert les peuplades primitives des montagnes de la Moyenne-Région, tout à la fois soumises et incultes. Et peu à peu s'est forgée en lui l'idée qu'à l'ordre marxiste, incarné par les Viets, pouvait s'opposer un ordre humaniste, utilisant les méthodes de l'adversaire dans un but contraire. Dans quelques années, on traitera Trinquier de fasciste. Or personne n'est moins à droite que lui. Socialisant, comme la plupart de ses camarades officiers, Trinquier est l'héritier direct des grands coloniaux généreux de la III République qui croient que la civilisation passe par l'école, l'hygiène et la discipline.

Têtu, d'un caractère entier — Trinquier n'oublie jamais un affront —, il a mis ses méthodes à l'essai avec une patience d'éléphant. Grand, bâti en force, le visage carré, un nez cassé de rugbyman, la poitrine constellée de décorations, Trinquier a la gueule du baroudeur, le dynamisme d'un templier. A son crédit, une idée simple (simpliste disent les mauvaises langues). Il suffit de multiplier les bandes armées, puis les maquis, d'armer au maximum les villages, d'encadrer le plus étroitement possible les populations pour interdire aux communistes la moindre implantation. Pour cet ancien instituteur, dans un groupe social fortement quadrillé, l'élément ennemi est immédiatement localisé, puis expulsé comme un corps étranger ou un furoncle. Inquiets sur leurs arrières, les Viets seront obligés alors d'employer à leur tour des effectifs nombreux et sûrs pour protéger leurs axes de communications, leurs villages, leurs dépôts.

Autre argument, de taille celui-là : Trinquier a prouvé, chiffres en main, qu'un maquis entraînait des servitudes considérablement moindres qu'un camp retranché. Ly Séo Nung, par exemple, avec ses deux mille hommes répartis dans la région de Than Uyen, n'a besoin, mensuellement que de cent cinquante tonnes de fret, alors que Na San en consomme, quotidiennement, près de cent vingt tonnes [1].

Avec Trinquier, le G.M.I. passe du stade « artisanal » au

---

1. En mars 1954, Diên Biên Phu nécessitera deux cents tonnes de fret par jour.

régime de croisière et, du coup, devant l'affluence des volontaires, Hébert a été obligé de fractionner son maquis en trois groupements. Le premier, *Colibri*, compte quinze cents Thaïs aux ordres du sergent Châtel que seconde le sergent Ansidéï. Ils se tiennent entre Tuan Chau et le col des Méos, tout au long de la R.P. 41 qu'ils interdisent aux Viets sur une distance de soixante-dix kilomètres.

A l'est, basé à Ban Chieng Phuoc, est implanté le second groupe, *Calmar*, commandé par le sergent Schneider. Il comporte environ trois cents Thaïs noirs et pousse des antennes jusqu'à Son La, P.C. du régiment viet n° 88.

Au sud enfin, aux ordres du sergent Maljean qui s'est installé sur le plus haut sommet du massif du Long Hé — 1 400 mètres — à Co Tonh, trois cents Méos ont édifié une sorte de nid d'aigle creusé de tranchées et de blockhaus, défi permanent aux Viets du Laos qui viennent de conquérir Sam Neua. D'où le nom de ce groupe, le maquis *Aiglon*.

Maljean ne se borne pas à demeurer sur son point d'appui. Il est descendu vers le sud, jusqu'au Song Ma, territoire viêt-minh incontesté depuis 1945. A la barbe des régiments 970/176 qui gardent la frontière entre le Tonkin et le Laos, il a établi une tête de pont sur le fleuve, y édifiant une passerelle flottante qui assure un passage permanent d'une rive à l'autre.

En quelques mois, Hébert a réuni deux mille hommes en armes, rallié quatre mille civils — femmes, vieillards et enfants — et tient un territoire estimé à 1 600 km², la moitié de la superficie du Delta tonkinois.

Nicolaï prend sa ressource avant de survoler le village de Tuan Chau, vire à gauche au ras des aréquiers qui dominent les paillotes du P.C. et revient, les roues à quelques mètres de la route.

« Merde ! »

Au dernier moment, juste comme le *Beaver* posait ses roues, un petit cochon noir, au ventre traînant par terre, débouche d'une haie de bambous et traverse la piste. Un coup de frein. L'avion embarque sur la droite, son aile fauche une haie vive, tandis que l'hélice broute la terre, fichée dans le talus.

Hébert saute à terre presque dans les bras du sergent Châtel. Les deux hommes n'échangent pas un mot. Ils font le tour de l'avion, s'arrêtent près du moteur où ils retrouvent Nicolaï, pâle et furieux :

« On est propres ! Avec mon bahut en croix, c'est pas demain que je vais rentrer à Hanoï... »

Autour de l'appareil accidenté, les Thaïs se sont rassemblés avec de grands rires. Pour eux, l'oiseau mécanique n'est qu'un véhicule un peu plus insolite que les autres, dont les fantaisies à l'atterrissage les comblent de joie.

« Pour un peu, commente Châtel, ils en redemanderaient. »

Retrouvant son autorité, le sergent ordonne le calme, distribue les postes. A bras, le *Beaver* est extrait de sa fâcheuse position, remonté sur la route, remis en ligne de décollage. Mais Nicolaï ne décolère pas. Il montre son hélice en « palmier », curieusement tordue :

« J'en ai pour deux jours, râle-t-il, avant qu'un copain vienne me dépanner... »

Hébert et Châtel se consultent du regard : il n'est guère prudent de conserver l'avion sur la route, à la merci d'un obus de mortier. Nicolaï écume :

« Je m'en fiche. Et si c'est pas les Viets, c'est moi qui flanquerai le feu à cette saloperie ! »

Hébert tâte l'aluminium de l'hélice et grimace :

« On peut vous redresser ça, dit-il, calmement. Il suffit d'attacher un long bambou pour faire levier... »

Nicolaï porte un doigt à sa tempe :

« Vous n'êtes pas bien ? A Hong Kong, à Saigon, dans tous les grands aérodromes, il y a tout plein d'ingénieurs avec des règles à calculer, des microscopes, des gabarits de bronze qui sont payés pour régler les hélices au millimètre ! Et vous, vous voulez bricoler ça au pifomètre, avec un grand bambou ! Vous savez ce que ça va donner ? le *Beaver* va vibrer, marcher en crabe en crachant ses boulons ! Encore heureux si j'arrive à le décoller entier sans laisser une aile ou une dérive... »

Hébert lui tourne le dos :

« Tant pis ! Moi, ce que j'en disais... C'était pour vous donner l'occasion de rentrer autrement qu'à pied.

— Pourquoi ? »

Le ton de la question montre que, soudain, Nicolaï est inquiet.

« Parce que c'est la dernière liaison sur Tuan Chau avant un bon moment. Le maquis s'en va...

— Et vous ?

— Moi ? » Hébert lui renvoie un grand sourire : « Moi, je reste avec *Colibri*. Je rentrerai dans quelques semaines... »

Résigné, Nicolaï lève une main :

328

« Bon, alors, allons-y. »

Encouragés de la voix et du geste par le sergent Châtel, les Thaïs se mettent à l'ouvrage. Paupière plissée, Nicolaï surveille la manœuvre. Avec des han de bûcherons, les Thaïs appuient sur le bambou, obligeant l'hélice à reprendre une forme moins fantaisiste. Au bout de deux heures de tractions, Nicolaï s'estime satisfait.

Il remet le moteur en route, actionne les commandes du pas, constate qu'elles répondent. Pouce en l'air, il met les gaz, amorce le décollage. Le *Beaver* vibre, grince ; le moteur cogne, déséquilibré par le jeu de l'hélice. Mais il tient bon et enlève l'avion, après quelques mètres supplémentaires.

« Eh bien, commente Châtel, on dirait que le bambou a du bon ! Personne ne voudra croire qu'on a réparé un avion avec des Thaïs comme mécanos en pleine brousse [2]... »

Le camp retranché de Na San ne sert plus à rien, explique un moment plus tard le capitaine Hébert à ses adjoints, Châtel, Ansidéï et Bac Cam Thuy. Le nouveau généchef, le général Navarre, estime qu'il représente une lourde servitude logistique sans grand profit stratégique. Il a donc décidé d'évacuer la cuvette.

« Quand il n'y aura plus que trois pelés et un tondu pour garder la piste, ça m'étonnerait que les Viets ne tentent pas un coup de main !

— C'est pourquoi l'on a besoin de nous. »

Hébert déploie sa carte :

« A partir du 1er août prochain, donc d'ici quinze jours, un pont aérien va commencer à déménager le matériel lourd, engins du génie, canons, etc. Le plan est prêt et les aviateurs assurent que le 11, le 12 au plus tard, tout aura été enlevé.

— Dix jours, ça laisse largement aux Viets le temps de préparer quelque chose !

— Mais nous serons là. En fait, nous allons transporter nos paquetages à Na San aussitôt que possible. Puis, peu à peu, nous remplacerons sur les points d'appui les unités au fur et à mesure qu'elles seront rapatriées.

2. Pour la petite histoire, Nicolaï réussit à rapatrier son appareil jusqu'à Hanoi. Mais le directeur de la compagnie à laquelle il appartenait, *Aigle Azur*, résilia le contrat du pilote pour « faute professionnelle ». Il fallut l'intervention de la compagnie d'assurances qui souligna la qualité et la rareté de l'exploit réalisé pour que Nicolaï soit réintégré.

« — Et nous resterons tout seuls pour saluer le dernier avion ? »

Châtel et Ansidéï ne sont pas inquiets. Au contraire. Na San est un pôle d'attraction pour les divisions de Giap. Na San disparu, les maquis pourront s'étendre vers l'est sans craindre de rencontrer des éléments trop durs.

A partir du 20 juillet 1953, la migration du maquis *Colibri* commence. Pour donner à l'opération les meilleures chances de réussite, le maquis *Calmar* — quatre cents Thaïs aux ordres de Schneider — ont reçu mission de fixer le régiment viet n° 88 sur ses bases de Son La.

En fait, outrepassant sa mission, Schneider réussira au-delà de toute espérance. Donnant l'assaut, de nuit, à l'ancienne capitale provinciale, il culbute l'unité ennemie — trois fois supérieure en nombre — et la rejette dans les calcaires de la rivière Noire, jusqu'à Ta Bu où il la fixe près d'un mois durant.

Pendant ce temps, après un large crochet par le sud, à travers la montagne, les mille Thaïs de Châtel, dont le capitaine Hébert a pris le commandement effectif, arrivent sur les positions de Na San le 2 août.

Pendant dix jours, sans désemparer, *Dakota*, *Bristol* — et même le *Globemaster* unique de la compagnie *Aigle Azur* — se relaient sur la piste, dans la poussière et la cohue. Enfin, le 11 août au matin, seule une compagnie du 1er bataillon thaï demeure sur le terrain. Tout autour, dissimulés dans les blockhaus abandonnés des P.A. extérieurs, les maquisards du capitaine Hébert montent une garde vigilante.

A midi, un *Dakota* se pose. Le dernier. Il transporte un élément du génie chargé de faire sauter ce qui n'a pu être emporté : les blockhaus, les réseaux et les plaques métalliques de la piste d'aviation.

A son bord se trouve également le colonel Trinquier. Escorté du commandant Fournier, il se hâte vers la casemate où Hébert a installé son P.C. provisoire. Sans un mot, les trois hommes se serrent la main. Puis :

« On vous laisse, dit Trinquier, on ne vous abandonne pas. Votre mission ne fait que commencer. Quand décrochez-vous ?

— Des pisteurs sont partis en avant, vers Yen Chau, sur la R.C. 6 et m'ont signalé que les éléments de la division 312 remontent à toute allure pour essayer de coiffer ce qui peut subsister ici...

« — Ne prenez aucun risque ! ordonne Trinquier. Votre objectif n'est pas de vous opposer aux réguliers, mais de tenir le terrain...

— Ne vous en faites pas, répond Hébert en souriant. Nous nous bornerons à piéger les abords. Le temps qu'ils déminent, nous serons loin. »

Trinquier sort à l'air libre. Au loin, au pied des P.A. abandonnés, de sourdes explosions soulèvent d'épais nuages de poussière. A 6 heures du soir, alors que les ombres s'allongent sur la piste, le dernier *Dakota* prend son vol. Pour le saluer, Hébert a envoyé un piquet d'honneur. Il veillera sur le drapeau qui, jusqu'au bout, flottera sur Na San.

45

Assis en rond autour du foyer de briques, où brûle un feu clair, petites flammes vivaces de bois très sec, le sergent Schneider et les cadres thaïs de *Colibri* fument à tour de rôle les fines boulettes de *tuoc lao*, ce tabac noir au goût alcoolisé que l'on enflamme au bout du fourneau de la pipe à eau. Avec des gestes ralentis, un peu solennels comme s'il s'agissait d'un rite religieux, les hommes tirent deux ou trois bouffées, yeux fermés, les conservent quelques secondes dans leurs poumons tandis qu'ils passent le long bambou à leur voisin. Le silence est total, à peine interrompu, à intervalles réguliers, par le gargouillis de la fumée agitant l'eau de la pipe.

Dans l'après-midi, un groupe est arrivé à Ban Chieng Phuoc, venant de Tan Uyen. La liaison avec les maquis de Ly Séo Nung fonctionne sans accrocs, et Schneider ne peut s'empêcher d'admirer le chef du détachement nung : Vang A Nghi ressemble à un pirate échappé d'un autre siècle. Sous le turban noué à la diable, le visage est triangulaire, avec des yeux très étirés, immobiles, aux reflets méchants. La bouche charnue au dessin appuyé révèle la cruauté, mais aussi la détermination. Sous ses vêtements de voyage — une veste matelassée manifestement prise à quelque *bo doï* —, le chef nung porte une chemise d'uniforme français à laquelle, avec trop de négligence pour que cela ne trahisse pas le calcul, il a accroché le galon d'or de sous-lieutenant.

Bac Cam Thuy, le chef des pisteurs thaïs, sous-lieutenant lui aussi, a accueilli son camarade suivant les règles de la politesse montagnarde traditionnelle. Les villageois ont tué un cochon que l'on a mis à rissoler parmi les légumes, le maïs blond et les racines blêmes de manioc. Maintenant, Piem, le radio thaï du groupe, a reposé la pipe et fait circuler la théière de cuivre.

« Vous allez bientôt être attaqués », annonce Vang A Nghi, sur le ton égal de la conversation mondaine.

Surpris, Piem reste bouche ouverte, la théière relevée, partagé entre ses fonctions d'échanson et celles de radio. Schneider sourit. Le Thaï ressemble à une sorte de clown béat, avec, sur le sommet du crâne, une mèche rebelle de cheveux dressés, à la Stan Laurel.

Schneider étend la main. Il sait qu'interroger son hôte serait une impolitesse. Vang A Nghi va s'expliquer :

« Dans la traversée des calcaires de Chieng Ly, au nord de votre position, j'ai relevé de nombreuses traces. Des patrouilles *kinh*. Je pense qu'ils étudient des itinéraires pour vous contourner par le nord.

— Je m'y attendais », répond Schneider.

Après un repas de fête, l'usage veut que la conversation n'atteigne jamais l'aigu et le sergent parle en détachant ses mots, observant l'étiquette.

« J'ai fait disposer des sonnettes au débouché des vallées, et également sur la route 41, vers Son La », ajoute-t-il d'une voix retenue.

Un léger rire conventionnel souligne l'observation. Vang A Nghi hoche la tête.

« Je ne vous envie pas. Le régiment 88 cherche un succès. A votre place, je me préparerais à des combats très durs. »

Schneider prend son temps. Il se verse une rasade de thé :

« Nous nous y attendons depuis l'évacuation de Na San, voici un mois. Il ne faut pas être grand stratège pour comprendre que la R.P. 41 est la seule voie d'accès vers Laï Chau et, au-delà, vers le Laos. Or nous sommes dessus. Il est donc essentiel pour les Viets de nous faire sauter. »

Une grimace d'approbation. Vang A Nghi apprécie le résumé :

« Si les *Kinh* veulent votre route, ils mettront le paquet pour la libérer.

— Je sais. Depuis avant-hier, nos amis du maquis *Calmar* sont en route par les crêtes du sud. De plus, le capitaine Hébert nous a promis quatre bombardiers B 26. Ils seront là en moins d'une heure après notre signal.

— Donc, vous ne résisterez pas ? Vous allez seulement essayer d'attirer les *Kinh* dans la plaine ?

— C'est ça. *Calmar* et les Méos de Maljean resteront sur

leurs pitons et s'y accrocheront. Les Viets ne passeront pas, ils seront pris dans la nasse. »

Vang A Nghi prend une profonde inspiration :

« Je ne pars plus, dit-il, l'œil brillant. Je veux voir ça. »

Les premiers éléments du régiment viet n° 88 se sont signalés au lever du jour. Ils progressent prudemment, de part et d'autre de la R.P. 41, assurant la mainmise des sommets des collines avant d'entreprendre un bond. Placide, Schneider détaille sa carte. L'idée de manœuvre est claire. Les Viets ne se lanceront pas à découvert contre ce maquis dont ils ignorent l'effectif et qu'ils surestiment sans doute. D'un geste familier, le sergent repousse loin sur sa tête son béret rouge, peigne ses cheveux hérissés de ses doigts, signe d'une intense concentration.

« Repli d'ici une heure sur les calcaires de Chieng Ly ! Il faudra se faire remarquer de façon à obliger les Viets à descendre dans la cuvette pour nous encercler. »

Piem est déjà en place auprès de son poste, une « valise » à fréquence unique, mais d'une longue portée. Entre deux aréquiers, il a tendu l'antenne filaire, orientée vers le sud-ouest, vers Hanoi d'où viendra le salut. Le soleil jaillit d'un coup, rouge, de la crête des montagnes.

« Un avion... »

Mains en visière sur son front, Schneider cherche à apercevoir le monomoteur qui vrombit, au ras des arbres. Fidèle, le capitaine Hébert est là, venu veiller sur ses « enfants ». En dépit des ordres qui interdisent aux officiers des G.M.I. de prendre le risque d'être faits prisonniers, il a tenu à guider en personne le rodéo des B 26.

Schneider sourit dans le vague, lève une main amicale au passage, en rase-mottes, du *Beaver* F.OAMH, frère jumeau du précédent, piloté par Billaud, un spécialiste des maquis. Seule, sur la route où s'allonge son ombre gigantesque, la silhouette du grand sergent alsacien donne une note optimiste au début de cette journée qui sera sûrement difficile.

« Monte à six cents ! »

Billaud ne se retourne qu'à peine. Il a compris. Malgré les consignes, Hébert ne peut se résoudre à survoler seulement ses hommes au moment du danger.

« Pas question de se poser ! explique-t-il. On risquerait des
" pélos " de mortier. Tu vas me larguer au-dessus de Ban Co
Tonh, chez les Méos de Maljean. Je verrai comment ça se passe
au sol... »

Dix minutes plus tard, Hébert se jette dans le vide. Il aperçoit,
en dessous de lui, la zone ordinaire de largage du matériel : une
étroite clairière, arrachée à la jungle par le feu, à cheval sur une
ligne de crête abrupte.

Hébert évite le faîte de quelques arbres, actionne les suspentes,
touche durement un sol sec et caillouteux, boule et, soudain,
hurle de douleur. Il a seulement le temps de penser : « Ce qui est
bon pour un sac de riz ne l'est pas forcément pour un capitaine... »

Il se dégrafe tout en restant couché. Il a trop l'habitude du
saut en parachute pour ignorer que cette douleur, qui irradie du
talon à l'aine, signifie qu'il s'est fracturé le pied.

« J'ai bonne mine, dit-il à Maljean, accouru au secours.
Comme si vous aviez besoin, en plus, d'un blessé...

— Je vais vous faire porter, propose Maljean. Nous descen-
dons vers *Colibri* pour bloquer les passes du sud... »

« *Calmar* de *Colibri*.. Où en êtes-vous de votre progression ? »
La voix de Schneider est calme et, sans l'écouteur, Hébert y
discerne de la jubilation. Les Viets sont tombés dans le panneau.
Ils se sont lancés à la poursuite du maquis *Colibri* et, pour cela,
ont été obligés d'abandonner les couverts. Quand ils essaieront
de déborder à travers la brousse, ils seront harcelés par le maquis
Calmar au complet, rangé presque au coude à coude au bord
des falaises.

« *Colibri* de votre Autorité. Ai contact avec les Albatros. Ils
viennent sur vous avec des paquets de gris ! »

« Paquets de gris ». L'expression amène un sourire sur le
visage de Schneider : le nom de code, transparent, ne peut indiquer qu'une opération de bombardement.

« Maintenant, dit-il à Piem qui le regarde, béat de satisfaction, je saurai ce que veut dire " mettre le paquet ". »

A 10 heures du matin, ponctuels, les quatre B 26 sont là.
Guidés par les postes des maquis qui quadrillent le terrain, ils
n'ont aucune difficulté à localiser l'essentiel des troupes viets qui,
surprises, croyant peut-être que l'aviation — arme de riches —

ne se dérangerait pas pour aider de pauvres maquis thaïs, n'ont même pas le temps de se mettre à l'abri.

A midi, le repli ennemi s'amorce. Il se transforme rapidement en débandade sous le feu des mitrailleuses et des canons de la noria des B 26 qui piquent, straffent et nettoient la route.

A 2 heures de l'après-midi, la jonction est opérée entre les trois éléments des maquis. Pour la première fois depuis longtemps, les quatre sergents peuvent échanger une poignée de main autour du palanquin de bambou dans lequel trône le capitaine Hébert.

Cette victoire apporte la preuve qu'à effectif comparable, et en bénéficiant d'un appui feu convenable, les maquis sont une arme redoutable pour bloquer les Viets, même en combat conventionnel.

46

La jambe plâtrée, le capitaine Hébert est revenu à Hanoi, enlevé à la barbe des Viets par Billaud qui s'est posé sur Ban Chieng Phuoc. Il a trouvé un colonel Trinquier plus nerveux que jamais :

« Le général Navarre a signé l'accord de défense du Laos, explique le chef des G.M.I. Ça augmente nos servitudes et nous obligera, en cas de clash, à fractionner nos forces. »

Hébert approuve :

« Le Laos est le point faible du dispositif, il serait surprenant que Giap n'en profite pas. D'autant qu'il n'y a pas que nos maquis pour stopper ses divisions régulières sur le chemin de Luang Prabang ! »

Trinquier arpente à grands pas nerveux la pièce sombre où ne brûle qu'une petite lampe jaunâtre posée sur le bureau. Son inquiétude se traduit ainsi, par des gestes secs, une agitation perpétuelle, un débit rapide dans lequel se bousculent les mots alourdis de l'accent méridional.

« Nos maquis ? Il ne faut pas rêver. Si Giap se décide à foncer sur le Laos, il passera la R.P. 41 sous le rouleau compresseur de ses divisions. Douze mille hommes contre vos deux mille Thaïs, la lutte n'est même pas inégale, elle est désespérée !

— Mes gens iront jusqu'au bout, murmure Hébert avec dans la voix tout à la fois de la fierté et un peu de regrets.

— Oui. » Trinquier a répondu d'un air distrait, déjà préoccupé par des considérations stratégiques. « J'ai appris qu'un plan était à l'étude pour couper d'une façon sérieuse la route du Laos. Navarre envisagerait de recommencer une sorte de Na San mais situé dans une position plus favorable au déploiement d'unités blindées. »

Hébert relève la tête, fixe le colonel de ses yeux pâles :

« Je ne vois que Diên Biên Phu pour correspondre à une pareille idée de manœuvre. Ce serait même une excellente chose pour nos maquis : *Colibri* et *Calmar* pourraient assurer au mieux les liaisons par-dessus le col des Méos. Ils feraient en quelque sorte le tampon entre Diên Biên Phu et les Viets, en harcelant leurs lignes de communications obligatoirement liées à la R.P. 41. Dès lors, toute tentative en force des Viets contre le Laos, contre Laï Chau ou même contre Diên Biên Phu perdrait de son mordant s'il leur faut d'abord surmonter les difficultés créées par nos partisans. Peut-être cela ferait-il réfléchir Giap ? »

Trinquier passe la paume de sa main sur son menton, époussette machinalement la manche de son blouson de drap, gestes destinés à étayer la réflexion :

« Vous avez raison. Il ne faut pas perdre une minute, car Giap va bientôt se mettre en branle. Si nous n'avons pas repris Diên Biên Phu avant le 1ᵉʳ novembre, les Viets vont balayer vos maquis sans espoir de jamais pouvoir les reconstituer...

— Quelles sont à votre avis les chances pour que les grands chefs se décident à temps ? »

Trinquier soupire et fait la moue :

« Navarre hésite encore. Il veut d'abord nettoyer le Delta du Tonkin avant la campagne d'automne en Haute-Région. Deux opérations sont en cours, *Mouette* et *Brochet* qui se termineront vers le 1ᵉʳ novembre au plus tôt.

— Et si l'on renonçait à l'une de ces opérations, serait-ce tellement grave ?

— Je ne le crois pas. Les parachutistes sont embourbés dans la rizière à la poursuite d'un régiment, ce fameux 42 que l'on détruit tous les six mois, mais qui ne s'est pourtant jamais aussi bien porté. »

Hébert cogne sa paume de son poing fermé :

« Bon sang, râle-t-il, on va encore lâcher la proie pour l'ombre !

— Dans ce métier, répond Trinquier, la règle première est de ne jamais désespérer. »

Mais lorsque deux jours plus tard, il convoque Hébert, un pli soucieux barre son front volontaire :

« L'opération de Diên Biên Phu, annonce-t-il d'une voix rageuse, aura lieu à la fin du mois de novembre. Au plus tôt le 16, au plus tard le 24. »

Hébert secoue la tête. Il se sent soudain très fatigué.
« Alors, dit-il, sombre, le sort de mes maquis est scellé. »

Heure par heure, dès le 23 octobre, le capitaine a suivi l'agonie de ses guérillas. Contre elles, venue par la vallée du Song Ma, au sud de la R.P. 41, Giap a lancé sa division de fer, la 308, aux ordres du meilleur général de front de l'armée populaire, Nguyên Son, un élève de Joukov qui a fait ses classes à Moscou. Il commande quatre mille robustes soldats accoutumés à la montagne, qui abattent des étapes de cinquante kilomètres par jour. Des fanatiques qui foncent au coude à coude, par rangs compacts, au-devant des mitrailleuses.

Avec sa jambe plâtrée, Hébert ne peut faire autre chose que de survoler sans répit, la rage au cœur, les positions de ceux qui vont mourir.

Le 28 octobre, le sergent Maljean et le maquis *Aiglon* subissent le premier assaut. Contre les mitrailleuses lourdes et les mortiers de 120 du régiment d'appui de la 308, les deux cent cinquante Méos de Maljean ne peuvent opposer que leurs poitrines et les fusils à répétition datant parfois de la dernière guerre.

Maljean s'accroche pourtant. Il est en contact avec ses camarades Châtel, Schneider et Ansidéï et a promis de leur laisser trente-six heures de répit pour fractionner les gros maquis en une infinité de petits commandos, plus fluides et plus efficaces.

Pendant quarante heures, jusqu'au 30 octobre, Maljean repousse des assauts répétés. Enfin, à la nuit, ayant épuisé toutes ses munitions, il ordonne la dispersion du maquis *Aiglon*. Deux par deux, les Méos quittent les pitons et disparaissent par leurs pistes secrètes. Beaucoup réussiront à passer pour rallier, cent kilomètres au sud, l'ensemble des maquis du roi des Méos du Tranninh, Touby Liphong. D'autres, cachés dans les montagnes, ne rejoindront les lignes françaises qu'un mois plus tard, quand Diên Biên Phu aura été conquis par les parachutistes.

Maljean détruit son poste radio à 23 heures.
« Je suis coupé d'avec *Calmar* et *Colibri* », dit-il.

Dès le 29 au matin, le sergent Châtel a compris que, maintenant, son tour était venu. Depuis le milieu de la journée d'hier, il a déplacé le maquis *Calmar* vers Tuan Chau de façon à bloquer aussi longtemps que possible les Viets dans une position défavorable, au pied du col des Méos, une sorte de Tourmalet asiatique, desservi par une série impressionnante de virages accrochés au mètre près au-dessus du ravin.

Schneider passe Tuan Chau le 29 à midi. Mais, peu après Muong Hé, il constate que les Viets sont déjà sur les pentes. Il s'est battu pendant vingt heures sans désemparer. Il compte de nombreux blessés, de nombreuses défections chez les Thaïs qui ont rapidement vu qu'il leur était impossible de résister sans courir au massacre.

« Je rejoins la rivière Noire », dit-il dans son dernier message.

Le 30 octobre, Châtel bloque une première attaque sur la R.P. 41. Il se replie au soir laissant derrière lui le sergent Ansidéï en bouchon à Muong Khieng avec une centaine de partisans.

Ansidéï tient la route. Dans la nuit du 30 au 31, il entend les échos d'une bataille qui se livre au sud. Le sous-lieutenant Bac Cam Thuy joue son va-tout. Pour lui, pas question de se rendre : il s'est rallié aux Français l'an passé et les Viets ne le lui pardonneront pas. Il a d'ailleurs refusé de se replier et s'accroche à sa position. Ce geste inutile ne le sauvera même pas : à l'aube, il est fait prisonnier.

La journée du 31 est calme pour Ansidéï. Une dizaine de rescapés l'ont rejoint, presque tous des gradés. Tous expliquent :

« Nos soldats se sont bien battus au début, mais ils se sont vite découragés. Les Viets manient aussi bien le haut-parleur que la mitrailleuse... »

Au matin du 1ᵉʳ novembre, Ansidéï et une dizaine de gradés se mettent en route à travers les calcaires de Chieng Ly, vers la rivière Noire.

Ils n'y parviendront pas. Accrochés au début de l'après-midi, encerclés, ils sont obligés de déposer les armes après vingt-six heures de combat, le 3 novembre à 18 h 30.

Des quelque cinq cents prisonniers faits par les Viets entre le 28 octobre et le 3 novembre 1953, deux seulement seront rendus, après la signature du cessez-le-feu en septembre 1954 : Maljean et Ansidéï. On ne saura jamais ce qu'il advint de Châtel ni de Schneider.

47

Pendant trois jours encore, jusqu'au 4 novembre, le capitaine Hébert a tourné au-dessus de la brousse, espérant capter un message, apercevoir, sur un calcaire, au creux d'une clairière, une silhouette, une trace, un panneau d'identification. Mais la seule manifestation de vie humaine a été, au-dessus de la rivière Noire, la longue rafale d'une batterie de D.C.A. Alors, Hébert est revenu à Hanoi. Triste sans doute car la mort de ses soldats est toujours un drame, mais plus encore scandalisé par le gâchis accompli.

Rue Paul-Bert, les cafés font leur plein. Chez *Betty*, au *Normandy*, les copains sont là. Il y a toujours en ville les officiers d'un bataillon en alerte. Ce n'est jamais le même, mais, au bout de huit ans de guerre — la plus longue des guerres françaises —, tous les parachutistes se connaissent, d'un bataillon à l'autre. A un moment ou à un autre, ils ont partagé quelque part, dans la même compagnie ou le même groupement, le combat, l'angoisse de l'attente, le quart de café, la cigarette échangée à un carrefour de pistes. Huit ans de guerre. Les « baroudeurs » la font encore, sans lassitude ni résignation. Ils se sont créé un personnage froid, indifférent en apparence, cachant sous le sarcasme ou l'ironie glacée l'émotion inutile. Ils se comprennent sans se parler, se trouvent bien ensemble. Que pourraient-ils se dire ? Parler du sacrifice de Châtel, de Schneider, d'Ansidéï, de Maljean ? Ils ont tous eu leur Châtel, leur Schneider dont ils portent secrètement le deuil.

Dans un coin du bar, Hébert a rejoint le capitaine Faulques et sa gueule en lame de couteau, creusée d'une longue cicatrice verticale qui tire la bouche en un rictus perpétuellement moqueur. Sous le masque d'indifférence impassible, le regard est mobile, extraordinairement pénétrant. Sans un geste de bienvenue, l'ancien héros du 1er B.E.P. accueille Hébert qui se hisse près de lui sur le haut tabouret.

« Demain, dit-il seulement, je te mets sur un coup. »

Hébert sourit. Toute la philosophie du Service Action est contenue dans cette petite phrase. Qu'une opération soit un succès ou un échec, l'important est de poursuivre. Il ne s'agit jamais de se féliciter d'une réussite, de s'appesantir sur un ratage. La guerre n'attend pas. Comme dit Faulques, « un coup chasse l'autre ». Mais Faulques est en acier. Inapte aux troupes opérationnelles après sa blessure de Cao Bang en 1950 — si grave que les Viets qui l'avaient pris l'ont relâché, croyant rendre un agonisant — Faulques est venu au G.M.I. Il y a découvert un monde fascinant, propre à satisfaire son tempérament de gagneur.

Affecté à la direction des maquis du Nord-Ouest — Ly Séo Nung et Cho Quan Lo —, il a apporté à l'esprit tortueux des chefs asiatiques, son goût pour le risque froidement calculé, souvent audacieux, toujours préparé avec une dextérité d'horloger. Faulques n'a rien d'un aventurier rêveur ou idéaliste. Il semble ne connaître ni la pitié ni la faiblesse.

« Un coup ? Quel genre de coup ? »

Faulques a entraîné Hébert dans la tournée rituelle du Hanoi *by night*. Loin des bistrots-dancings, moitié bordels, moitié beuglants, où s'entassent les soldats, ils ont évolué de clubs « privés » en villas confortables où les cadres du G.M.I. ont leurs habitudes. Ils y ont retrouvé Fournier et son inséparable Géronimi, un petit lieutenant corse qui « négocie » avec les riches Chinois de la ville. Il y a toujours du whisky, des cigares et des filles là où s'installe le lieutenant Géronimi.

« Un coup ? Quel coup ? »

Hébert insiste. Il attend toujours avec impatience les explications de Faulques. Avec lui, il n'y a pas d'opérations banales, rien que des actions délirantes au premier abord, parfaitement logiques ensuite :

« Un coup en Chine... »

Faulques se plonge dans la contemplation de son verre et poursuit :

« Nous allons bientôt reprendre Diên Biên Phu. Et, par conséquent, replier Laï Chau qui augmenterait trop nos servitudes. Si les Viets veulent s'attaquer à Diên Biên Phu, il leur faudra amener leur matériel par les routes depuis la Chine. Pour le moment, tout transite par le nord-est, Soc Giang, Tra Linh et

Dong Dang, de l'autre côté de la R.C. 4. Soit près de mille kilomètres avec trois grosses rivières à traverser, la rivière Claire, le fleuve Rouge et la rivière Noire. Un problème qui n'est pas insoluble mais qui implique une sacrée logistique pour Giap.

— Si mes maquis avaient été protégés, on aurait pu couper efficacement la R.P. 41 !

— Je sais, mais il faut faire avec ce que l'on a. Maintenant, mets-toi à la place de Giap. S'il veut s'attaquer à Diên Biên Phu, il va essayer de trouver un itinéraire moins long et surtout plus praticable. Au nord-ouest, à Lao Kay, passait autrefois la ligne de chemin de fer du Yunnan. Côté Indochine, la voie a disparu, mais, côté chinois, elle subsiste. Elle traverse la frontière sur un pont qui relie la ville chinoise de Ho Kéou à la ville française de Coc Leu.

— Et tu veux faire sauter le pont ? »

Faulques allume une cigarette et s'exclame, réjoui :

« Exactement. »

Hébert est tenté de sourire. Cette idée est à la fois cocasse et inquiétante. Certes, saboter le pont international serait tactiquement souhaitable, mais la Chine acceptera-t-elle sans riposte un attentat commis à l'intérieur de ses frontières ?

« Ne t'inquiète pas pour ça ! dit Faulques. Ce sabotage sera fait par des Chinois. Des vrais, des anticommunistes farouches, répertoriés, indiscutables.

— Et où sont-ils, tes Chinois indiscutables ?

— A Phu Quoc, une petite île au large de Qui Nhon. C'est notre petit copain Bichelot qui s'en occupe. Il a monté une sorte de camp communiste avec des banderoles, des slogans et des drapeaux rouges, fabrique à la pelle des commissaires politiques bidons et va les larguer, de nuit, dans les zones viets. Inutile de te dire que ces agents font un travail étonnant. Leurs têtes sont mises à prix jusqu'à dix mille piastres...

— Comment ces Chinois sont-ils arrivés à Phu Quoc ? »

Faulques rit :

« Une histoire de fous. Quand les armées rouges de Lin Piao se sont pointées à la frontière, en 1950, elles repoussaient devant elles les troupes nationalistes qui sont entrées au Tonkin. Nous les avons désarmées, escortées jusqu'à Haiphong et embarquées pour Hainan et Formose. Mais tous les Chinois n'ont pas été récupérés. Une brigade au complet — cinq mille hommes — a réussi à passer au travers de notre bouclage et à filer dans la brousse. Pendant six mois, ces types ont vécu en fraude, s'attaquant aux Viets, créant une zone autonome où nous ne pouvions pas entrer.

« Il a fallu presque deux mois de négociations pour obtenir leur reddition. Nous avons fini par arriver à un arrangement à la chinoise. Les soldats qui le voulaient — quatre mille — ont été rapatriés chez Tchang Kaï-chek. D'autres ont préféré revenir chez Mao. Un millier d'entre eux ont demandé à poursuivre la lutte à nos côtés... »

Faulques porte son verre à ses lèvres et poursuit :

« Ils ne doutaient de rien. Seulement, à l'époque, un colonel de la C.I.A. américaine, Both, un beau gosse aux yeux bleus, à la belle mâchoire carrée, qui plaisait à de Lattre, a obtenu que ces mille Chinois s'installent sur la frontière, dans une base ultrasecrète, ravitaillée par les services américains, pour y mener des actions de guérilla sur les confins de Birmanie.

« Pour leur instruction, on avait récupéré une dizaine d'officiers qui sont partis en stage dans l'île de Phu Quoc. Et puis, de Lattre s'est plus ou moins brouillé avec la C.I.A. Il n'y avait pas trente-six solutions. Garder les Chinois n'était plus possible : les types de la C.I.A. étaient prêts à les faire « évader », quitte à monter un commando contre Bichelot — ce qui était dangereux car ils connaissaient nos méthodes, nos réseaux, nos agents... Il fallait donc les buter. Trinquier, un sensible, y était presque résolu, quand je lui ai suggéré d'utiliser ces types pour foutre en l'air le pont international.

— Bien, mais qu'est-ce que je viens faire dans cette histoire ?

— Toi ? D'abord, tu es un ancien instructeur de sabotage des agents du B.C.R.A. Les ponts, ça te connaît. Ensuite, tu as toujours opéré chez les Thaïs et personne, surtout pas les Américains, ne te connaît. Rien ne t'empêche d'aller à Saigon canoter sur le Donaï...

— Saigon ? Pourquoi Saigon ?

— Je te vois mal essayer d'entraîner des Chinois à poser des charges explosives sur les piles du pont Doumer, en plein centre de Hanoi ! Autant mettre une annonce dans les journaux ! A côté de Saigon, tu passeras inaperçu : le pont de Binh Loï ressemble comme un frère à celui de Ho Kéou et les équipes locales de skiff vont s'y faire les muscles... Une de plus, une de moins... »

Les fracassants débuts de l'opération *Castor* — la prise de Diên Biên Phu par les parachutistes du général Gilles, le 20

344

novembre 1953 — estompèrent complètement le succès d'une autre action, trois cents kilomètres plus au nord.

Officiellement, il s'agissait d'un raid aéroporté d'importance mineure. Les soixante légionnaires du 2e R.E.P. aux ordres du capitaine Dussert avaient reçu l'ordre de s'emparer de la piste d'atterrissage de Lao Kay, à Coc Leu, puis de s'y maintenir en attendant d'y être rejoints et relevés par des partisans mans de Cho Quan Lo, descendant du nord. Enfin d'être pris en charge par les Nungs de Ly Séo Nung, venus de la Cha Pa au sud-est, qui les escorteraient jusqu'à Laï Chau.

En fait, le capitaine Faulques, organisateur du raid, désirait simplement que les deux mille partisans — Mans ou Nungs — fassent suffisamment de volume afin d'attirer l'attention des Viets sur la reprise de Lao Kay.

L'opération se déroula comme prévu. Dès le 21 novembre, le régiment de renseignements 920 recevait l'ordre de quitter les abords de Laï Chau et de remonter à marches forcées vers le nord pour essayer de rompre les lignes de communications des maquis. Faulques se frottait les mains : l'ennemi était tombé dans le panneau et pensait sincèrement que l'objectif final du raid était la reconquête du territoire.

En réalité, le jour même du parachutage des hommes du capitaine Dussert, un *Dakota* sans immatriculation avait quitté la formation en « V » des autres transports et montrait des signes de détresse. Un temps, il hésitait entre les vallées, s'engouffrait à basse altitude dans la passe, évitait le fort chinois de Ho Kéou — autrefois nommé *fort Joffre* —, se perdait au-dessus des collines et repassait la frontière chinoise au moment où, sur leur terrain, les légionnaires allumaient leurs feux de bivouac.

Puis, apparemment sans problèmes, le *Dakota* regagna Hanoi. Il y ramenait deux officiers : le colonel Trinquier et le capitaine Faulques. Trente minutes plus tôt, ils avaient, à la barbe des troupes communistes, largué en Chine sept saboteurs.

Quelques semaines plus tôt, à Saigon, le capitaine Hébert avait mis au point le déroulement du sabotage du pont international. Très fortement gardé, protégé de part et d'autre du tablier par des blockhaus bétonnés, bardés de mitrailleuses braquées sur le Tonkin, il s'avérait inattaquable par terre, tant du côté indochinois que du côté yunnanais. Les soldats rouges y avaient établi une zone interdite, coupée de la ville et des faubourgs de Ho Kéou par des réseaux de barbelés.

Une seule possibilité subsistait donc : l'attaque par le fleuve Rouge. La première solution envisagée consistait à équiper les saboteurs de combinaisons noires, de flotteurs et de sacs imperméables. Ils devaient se jeter à l'eau en amont, se laisser dériver dans le courant et aborder de nuit sur les piles du pont où ils fixeraient leurs charges. Les retards d'allumage — une demi-heure — leur permettraient de franchir la frontière, toujours par le fleuve, et de revenir sur Coc Leu.

Les essais pratiqués sur la rivière de Saigon, puis au pont de Binh Loï s'avérèrent décevants. De nuit, et par un fort courant, les saboteurs empêtrés dans leur matériel ne réussissaient pratiquement jamais à s'agripper aux piles. Et quand ils y parvenaient, ils ne pouvaient pas à la fois s'y maintenir, et fixer les charges. Le courant les entraînait de force avant qu'ils aient réussi à effectuer leur travail.

Hébert eut alors une idée hasardeuse mais simple. Avec des radeaux flottants, en caoutchouc gonflable, il était possible de résoudre tous les problèmes et même de se servir du courant pour parachever le sabotage. Pour cela, il suffisait que deux radeaux de caoutchouc bourrés de T.N.T. soient reliés entre eux par une longue corde. Chaque radeau serait manœuvré par un homme qui se laisserait porter par le courant de façon à passer, l'un à droite, l'autre à gauche d'une des piles du pont. Retenus par la corde, entraînés par le courant, les radeaux viendraient alors se plaquer, d'eux-mêmes, contre la maçonnerie. Il fallait seulement que la longueur de la corde fût calculée de façon que les radeaux s'encastrent exactement contre la colonne de pierres. Il fallait aussi — et l'entraînement en montra la difficulté — que les radeaux soient lâchés à égale distance de la pile. Un déséquilibre même minime déportant l'un des radeaux entraînait le second dans le courant.

Après de nombreux tâtonnements, Hébert réussit à obtenir un nombre appréciable de coups au but. Toutefois, par mesure de sécurité, il décida de doubler chaque équipe. Théoriquement, quatre radeaux devaient s'attaquer aux deux piles du pont.

« Mais les Chinois ne sont que sept ! objecta Madeleine [1], le sergent adjoint, instructeur « nautique ». Il manque un équipier. Je propose de prendre sa place. »

1. Pseudonyme choisi par l'auteur.

346

Naturellement, pour éviter un incident international, ni Faulques ni, en dernier ressort, le colonel Trinquier ne pouvaient accepter qu'un Français participât au sabotage.

« Si le sergent Madeleine ne vient pas avec nous, nous ne sautons pas ! » décidèrent les Chinois.

Faulques râlait :

« Et puis quoi encore ?

— Promettez-leur la lune, ordonna Trinquier, mais priorité à la mission. »

Faulques promit. Il accompagna les saboteurs au-dessus de leur objectif. Les Chinois devaient sauter en tête, Madeleine le dernier. Mais, si le sergent restait persuadé qu'il allait accompagner « ses » hommes, Faulques, pour sa part, était décidé à barrer la porte, sitôt passé le septième « Céleste ».

C'était compter sans la détermination du sergent : lorsque Faulques étendit le bras à l'horizontale, il reçut en plein visage un rire moqueur. Paisiblement, Madeleine écarta la main et plongea dans le vide.

Le sabotage fut une demi-réussite. Tôt le matin du 21 novembre, une seule des piles du pont international volait en éclats, et personne ne put dire exactement pourquoi la seconde resta intacte. Sans doute les radeaux, emportés par le courant, furent-ils précipités dans les rapides et disloqués. Ils n'explosèrent jamais.

Douze jours plus tard, les soixante légionnaires du capitaine Dussert arrivèrent à Laï Chau, guidés par les Nungs du maquis de Ly Séo Nung.

« Et qu'est devenu Madeleine ? » demanda le capitaine Bole du Chaumont, chef de l'antenne G.M.I. du pays thaï blanc.

Personne n'en savait rien. Tout comme les sept commandos chinois, Madeleine s'était évanoui au détour d'une piste de jungle, du côté de Phong To. Ce n'est que quelques semaines plus tard, au cours d'une liaison sur la base secrète de Muong Nghié, que le capitaine Hébert réussit à le retrouver.

« Tu n'as rien à faire dans ce maquis, dit le capitaine. Depuis l'opération *Castor*, une antenne G.M.I. fonctionne à Diên Biên Phu. J'ai besoin de toi dans le camp retranché. »

Madeleine haussa les épaules. Vêtu à la chinoise, le crâne rasé, la moustache conquérante, il avait tourné le dos à la discipline militaire :

« Mon capitaine, répondit-il, mes oreilles se ferment quand je reçois un ordre qui ne cadre pas avec l'idée que je me fais du devoir. Je ne veux pas m'enfermer dans une cuvette mais combattre dans la brousse. Le seul service que je vous demande est de me porter disparu. Car je n'ai pas déserté, j'ai seulement choisi mes camarades de combat. »

Hébert ne rendit compte à personne de cette entrevue.

Après le cessez-le-feu, le sergent Madeleine revint se faire officiellement démobiliser à Luang Prabang. Puis il repartit, seul, sans ordres ni statut administratif, vers son fief, aux confins du 5e territoire.

Quelques années plus tard, le maquis chinois de Muong Nghié fut « réactivé » par la C.I.A. du Laos. Madeleine y demeurait toujours. Il avait même pris du galon et commandait une compagnie de ces étranges soldats qui, dans la nouvelle guerre du Viêtnam, continuaient à faire la loi sur les trois frontières.

48

Au loin, vers Saigon, l'avion n'est plus qu'un point brillant dont le ronflement décroît, étouffé par l'écrasante végétation de la forêt moï. Dans l'eau jusqu'au ventre, les pieds enfoncés dans la vase tiède où ils viennent de plonger, les parachutistes hrés replient leur voilure, impressionnés. Il y a quelques secondes à peine, ils dominaient le moutonnement uniforme de la forêt, regardant défiler au ras des ailes du *Dakota* la cime des grands arbres coiffant les crêtes abruptes des Hauts-Plateaux du Sud-Annam. Une minute de descente en a fait des insectes rampants, englués au sol. Pas tous, du reste. D'un arbre jaillit un appel. Le sergent-chef Dupuy est resté accroché aux branches basses, dix mètres au-dessus du sol.

« Ventral ! lui crie Driezen. Dégrafe-toi et laisse-toi glisser. Tu ne risques rien : c'est de la gadoue, du velours ! »

Dupuy grimace. Mais le moyen de faire autrement ? Avec d'infinies précautions, il se dégrafe, tout en veillant à ne pas décrocher sa voilure empêtrée dans les feuilles et qui oscille au moindre mouvement. Le ventral dégringole, cataracte de soie blanche.

« Vas-y ! »

Driezen et une dizaine de Hrés se sont rassemblés sous le sergent-chef, entassant leurs parachutes comme une meule de paille. Dupuy glisse, hésite, le temps de corriger ses balancements, puis lâche prise. Une chute de cinq ou six mètres, rapide.

« Bravo ! rigole Driezen. Tu as battu le record de la journée, deux sauts à toi tout seul ! »

Dupuy se relève, retire son casque de caoutchouc mousse et le jette d'un air distrait, sur le tas de voilures.

« Enterrez-moi tout ça rapidement. Les commentaires, c'est pour après ! »

Tandis qu'une dizaine de partisans s'affairent sous la surveillance de Hogne, récemment nommé caporal après son stage à Ty Wan, Dupuy et Driezen se penchent sur la carte. Depuis son arrivée sur les Hauts-Plateaux, Dupuy commence à connaître pistes et vallées comme s'il y avait toujours vécu.

« Quatre ans de pays hré, dit-il souvent, ça compte double ! »

Driezen grimace un sourire, sans répondre. Les deux sous-officiers sont les Européens les plus anciens du commando : après le départ du capitaine Hentic, la plupart des cadres ont demandé à rester, même ceux qui auraient normalement dû rentrer en France. Les méthodes ont pourtant évolué. A l'improvisation et au manque de moyens de feu le G.C.M.A. a succédé une période d'abondance. Le nouveau chef des Hrés, le capitaine Pat Thébault, ne manque ni d'avions, ni de piastres. Les Hrés peuvent désormais faire la guerre « comme des riches », ainsi que le dit plaisamment Driezen. Pour préparer la reconquête de leur territoire perdu, les Hrés ont effectué, sous les ordres de Thébault, un gigantesque travail de fourmi. Ils ont disposé, tout au long de pistes secrètes menant vers le nord et le Song Hré — la « Vallée Sacrée » — des relais perdus dans la forêt, avec des dépôts de vivres, de médicaments, de munitions. Thébault a repris systématiquement la vieille tactique des bases clandestines apprise aux Jedburghs. Ces caches éviteront plus tard aux hommes les charges supplémentaires ainsi que les parachutages, trop repérables par l'ennemi. Répertoriées avec soin, elles ont reçu chacune un nom de code ; parfois une indication topographique ou le souvenir d'un événement marquant. S'il y a la cache *Dingo* ou *Mickey*, il y a la base clandestine *A 1* ou le dépôt de la *Toussaint*.

Finies aussi les longues marches d'approche en pleine jungle pour franchir le « rideau de bambou ». Elles ont été remplacées par des largages sur des zones reconnues d'après photographie aérienne. Désormais connus sous le nom global d' « action hré », les commandos du capitaine Thébault sont intégrés dans le dispositif général. Ainsi la présente mission du sergent-chef Dupuy et de ses quarante parachutistes vise à renseigner l'état-major sur les mouvements ennemis dans la zone des Hauts-Plateaux.

Depuis le mois de janvier 1954, le général Navarre a décidé l'opération *Atlante*. Ce débarquement en force sur les côtes d'Annam consiste à libérer les zones côtières tenues depuis des années par l'administration viêt-minh. Dans un premier temps, les troupes françaises doivent élargir leur tête de pont, puis, en assurant le terrain au fur et à mesure de leur avance, tenter de forcer le passage vers le nord, vers Vinh et, peut-être, le Thanh Hoa d'où les troupes du Tonkin viendront leur tendre la main.

Pour Navarre, *Atlante* doit bloquer sur le Centre-Viêt-nam les troupes dont Giap aurait besoin pour attaquer en force Diên Biên Phu. Diên Biên Phu, *Atlante,* sont deux des pinces d'une tenaille à l'échelle de l'Indochine que Navarre a ouvertes pour broyer le corps de bataille ennemi.

Quand Thébault a été mis au courant de cette opération, il a grimacé :

Giap, a-t-il expliqué, a trois solutions pour parer à votre offensive. Ou bien ses régiments acceptent le combat et vous les écraserez dans la plaine côtière. Mais il ne faut guère y compter : le Viet n'est pas fou. Ou bien, les régiments s'effacent devant vous, se replient sur les pentes, dans la brousse, et entreprennent des harcèlements sur les lignes de communications. C'est déjà plus vraisemblable. »

Thébault se tourne vers la carte, pointe son index au milieu de la tache verte des montagnes :

« Ou bien ils attaquent Kontum.

— Pourquoi Kontum ?

— Parce que c'est un objectif à la portée des deux régiments du *lien khu V* — la zone autonome viêt-minh. En envoyant le 108 et le 803 contre Kontum les Viets vous obligeront à dégarnir *Atlante*. Avec de la chance, vous arriverez à Qui Nhon. Mais jamais vous n'irez au-delà. »

Le général de Beaufort — qui a remplacé le général Lecoq à la tête des Hauts-Plateaux — grimace son scepticisme. Son argument réside dans le groupement mobile n° 100, une armada blindée, hérissée de canons de 105 qui comporte aussi l'une des meilleures unités d'Indochine, le régiment de Corée, remis à la disposition du général Navarre par les Américains. Parti de Ban Me Thuot à la fin de l'année 1953, le G.M. 100 nomadise sur les routes entre Kontum et Anh Ké, à mi-chemin de la côte, avec la mission d'attaquer les Viets dans le dos.

Aussi le général de Beaufort est-il sûr de lui. Il a accepté toutefois que Thébault parachute quelques équipes légères en brousse afin d'y chercher les indices révélant les intentions ennemies.

« Après tout, dit le général, vous êtes là pour ça... »

La nuit est maintenant tombée sur le petit commando largué dans la jungle. Ils ont marché toute la journée vers le nord dans une chaleur intenable, rendue plus insupportable encore par le manque d'air. Le mois de janvier est l'un des plus pénibles dans le sud, que ne tempère pas la moindre averse. Aux gestes, déjà pénibles, s'ajoutent l'invasion des insectes énervés par la sécheresse, les fourmis affamées montant en bataillons serrés à l'assaut des treillis et des visages, les sangsues se laissant tomber en grappes compactes des branches moussues, les moustiques zonzonnant en escadrilles rageuses au-dessus des têtes.

Aussi le *kouiltoko*, la halte, a été bien accueilli par les quarante Hré. Tandis que Mouï, responsable des pigeons voyageurs, a lâché ses oiseaux, Mine, le radio, a pris contact avec la base de Kontum. Avec des gestes précis, il pianote le contacteur du 694, égrenant les *titi tata*, s'interrompant parfois pour noter, à la lueur pâlotte de la lampe de poche masquée de peinture, les indications transmises par la centrale.

« Demain, c'est moyen l'avion de reconnaissance, dit-il. Lui c'est demander si nous avons trouvé les pistes viêt-minh... »

Pendant quatre jours, ponctuel, le *Dakota* des services survole la brousse, attentif aux dialogues radio, renseignant également le commando sur les difficultés du terrain environnant. Pendant ces quatre jours, les messages de Dupuy sont laconiques : Rien à signaler. Progression normale.

C'est le groupe de Hogne qui, le 24 janvier, donne l'alerte le premier :

« Nous avons découvert un campement. »

Dupuy et Driezen suivent le caporal. Les Viets ont bien fait les choses. Six grandes baraques tout en longueur sont dissimulées dans un fond de vallée, parfaitement camouflées au ras du sol. Leur aménagement est sommaire : un toit d'herbes recouvre et protège un bat-flanc de bambous posé à une quarantaine de centimètres du sol, destiné à isoler les dormeurs des insectes rampants comme des eaux d'écoulement.

« Construction récente, observe Driezen. Les feuilles des branches ne sont pas encore desséchées. »

Dupuy n'hésite pas :

« Une piste doit aboutir à ce bivouac, une autre en partir. On coupe le commando en deux pour les identifier. Départ tout de suite ! Nous marchons une heure. Retour ici dans deux heures. Vu ? »

Au rendez-vous suivant, les deux Français confrontent leurs observations :

« Orientation générale des pistes nord-est sud-ouest.

— Ce sont des pistes de section, ajoute Driezen. Ou bien elles rejoignent des cheminements plus importants, ou bien les Viets étalent leurs passages...

— On verra ça très vite. En tout cas une chose est sûre, les *Klouï* ne vont pas vers la côte ! Sur la carte, l'axe de marche donne Kontum comme objectif final. »

Driezen hausse les épaules :

« Une fois de plus, le chef avait raison. »

Il rit. Il pense à l'inscription qui ornait le bureau du capitaine Hentic, autrefois : « Article premier : le chef a toujours raison. Article deux : si le chef n'avait pas raison, l'article premier entrerait immédiatement en vigueur. »

Transmise par radio au *Dakota* de 14 heures, l'information est immédiatement communiquée au commandement des plateaux montagnards du sud (P.M.S.) et au général de Beaufort. Elle ne provoque que scepticisme. L'intention ennemie ne semble pas logique, du moment qu'elle n'entre pas dans les prévisions de l'état-major français.

« Rien ne prouve, argumente-t-on à Ban Me Thuot, que ces pistes soient destinées à une attaque quelconque sur Kontum. Tout au plus à quelques reconnaissances profondes. Vous en faites bien, vous.

— Mais, objecte Thébault, je ne construis pas des bivouacs pouvant abriter deux à trois cents types...

— Votre sous-officier s'est vanté. »

Dupuy n'est pas le seul à avoir découvert des pistes et des bivouacs. A une trentaine de kilomètres à l'est de sa position, un autre commando du G.M.I. recueille des indices similaires. Plus encore, le 27 janvier, ses éclaireurs tombent par hasard sur une forte concentration viêt-minh.

« Des réguliers, affirme le lieutenant Pellay, un ancien de Service Action qui n'a pas l'habitude de bluffer.

— Faites des prisonniers », ordonne le général de Beaufort.

Le sergent Isaac qui capte le message en reste abasourdi :

« Il est fou ! On est quarante contre quatre cents et il nous demande de faire des prisonniers ! On aurait plus de chances en leur demandant de se rendre ! »

Le lieutenant Pellay s'amuse. Il est doté d'un humour à froid qui oblige souvent ses supérieurs à repenser les ordres qu'ils lui donnent. Dans le cas présent, il choisit d'obéir : dans la nuit, une embuscade tendue sur le sentier qui mène au point d'eau du cantonnement ennemi lui permet de capturer quatre Viets. Sommairement interrogés, ils reconnaissent appartenir au bataillon 19 du régiment 803.

« On a les clients, pianote C..., le caporal radio, un jeune Corse que vingt mois de commando ont rendu sec comme un pruneau. Envoyez hélicoptères pour les récupérer.

— Interrogez-les et gardez-les », renvoie de Beaufort, en retour.

Alors, Pellay se fâche :

« Vous ne nous croyez pas lorsqu'on vous dit avoir vu des centaines de Viets. Pourquoi nous croiriez-vous quand on vous racontera ce que nous ont avoué les *Klouï*. Venez les chercher, ils sont à vous.

— Impossible.

— Bien compris, répond Pellay. Alors, nous allons les tuer.

— Vous prenez vos responsabilités.

— Pas du tout. En refusant de récupérer les prisonniers, c'est vous qui les condamnez à mort. Il faut vous salir les mains, mon général. »

Le commandement des Hauts-Plateaux capitule et, le 29 janvier, un H 34 se pose au milieu d'une clairière.

« Faites gaffe, dit le convoyeur, il y a des types qui convergent sur vous... »

Pellay hausse les épaules :

« Mais non, mon vieux, vous avez des hallucinations ! Puisque votre général prétend que les Viets n'existent pas, vous n'avez pas pu en voir ! »

Le H 34 n'est resté que cinq minutes sur le sol, mais son départ est salué de salves d'armes automatiques, et, quand le commando Pellay décroche, son arrière-garde est obligée de se frayer un passage au milieu des premières sections d'assaut. Heureusement, la nuit qui tombe empêche l'ennemi de poursuivre les Hrés et Pellay, qui a fait tracer des pistes pendant la journée, peut se glisser hors des mailles du filet.

A quarante kilomètres à l'est, Dupuy marche bon train. Lui aussi a heurté les Viets, et, le temps de lancer un message, il a failli être encerclé à son tour.

« Ralliez le poste *Piton G.I.* », ordonne Thébault.

Dupuy consulte sa carte. Le poste en question, le plus avancé au nord de Kontum, se trouve à vingt kilomètres de sa position. Deux jours de marche en terrain facile...

« Ou une semaine si nous devons tracer la route au coupe-coupe », complète Driezen.

Dupuy hésite. La sécurité lui commande de prendre la brousse et de rallier le poste ami à travers la jungle, à la boussole.

« Objection ! réplique Driezen. Si les Viets foncent vers Kontum, ils vont d'abord se farcir *Piton G.I.* Donc, on se sera donné du mal pour rien.

— Tu as raison. Il faut risquer le paquet et prendre les pistes viets. On gagnera du temps si nous sommes devant les réguliers...

— Et si on est derrière, on les rencontrera plus vite. Avec comme avantage d'être moins fatigués... »

« Poste en vue ! »

Bras tendu, Hogne, l'inamovible éclaireur hré, montre, de l'autre côté de la vallée, les constructions grises de l'ancien poste de la garde indochinoise qui a donné son nom à l'actuelle garnison composée de quelques gendarmes encadrant des partisans moïs.

« C'est l'heure de vérité, murmure Dupuy. Jusqu'ici, nous n'avons rencontré personne. Ou bien les Viets sont toujours derrière nous...

— Ou ils sont devant, complète Driezen avec un grand rire. Toi et tes lapalissades... On ferait mieux de foncer, la nuit va tomber. »

La montre de Dupuy marque 16 h 50 quand il envoie son message à Thébault :

Piton G.I. en vue. Souhaiterais ne pas y passer la nuit. Pouvez-vous envoyer convois de camions pour nous récupérer ?

Kontum n'est qu'à quarante kilomètres au sud. Si le Secteur

fait vite, le commando peut être rapatrié sur sa base à 10 heures du soir. Mais le Secteur refuse les véhicules : inexplicablement en effet, alors que tout indique une poussée ennemie en direction de Kontum, l'état-major des P.M.S. a déplacé le poing cuirassé du G.M. 100 à cent kilomètres de là, vers Pleiku où rien ne se passe.

Thébault ne reçut plus aucun message de Dupuy. Dans la nuit du 3 au 4 février 1954, attaqué par deux bataillons du régiment 803, le poste *Piton G.I.* qui ne comportait qu'une ving-taine de partisans, succombe à 4 heures du matin, malgré l'ap-point des quarante parachutistes hrés du sergent-chef.

A Ban Me Thuot, le chef d'état-major du général de Beaufort s'est contenté de barrer d'un trait de crayon rouge l'emplacement du poste détruit.

Trois jours plus tard, le 7 février, alors que les militaires se préparent à évacuer en toute hâte la ville de Kontum, un homme surgit de la forêt.

Livide, en loques, tenant debout par miracle, sa tenue raidie par le sang et la boue séchés, il titube sur la piste et s'écroule devant la porte du P.C. de Pat Thébault. D'un geste convulsif, l'agonisant maintient contre son ventre son casque lourd plein de linges sanguinolents.

Le sergent Driezen est le seul rescapé du poste *Piton G.I.* Blessé au bas-ventre, laissé pour mort sur le terrain par les Viets, il a colmaté sa terrible blessure avec des pansements et des chiffons récupérés au hasard, maintenus en place par le casque. Il a pu, exploit fantastique, parcourir ainsi les quarante kilomètres de piste, jusqu'au cantonnement.

« Un miracle de volonté, affirment les médecins.

— Tu parles ! réplique Le Nabour, Driezen a surtout voulu faire l'intéressant. Il n'y avait que lui pour rentrer avec ses couilles dans un casque lourd ! »

49

1" février 1954. De Max à Malo. N° GR 58. Viêt-minh de Long O devait attaquer le 31 Deux compagnies régiment 39 avec mortier, canon de 57, mitrailleuse. Ai dû rentrer dedans avant attaque, sinon aurais dérouillé. M'en tiens au principe, attaquer pour se défendre. Espère votre accord. Stop et fin.

Le capitaine Sassi repose le télégramme que vient de lui apporter Ba Pa, le radio déchiffreur, un Laotien tout rond auquel la coiffure en brosse n'arrive pas à donner l'allure militaire. Les joues luisantes de satisfaction, le radio attend l'inévitable accès d'humeur de son chef. Depuis l'époque des Jedburghs, Sassi a à peine changé ou plutôt dans le sens prévisible. Le côté chevalin du visage s'est accentué ; l'œil est encore plus fermé ; la paupière plus lourde draine, quand elle se plisse, des rides plus profondes à l'aile du nez. Le caractère est resté aussi entier. Sassi est toujours un battant mais assagi, plus enrobé de certitude, avec, toutefois, la même tendance à exploser de rage devant les faiblesses d'autrui.

Mais, aujourd'hui, Sassi n'a pas envie de se mettre en colère. Depuis qu'il a été affecté sur le Tranninh, auprès des Méos de Touby Liphong (après de multiples démarches, Morlanne s'est laissé fléchir et, désormais, les cadres du 11e choc, l'unité Action de Perpignan, viennent enfin rejoindre l'Indochine pour y encadrer le G.M.I.), Sassi a eu l'occasion de s'habituer aux foucades de « Max » : le lieutenant Marnier use d'une façon systématique de formules exaspérantes pour prouver à tous — ses supérieurs notamment — qu'il a définitivement raison.

Tout au plus Sassi éprouve-t-il une sorte d'inquiétude rétrospective. Est-ce bien raisonnable d'attaquer, à un contre trois, une forte unité ennemie quand on ne dispose que d'armes légères, servies par des soldats rudimentaires ? Certes, les Méos sont les seigneurs de la montagne, mais a-t-on le droit de les engager dans un combat de type classique quand leur destination est la guérilla ? Pourtant les résultats sont là. Par un brusque assaut Max Marnier et ses cent Méos ont bouté hors de la R.C.7 deux compagnies de réguliers du régiment 39.

« A croire que l'expérience ne sert à personne », songe Sassi.

Voici presque neuf ans, exactement au même endroit, à l'est de Nang Hêt, les mêmes Méos, aux ordres du lieutenant Gauthier, mettaient en déroute les mêmes Viets venus d'Annam par le col Barthélemy.

« Ici, c'est jamais moyen passer... »

Max Marnier approuve, en souriant à son adjoint, une sorte de grand échalas au visage triangulaire sous un front démesuré. Le sous-lieutenant Vang Pao s'est beaucoup transformé depuis l'époque où, avec Orrhy le légionnaire, il traquait le Japonais sur la R.C.7. Neuf années de guérilla ininterrompue ont fait de Vang Pao un chef militaire aussi dur, aussi ascétique que ses adversaires. Le jeune officier méo ne rit jamais, ne dort presque pas, ne mange guère. Froid, raide, un léger pli méprisant au coin de ses lèvres minces, il évoque quelque Grand Inquisiteur, avec ses bras perpétuellement croisés, ses gestes d'une gaucherie affectée, sa démarche faussement hésitante. Un félin prêt à bondir.

Seul sans doute Max Marnier pouvait s'imposer face au chef méo. Le lieutenant connaît bien le pays. Deux séjours précédents l'ont familiarisé avec la vie en brousse et son troisième volontariat n'a rien d'un coup de tête. Marnier aime ces montagnes, et les Méos du Phu Du, ses partisans, le suivraient jusqu'au bout du monde. Ils l'ont adopté à la fois comme chef et comme mascotte. Ils lui obéissent tout en veillant sur lui, attentifs et prudents, comme s'ils redoutaient parfois que son caractère impétueux ne le pousse trop loin.

Marnier les regarde, tout en caressant d'un index appliqué la petite moustache pointue qui ourle sa lèvre supérieure. Ce geste machinal agace quelquefois ses chefs par ce qu'il trahit de certitude. Une certitude qui semble prétention tant elle est formulée avec assurance. Aujourd'hui, Max Marnier est sûr d'une chose : les Viets portent leur effort en direction du Laos.

Max n'est pas le seul à signaler une recrudescence de la pression ennemie sur le Tranninh. Au nord, si l'opération *Castor* a bloqué, à Diên Biên Phu, la route de Luang Prabang, la terrible division 308 a réussi à contourner la cuvette pour s'infiltrer à travers les montagnes sur la Nam Ou, voie naturelle de pénétration vers le sud-est. Pour la bloquer devant Luang Prabang, Navarre a constitué dans la capitale menacée un groupement hétéroclite baptisé Crèvecœur, du nom du commandant supérieur au Laos. Ce groupement — placé en réalité sous les ordres du colonel Godard — nomadise depuis la fin novembre sur la frange montagneuse de la frontière lao-tonkinoise. Par contre, plus au sud, seules les guérillas méos du capitaine Sassi peuvent s'opposer à l'infiltration viet.

Autant dire que si le haut commandement français pense avoit tissé un filet compact pour protéger les frontières du Laos, ce filet présente de sérieuses lacunes. Pas plus Diên Biên Phu — obstacle ponctuel qui peut être facilement contourné — que Godard et ses trois mille soldats étalés sur un front de trente kilomètres, que Sassi et ses deux mille Méos, ne peuvent endiguer un raz de marée communiste.

Et pourtant l'ensemble tient. Pour l'instant. Au début de cette année 1954, il est évident que les Viets hésitent sur la conduite à adopter. Vont-ils s'attaquer à Diên Biên Phu dont la chute dramatiserait une situation politiquement favorable ? Vont-ils balayer les maigres troupes du « groupement Crèvecœur » ? Ou bien vont-ils aller au plus court, par la R.C. 7, en neutralisant les maquis du Tranninh ?

Pour le moment, Giap se borne à tester mollement les trois formules. Diên Biên Phu est correctement verrouillé. Godard est marqué de près par deux régiments de la division 308. Quant à Sassi, des régiments venus d'Annam — le 39 et le 95 — commencent à placer des pions au plus près de ses maquis.

Contre eux, Sassi ne dispose que d'un ensemble disparate de guérillas, inégalement réparties de part et d'autre de la R.C.7, entre le Phu San et la plaine des Jarres, autour de Xieng Khouang, qui constituent le « Groupement de commando n° 200 ». Ce groupement est divisé en trois maquis principaux : *Malo* rassemble, autour du P.C., trois « centaines » implantées autour de la plaine des Jarres; *Servan*, à cheval sur la R.C.7, à l'est de Nong Hêt, le fief de Touby Liphong, est placé sous les ordres du lieutenant Max Marnier ; *Sangsue* enfin, au nord du dispositif, s'est installé dans le massif du Phu San.

Depuis le début de l'année, de nombreux Méos extérieurs au Tranninh sont venus spontanément se mettre sous les ordres de Touby Liphong et du capitaine Sassi.

Le premier, Ba Khao, rescapé du maquis *Colibri* avec une centaine de Méos de Long Hé, est arrivé à la fin du mois de novembre à la plaine des Jarres. Il avait parcouru cent kilomètres en trois semaines pour reprendre le combat.

« Je veux rejoindre une guérilla, a-t-il dit. Les Méos ne peuvent plus rester neutres dans cette guerre...

— Impossible de vous acheminer sur le Phu San : de grosses unités viêt-minh barrent la route. Nous sommes obligés de parachuter le ravitaillement et les munitions sur *Servan*. »

Ba Khao s'est redressé :

« Ce qui est bon pour des sacs de riz est bon pour moi. »

Et, pour la première fois sans doute de l'histoire des Méos, cent montagnards, leur chef en tête, ont sauté au-dessus du Phu San, le 2 décembre 1953.

Quelques jours plus tard — tout se sait en brousse —, Lo Van Theu arrivait à son tour à la plaine des Jarres. Avec lui, quarante volontaires.

« Je ne pouvais plus rester à Hanoi, explique l'ancien *chaomuong*. La troupe de Cho Quan Lo n'a pas besoin de moi. Ma place est en première ligne. »

Dès le 20 décembre, Lo Van Theu et ses Méos noirs s'en allaient grossir la centaine de « Bernard » dans le maquis *Sangsue*.

« Bernard », de son vrai nom Lasserre, ressemble à une affiche de propagande pour les parachutistes. Il est le prototype de l'archange blond au franc regard clair, à la mâchoire carrée. Grièvement blessé voici deux ans, il était à peine remis de ses séjours dans les hôpitaux de France qu'il s'est porté volontaire pour un second séjour en Indochine. Arrivé au milieu de Méos qui n'avaient jamais vu d'homme blanc, sa popularité a été instantanée, autant due à ses cheveux d'or qu'à sa taille — 1 mètre 80 — véritablement extraordinaire pour des gens qui ne dépassent guère le mètre soixante. A l'inverse de Max Marnier qui travaille en force, avec des actions violentes et brèves, le lieutenant Lasserre adore le noyautage, la recherche du renseignement, les manœuvres hardies, silencieuses, en souplesse.

Le 4 février, à Ban Na Poun, il apprend l'arrivée d'une compagnie viêt-minh. Le soir même, il est aux abords du village, et y envoie un groupe de combat, déguisé en *bo doï* :

« Pas un bruit, pas un coup de feu ! exige-t-il. Vous regardez et vous rendez compte. »

En souriant, les deux chefs d'escouade, Ba Chong et Ba Yeu, montrent qu'ils ont compris. Deux heures plus tard, ils sont de retour. Ils poussent devant eux quatre hommes apeurés, entravés, le cou pris dans une liane qui s'accroche, dans le dos, aux bras ramenés haut en arrière.

« Nous, c'est pas le bruit, expliquent les deux Méos. Avec le couteau, nous tuons quatre *Kinh*, un officier et trois *bo doï*, et nous ramenons ces quatre types, des Lao-Issaraks amis des Viets. »

Informé, Sassi demande que le chef des Lao-Issaraks soit acheminé de toute urgence sur *Malo* aux fins d'interrogatoire.

Je l'envoie immédiatement, avec des guides, télégraphie Lasserre.

Trois jours passent. Enfin Sassi accuse réception :

Bien reçu les documents. Mais pas le chef lao-issarak...

Lasserre se croit suspecté. Il proteste vertement :

Si chef Lao pas arrivé à Khang Khaï, n'y suis pour rien. Vous suggère regarder dans les musettes des guides...

Sassi fronce le sourcil :

« Faites venir les guides. »

Les trois Méos se présentent, dans une attitude d'humilité inhabituelle, le front baissé, muets et frappés d'une brusque surdité. Sassi s'approche, ouvre la musette du chef de l'escorte. Il y trouve, soigneusement enveloppées dans une feuille de papier hygiénique, les deux oreilles du chef.

Les choses s'aggravent sur le Tranninh. Le Viêt-minh est présent partout. Depuis le 24 mars, les deux régiments de réguliers, le 195 et le 39, implantent leurs compagnies au plus près des maquis. Dès le 1er mars, un troisième régiment communiste est aperçu venant de Sam Neua, au Nord-Laos. Le régiment 72, unité de montagne composée en partie de Lao-Issaraks rouges du prince Souvannouphong et de Méos de Faydang, l'ennemi héréditaire de Touby Liphong, déferle vers la R.C.7.

Face à ces troupes, les deux mille Méos de Sassi font du mieux qu'ils peuvent. Ils tiennent. Plus encore, ils passent à l'offensive partout où c'est possible, en dépit des consignes de prudence prodiguées par les patrons du G.M.I.

D'accord pour adapter action à possibilités, explose Max Mesnier, dans un message que Sassi transmettra, en le prenant à son compte. *Mais prier Viêt-minh de jouer le jeu...*

Gradés européens et maquisards méos ont compris, en effet, que l'enjeu final était à moyen terme trop important pour se borner à compter l'ennemi : il devient manifeste que l'invasion du Laos est imminente. Jusqu'au 10 mars 1954, les maquis méos ne cèdent pas un pouce de terrain. Lasserre réussit même l'exploit de repousser un assaut dans le Phu Du et à reprendre pied dans une frange de villages naguère tenus par quatre compagnies du régiment 72.

Max Marnier, lui, avec son unique mortier de 60, harcèle les colonnes descendant du col Barthélemy et continue à interdire le passage au gué de Ban Ban [1].

Hier midi, exulte-t-il, avons investi village de Houeï Lak. Trois V.M. tués, cinq blessés. Deux prisonniers dont un officier.

Sassi n'a pas oublié la mésaventure arrivée au chef lao-issarak de Lasserre.

Aimerais que prisonniers apportent eux-mêmes leurs oreilles, câble-t-il à Max.

Brusquement, le 12 mars, alors que tout indique une offensive imminente, la situation bascule complètement. Le chef méo Ba Khao exécute un raid sur Houeï Long, un petit village de crête, tenu par une compagnie ennemie.

Coup de poing dans le vide, annonce-t-il. *Les V.M. sont partis.*

Le même jour, presque tous les maquis font part d'une semblable nouvelle. Giap a choisi. Il fait l'impasse sur les maquis. Toutes ses unités importantes se sont tournées vers le nord pour aller prêter main forte aux trois divisions qui, demain, 13 mars 1954, vont monter à l'assaut du formidable camp retranché de Diên Biên Phu.

---

1. Le pont détruit en 1945 par le lieutenant Gauthier n'a jamais été reconstruit.

50

Flanqué de miradors, cerné de barbelés, Ban Me Thuot, la capitale des Hauts-Plateaux, ressemble à une citadelle assiégée. Bien que la ville soit à mille kilomètres de Diên Biên Phu, la psychose du Viêt-minh a déferlé sur l'Indochine. L'ambiance est calamiteuse, autant par les évacuations quotidiennes des postes de montagne que par les nouvelles provenant du camp retranché. Dans le Sud-Annam, bloquée par l'offensive viet sur Kontum, l'opération *Atlante* piétine au nord de Tuy Hoa, sans avoir réussi à atteindre Qui Nhon. Mars 1954 a été un mois difficile.

Un homme s'est glissé jusqu'au P.C. du capitaine Pat Thébault. Maigre, hâve, les yeux brillants de fatigue, il a des gestes mous sous une attitude soumise. Un individu brisé.

« Qu'est-ce que c'est ? »

L'homme est entré, craintif, courbé en deux et se place en pleine lumière, découvrant un torse maculé de poussière, aux côtes saillantes, griffées de blessures d'épineux. Thébault s'est redressé. Il appelle :

« Ngô ! Viens vite, apporte du choum et du mercurochrome ! »

De la tête, l'homme refuse l'alcool, se laisse tomber sur les genoux, les fesses aux talons.

« Muoï ! D'où sors-tu ? »

Il y a maintenant huit semaines que le commando Dupuy a disparu et l'apparition d'un des agents de transmissions du sergent-chef Dupuy semble aussi irréelle que celle d'un fantôme.

« Les Viêt-minh, c'est libérer les Hrés, traduit Ngô. Peut-être c'est content faire soldats pour eux... »

Le revenant opine, puis, fébrilement, fouille dans son pagne et en retire une lame de rasoir, encore pliée dans son enveloppe de papier.

« Mouï c'est dire le chef Dupuy c'est donner pour vous... »

Talbot décachète la lame une vulgaire *Lucky*, fabriquée à Hong Kong, comme en utilisent les *nha qués*. Mais, à l'intérieur de l'enveloppe, quelques mots sont tracés au crayon d'une fine écriture dans laquelle il est facile de reconnaître l'application de Dupuy : *Rendez-vous le 2 avril à la cache Moustique*.

Une seconde, Pierre Talbot réfléchit. La cache *Moustique* est l'un des points secrets où les commandos hrés de zone profonde peuvent se ravitailler.

« La carte, vite ! »

Talbot n'a pas perdu son temps. Avant le lever du jour, un peu surpris tout de même par l'incroyable liaison qui lui a permis d'entrer en contact avec l'un de ses gradés, interné dans un camp de prisonniers, il a dressé son plan de campagne : parachuter à proximité du point indiqué par Dupuy un commando léger, attendre et rentrer.

Mouï a donné des détails. Dupuy envisage de s'évader bientôt, mais il redoute de ne pas être en état de parcourir seul la forêt dense sans appui, surtout sans armes. Même s'ils ne sont pas ennemis, les Moïs — les Banhars surtout — ne perdent jamais une occasion de tuer l'étranger désarmé qui se risque sur leur territoire.

« Il me faut un volontaire... »

Talbot a rassemblé les quelques gradés présents et leur a exposé les faits.

« Aucun problème... »

Le sergent Isaac a fait un pas en avant. Dupuy est plus pour lui qu'un vieux copain, celui qui l'a initié aux arcanes du combat de jungle. Et puis, Isaac aime les situations risquées, difficiles, voire sortant de l'ordinaire.

Le 29 mars, un *Dakota* embarque Isaac et une vingtaine de Hrés sous la conduite de deux gradés, Thuy et Lan. Comme radio, C..., le caporal corse.

« Bonne chance, lui dit le lieutenant Moutin, un colosse jovial au visage rond, à demi caché par d'impressionnantes lunettes

364

d'écaille. Je passerai demain dans le coin pour savoir ce que tu deviens. »

Le 1er avril, Isaac annonce être en vue de la cache *Moustique*. Le lendemain :

« On a repéré l'endroit. J'envoie Lan en reconnaissance. »

Mais le soir, le lieutenant Moutin reçoit cette information, laconique : *Cache détruite. Sommes obligés de camper à côté...*

« Pour quelle raison ? »

Isaac ménage ses effets. Il tergiverse, laissant Moutin imaginer le pire, Puis, tranquillement :

« Il y a du monde sur la cache.

— Du gros ?

— Un peu ! Une famille d'ours de deux cents kilos en moyenne. Pas question de les déranger. Ils ont reniflé le riz et surtout le poisson sec... Pour le reste, on n'a pas osé leur demander ce qu'ils avaient fait des armes et des munitions. »

Pendant quatre jours, Isaac reste avec ses vingt-deux hommes à proximité de la cache *Moustique*. Malheureusement, en raison de l'appétit de la famille ours, les provisions lui sont comptées. Moutin propose un parachutage, mais Isaac refuse :

« Il y a trop de Viets dans le coin, je n'ai pas envie de les avoir sur le paletot. On verra quand j'aurai récupéré Dupuy. »

Le 4 avril passe, sans que rien ne se soit produit. Tous les jours, Isaac multiplie les patrouilles vers le nord. En vain. Les pistes secrètes sont vides.

« Je reste encore deux jours », propose-t-il.

A défaut du sergent-chef, ce sont les Viets qui se rapprochent dangereusement. Le 6 avril, les éclaireurs hrés signalent des éléments ennemis en train de tracer une pénétrante à moins d'un kilomètre au nord. Le régiment autonome 30 fait route vers Ankhé, le camp retranché où résistent mille soldats de la jeune armée vietnamienne.

« Peux-tu rester jusqu'au 10 avril ? demande Moutin. Peut-être Dupuy a-t-il eu des difficultés de dernière heure. »

Isaac n'hésite pas, il accepte. Mais il sait que ces quatre jours supplémentaires compromettent de façon presque définitive ses chances de retour : par des contacts pris par ses gradés hrés, avec les montagnards moïs des crêtes, il a appris que le camp de prisonniers se trouve à huit jours de marche au nord-est, près de Binh Dinh.

Connaissant la brousse comme il la connaît, jamais Dupuy n'aurait pris six jours de retard sur une distance aussi courte.

Isaac s'accroche jusqu'à la limite. Toutefois, le 10 avril, il est obligé de partir :

« Les Viets m'ont détecté, dit-il. Ils ne savent pas exactement où je suis, mais mes guetteurs ont relevé des infiltrations à l'est et à l'ouest de ma position. Un coup de pot s'ils ne m'ont pas trouvé. »

Il n'est évidemment pas question de parachutage dans de telles conditions : les Viets seraient sur le groupe avant même qu'il ait entamé la récupération de ses containers. Le lieutenant Moutin fixe un point de rencontre pour le surlendemain. Isaac prend note. Pour le principe. Noyé dans la jungle sans repère géographique, ni possibilité d'estimer les distances parcourues, il lui sera difficile d'identifier par avance le point prévu. Il ne peut que compter sur sa radio pour appeler l'avion, à condition de le voir et de l'entendre.

Quarante-huit heures plus tard, Isaac n'a vu ni entendu personne.

« Continuons », décide-t-il.

Le groupe ne peut plus, en effet, se permettre le moindre répit, la plus petite halte. Tôt le matin, Thuy, qui a la charge de l'arrière-garde, a signalé, d'un ton égal :

« Les *Klouï,* c'est pas loin derrière ! Moi, c'est sentir l'odeur des feux pour faire cuire le riz... »

Parade immédiate : Isaac fait piéger les passages obligés avec des grenades reliées à des lianes. Mais sans grande conviction, les Viets ne se laissant que rarement prendre deux fois au même traquenard. Le seul résultat obtenu est de gagner l'heure nécessaire à effacer les traces, en dispersant les hommes qui rampent sans toucher à la moindre feuille, pendant plusieurs centaines de mètres, avant de pouvoir, à nouveau, se servir du coupe-coupe.

Un temps, Isaac pense avoir semé ses poursuivants. Le 15 avril, il s'établit au sommet d'un piton dégarni, aperçoit et contacte le *Dakota.* Après bien des hésitations, Moutin repère l'emplacement du groupe, lui fournit des précisions sur sa position et la direction à prendre, puis largue trois sacs de riz, de quoi tenir quatre jours.

« Rendez-vous dans quarante-huit heures. »

Il n'y aura pas d'autre rendez-vous ; Isaac ne répond plus.

Construit en hâte pour abriter les prisonniers ramassés en grand nombre sur les Hauts-Plateaux au cours de l'offensive d'hiver 1954, le camp du *lien khu V* n'est qu'un vague rassemblement de paillotes misérables, étagées au flanc d'une colline, près d'un marécage pestilentiel où grouillent les moustiques et les sangsues.

Après une sévère crise de paludisme qui l'a empêché de s'évader, le sergent-chef Dupuy a obtenu de rester à l'infirmerie, *cagna* dérisoire qui n'est que l'antichambre du cimetière. Son rôle se borne à emporter les morts et à entasser les malades le long des bat-flanc.

Le 4 mai, une agitation inusitée s'empare du personnel des gardiens viêt-minh. Cris, interpellations, galopades. Depuis trois jours, tout le monde guette avec anxiété les nouvelles du camp retranché de Diên Biên Phu dont les *can bô* annoncent la chute imminente.

Brusquement, une escouade de *bo doï* surgit dans l'infirmerie, se rue sur Dupuy et, à coups de poings, de pieds, de crosses, le jette dehors et le roue de coups. Tiré par les pieds dans la poussière de l'aire de rassemblement, le sous-officier est traîné jusqu'à un piquet de bambou profondément fiché en terre et attaché, bras retournés.

« Que se passe-t-il ? Qu'ai-je fait ? »

A chaque question, une grêle de coups s'abat sur le dos, les épaules, la tête. Dupuy perd conscience, est ranimé à grandes touques d'eau, battu à nouveau. A la fin de la journée, hébété de douleur, les bras tordus, gémissant de souffrance, il est amené jusqu'à la cagna du chef de camp :

« Vous voulez vous évader !

— Vous savez bien que c'est impossible !

— Peut-être, mais c'est votre intention. »

Dupuy nie, farouchement, jusqu'au bout. Le bout, c'est une cage de bambou — un mètre cube — dans laquelle il est enfermé sans eau ni riz :

« Avouez ! conseille le *can bô*. De toute manière, nous savons tout. »

Toute la nuit, Dupuy se demande quelle imprudence il a pu commettre pour que son projet d'évasion soit connu des Viets. Certain de n'en avoir soufflé mot à quiconque, force lui est d'admettre que quelqu'un a parlé. Mais qui ? Muoï, le Hré auquel il avait confié le message ? Impossible. Cela se serait su bien plus tôt.

Le lendemain matin, Dupuy est tiré de sa cage, traduit à nouveau devant le chef de camp :

« J'avoue », dit-il, décidé à n'en pas dire davantage. Mais avec un grand sourire, le chef de camp réplique :

« Vous avez eu raison. Nous irons ensemble à cette cache *Moustique*... »

Pour Dupuy, la stupéfaction est totale, tout comme sa certitude d'avoir été trahi.

D'un claquement de doigts, le chef de camp appelle des *bo doï*. Ceux-ci entrent dans la cagna, poussant devant eux une loque humaine, qui s'effondre aux pieds du sous-officier :

« Je demande pardon », dit-il.

Dupuy vient de reconnaître le caporal C., le radio corse du groupe Isaac.

Epuisé par la fuite du commando, C. s'était laissé tomber sur le bord de la piste. Recueilli par une patrouille viêt-minh, interrogé, affamé, torturé, le jeune caporal a parlé. Il a donné la mission du groupe et trahi les intentions du sergent-chef Dupuy.

Mais, et Dupuy s'en apercevra au cours des quinze jours suivants, C. ne s'est pas borné à cet aveu. Il a livré tout le réseau des caches, depuis Mang Buk — à quatre-vingts kilomètres de Kontum — jusqu'à Song Hré, quarante kilomètres au-delà. Il a également indiqué le tracé des pistes secrètes, des bivouacs et des lieux de parachutage reconnus. Il a surtout donné les indicatifs radio, le système des panneaux de reconnaissance aériennes.

Dupuy est effondré. En quelques heures, le caporal C. a anéanti des mois d'efforts des commandos hrés du G.C.M.A.

« Je n'en pouvais plus, explique le caporal. J'ai livré les caches, mais je n'ai pas trahi Isaac.

— Qu'est-il devenu ? »

Le 19 mai, le capitaine Pierre Talbot prend connaissance des B.R.Q., ces synthèses de renseignements établies quotidiennement par les 2ᵉ bureaux des secteurs, quand une petite phrase le fait sursauter : *Une patrouille du G.M. 100 a intercepté un commando viêt-minh, commandé par un Européen. Identification du déserteur en cours...*

« Moutin appelle Talbot, on file à Ankhé. Un groupe de *Klouï* s'est fait cravater par les Coréens. Peut-être aurons-nous des tuyaux sur les commandos ? »

La cellule dans laquelle a été enfermée le déserteur est une sorte d'étroit boyau sombre, une ancienne cave où l'on entreposait du *nuoc-mam*. Sous le soleil qui frappe la façade de béton de l'entrepôt où cantonne la Police militaire, l'odeur est épouvantable.

« On s'y fait, expliquent paisiblement les gendarmes. Mais le pire, c'est dans les cellules. Là, on en prend plus avec le nez qu'avec une fourchette. »

Suivi de Moutin, qui courbe sa haute carcasse dans l'escalier gluant et raide, Talbot descend, un mouchoir plaqué sous son nez.

« Il n'est pas commode, le client ! commente le gardien, un vieux gendarme à moustache. Vous aurez du mal à en tirer quelque chose. »

Talbot hausse les épaules. Il se moque des circonstances de la désertion du Blanc, qui, sans doute, prépare déjà sa défense. Ce qui lui importe est de savoir ce que sont devenus ses hommes du G.C.M.A. La porte s'ouvre.

« Eh bien, c'est pas trop tôt ! grogne une voix connue. Vous en avez mis, un temps, pour venir ! Ça fait quatre jours que j'ai demandé au colonel Barrou de vous faire prévenir.

— Mais, réplique Talbot en pressant Isaac contre lui avec d'énormes claques dans le dos, personne ne nous a rien dit ! Il était juste question d'un déserteur européen et d'un commando viet.

— Et voilà ! On se crève la paillasse pour rentrer à la maison ! Mes Hrés et moi, on marche des semaines sans bouffer, simplement parce qu'on a décidé de revenir malgré tout, quitte à en crever. On arrive en vue d'un poste français, on est transporté de joie quand on aperçoit, enfin, un drapeau tricolore ! Et puis, sans rien y comprendre, sans pouvoir s'expliquer, on se retrouve au trou avec un coup de pied au cul ! Il n'y a pas de justice. »

En vertu des accords de Genève, les prisonniers français ont été libérés au mois de septembre 1954. Le 4, un L.C.T. de la marine a accosté à Qui Nhon pour embarquer les rescapés du G.M. 100 restitués par les Viets. Miraculeusement quelques commandos se trouvent parmi les Français libérés, bien que Giap ait condamné à mort tous les cadres du G.M.I.

« Qu'allez-vous faire du caporal C. ? a demandé Dupuy.

— Je ne sais pas, répond Talbot. Il mérite le tribunal militaire, je pense. »

Dupuy secoue la tête. Les neuf mois de captivité l'ont réduit à l'état de squelette pitoyable et ses dénégations prennent un accent pathétique :

« Non, mon capitaine. Cela ne sert à rien. Si le caporal a craqué ce n'est pas un tribunal militaire qui pourra le comprendre. Il jugera objectivement la trahison et en tirera les conséquences logiques. La mort. Or, je sais, moi, pour les avoir éprouvées, quelle force de volonté il faut pour survivre aux effroyables conditions de vie dans les camps. N'envoyez pas ce rescapé mourir sous les balles d'un peloton d'exécution français !

— Il mérite d'être sanctionné !

— Certes ! » Dupuy baisse la tête, faisant crisser sous ses doigts maigres une barbe inculte. « Mais il n'y aura que C. pour se punir comme il convient. Je vous propose de constituer un tribunal d'honneur, entre nous. Convoquons tous les gradés, Européens et Hrés, tous les copains de C. Et demandons-lui un récit complet de sa trahison, sans omettre le moindre détail. Après tout ce que nous avons enduré, une confession publique sera la punition la plus terrible qui soit. »

51

Le 13 mars, à 17 heures, le premier matraquage d'artillerie viêt-minh écrase Diên Biên Phu. Il vise les positions des canons de 105 et de 155, et s'acharne sur le point d'appui *Béatrice*, à l'est, tenu par la 13e demi-brigade de Légion étrangère. La plus grande bataille de l'après-guerre vient de commencer. Elle durera cinquante-sept jours.

Depuis son abri, entre le P.C. de Castries et l'entrée de la piste d'aviation, au pied du seul arbre subsistant dans la cuvette, le capitaine Hébert a câblé à son chef, le commandant Fournier, patron du G.M.I. Tonkin : *Renseignements confirmés : artillerie ennemie enterrée. Giap attaque.*

Hébert ne jubile pas. D'avoir eu raison contre tous, et le premier, le condamne à rester ici, sous les obus, sans grand espoir de sortir du camp retranché autrement qu'entre deux haies de *bo doï*. Depuis le début de l'opération *Castor* — quatre mois et demi — il ne s'est pas écoulé une seule journée sans qu'il ne relève les signes précurseurs de la catastrophe.

Au début du mois de décembre 1953, les quinze Méos du Long Hé, parachutés, avant les Bérets rouges de Gilles, à l'est de Tuan Giao, ont regagné le camp retranché porteurs de renseignements sur la tragédie des maquis *Colibri* et *Aiglon*, mais surtout sur les mouvements viets, trop importants pour n'être que de simples reconnaissances.

Le 12 décembre, descendant de Laï Chau avec leur chef, le capitaine Bordier, un Eurasien, gendre de Déo Van Long, les maquis thaïs blancs ont confirmé la présence de coolies de terrassement de l'autre côté des crêtes de l'est.

A la mi-janvier, les Méos du chef Vu N Xong, venus du Phu Pane, venaient dire à Hébert :

« Il ne faut pas rester ici ! Les Viets sont tout autour de vous. Il n'existe plus aucun passage, sauf, par les montagnes, vers nos villages du Phu Pane, au sud.

— Pourquoi êtes-vous venus ? Vous risquez de ne plus pouvoir repartir. »

Vu N Xong a secoué la tête, faisant sonner ses colliers d'argent :

« Nous voulions seulement vous avertir. Pour notre part, nous ne refusons pas le combat, mais si nous devons mourir, il nous faut la montagne sous nos pieds. » Un geste sur les sommets qui dominent la cuvette. « Nous n'aimons pas avoir la montagne sur la tête. » Un long silence. « Surtout quand elle est pleine de trous. »

Hébert le sait. Tous les renseignements qu'il a collectés sont formels : les Viets creusent la montagne. Dès le début de janvier, le chef du G.M.I. de Diên Biên Phu est allé trouver le chef d'état-major du G.O.N.O. (Groupement opérationel du Nord-Ouest), le colonel W.

« Des trous ? » Le colonel a ricané, sceptique. « Et à quoi ça sert, ces trous ?

— Les Méos prétendent qu'il s'agit de tunnels dont les ouvertures font face à nous. Je pense que les Viets construisent des casemates.

— Impossible ! Notre aviation n'a rien détecté. Vos Méos ont des hallucinations ! » Le regard s'est fait soupçonneux. « Du reste, je me suis laissé dire que les Méos fumaient l'opium ! Ça expliquerait tout, y compris leurs prétendues reconnaissances à l'est. Ils vont se ravitailler en drogue. *On* m'a dit que vos abris n'étaient qu'une gigantesque fumerie... »

Hébert hausse ses larges épaules. Il sait qui se cache sous ce « on » anonyme, mais il n'en tient pas compte. La campagne de dénigrement contre les services spéciaux bat son plein à Diên Biên Phu. Le colonel W. revient à la charge :

« Qui me dit que vos Méos ne profitent pas de leurs sorties pour renseigner les Viets sur ce qui se passe chez nous ? »

Hébert renonce à discuter.

« Raconter aux Viets ce qui se passe dans la cuvette ? Vous rigolez, non ? Les Viets n'ont qu'à se pencher. Et, s'ils avaient la vue basse, une bonne paire de jumelles leur suffirait à identifier le moindre de vos soldats... »

Ecœuré, Hébert est tout de même allé voir le colonel Piroth, chef de l'artillerie du camp retranché. Pour le principe, il lui a fait part de ses renseignements. Piroth a agité sa manche vide en ricanant :

« Des casemates ? Impossible, ça ne s'est jamais vu. Non, croyez-moi. Pour amener leurs 105 contre nous, les Viets seront obligés de descendre dans la plaine et, là, nous les anéantirons ! »

Prophète de malheur, parlant dans le désert, Hébert n'a pas eu envie de pavoiser quand il a appris, le 14 mars, le suicide du colonel Piroth, persuadé d'être coupable de l'impuissance de ses canons. Pas plus qu'il ne sourit quand, le lendemain, il assiste à l'évacuation lamentable du colonel W., terrassé par la peur et qu'il faut porter jusqu'au *Siebel* spécialement frété pour lui. Par un cruel paradoxe, le sauvetage d'un colonel terrifié a été confié à un pilote héroïque qui a réussi le prodige de se poser sur une piste battue par les obus.

Mais Hébert ne juge pas les hommes. Il ne déplore que le gâchis, et ces avatars ne sont que péripéties. Un long moment, son regard bleu s'est posé sur les collines de l'est où les nuages s'accrochent aux sommets chevelus. Puis, sifflant son chien-loup, une bête superbe qui renifle son Viet à cent mètres, il est rentré dans son abri.

Désormais, il ne lui reste plus qu'à attendre : aucun de ses émissaires ne franchira plus le cordon serré de divisions qui assiègent Diên Biên Phu. Aucun des Méos qui se trouvent hors du piège ne pourra y revenir. Hébert et ses guerriers sont seuls, impuissants.

Cinquante-sept jours de bataille ininterrompue ont vu bouleverser la terre, rétrécir le périmètre du camp. Jour et nuit, sans trêve, unités viets, paras ou légionnaires se sont affrontés dans des corps à corps inexpiables. Engagés les uns après les autres, les régiments français ont fondu.

Un temps, à Hanoi, le colonel Sauvagnac avait envisagé de faire sauter les bataillons de son groupement sur la R.P. 41, à l'est de Diên Biên Phu, vers Tuan Chau ou Son La pour mener la guérilla sur les lignes de communications viets. De Diên Biên Phu, Hébert l'y avait encouragé :

« Que les Français reprennent pied à Tuan Chau et tous les partisans thaïs des maquis *Calmar* et *Colibri* déterreront leurs armes pour se joindre à eux... »

Le commandant du camp retranché a protesté. Il s'en est

pris à Hébert, l'accusant de vouloir saboter la bataille. Puis il a exigé que les régiments du colonel Sauvagnac soient largués de nuit, sur la piste d'aviation. Au niveau de l'exploit, ces sauts furent une réussite. Mais que pouvaient faire le 2/1 R.C.P., le 6ᵉ B.C.C.P., le 2ᵉ R.E.P. contre les divisions de Giap, inépuisables, décidées à vaincre quel qu'en soit le prix ? Rien, sinon mourir auprès de leurs camarades, et bien mourir. Jusqu'au 7 mai.

Dix jours plus tôt, le 24 avril, Touby Liphong est entré dans le bureau du capitaine Sassi, au P.C. du maquis *Malo*, à Khang Khaï.

« Je me tiens au courant, heure par heure, des événements qui se déroulent à Diên Biên Phu. C'est une catastrophe. Malgré leur héroïsme, les Français n'ont plus aucune chance. Pour Giap cette cuvette est devenue un objectif politique à conquérir coûte que coûte. »

Mâchoires serrées, Sassi opine tristement. Il imagine aisément la solitude et le désespoir de ses camarades qui n'attendent que la mort ou la captivité en se battant dans d'effroyables conditions. Avec étonnement, il remarque aussi que pour cette visite Touby Liphong a abandonné sa tenue européenne habituelle. Comme pour les grandes circonstances, le chef méo a endossé le traditionnel boléro bleu à dentelles blanches. L'habit de ses ancêtres estompe son air ordinaire de commerçant prospère, un peu rondouillard, pour conférer au visage une allure de majesté. Ce soir, Touby Liphong agit et parle en personnage officiel, en chef coutumier des Méos du Tranninh.

« Je suis aussi angoissé que vous », répond Sassi en remontant d'un geste machinal ses lunettes sur son nez pour cacher son émotion. « J'ai de nombreux copains dans cette cuvette... »

Touby pose ses mains à plat sur ses cuisses, le menton à toucher le pommeau d'argent de sa canne d'ébène :

« Il y a également des Méos à Diên Biên Phu. En quittant le camp retranché, mon ami Vu N Xong avait laissé aux Français son fils en gage de loyauté. L'enfant a été tué voici huit jours sur un point d'appui. Vu N Xong m'a fait part de sa détermination de monter vers le nord pour le venger.

— Que peut-il espérer ? Il ne dispose que de deux cents fusils. »

Touby Liphong plisse les lèvres en signe d'intense réflexion. « Les Méos », déclare-t-il enfin avec une sorte d'emphase,

« ne peuvent pas regarder sans réagir le massacre de leurs amis. Mais, pour nous, c'est bien davantage qu'une simple question de sentiment. Si Diên Biên Phu tombe, les communistes pourront imposer leurs exigences. La première sera le départ des Français. Or vous êtes les seuls à nous avoir aidés... »

Sassi enchaîne, à mi-voix, comme pour lui-même :

« Peut-être parce que nous vous comprenons et que nous admirons votre fierté et ce goût profond pour la liberté que vous affirmez du haut de vos orgueilleuses montagnes...

— Sans vous, qu'allons-nous devenir ?

— Le Viêt-nam n'est pas le Laos et nous ne partirons sans doute pas du Tranninh. »

Touby secoue la tête, inquiet de l'avenir :

« J'aimerais en être certain. L'indépendance est comme une épidémie. Si le Tonkin devient indépendant, les communistes laotiens voudront que leurs pays le devienne également, et vous savez à quel point les Laotiens nous redoutent. Aussi notre cœur commande de vous soutenir. Notre tête nous dicte ce que nous devons faire pour vous aider.

— De quelle façon ? »

Touby de dresse. Sa voix se fait pressante, impérieuse :

« Mon capitaine, il faut que vous alliez à Saigon ! Je viendrai avec vous. Nous irons voir le colonel Trinquier. Nous lui demanderons d'intercéder pour nous auprès du général Navarre.

— Dans quel but ?

— Mon capitaine, il nous faut des armes ! J'ai donné l'ordre à tous mes sujets de se préparer à quitter leurs villages et leurs montagnes, leurs familles et leurs champs pour partir à la guerre. Les Méos sont prêts à mourir pour la France. »

Le 27 avril, le capitaine Sassi arrive à Saigon. En fraude. Pendant deux jours, vainement, il a essayé d'obtenir par télégramme l'accord des chefs militaires pour constituer un groupement opérationnel destiné à monter vers le nord. A bout de patience, sans aucune autorisation officielle, Sassi a quitté son maquis. L'enjeu mérite qu'il prenne le risque d'une punition qui ne peut être que de principe.

« On ne peut pas laisser massacrer les survivants de Diên Biên Phu ! explique-t-il, véhément, au colonel Trinquier. Nous devons tenter quelque chose ! Même si c'est fou, même si ça ne doit servir à rien ! Au point où nous en sommes...

« — Pensez-vous sérieusement que deux mille Méos vont changer le cours de la bataille ? »

Le chef des G.M.I. a les pieds sur terre. Il semble considérer comme surprenante, sinon comique, la démarche du capitaine Sassi. Pourtant, sous son air peu amène, sourcils froncés, Trinquier pèse les arguments, calcule en termes statégiques l'importance que pourrait revêtir une mobilisation générale des Méos.

« Il y a une autre possibilité, mon colonel.

— Laquelle ?

— Il reste à Hanoi un bataillon parachutiste en réserve. Je suggère qu'on le largue au-dessus de la colonne des Méos. Chaque para pourrait prendre le commandement d'une dizaine de partisans. Voyez à quel point ces guerriers deviennent valables, en petites équipes dynamiques, avec des Européens comme Lasserre ou Max Marnier ! »

Trinquier écoute, soudain attentif. Finalement, il approuve :

« Le seul bataillon disponible est en alerte aéroportée. Il s'agit du 1er B.P.C...

— Ça tombe bien ! exulte Sassi. Le patron du 1er est le capitaine de Bazin ! Il était mon prédécesseur sur le plateau du Tranninh. Le Méos seront enthousiastes s'ils apprennent son retour à la tête de quatre cents hommes ! Vous savez bien que je ne cherche pas la gloire dans cette affaire. Je suis prêt à me mettre aux ordres du capitaine de Bazin si la réussite de notre raid est au bout. »

Trinquier se lève.

« Je vais parler de tout cela au général Navarre.

— Quand ? Il faut faire très vite...

— Cela ne dépend pas de moi. Le généchef a bien d'autres soucis. »

Sassi est reparti pour son P.C. de Khang Khaï, certain d'obtenir bientôt le feu vert pour constituer son groupement. Il sait que cette initiative comporte un risque tactique important : les Viets peuvent profiter de la migration des maquis pour attaquer leurs positions demeurées sans défenses.

« Mais si Diên Biên Phu tombe, observe Max Mesnier avec un gros bon sens, rien n'empêchera la division 308 ou une autre de venir sur place nous flanquer une raclée. »

Le 30 avril, Sassi s'inquiète. Saigon est muet. Le 1er mai, par la radio officielle de Hanoi, il apprend que le 1er B.C.P. a commencé à être largué sur Diên Biên Phu.

376

« Navarre n'a pas cru à notre proposition, dit-il à Max.

— Ça ne fait rien, on s'en passera. Cette fois, les Méos veulent en découdre. »

Le 2 mai, l'accord de Saigon n'est toujours pas arrivé. Alors Sassi prend les devants :

A tous les maquis. Alerte à partir de ce soir. Constituez chacun une unité de marche avec maximum effectif. Chaque unité constituée se regroupera vers le nord. Endroit sera précisé plus tard. Restez sur écoute sur canal sécurité-radio. Stop et fin.

Dans la nuit, Sassi rassemble ses trois cents partisans. Le maquis *Malo* est prêt au combat. Dès l'aube du 3 mai, la colonne s'ébranle. Elle n'a toujours pas reçu le feu vert de Saigon.

52

Le feu vert est donné le 4 mai, en fin de matinée. Mais *Malo* est déjà sur la piste. Il a fallu huit jours de siège au colonel Trinquier pour arracher l'autorisation du général Navarre. Pour obtenir également l'octroi d'une prime spéciale destinée à chacun des partisans volontaires, une barre d'argent.

Sassi transmet l'ordre de mouvement à ses chefs de guérilla. Aussitôt, pour la première fois de leur longue histoire, les Méos se rassemblent. De tous les maquis, de Ban Ban, à l'est de Nong Hêt, jusqu'à Muong Souï, près de la plaine des Jarres, des milliers d'hommes en noir se glissent en colonnes de centaines, sur les pistes de la jungle.

Il fait un temps de mousson et les montagnes baignent dans un brouillard opaque, parfois irisé d'un rayon de soleil. Une pluie fine tombe au fond des vallées et les rivières sont grosses. Sassi remonte plein nord avec ses trois cents partisans. Son objectif : la Nam Khan et sa vallée du désespoir, celle-là même où, neuf ans plus tôt, le capitaine Ayrolles et ses quarante *Gaurs* attendaient, épuisés, le parachutage sauveur. Rien n'a changé depuis. Ce sont toujours les mêmes rochers gris suintant d'humidité, les mêmes arbres griffus, les mêmes eaux roulant dans un vacarme de cascade entre les galets mauves. D'heure en heure, les radios renseignent Sassi :

« Max Marnier vient sur nous avec deux cents Méos de *Servan*. A six heures de marche, Ba Khao le suit avec cent fusils. »

A l'autre extrémité du dispositif, Lasserre et Lo Van Theu foncent, à la tête d'une colonne de deux cents hommes. A la nuit, ils sont rejoints par les cent Méos de Vu N Xong venus du Phu Pane.

Le 6 mai 1954, mille guerriers sont regroupés au sud de Muong

Son, à mi-chemin de Diên Biên Phu, dans la vallée de Ban Piton. Dans la matinée, ils recueillent les émissaires des maquis du sud-est qui brûlent les étapes pour les rattraper. En tête, Vang Pao avec quatre cents hommes, suivi de *Jean* (le sergent-chef Marcellin) qui dirige les trois centaines du maquis *Servan 2*.

« A cinq heures, sur mes traces, il y a Xieng Fong et deux cents Méos », annonce-t-il.

Jamais pareille armée des montagnes ne s'était ainsi ébranlée. Même aux temps reculés de leur conquête. Même pas quand la révolte de 1920 les avait dressés contre l'administration de Barthélemy.

Un grand fleuve noir remonte, à contre-courant, vers le nord.

Autour de la cuvette de Ban Piton, l'armée des Méos campe, installée sur les pentes comme sur les gradins d'un amphithéâtre. Mille huit cents hommes vêtus de noir ou de bleu sombre se sont agglutinés, dominés par la forêt des fusils. En bas, au débouché de la piste du sud, se tient l'état-major du *Groupement D*. D comme Diên Biên Phu.

« Xieng Fong arrive ! »

Instinctivement, tous les yeux se portent sur la colonne qui vient de quitter la forêt. Le chef des Méos du Phu Loï est en tête, suivi de ses dignitaires. Plus grand que la moyenne de ses compatriotes, il s'est refusé à revêtir la tenue européenne — chemise noire et pantalon de treillis — des partisans. Il est équipé en guerre, avec le turban blanc, tissé de dessins de soie noire, les colliers d'argent et, autour du poignet, la cordelette brune de la poire à poudre. Arrivé à la hauteur du capitaine Sassi, il s'incline à la mode asiatique et désigne, d'un geste large, les soldats qui lui font escorte :

« Aujourd'hui est une grande journée, dit-il. Pour la première fois de leur histoire, deux grandes tribus méos, celle du Tranninh et celle du Phu Loï, s'unissent pour porter secours à des soldats qui ne sont pas de leur sang. »

Sassi presse la main tendue. En signe de bienvenue, il offre au chef du Phu Loï une carabine américaine. Pour lui, cette arrivée est un symbole. Jusqu'ici, à l'inverse de Touby Liphong, allié des Français, Xieng Fong défendait sa liberté et son indépendance, seul ou presque avec ses deux mille sujets, dans son massif tourmenté, du côté de Sam Neua. Sa présence aux côtés de Touby signifie que le peuple méo tout entier se sent solidaire des Français.

Tout d'un coup, spontanément, de deux mille poitrines jaillit un hurlement sauvage. Le ban de guerre des Méos. Une fantastique clameur, hurlée comme un défi jeté à la face des Viets, tapis dans la forêt, les yeux sur Diên Biên Phu. Tandis que l'écho des montagnes répercute le cri des guerriers, Xieng Fong ouvre la sacoche qu'il porte à son côté, en retire la longue ceinture rouge du combat et la fixe autour de la taille de Sassi. Un hourra énorme accueille ce geste symbolique. Alors se déroule un extraordinaire spectacle. D'un seul coup, comme s'ils répondaient à un ordre silencieux, tous les partisans méos ouvrent leurs sacs et ceignent leur ceinture rouge. Sans s'être concertés, tous les guerriers du Phu San et ceux du Phu Loï, ceux de Houeï Lak et ceux de Ban Ban, ceux de Khang Khaï et ceux de Xieng Khouang avaient emmené avec eux leur parure de guerre.

La colonne s'est remise en route. Les Méos sont de redoutables marcheurs. Ils avancent droit devant eux, négligeant les détours, à cheval sur les lignes de crête. Parfois, deux ou trois éclaireurs devancent la colonne, vont reconnaître un col, éclairer le débouché d'une vallée. Parfois aussi, ils vont en émissaires alerter les villages isolés.

« En pays méo, explique le sous-lieutenant Vang Pao, les villages se protègent des ennemis en piégeant les pistes d'accès. Ils disposent des roches énormes, en équilibre instable, qu'un intrus mettra en branle. Nos éclaireurs préviennent ce genre d'accident en affirmant aux villageois que nous ne leur voulons pas de mal. »

Au fur et à mesure de la progression, Sassi remarque que les villages traversés offrent à la colonne, à défaut de ravitaillement ou de fusils, des porteurs à toute épreuve : leurs propres femmes.

Le soir du 7 mai, Sassi est arrivé à Ban Ko Kieng, au pied du massif du Phu Loï. Diên Biên Phu n'est plus qu'à cent vingt kilomètres.

Mais il est trop tard. Au même moment, les colonnes de prisonniers français abandonnent la cuvette, entre deux haies de *bo doï* et pénètrent dans le tunnel de la forêt. Dans celui de la captivité aussi.

Parmi eux, déguisé en adjudant du 6ᵉ B.P.C., le capitaine Hébert. Il sait que les Viets le recherchent ; tous les cadres du G.M.I. sont, d'avance, condamnés à mort par Giap.

Le dernier geste du capitaine Hébert a été d'abattre son chien-loup. Une balle dans la nuque. Puis il est allé trouver le lieutenant-colonel Bigeard :

« Mon colonel, j'ai appris que vous alliez tenter une sortie avec les derniers éléments en état de combattre. Est-ce vrai ? »

Bigeard passe sa main sur son front. Un geste machinal qui trahit sa fatigue et sa tristesse. Sa voix est rauque, épuisée :

« C'était vrai hier. Nous devions tenter une percée vers le sud-ouest pour tâcher de rejoindre, par petits paquets, la colonne Crèvecœur qui devait nous recueillir.

— Je dispose de partisans méos qui connaissent les pistes de montagne. Je les mets à la disposition des éléments que vous constituerez. »

Bigeard secoue la tête. Il soupire et, pour la première fois, Hébert remarque combien le colonel a les traits tirés, les yeux las, rouges à force d'insomnie. Bigeard a porté, seul ou presque, le poids des responsabilités de la bataille.

« Trop tard, mon vieux Hébert. La sortie prévue n'aura plus lieu. Les gars qui devaient l'exécuter sont tombés, cette nuit, sur les pentes d'*Eliane 2*. »

Une grimace furtive passe sur son visage buriné. Une seconde, Bigeard a revécu les terribles heures au cours desquelles, un à un, ses lieutenants lui disaient leur agonie, noyés sous la marée viet.

Et ce 7 mai 1954, les guides méos sont restés dans la cuvette, livrés aux innombrables soldats en vert, surgis de toutes les tranchées à 5 heures de l'après-midi. Ils ont été fusillés aussitôt, en paquet, dans la Nam Youm, en compagnie des filles du bordel de la Légion, des Vietnamiennes qui avaient spontanément offert leurs services aux blessés, comme brancardières bénévoles. Des Méos et des putains, pour le Viêt-minh annamite et puritain, quelle différence ?

Le même soir sur les crêtes du nord, à moins de douze kilomètres de la catastrophe, une dizaine d'hommes en *cu nao*, ce vêtement marron des montagnards nungs, ont pu apercevoir dans le rougeoiement des derniers incendies, l'éclatante lueur du gigantesque feu de joie allumé par les *bo doï* de la division 308 sur la colline *Doc Lap*, que les Français appelaient *Eliane*.

Les Nungs ont compris. Tête basse, ils ont rebroussé chemin vers le nord pour rendre compte à leur chef, Ly Séo Nung, qui campe à Laï Chau. Car, à l'instar de leurs frères, les Méos du Tranninh, les Nungs de Cha Pa se sont levés en masse pour venir au secours de la citadelle assiégée. Balayant tout devant lui, Ly Séo Nung a foncé, tout droit, à travers la vallée de la Nam Na. A la fin du mois de mars, il a repris Phong To, la capitale du roi des Thaïs rouges. Déboulant du nord, ralliant au passage les tribus les plus primitives de l'Indochine, les Lantènes, le jeune prince s'est porté sur Laï Chau, abandonné par les Français depuis décembre 1953. Après un rapide siège, le 15 avril, Ly Séo Nung a culbuté les Viets et, le 28 avril, ses quatre mille partisans défilaient dans la ville libérée. Le même soir, ses compagnies d'assaut fonçaient sur la piste Pavie, vers Diên Biên Phu. Trop tard.

Et pourtant, la montagne explose. Au nord, les hommes de Cho Quan Lo sont, eux aussi, passés à l'offensive. Le 14 janvier 1954 ils sont entrés à Lao Kay. Ils n'en partiront plus. Poussant vers l'est, entraînant avec eux les Muongs de Ha Giang, les Mans en révolte ont attaqué tout le long de la frontière. Bousculant les régiments réguliers de Giap, ils ont atteint Bao Lac, dans la haute vallée de la rivière Claire, à la fin du mois d'avril. Leur objectif : Cao Bang. Leur volonté : venger, en l'effaçant, la défaite française de la R.C.4.

Le 8 mai 1954, la presse du monde entier annonce en gros titres noirs la chute du camp retranché de Diên Biên Phu. Mais elle se tait sur l'essentiel. Dans tout le Nord-Ouest, par milliers, les tribus des montagnes se sont soulevées. Diên Biên Phu appartient aux Viets, mais tout l'arrière-pays leur échappe, les quatre cinquièmes du territoire revendiqué par Hô Chi Minh sont tenus par les « minoritaires » en rébellion contre l'ordre rouge. Jamais, dans la jungle, les vallées ou les forêts du Tonkin, les volontaires n'ont été aussi nombreux, aussi enthousiastes. Estimés à trente mille hommes au début de l'année 1954, l'effectif des maquis du G.M.I. atteint cinquante mille fusils à la chute de Diên Biên Phu.

Curieux paradoxe. Alors que la défaite frappe de stupeur soldats et généraux du corps expéditionnaire maintenant persuadés d'avoir perdu la partie, alors que le monde entier attend le coup de boutoir ultime qui rejettera les Français à la mer, la guerre s'allume, plus féroce que jamais, dans l'arrière-pays livré à lui-même.

Au moment du cessez-le-feu le 24 juillet, le drapeau tricolore flotte sur Lao Kay, à six cents kilomètres de Hanoi, aux portes de la Chine et les Muongs déchaînés se préparent à mettre le siège devant Cao Bang.

Mais qui le sait ? Qui ose le dire ? A Genève, le gouvernement Mendès France, pressé d'en finir, renonce à évoquer le sort de ces dizaines de milliers d'hommes qui attestent, les armes à la main, leur refus d'être livrés pieds et poings liés à ces Annamites qu'ils ont toujours combattus.

« Il ne faut pas créer de difficultés supplémentaires à nos négociateurs », répond le président du Conseil au général Ely qui, à la demande de Belleux et de Trinquier, plaide la cause des maquisards.

La France ferme ses yeux, bouche ses oreilles, clôt sa bouche. A sa honte, elle ne veut pas ajouter ses remords. Et le gouvernement va jusqu'au bout. Le lendemain du cessez-le-feu, le 25 juillet, un ordre formel arrive sur le bureau du colonel Trinquier :

« Plus un avion, plus un sac de riz, plus un fusil pour vos maquis. Vos guerriers doivent eux aussi déposer les armes : ils appartiennent désormais au Nord-Vietnam dont ils sont les citoyens, leur révolte est donc une affaire intérieure qui ne concerne que le gouvernement de Hanoi. »

La mort dans l'âme, Trinquier doit s'exécuter. Bien sûr, de-ci, de-là, il transgresse les ordres, fait exécuter des missions clandestines au-dessus des montagnes. Mais elles ne servent qu'à prolonger de quelques jours, sinon quelques heures, l'agonie inéluctable des maquisards. Leurs cadres même leur sont retirés. Dès le 1er août, tous les gradés européens reçoivent l'ordre de rallier les zones de regroupement des troupes françaises, à Hanoi ou au Laos. Quelques-uns, parmi les plus chanceux, sont enlevés par hélicoptère. Les larmes aux yeux, ils abandonnent leurs soldats, leurs camarades, leur pays. D'autres sont trop loin, perdus dans la jungle au-delà du fleuve Rouge. Alors, ils restent. Quelques années plus tard, un poste radio de Saigon captera le tragique message de l'un de ces obscurs sous-officiers, demeuré en brousse, sans appui ni moyens :

« Bande de salauds, aidez-nous ! Aidez-nous ! Parachutez-nous au moins des munitions pour crever en combattant et non pas en se faisant massacrer comme des chiens ! »

Le capitaine Sassi a été l'un des derniers à quitter le Laos. Au mois d'avril 1955, un avion s'est posé à Khang Khaï : indépendant, le Laos ne voulait plus entendre parler des Méos armés. Aussi la mission militaire française a-t-elle sacrifié l'homme qui les représente, qui les conseille et qui les encadre.

« Nous nous refusons à croire que vous nous abandonnez, dit Touby Liphong, la voix brisée, les yeux pleins de larmes. Vous étiez la France parmi nous. Nous sommes prêts à tout admettre, que le soleil va s'éteindre, que le ciel va se fendre et les étoiles tomber sur notre tête. Nous sommes prêts à reprendre la guerre contre les communistes, à mourir ou à combattre. Mais jamais nous ne pourrons croire que notre mère nous rejette dans notre misère. Vous ne pouvez pas vous en aller ! »

Emu, Sassi a pris un ton bourru pour répondre :

« Je suis officier, je dois obéir et mes états d'âme ne regardent que moi. Je ne porterai aucun jugement sur les ordres que j'ai reçus. » Geste de Sassi pour ajuster ses lunettes sur son nez, signe de profonde agitation intérieure. « Je vais quand même faire quelque chose pour les Méos. Quelque chose que jamais je n'ai fait jusqu'ici. Je vais trahir un secret que j'ai surpris hier. »

Touby Liphong plisse les yeux, soudain plein d'attention.

« L'armée royale laotienne, explique Sassi, vous prépare un gigantesque piège. Demain, quand vous serez tous rassemblés ici pour l'ultime prise d'armes, les militaires interviendront pour vous désarmer. Au besoin par la force. Je vous donne donc un ordre, et ce sera le dernier : enterrez vos fusils, vos mitraillettes, vos munitions et vos grenades. Venez demain, les mains nues. Un jour sans doute, les Laotiens vous remercieront de cet acte d'insoumission. »

Prévenir ses amis était le dernier cadeau que pouvait faire Sassi pour aider ceux qui l'avaient suivi sur les pistes, vers Diên Biên Phu. Il est parti, au soir, seulement escorté jusqu'à son avion par trois hommes : Touby Liphong, Xieng Fong le chef du Phu Loï, et le sous-lieutenant Vang Pao.

« Nous n'oublierons jamais l'exemple que nous ont donné les Français, a promis le jeune officier. Nous connaissons notre ennemi. Un jour, nos armes sortiront de terre et nous reprendrons le combat. »

Sassi est rentré à Saigon, la gueule mauvaise, la bouche fermée, les mâchoires serrées. Il y retrouve ses amis du Service Action. Ensemble, ils rentrent en France, cachant comme une blessure secrète et douloureuse, la tristesse de l'abandon de ceux qui leur avaient confié leurs espoirs et leur vie.

Ils se taisent. Ils ne peuvent oublier. Peut-on oublier d'avoir été, par devoir, complices d'une lâcheté ?

Dans le fond de leur cœur, ils se font une promesse :

« Jamais plus ! »

Ils se croient délivrés quand ils arrivent à Marseille. Un nouveau drame les attend : l'Algérie.

Sources bibliographiques

Si un nombre important d'ouvrages traitent de la guerre d'Indochine, bien peu, en revanche, abordent l'histoire des guérillas et des maquis. Parmi les livres qui ont le mieux restitué l'ambiance de ce conflit, il convient de citer les quatre tomes de la série *la Guerre d'Indochine* de Lucien Bodard, foisonnants d'anecdotes et de portraits, ainsi que les romans de Jean Hougron du cycle *la Nuit indochinoise*.

Le lecteur pourra cependant trouver d'utiles précisions dans certains ouvrages généraux et notamment :

A la barre de l'Indochine, amiral Decoux, Plon.
La République des illusions, la République des contradictions, Georgette Elgey, Fayard.
Indochine 45-62, Bernard Fall, Laffont.
Histoire d'une paix manquée, Jean Sainteny, Fayard.
Carnets secrets de la décolonisation, Georges Chaffard, Calmann-Lévy.
Dossiers secrets de l'Indochine, Claude Paillat, Presses de la Cité.
De Lattre au Viêt-nam, Pierre Darcourt, Table Ronde.
L'Echec américain au Viêt-nam, H. du Berrier, Table Ronde.
Mémoires, La fin d'un Empire, général R. Salan, Presses de la Cité.
Giap, Gérard Le Quang, Denoël.
Les maquis d'Indochine, Colonel Trinquier, Editions Albatros.

En ce qui concerne les guérillas et les services spéciaux, le lecteur pourra de même consulter :

Guérilla au Laos, Michel Caply, Presses de la Cité.
Parachuté en Indochine, Michel de Bourbon-Parme, Presses de la Cité.
L'Indochine ne répond plus, commandant Ayrolles, Rennes.
Mission spéciale en forêt moï, René Riessen, France-Empire.
La Guerre moderne, Roger Trinquier, Table Ronde.
Le Gouvernement invisible des U.S.A., David Wise et Thomas Ross, Fayard.
Lamia, Thyraud de Vosjoli, Editions de l'homme, Montréal.
Guerilla Warfare — Marines Corps Gazette (janvier 1962).

L'Action dans l'ombre avant Diên Biên Phu, André Rolland, Ed. Dauphin.

Diên Biên Phu, l' « affaire », Roger Delpey, Pensée Moderne.

Les Chemins sans croix, roman, Déodat du Puy Montbrun, Presses de la Cité.

Les Tambours de bronze, Jean Lartéguy, Presses de la Cité.

Mais cette liste serait incomplète si l'auteur ne faisait mention des remarquables études parues dans de multiples numéros de la revue *Historia*, et singulièrement dans les deux titres hors série (24 et 25) *Notre guerre d'Indochine*, ainsi que de la chronologie établie par le général Nyo (1967-1968) parue dans la revue des troupes de marine : *l'Ancre d'or*, source d'indispensables références.

TABLE DES MATIÈRES

Cet ouvrage
reproduit
par procédé photomécanique
a été achevé d'imprimer
en janvier 1990
dans les ateliers de la S.E.P.C.
à Saint-Amand-Montrond (Cher)
pour le compte des éditions Grasset
61, rue des Saints-Pères, 75006 Paris

N° d'Édition : 8127. N° d'Impression : 040.
Première édition : dépôt légal : novembre 1979.
Nouveau tirage : dépôt légal : janvier 1990.
Imprimé en France

ISBN 2-246-00866-2